Vom KÄFER zum NEW BEETLE

Ein Auto schreibt Geschichte
Erlebnisse, Daten & Fakten von 1930 bis heute

Dr. Ulrich von Pidoll

Nikol

ISBN 3-933203-13-9

Dr. Ulrich von Pidoll:
Vom KÄFER zum NEW BEETLE - Ein Auto schreibt Geschichte

Lizenzausgabe (1999) für Nikol Verlagsgesellschaft GmbH, Hamburg

Verantwortlich für den Inhalt:
Dr. Ulrich von Pidoll
Fotonachweis:
Archiv Dr. Ulrich von Pidoll, Volkswagen AG, Aral AG

Gesetzt aus der Plantin Light

Printed in Germany

Inhalt

So idyllisch verlebte so mancher Deutsche seinen Urlaub in den fünfziger Jahren. Flugreisen waren damals noch nicht angesagt, dafür hoppelte so manches Käfer-Gespann mit 25 PS zwar langsam, aber beständig gen Süden.

Vorwort

Unter den Automodellen, die in den letzten hundert Jahren das Licht der Welt erblickten, nimmt der VW-Käfer eine Sonderstellung ein. Er ist nicht nur das am meisten, sondern auch das am längsten gebaute Auto überhaupt. Wohl niemand hatte bei der Auslieferung der ersten Serienexemplare am 3.9.1941 erwartet, daß diese Konstruktion auch noch 60 Jahre später produziert und verkauft wird. Diese unglaubliche Erfolgsstory hat dazu geführt, daß der Käfer längst zum Kultgegenstand avancierte. Er steht als Symbol für Mobilität und Aufschwung in jedem größeren Museum, zeitweise gab er sogar ein Gastspiel im Foyer des Bundesverkehrsministeriums. Sonderausstellungen über den Käfer wurden in mehreren Städten gezeigt, ja selbst auf der Expo 2000 wird ein Käfer als Kulturgut des Landes Niedersachsen ausgestellt werden.

Mit dem *New Beetle* erfüllt die Volkswagen AG nun den Wunsch vieler Menschen nach einem zeitgemäßen Käfer mit dem Feeling von damals und der Technik von heute.

Wie kam es zu dem unglaublichen Erfolg des VW Käfer? War Käferlein ein Auto, das in schlechten Zeiten gekauft wurde, weil es nichts besseres gab? Oder wurde der Käfer gekauft, weil er früher billiger und zuverlässiger war als vergleichbare zeitgenössische Autos? Spielte etwa auch eine Rolle, daß sich der Käfer wegen seiner leichtgängigen Lenkung angenehm fahren ließ? Antworten auf diese und weitere Fragen werden Sie in diesem Buch finden.

Ich habe im Lauf meines Lebens praktisch alle Typen von Käfer-Limousinen besessen und gefahren, vom 1949er Brezelkäfer bis zum Mexikokäfer. Auch den *New Beetle* habe ich inzwischen ausgiebig getestet. Aus diesem reichen Schatz von mehr als 25 Jahren Erfahrung möchte ich dem Leser die automobilistische und gesellschaftliche Entwicklung seit dem 2. Weltkrieg vor Augen führen. Mein Ziel dabei ist, die verschiedenen Eigenschaften der Käfer und die typische zeitgenössische Lebensweise dem Leser so plastisch darzustellen, daß er das Gefühl hat, alles selbst erlebt zu haben. Hierfür eignet sich der VW-Käfer besser als jedes andere Auto.

Zur Erreichung dieses Ziels standen mir meine privaten Aufzeichnungen aus den Jahren 1964 bis 1998 zur Verfügung, die ich durch Berichte anderer Käferfahrer ergänzt habe. Hieraus habe ich versucht, ein Buch zu machen, das da anfängt, wo andere Käferbücher aufhören. Falls NS-Symbole auftauchen oder NS-Prominenz erwähnt wird, so dient es nur zur Vermittlung des notwendigen geschichtlichen Hintergrundes und nicht zur Verherrlichung der NSDAP.

Dieses Buch will aber mehr sein als nur ein Buch über den VW Käfer. Es soll nicht nur für VW-Besitzer interessant sein, sondern auch Erinnerungen bei den Älteren wecken. Und den Jüngeren zeigen, wie die Menschen früher gelebt haben und Auto gefahren sind. Von daher ist es in gewisser Hinsicht sogar eher ein Geschichts- denn ein Autobuch.

Dieses Werk wäre nicht möglich gewesen ohne die Hilfe des Volkswagenwerks. Ich möchte hier insbesondere Frau Neefe-Hansmann und Frau Resow nennen, die geduldig meine Wünsche ertrugen und mich mit den benötigten Unterlagen versorgten. Herrn Dr. Bernd Wiersch sei für die Erlaubnis gedankt, Recherchen im VW-Archiv durchführen zu können. Der Abteilung Motorpresse danke ich für die Bereitstellung von Bildmaterial über den *New Beetle*. Ferner danke ich allen meinen Freunden und Bekannten, vor allem Jacky Morel, Hermann Walter und Dr. Hans Georg Mayer-Stein, für zahlreiche hilfreiche Diskussionen und Anregungen.

Ich wünsche Ihnen allen viel Vergnügen bei der Reise in die Vergangenheit...

Braunschweig, Anfang 1999
Dr. Ulrich von Pidoll

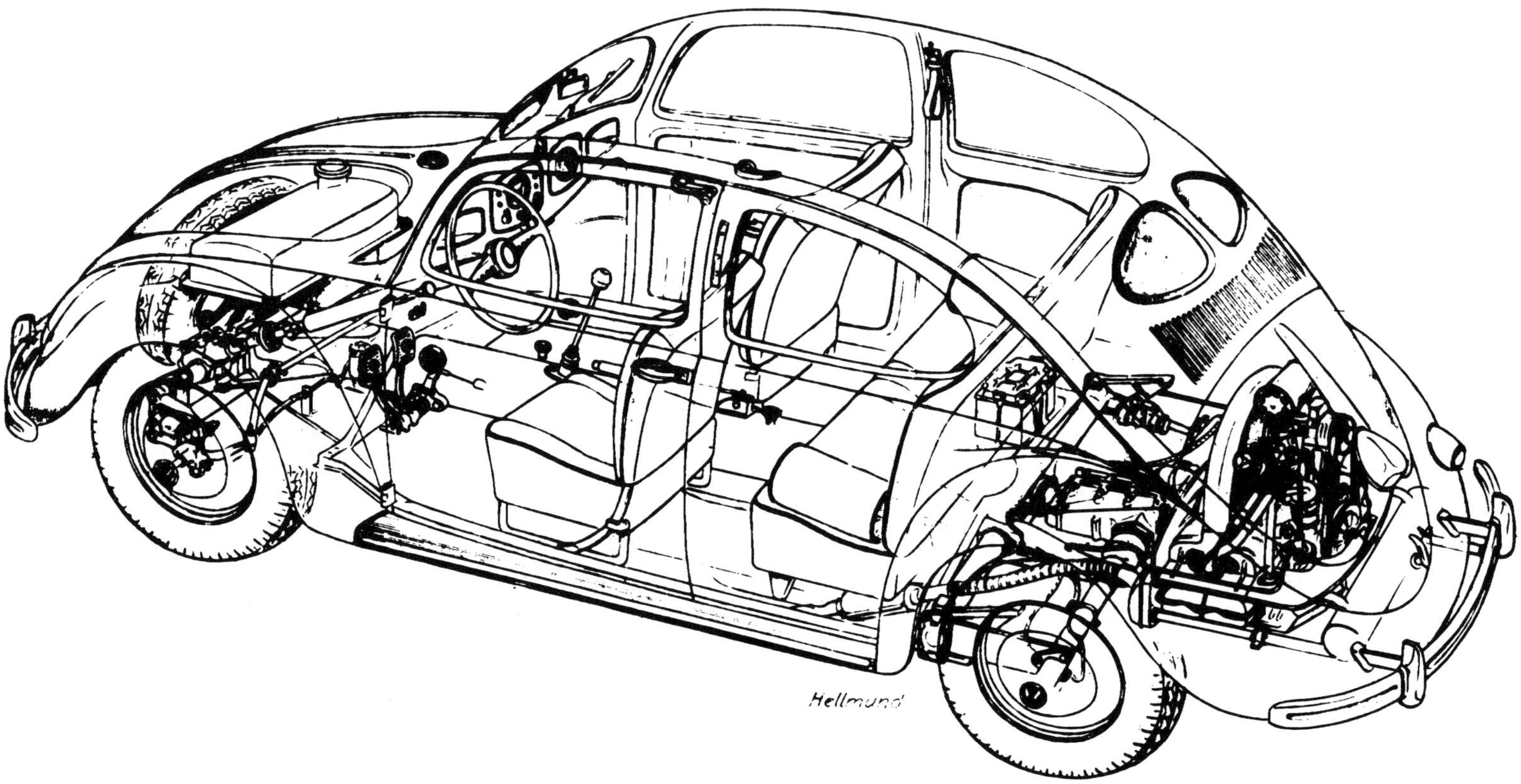

Das ist er: der Brezelkäfer von 1949/50 (Exportmodell). Unser Fahrzeug (Standard-Modell) hatte jedoch keine Armlehnen hinten und ein Dreispeichen-Lenkrad. Gewöhnungsbedürftig waren Gasrolle, Unsynchrongetriebe und Seilzugbremse.

Der Brezelkäfer von 1949 bis 1952 – ein Auto für harte Männer

„Gratuliere, Sie haben die Führerscheinprüfung bestanden." Das sind wohl die wichtigsten Worte, die ein gerade achtzehnjähriger Teenager hören möchte. Und wenn er sie gehört hat, dann hat ihn das automobilistische Fieber gepackt, gegen das es nur zwei Therapien gibt: selbst einen Wagen kaufen oder sich zumindest ständig einen von den Eltern leihen.

Mich hatte der Virus „Auto" allerdings schon vorher befallen – nicht zuletzt wegen meines Freundes Christoph, der einige Zeit vor mir die Führerscheinprüfung ablegte und die gleichen Krankheitssymptome zeigte. Sein Vater war Landwirt von altem Schrot und Korn und besaß einen Käfer von 1950, der bereits 200 000 km auf dem Tacho hatte. Der Wagen war also schon ein älteres Modell und die Hemmschwelle zum Ausleihen somit gering. Da wir „Paps" überzeugten, künftig mit seinem Traktor auf seine Felder zu fahren, wurde der Wagen für ihn entbehrlich. Er stand also Christoph zur Heilung seiner Leiden zur Verfügung.

Christoph, der auf Opel Kadett gelernt hatte, schien allerdings an der väterlichen Großzügigkeit wenig Gefallen zu finden: Er kam mit dem alten Käfer am Anfang nicht so richtig klar. Da ich auf einem Käfer lernte und außerdem seit meiner frühesten Jugend alle Käfermodelle intensiv studiert hatte, war ich der geborene Chauffeur für unsere jugendlichen Erkundigungsfahrten und durfte daher – ich gestehe es heute reuemütig – gelegentlich auch einmal mit dem Wagen fahren. Ohne Führerschein.

Ein überwältigendes Glücksgefühl durchströmte uns, als wir den zwar altmodischen, aber doch willigen Käfer mit dem geteilten Heckfenster bestaunten. „Paps" hatte beim Kauf nicht geknausert. Zwar handelte es sich nur um einen „Standard-Käfer", dieser war jedoch luxuriös ausgestattet worden: Chromzierleisten einschließlich Hupenziergitter, Schonbezüge innen, Uhr im rechten Schalttafeleinsatz, Lenkradschloß zur Diebstahlsicherung, Beifahrersonnenblende, seitliche Schuten für zugfreie Belüftung, Anhängerkupplung und sogar ein Außenrückspiegel (im Käfer erst seit 1956 serienmäßig)! Die Farbe: „Perlgrau", laut VW-Werbung ein „zartes, elegantes Hellgrau".

Mir stellte sich die Frage, wer 1950 die notwendigen 5000 Mark für ein Auto ausgeben konnte – wo doch erst kurz zuvor, am 20. 6. 1948, die Währungsreform jedem Bundesbürger ein Kopfgeld von gerade 60 DM neben einer Abwertung der Sparguthaben auf ein Zehntel ihres Wertes beschert hatte. Also führte ich bereits 1960 eine private kleine Umfrage in meinem Bekanntenkreis durch. Ergebnis: Damals kauften hauptsächlich Selbständige, die in der unmittelbaren Nachkriegszeit mit ihren Dienstleistungen gute Geschäfte machen konnten (Schuster, Schneider, Bäcker, Metzger, Kaufleute, Friseure, Handwerker). Hierzu zählten auch Landwirte, denn ein Landwirt muß bekanntlich viel transportieren. Und so mancher hatte auch in den Hungerjahren nach dem Krieg Nahrungsmittel gegen „Goldfüchse" eingetauscht, die jetzt für einen Autokauf oder 1952 für den Kauf eines neumodischen „Zauberspiegels" (so nannte man die Fernsehgeräte damals) zur Disposition standen. Da sich jedoch die wirtschaftlichen Verhältnisse dieser Erstbesitzer im Lauf der Zeit oft verschlechterten, haben viele ihren Wagen teilweise über zwanzig Jahre lang gefahren.

Anfangs der fünfziger Jahre fanden sich dagegen keine normal verdienenden Arbeiter und Angestellte unter den Käfer-Erstbesitzern: mit einem Stundenlohn von

So etwa muß er neu ausgesehen haben, der Brezelkäfer von „Paps". Unser Fahrzeug war zwar nur ein grauer Standard-Käfer, er besaß jedoch die Chromausstattung und die Uhr des Exportmodells als Mehrausstattung gegen Aufpreis.

Das geteilte Brezelfenster vermied eine teure, gewölbte Heckscheibe.

anfangs 1 bis 2 DM, später 2 bis 4 DM, war dieser Wagen für sie unerschwinglich; es sei denn, sie erbten, machten gute Schwarzmarktgeschäfte oder verkauften ein Trümmergrundstück. Zur Veranschaulichung dieser Tatsache sei erwähnt, daß vom VW-Käfer bis 1955 zwar bereits eine Million Stück hergestellt wurden, jedoch lediglich 2000 Fahrzeuge an Mitarbeiter verkauft wurden. Normale Angestellte und Arbeiter nahmen mit Motorrädern und -rollern an der Motorisierung teil, bis sie sich dann doch in der zweiten Hälfte der fünfziger Jahre einen Wagen aus dem „Altwagenhandel" leisten konnten.

„Unser" Käfer hatte bereits 1953 ein abenteuerliches Leben hinter sich: Sein erster Besitzer war nämlich die „Control Commission for Germany", die den Wagen in der 151. Vehicle Company in Lippstadt bei Paderborn einsetzte. 1952 kaufte ein Dozent des pädagogischen Instituts zu Jugenheim bei Darmstadt den Wagen auf. Allerdings benötigte der Herr Dozent sehr viel Geduld, bis er den geliebten Wagen endlich fahren durfte: Zuerst mußte ein Sachverständigen-Gutachten bescheinigen, daß der Wagen für den zivilen Verkehr geeignet war. Dann wurde der neue zivile Kraftfahrzeugbrief ausgestellt, der aber erst registriert werden konnte, als die sogenannte Unbedenklichkeits-Bescheinigung vom Kraftfahrt-Bundesamt in Flensburg eingetroffen war. Endlich, drei Monate nach seinem Antrag, konnte der Herr Dozent das heißbegehrte Dokument mitsamt den Nummernschildern in Empfang nehmen.

Apropos Nummernschilder: ursprünglich führte der Wagen noch ein Alliierten-Kennzeichen mit weißer Schrift auf schwarzem Grund, nämlich AH77-4435. Das AH stand dabei für Amerikanische Zone Hessen, denn der Wagen war ja im hessischen Darmstadt zugelassen. Erst nach der Aufhebung des Alliierten-Status der Bundesrepublik im Jahre 1955 wurden ab 1. 7. 1956 die „besser lesbaren" heutigen Kennzeichen eingeführt. Wer mehr darüber wissen möchte, findet weiter hinten ein ganzes Kapitel zu diesem Thema.

Schon nach kurzer Zeit war dem Herrn Dozent der Käfer trotz „Luxusausstattung" nicht standesgemäß genug. Und so wurde der Wagen bereits Anfang 1953 an Christophs Vater weiterverkauft, der mit ihm schon des öfteren landwirtschaftliche Geschäfte tätigte. Und alle waren zufrieden: der Herr Dozent mit seinem neuen, vornehmeren Wagen und „Paps", weil er „nur" 3000 DM für den tollen Käfer ausgeben mußte.

Jetzt wird es aber Zeit, Ihnen „unseren" Wagen vorzustellen. Von außen macht er einen absolut soliden, massiven, vertrauenswürdigen Eindruck: Das Blech hält einen Faustschlag aus, die Türen liegen schwer in der Hand und fallen mit einem hellen, sehr metallisch klingenden „Peng" ins Schloß. Schalthebel, Pedale und Schalter sind aus dickem, festem Material „für die Ewigkeit" konstruiert. Sehr große, dabei aber schmale 16-Zoll-Kleinlastwagenreifen lassen den Wagen recht hochbeinig wirken, so als ob er alle Hindernisse überrollen könnte ...

Selbstverständlich hatte er noch das alte geteilte Heckfenster, mit dem Professor Porsche den Einbau einer damals sehr teuren gewölbten Heckscheibe einsparte. Wegen dieser Heckscheibe wird der Wagen in Sammlerkreisen auch als „Brezelkäfer" bezeichnet. Darunter, inmitten der Motorhaube, befand sich über dem Kennzeichen eine Nase mit einer Glühbirne, welche beim Bremsen gelb aufleuchtete.

Bis zur gesetzlich vorgeschriebenen Umrüstung auf Blinker im Jahre 1963 hatte der Wagen noch Winker, mit denen Änderungen der Fahrtrichtung angezeigt werden konnten. Diese Winker klappten immer mit einem „Klack-Klack" heraus und mit einem „Bumm" zurück.

Allerdings waren diese Winker häufig kaputt: Weil ein Lausbub sie herausgepult und dabei die Herausziehsperre beschädigt hatte, was bewirkte, daß sie bei mehr als 60 km/h Geschwindigkeit vom Fahrtwind herausgezogen wurden, oder beim Winken mit hohen Geschwindigkeiten hatte der Fahrtwind sie nach hinten gebogen, was zum gleichen Fehler führte. Schließlich kam es vor, daß man sie zurückzuklappen vergaß – was man spätestens nach fünf Minuten am Geruch der durchbrennenden Winkerspule bemerkte.

Mesdames et Messieurs, darf ich Ihnen nun den Innenraum präsentieren? Bitte nehmen Sie Platz! Sind die Sitze nicht weich gepolstert und bequem – besonders beim luxuriösen Export-Modell? Vielleicht sind sie sogar ein bißchen zu weich, aber das hat seinen Grund. Beachten Sie den beigen Stoffdachhimmel sowie die kleinen Fenster, die das Wageninnere sehr dunkel machen, aber auch im Sommer seine Aufheizung verhindern. Ich denke an romantische Situationen mit einem schönen Mäd-

Ursprünglich fuhr der Wagen noch mit Winkern. Diese wurden jedoch oft von Lausbuben beschädigt oder fingen bei hohen Geschwindigkeiten von selbst an zu „winken". Übrigens gab es bei den VW Käfern vor 1950 für „rechts" und „links" unterschiedliche Winker.

chen, da kann die Dunkelheit doch recht reizvoll sein, nicht wahr? Die Vordersitze stehen sehr nah zusammen. Es gibt wohl keinen Mittelklassewagen, bei dem man die Nähe eines geliebten Partners so intensiv spüren kann wie im Käfer.

Einen Nachteil habe ich gleich entdeckt: Schon bei mehr als 1,70 m Körpergröße wird es eng für die Beine der Hinterbänkler. Derartige Fahrerriesen, die Wert auf große Gesellschaftsfahrten legen, werden daher Käfermodelle ab August 1955 bevorzugen. Bei diesen Fahrzeugen ist nämlich die Rücksitzbank etwas weiter hinten angeordnet.

Werfen wir nun einen Blick auf das Armaturenbrett. Es ist noch im typischen Vorkriegsdesign angelegt, ähnlich dem Opel Kadett von 1938: Ganz außen befinden sich zwei kleine Ablagekästen für Brillen, Autokarten, Kaugummis oder andere Kleinigkeiten. Aber auch Christophs Hamster fühlte sich darin auf seinen Spazierfahrten recht wohl. Zwischen den Ablagekästen sind zwei viereckige Einsätze plaziert, beim Standard-Modell in Schwarz, beim Export-Modell elfenbeinfarbig. Der linke Einsatz besteht aus dem „falschherum“ gehenden Tacho mitsamt Kontrolleuchten und zwei Knebelschaltern für Scheibenwischer und Licht. Rechts befindet sich beim Exportmodell eine Uhr oder – für über 300 DM Aufpreis – ein Radio (damaliger Werbeslogan: „Rudi Schuricke fährt mit“). Zwischen diesen beiden Einsätzen gibt es einen weiteren Knebelschalter für den Winker. Unter dem Armaturenbrett ist in der Mitte der Anlaßdruckknopf und links ein Knopf zum Entriegeln der Vorderhaube. Alle Bedienknöpfe sind beim Standard-Modell schwarz, beim Export-Modell elfenbeinfarbig. Die Uhr zeigt eine falsche Zeit an? Ach so, hätte ich beinahe vergessen, es handelt sich um eine mechanische Uhr, die mindestens einmal pro Woche aufgezogen werden muß. Der Knopf hierfür befindet sich im rechten Ablagefach.

Gemessen an heutigen Verhältnissen konnte beim Brezelkäfer von einem Koffer„raum“ unter der vorderen Haube keine Rede sein. Uns hat dies freilich nie gestört, denn große Gegenstände und Getränke wurden damals „frei Haus“ geliefert. Und für einen Picknickausflug oder die Urlaubsreise zu dritt reichte es allemal: Reisetasche, Kleider und Decken kamen nach vorne, der große Koffer und der Proviant nach hinten. Gemäß der VW-Zeitschrift „Gute Fahrt“ sollte es sogar möglich sein, zu viert mit fünf Koffern, einem Seesack und zwei Reisetaschen im Brezelkäfer zu verreisen, „wenn man beim Packen speditiöse Fähigkeiten entwickelt“.

Zwei Schalttafeleinsätze (Tachometer mit zwei Knebelschaltern links und Zeituhr rechts), dazwischen oben der Winkerschalter und unten der Anlaßdruckknopf, waren die einzigen Bedienungselemente des Brezelkäfers. Sie waren beim Export-Modell in Elfenbein, beim Standard-Modell in Schwarz angelegt.

Viel Kraft erforderte die schwergängige Kupplung und Bremse. Originell: Gasrolle statt Gaspedal.

Das mag uns heute etwas übertrieben erscheinen, aber verglichen mit zeitgenössischen Fahrzeugen war der Kofferraum des Brezelkäfers doch recht ordentlich.

Genug der langen Vorrede, denn jetzt wird es ernst: Nach einigen Fahrschulstunden mache ich mich mit Herzklopfen daran, den Wagen in Bewegung zu setzen. Zuerst die Zündung mit dem Schlüssel einschalten. Jetzt wird es schwieriger: Mit der rechten Hand den Luftklappenzug am Rahmentunnel unten vor dem Schalthebel ziehen und festhalten (Rückholfeder!) und schließlich mit der linken Hand den Anlasserknopf unterhalb des Armaturenbretts drücken. Routinierte Käferfahrer machen diese Prozedur ganz leger, ohne mit dem Oberkörper abzutauchen. Bei mir jedoch fängt Christoph an zu lachen und sagt, meine Körperhaltung beim Anlassen sähe so aus, als ob ich den Wagen zwecks Diebstahls kurzschließen wollte. Ich werde hoffentlich das elegante Anlassen auch noch lernen.

„Ruäh, Ruäh, Ruäh,“ klingt der Anlasser und dreht den Motor nur sehr widerwillig. Ist etwas kaputt? Aber nein; nur wird mir plötzlich klar, warum die Käfer 1956 einen stärkeren Anlasser spendiert bekamen. Und richtig, trotz des müden Anlassers springt der Motor an und läuft im käfertypischen „Brrrrm, Brrrrm, Brrrrm“, mit einem singenden Geräusch im Hintergrund. Dieser unrunde Kaltleerlauf entsteht unter anderem infolge der fehlenden Luftvorwärmung, die erst im August 1960 eingeführt wurde.

Ich zähle bis zehn und lasse den Luftklappenzug los. Der Motor läuft tatsächlich weiter. Jetzt wird das erste Jubelgeschrei fällig! Leise ist die alte 24,5-PS-Maschine aber nicht gerade: Neben einem leisen, singenden Geräusch produziert sie ein lautes, dunkles Tuckern, als ob der Auspufftopf ein Loch hat. Das Geräusch erinnert irgendwie an einen Traktor. Ja, der Wagen paßt zu einem Landwirt.

Ich taste mich mit den Füßen vor zu den Pedalen und erlebe ein ungewohntes Gefühl in meinem rechten Bein: Dieser Käfer hat kein Gaspedal, sondern eine Gasrolle, was aber das fein dosierte Gasgeben keineswegs erschwert. Der Motor läuft – weil noch kalt – sehr unrund. Ich gebe probeweise etwas Gas, aber jetzt verschluckt sich der Motor. Der Vergaser hat nämlich noch keine Beschleunigerpumpe, so daß sehr schlechte Übergänge beim schnellen Gasgeben die Folge sind. Das Gaspedal, pardon: die Gasrolle, muß daher mit sehr viel Gefühl betätigt werden. Ich versuche, mir das einzuprägen und vor allem dann nicht zu vergessen, wenn es einmal hektisch wird. Und bloß nicht von der Rolle abrutschen!

Jetzt stelle ich mir die Spiegel ein. Der Innenspiegel zeigt schon gewisse Altersschwächen, ich sehe darin aus wie ein Kaperkapitän. Ungewohnt ist der Blick nach hinten durch das kleine, hochliegende Rückfenster mit der Mittelstrebe. Ich drehe mich um: die Sicht ist be...! Rückwärts in eine Garage fahren muß ein Alptraum sein. Als routinierter Käferfahrer muß man wohl bereits vor dem Rückwärtsfahren die räumlichen Gegebenheiten studieren und sich einprägen. Nur gut, daß der Hof so groß ist; den Traktor werde ich hoffentlich nicht übersehen.

Und nun hinein ins Fahrvergnügen. Christoph übernimmt den Fahrtrichtungsanzeiger, ich übernehme Lenkung und Pedale. Kupplung treten – mein Gott, geht die schwer –, ersten Gang einlegen und dann los. Es klappt! Mit laut singendem Geräusch setzt sich der Wagen in Bewegung, und übermütig schalte ich in den zweiten Gang. „Krck-krck" macht das Getriebe – ich habe vergessen, daß der Wagen ein unsynchronisiertes Getriebe besitzt! Beim Heraufschalten ist daher eine Schaltpause in der Leerlaufstellung angesagt, Zurückschalten geschieht mit Zwischengas in eingekuppelter Leerlaufstellung.

Ich bremse bis zum Stillstand, da ich nun auf die Hauptstraße abbiegen will und das Zurückschalten noch nicht beherrsche. Auweia, die Bremsen verlangen aber einen derben Stiefelhieb! Na klar, es sind ja auch Seilzugbremsen. Nach einigen weiteren Kilometern Fahrt werde ich wohl über eine bestens durchtrainierte Fußmuskulatur verfügen.

Die Hauptstraße ist frei, und das Abenteuer kann beginnen. Das Anfahren macht mir keine Probleme, aber beim Hochschalten vergesse ich wieder die Schaltpause. Christoph neben mir verzieht jedoch keine Miene – was vermuten läßt, daß er noch größere Schwierigkeiten mit dem Getriebe hatte als ich. Wir sind ganz allein auf der Straße, und ich beschleunige vorsichtig weiter, um dann in den dritten Gang zu schalten. Jetzt hört auch das Getriebe auf zu singen, denn der 3. und 4. Gang sind serienmäßig geräuscharm.

Aber hoppla, der Wagen fährt nicht, er hoppelt! Wellige Fahrbahnteile werden durch die sehr harte Federung – besonders der Vorderachse – nicht ausgeglichen und gelangen fast ungedämpft auf die Körper der Passagiere. Die alten Hebelstoßdämpfer der Hinterachse tun ein übriges und bewirken, daß der Käfer bei starken Bodenwellen hinten zweimal auf und ab nachschwingt. Plastischer ausgedrückt: Das Fahrzeug fährt nach der „Bumm Hops Hops"-Methode. Das VW-Werk spricht da vornehmer von „auftretenden Nickschwingungen".

Für den Fahrer gibt es nur eine Chance: sich am Lenkrad festhalten, die Gebeine entspannen und die Karosseriestöße mit der weichen Sitzpolsterung auffangen. Der Beifahrer hat es da schon schwerer, es gibt nämlich keinen Beifahrerhaltegriff. Am besten trägt er einen großen, weichgepolsterten Hut.

Christoph löst das Problem, indem er mit Argusaugen die Fahrbahn vor uns beobachtet und vor Querrinnen oder Schlaglöchern den Kopf einzieht. Ich mache sehr schnell die Erfahrung, daß der Prospekt in einem Punkt nicht gelogen hat: Durch die harte Federung ist tatsächlich „Seitenneigung des Wagenkastens in Kurven restlos vermieden".

Gemessen an heutigen Verhältnissen konnte beim Brezelkäfer von einem Koffer„raum" keine Rede sein. Uns hat dies nie gestört, denn große Gegenstände und Getränke wurden damals „frei Haus" geliefert. Und für einen Picknickausflug zu dritt reichte es allemal.

Unsere erste Fahrt geht zu einer Tankstelle, da die Benzinuhr aus dem Zubehörhandel defekt ist und ich nicht weiß, ob der Drei-Wege-Kraftstoffhahn schon auf Reserve steht. Bevor wir aber die Gasolintankstelle in unserer Nachbarschaft anlaufen, tauschen wir die Plätze. Das Hauptproblem beim Tanken früher war, daß es noch keine Schilder für die Benzinpreise gab und ein Preisvergleich vor allem auswärts daher nicht möglich war. Ach, haben wir uns geärgert, wenn wir mal wieder versehentlich eine teure Tankstelle angelaufen hatten!

Vorsichtig läßt Christoph den Wagen vor eine Zapfstelle rollen, denn das Zurückschalten beherrscht auch er immer noch nicht. Schräg gegenüber steht ein großes Schild: „Mein Benzin, Gasolin". Ein Tankwart kommt aus dem Verkaufsraum, grüßt und fragt „Benzin oder Gemisch?". Hier muß ich anmerken, daß bei anderen Tankstellen statt „Gemisch" auch die Begriffe „Extra" oder „Super" verwendet wurden. Dieseltankstellen waren dagegen seltener, denn nur Daimler-Benz und Borgward stellten bis dahin Diesel-Pkw her, und viele LKW hatten damals noch Benzinmotoren.

Christoph erfaßt sofort die Situation, entriegelt die vordere Haube und steigt aus. Er spielt lässig mit einem Fünfmarkstück in der rechten Hand und sagt: „Inhalieren Sie mal für fünf Mark Sprit in die alte Kiste." Der Tankwart nickt und fragt: „Obenöl gefällig, die Herren"? Ich hatte immer Mitleid mit meinen alten Autos und habe ihnen daher fast immer sogenanntes Obenschmieröl spendiert, das laut Verpakkung vor allem im Kurzstreckenverkehr wahre Wunder bewirken soll. Noch heute rostet eine alte Dose Obenschmieröl langsam in meiner Garage vor sich hin.

Der Tankwart dreht mit einer Handkurbel das Zählwerk auf Null zurück und läßt neun Liter Benzin in den Käfertank laufen. Währenddessen steige ich kurz aus und stelle fest, daß mein Magen und mein Kopf von den harten Fahrbahnstößen schmerzen. Ja, so eine Standard-Sitzgarnitur ist schon ziemlich hart, und so träume ich von den weicheren Sitzen des Export-Modells...

Anschließend spiele ich ein bißchen mit einem Mini-Rechenschieber aus meiner Hemdentasche, den ich neben einem Taschenmesser und einem Jagdausweis für das „Ansprechen von scheuen Rehen" immer bei mir trug. Der Tankwart schaut mir interessiert zu, putzt anschließend die Windschutzscheibe, nimmt das Geld in Empfang und wünscht uns „Gute Fahrt, die Herren Ingenieure". Mit laut singendem Getriebe verlassen wir die Tankstelle auf dem Weg in die Metropole Darmstadt. Die Großstadt lockt...

In der ersten Hälfte der sechziger Jahre war das Autofahren teils leichter, teils schwerer als heute. Der Verkehr war gering, aber allzuoft staute er sich hinter einem Kleinwagen oder einem LKW, und dann wünschte man sich sehr viel mehr PS. In dieser Hinsicht gaben die 24,5 PS des Käfers nicht viel her. Zwar beschleunigte das Krabbeltier aus Wolfsburg im Stadtverkehr recht ordentlich, aber oberhalb von 80 km/h hatte man zu keinem Zeitpunkt das Gefühl, der Käfer hätte so etwas wie Spritzigkeit. Höhere Geschwindigkeiten mußten mühsam errungen werden, und das dauerte. Immerhin erreichte unser Käfer nach einigen Kilometern und Minuten stolze 105 km/h nach Tacho.

Auf der Landstraße konnte man den Käfer nicht ausfahren, denn kilometerlange breite Geraden ohne langsame Fahrzeuge wie Goggomobil und Tempo-Dreirad gab es nie. Überholvorgänge beschränkten sich daher im wesentlichen auf Traktoren, insbesondere an Steigungen. Wegen der schmalen Reifen sowie der nicht spielfreien Spindellenkung war außerdem der Geradeauslauf beschränkt. Bei höheren Geschwindigkeiten, insbesondere bei Seitenwind oder Spurrillen (Straßenbahnschienen, rechte Spur auf vielbefahrenen älteren Autobahnen), mußte man höllisch aufpassen, da es den Käfer ständig in den Straßengraben bzw. den Gegenverkehr zog. Geradeausfahrt war nun mal nicht seine Stärke, aber wann fuhr man schon einmal mit hoher Geschwindigkeit geradeaus? Eigentlich nur auf der Autobahn, aber das Autobahnnetz war zum damaligen Zeitpunkt noch relativ dünn. Mehr PS im Sinne einer höheren Endgeschwindigkeit wären daher mit diesem Fahrzeug gar nicht nutzbar gewesen.

Die Straßen waren in schlechterem Zustand als heute, die Ortsdurchfahrten enger, und insbesondere im nahen Odenwald mußte man viel hupen, um Federvieh von der Straße zu vertreiben. Ampeln gab es nur wenige, dafür standen — vor allem im Berufsverkehr — Schutzmänner bei Wind und Wetter auf Podesten in der Mitte vielbefahrener Kreuzungen und regelten den Verkehr. Heinz Erhardt läßt grüßen!

Eins mußte man aber dem Käfer lassen: das Fahren mit ihm machte viel Spaß. Dies lag vor allem an der relativ leichtgängigen und direkten Lenkung, die jedoch konstruktionsbedingt etwas Spiel aufwies (wurde erst 1961 spielfrei und noch leichtgängiger). Man konnte den Käfer mit dem „kleinen Finger" um enge Kurven herumwirbeln und auch im Stadtverkehr entspannt fahren, sofern man nicht mit Schalten beschäftigt war. Auf der Landstraße hoppelte und lärmte der Wagen so, daß man sich wie ein erfolgreicher Rennfahrer vorkam. Wir fühlten uns sehr männlich!

Ein Blick zurück unter Freunden...

In der Zwischenzeit hat sich Christoph an den Käfer gewöhnt und sogar das Zurückschalten gelernt: Nach einem Blick auf den Tacho tritt er die Kupplung und gibt soviel Zwischengas, daß der Motor genau so laut brüllt wie in dem niedrigeren Gang bei der gleichen Geschwindigkeit. Da der Motor einen Höllenlärm veranstaltet, ist das relativ leicht zu bewerkstelligen. Nur bergauf funktioniert dieses Verfahren leider nicht, da der Wagen dann zu schnell an Tempo verliert. Wir nehmen uns daher vor, Bergaufpassagen zu meiden und auf jeden Fall rechtzeitig zurückzuschalten.

Unser Ausflug führt uns von Jugenheim über die (alte) Bundesstraße 3 nach Darmstadt, immer den Straßenbahnschienen der Linie 8 nach. Wir gelangen nach Seeheim und biegen am alten Rathaus links ab. Einige Meter weiter verlaufen die Straßenbahnschienen jedoch in der Straße. Herrgottsakrament, diese Spurrillen! Da hilft alles nichts, man muß die Geschwindigkeit auf 30 km/h drosseln, weil die Schienen unseren Käfer von der Straße reißen wollen. Wir verfluchen die schmalen 16-Zoll-Reifen. Wieviel besser fährt da doch mein Fahrschulkäfer mit breiteren 15-Zoll-Reifen!

Ein schwieriger Brocken ist auch die Straße von Seeheim nach Darmstadt-Eberstadt. Zwar verläuft sie kerzengerade, aber damals war sie noch sehr eng, voller Schlaglöcher und an der Seite abschüssig – kein Vergnügen mit der schlechten Lenkung! Christoph fährt daher in der Straßenmitte, und nur wenn mal ein Auto entgegenkommt, ganz rechts ran.

Von Eberstadt bis zum Zentrum von Darmstadt geht es sehr zügig, denn die Fahrbahn ist gut ausgebaut und der Verkehr gering. In Darmstadt fahren wir am Luisenplatz vorbei. Dort herrscht dichtes Gedränge auf dem Straßenbahntrottoir – wir fahren gefährlich nahe daran vorbei. Später, in der Rheinstraße Höhe Kaufhof, begegnet uns ein schöner BMW 328. Vorkriegsautos waren damals schon sehr selten. Lediglich den unverwüstlichen Vorkriegs-Mercedes 170V sah man noch gelegentlich im Straßenverkehr.

Wir biegen rechts ab in die Ernst-Ludwig-Straße und halten auf einem freien Parkplatz (sowas gab es noch – trotzdem spielte man schon damals mit dem Gedanken, sogenannte „Parkgaragen“ in den Stadtzentren zu errichten. Für mich eine wahnwitzige Vorstellung!). Hier befindet sich ein großes Schallplattengeschäft. Wir treten ein und fragen die Bedienung nach den aktuellen Schlagern. Sie sucht für uns einen Stapel aus, führt uns in einen Kabine mit zwei Lautsprechern – etwa so groß wie eine Telefonzelle – und spielt uns eine Stunde überwiegend deutsche Schlager vor. Ich kaufe eine LP von Ray Conniff für 9,80 DM – und zwar die Mono-Pressung, denn ich habe noch keinen Stereoplattenspieler.

Wir beschließen, nicht über die B3, sondern über die Autobahn (Darmstadt-Mannheim) nach Hause zu fahren und uns mal so richtig dem Rausch der Geschwindigkeit hinzugeben. Damals waren die Autobahnen noch ziemlich leer, jedoch herrschte die Unsitte vor, beim Überholen nicht in den Rückspiegel zu schauen, sondern, ohne zu blinken, einfach auszuscheren. Beim Überholen auf der Autobahn war es daher dringend angezeigt, auch den zu Überholenden, insbesondere dessen Vorderrad, genau zu beobachten.

Gemäß der „Gib-ihm-Saures“-Methode gibt Christoph dem Käfer auf der Autobahn die Sporen und tritt das Gaspedal voll durch. Das Transparent auf der Windschutzscheibe, das vor Geschwindigkeiten über 60 km/h während der ersten 500 km warnt, konnte ja wohl ignoriert werden. Der Motorlärm schwillt mächtig an und unterbricht unseren Disput über unsere Lieblingsschlager: Ich schwärmte von Drafi Deutschers „Shake Hands“, ein Twist, während Christoph mehr von Siv Malmkvists „Liebeskummer lohnt sich nicht“ hielt. Ich muß einräumen, daß Sivs Text zumindest eine für junge Leute nützliche Lebensphilosophie verkündet.

Die Nadel des Tachometers nähert sich der 100-km/h-Marke – wir kommen uns vor wie in einem riesigen Maschinenraum. Dämpfungspappe im Motorraum gibt es erst ab Oktober 1952. Jetzt wird mir klar, warum der Wagen kein Autoradio besitzt! Bei hohem Tempo wird der Wagen jedoch sehr unruhig; also nimmt mein Freund den Fuß von der Gasrolle und überläßt den anderen das Rasen – zumal ein böiger Wind aufkommt, der Käferlein zu einer langsameren Gangart zwingt. Dann fängt es auch noch an zu regnen. Ich ziehe den Heizungszug – schwergängig, wie fast alles an diesem Wagen –, und Christoph öffnet sein Fenster einen Spalt. Diese Aussparungen in den Seitenscheiben zwecks zugfreier Belüftung sind schon ganz praktisch. Sehr warm wird der Wagen allerdings nicht. Zwar bläst die Heizungsanlage recht ordentlich, es ist jedoch nur ein laues Lüftchen – und so ist trotzdem bald Wischen mit einem Stofftaschentuch angesagt. Zudem laufen die Scheibenwischer eher widerwillig hin und her – alle zwei Sekunden eine Wischbewegung – und haben einen miserablen Wischbereich. Erst 1957 bekamen die VW-Techniker das besser in den Griff.

Der Regen wird schlimmer und zwingt uns zum Anhalten. Glauben Sie aber nicht, daß wir in ein tolles Unwetter geraten waren, es war nur ein ganz normaler Platzregen. Nach wenigen Sekunden sind alle Scheiben von innen beschlagen. Tja, das war's wohl. Jetzt haben wir genug Zeit und Muße, um über unsere Lieblingsthemen „Schlager, Mädchen und Kinofilme“ zu debattieren. Als der Regen nachläßt, öffnen wir die Türen, wischen die Scheiben innen ab und fahren weiter.

Was wären die sechziger Jahre ohne meine damalige Freundin Edith? Sie lebte mit ihren Eltern wie so viele andere Flüchtlinge zu diesem Zeitpunkt in einer Baracke in einer Kleingartensiedlung im Norden Darmstadts. Ich lud sie einmal zu einer Spritztour im Käfer ein, und sie sagte begeistert zu. Als sie jedoch in dem Wagen saß, stieg sie schnell wieder aus und sagte, in dem Wagen hielte sie es nicht aus, da käme sie sich vor wie ihre eigene Großmutter. Und ob ich überhaupt schon den Führerschein hätte? Taktlose Frage.

Der Volkswagen mit der geteilten Heckscheibe ist ein äußerst robustes, zuverlässiges Auto – wir hatten niemals eine Panne –, jedoch vom Komfort und Fahrverhalten nur etwas für „harte Männer“. Als der Wagen 1967 zu verkaufen war, besaß ich zwar die 250 DM für den Kaufpreis. Da ich mich aber – im Gegensatz zu anderen Leuten – nicht für Alkohol und Tabak, sondern mehr für steuerfreie Genüsse interessierte, gab letzten Endes meine Freundin Edith den Ausschlag, diesen Wagen auf keinen Fall zu kaufen. Im übrigen hatte sich meine Mutter zu diesem Zeitpunkt bereits selbst einen Käfer gekauft, der nach der Führerscheinprüfung auch mir zur Verfügung stand.

Unseren Brezelkäfer kaufte schließlich ein gewisser Theodor Reitz aus Jugenheim. Ich hatte den Namen vorher noch nie gehört und auch bald wieder vergessen. Von dem Wagen hörte und sah ich lange nichts mehr und nahm an, er sei wohl verschrottet worden. Aber da sollte ich mich schwer irren...

Und so sah er aus, als wir ihn 1987 wiedersahen (vgl. Kapitel 5). Natürlich nutzten Christoph und ich diese Gelegenheit zu einem Erinnerungsfoto.

Der 34-PS-Käfer von 1960 bis 1967 – der Traumwagen eines Studenten

Ich wurde in Köln in der „Britischen Zone Rheinland" geboren und lebte dort, bis meine Familie Ende 1956 ins „amerikanische" Darmstadt umzog. Diese Zeiten waren weiß Gott nicht golden, sondern Aufbaujahre mit Leitungswasser und Getreidekaffee als Getränk und „Margarine statt Butter" in einer engen Wohnung, ohne Fernseher, aber immerhin schon mit einem Radio. Meine Lieblingssendungen waren der „Frankfurter Wecker" mit Heinz Schenk und „Eine Stunde für den Schlager" mit Hans-Joachim Kulenkampff. Erst nach und nach wurden die kriegsbedingten Einquartierungen aufgehoben, und wir bekamen mehr Platz. Taschengeld erhielt ich keins, allenfalls einmal einen Pfennig für ein Bonbon oder 10 Pf für ein Eis oder ein Paket Ahoi-Brausepulver.

Dann aber kamen die sechziger Jahre, und der Wohlstand begann. In meiner Klasse war man sich schnell einig: Wunschtraum von allen ist ein eigenes und vor allem automobiles Fortbewegungsmittel. Das Problem ist nur: wie bezahle ich ein Moped oder gar ein Auto? Denn ein Schüler der Oberstufe tut sich schwer, Geld für einen Gebrauchtwagen zu verdienen. Zwar gab ich damals viel Nachhilfe und jobbte nebenbei als Fotograf oder Ferienarbeiter (zunächst für 5, in den siebziger Jahren dann für 10 DM die Stunde) und schrieb außerdem Gedichte für die Kinderseite einer Tageszeitung (5 DM Honorar pro Gedicht). Das erarbeitete Geld reichte aber gerade für einen der neumodischen Hi-Fi-Stereo-Plattenspieler mit Magnet-System und die Unterhaltung von Plattenspieler (mit Platten) und Freundin (mit Eis und Cola). Mein Plattenspieler war übrigens an ein Vorkriegsradio angeschlossen, das ich in einem alten Luftschutzkeller entdeckt hatte. Ein Radio-Receiver mit Lautsprechern war für mich unerschwinglich.

Trotzdem gelang es mir, Geld für meine Führerscheinprüfung zu sparen. Ich legte diese Prüfung bereits mit 17 Jahren nach nur 12 Fahrstunden ab. Hierbei kam mir zugute, daß ich bereits viel Auto gefahren war (genau: mit dem Brezelkäfer von Christophs Vater!). Gleichzeitig bestand ich den Motorradführerschein, der mir damals viel wichtiger erschien als der Autoführerschein, da ich als armer Schüler eigentlich gar kein Auto, sondern ein billiges, gebrauchtes Motorrad kaufen wollte. Doch es kam alles ganz anders.

Überraschenderweise kaufte sich meine Mutter 1967 einen bahamablauen Käfer aus zweiter Hand für 3250 DM. Es handelte sich um das Exportmodell 1964/65 mit 34 PS. Aufgrund meines diplomatischen Geschicks überzeugte ich sie, daß sich der Wagen auch bei mir in guten Händen befand. So verschmerzte ich den Verlust des „Brezelkäfers", der etwa zum gleichen Zeitpunkt von Christophs Vater verkauft wurde, auch viel besser. Zumal ich nun den automobilistischen Fortschritt von knapp 15 Jahren am eigenen Leib „erfahren" konnte.

Die erste Entdeckung, die wir am „neuen" Auto gemacht haben, war, daß der Kilometerstand von 29 999 nicht stimmen konnte. Denn auch nach ausgiebiger Probefahrt zeigte der Tacho keinen Kilometer mehr an. Wir suchten daher eine VDO-Werkstatt auf, die ihn uns umtauschte. Und weil wir gerade schon da waren, ließen wir den neuen Tacho auch gleich eichen. Dies wurde damals nämlich sehr stark von Automobilclubs wie ADAC oder AvD propagiert. Hierzu wurde der Tacho zerlegt und innen justiert. Mögliche Eichpunkte waren 50 oder 100 km/h. Wir entschieden uns für die 50 km/h, da dies in der Stadt die wichtigere Geschwindigkeit war.

Was für ein Unterschied lag zwischen diesem Wagen und dem „Brezelkäfer"! Diese weiche Federung und der freundliche, helle Innenraum mit den großen Fenstern – ich war begeistert. Und was das schönste war: Je intensiver man sich mit

Der Autor mit seinem „Traumkäfer" anno 1973: ein bahamablauer VW 1200 Export von 1964/65.

Links:
Ein VW Käfer von 1964/65 war der Traumwagen vieler Studenten. Durch die vergrößerten Scheiben wirkte der Innenraum besonders freundlich und einladend.

dem neuen Wagen beschäftigte, um so mehr Luxus entdeckte man: automatische Blinkerrückstellung, Tankuhr, ein in jedem Gang geräuscharmes Synchrongetriebe, Scheibenwaschanlage, Ausstellfenster und eine wirkungsvolle, geruchlose Heizung.

Als sehr positiv empfand ich den vergrößerten vorderen Kofferraum. Während früher allenfalls ein Rucksack oder eine Aktentasche darin Platz fand, paßte jetzt ein richtiger Koffer unter die Vorderhaube. Hinzu kam, daß der Tankdeckel früher zwecks Tankbelüftung eine gewollte „Undichtigkeit" aufwies – was wegen des dadurch auftretenden starken Benzingeruchs den Transport von Proviant oder Kleidungsstücken im vorderen Kofferraum wenig ratsam erscheinen ließ. Der „neue" Käfer hatte eine Entlüftungsleitung ins Freie!

Welch ein Unterschied auch beim Fahren! Der Motor mit seiner Beschleunigerpumpe besitzt jetzt volle 34 PS und ermöglicht einen Kavalierstart mit durchdrehenden Rädern. Und er ist so leise, daß ich beim Anlassen zuerst denke, er wäre nicht angesprungen. Die Bremsen packen schon beim geringsten Zutritt erbarmungslos zu und vermitteln ein Gefühl hoher Sicherheit. Der Geradeauslauf ist jetzt ordentlich, der Wagen zeigt sich aber immer noch recht windempfindlich. Die spielfreie, wunderbar leichtgängige direkte Lenkung ermöglicht einen guten Fahrbahnkontakt und ermutigt geradezu zum Slalomfahren. Und die früher sehr schlechte Kurvenlage wurde bereits 1959 durch eine breitere Spur hinten sowie einen Stabilisator vorne nebst einer tieferen Schwerpunktlage des Fahrzeugs entscheidend verbessert.

Sie sehen also, lieber Leser, daß ich damals in meinen Augen einen echten „Traumwagen" gefahren habe. Da ich zu jener Zeit eine sehr sportliche Fahrweise an den Tag legte, ließ meine Mutter noch aus Sicherheitsgründen für 54 DM Zweipunkt-Sicherheitsgurte einbauen. Und ich habe sie immer angelegt, denn ohne Sicherheitsgurte fühlte ich mich „nackt". Dreipunktgurte für 64 DM erschienen uns damals zu teuer. Schließlich habe ich 1972 noch die vom Gesetzgeber ab 1. 1. 1973 vorgeschriebene Warnblinkanlage eigenhändig eingebaut. Kurz zuvor, am 16. 11. 1970, war die Straßenverkehrsordnung geändert und neue, internationale Schilder, insbesondere bezüglich Vorfahrt und Parken, eingeführt worden.

Hat zu meiner Zeit ständig gehakt: die mechanische Tankuhr. War auf den Drei-Wege-Kraftstoffhahn vielleicht doch mehr Verlaß?

Ich muß allerdings zugeben, daß ich anfangs gewisse Schwierigkeiten mit dem „neuen" Käfer hatte. So wollte ich immer mit der rechten Hand zum Blinkerschalter greifen, doch dieser sitzt ja bei modernen Fahrzeugen an der linken Lenkradseite. Außerdem ging alles „falsch" herum: etwa die Türgriffe innen, die Fensterkurbeln oder der Tacho. Der Vollständigkeit halber haben die VW-Techniker natürlich auch die Licht- und Scheibenwischerschalter vertauscht. An all diese Änderungen hatte ich mich jedoch bald gewöhnt.

In der zweiten Hälfte der sechziger Jahre kam der Siegeszug des Autos erst so richtig ins Rollen. An allen größeren Kreuzungen wurden Ampeln erforderlich, und die ersten Parkplatzprobleme traten auf. Auch an den Tankstellen hatte sich so manches geändert. Es wurde jetzt um jeden Kunden gekämpft. Fast überall bekam man etwas geschenkt: Weltraummünzen, Oldtimerbilder, Autoratgeber oder die damals so modernen Fahrtenbücher. In diesen Büchern wurde jede Ausfahrt mit dem Wagen, jedes Tanken und jede Reparatur peinlich genau registriert. Daraus konnte man dann die Kosten des Automobils pro Monat oder Kilometer berechnen.

Viele Tankstellen überlebten den Kampf um den Kunden „Autofahrer" nicht. So mußte auch die alte Gasolin-Tankstelle schließen, an deren Stelle ein Gartenge-

Unten:
Unter der vorderen Haube war jetzt sogar Platz für einen normalen Koffer.

Eine beliebte Mehrausstattung: die amerikanischen „Rammstoßstangen".

räte-Verleih entstand. Die Zahl der Dieselfahrer nahm stark zu – und Diesel wurde jetzt als dritte Kraftstoffsorte angeboten. Die Verwendung von Obenöl war allerdings nicht mehr „in", da jede Kraftstoffmarke laut eigener Werbeaussage so viel gute Zusätze enthielt, daß dies nicht mehr erforderlich sei. Benzin war so billig wie noch nie, eine Tankstelle in meiner Nachbarschaft bot den Liter Normal für 49,9 Pf an. Mit Bedienung, versteht sich.

Jugendzeit ist eine herrliche Zeit, und ich genoß die Ausfahrten in meinem Traumwagen mit meiner Traumfrau, die jetzt Bianca hieß. Sie hatte herrlich lange, dunkelblonde Haare und eine gute Figur. Ihre Lieblingsgruppe waren natürlich die Beatles. Oft sind wir zu jener Zeit in ein Eiscafé gefahren, seltener in ein Kino, denn das war gleich viel teurer. Allerdings wurde früher mit Wochenschau und Vorfilm mehr geboten als heute. In Erinnerung geblieben sind mir besonders die Filme des Sexualaufklärers Oswald Kolle – ich war schon immer für das Praktische. Genauso gern sah ich aber auch die Edgar-Wallace-Filme mit der schönen Karin Dor. Später schwärmte ich von Diana Rigg als „Emma Peel" (aber die gab's im ZDF-Fernsehen). Abends ging es dann in unseren Gasthof, wo man den ganzen Abend bei einem Bier für 80 Pf Skat, Tischfußball und Billard spielen konnte. Nur am Donnerstag blieben wir zu Hause, denn da gab es im Radio die „Frankfurter Schlagerbörse" – eine der wenigen Sendungen für junge Leute. Schließlich mußte man ja wissen, daß Twist „out" und Beat oder Letkiss „in" waren.

Zuverlässig und robust: der 34 PS Motor. Nach 120 000 km Kurzstrecke erwies sich mein Motor jedoch als etwas leistungsschwach.

Eines Tages erschien mein Freund Christoph und berichtete zu unserer aller Erstaunen, daß er sich von einem unserer Lehrer einen roten Käfer gebraucht gekauft hatte. Na, das war vielleicht eine Überraschung! Aber so nach und nach legte sich jeder aus meinem Freundeskreis einen „Gebrauchten" zu – meist einen Käfer. Allen diesen Autos war jedoch eines gemeinsam: Sie hatten erhebliche Mängel, die das Fahren mit ihnen erschwerten – und wir kein Geld, um sie beheben zu lassen.

Darf ich Ihnen nun meinen Freundeskreis mitsamt den Autos vorstellen?

Zuerst fällt mir Wolfgang ein, weil er stets als erster losfuhr, was wir uns nie entgehen ließen. Er war stolzer Besitzer eines schwarzen Käfers Modell 63/64, dessen Magnetschalter für den Anlasser klemmte. Deshalb legte er einen Stein auf das Gaspedal, schaltete die Zündung ein, breitete eine Decke unter dem Wagen aus, kroch unter sein Auto, setzte den Magnetschalter mit einem Kabel unter Strom und klopfte dann mit einem Hammer darauf. Durch die Erschütterung wurde der Magnetschalter wieder gangbar, und der Anlasser erhielt Strom, der Motor durch den Stein „Gas"; war Käferlein angesprungen, wurden Kabel und Decke entfernt – und ab ging's. Ein tolles Spektakel!

Besser schnitt da der grüne Käfer meines Freundes Bernd ab. Gekauft aus fünfter Hand mit 120 000 km auf dem Buckel, zeigte der Wagen zwar einen geringen Benzinverbrauch, dafür jedoch ein starkes Verlangen nach Öl: ein ganzer Liter auf 100 km! Bernd füllte also ständig Öl nach. Da er 25 km von der Schule entfernt wohnte, benötigte er inklusive sonstiger Fahrten wöchentlich mindestens fünf Liter Öl. Die ständige Suche nach Billigstöl aus einem Sonderangebot erschien ihm aber im Vergleich zum Fahrradfahren als akzeptabel. Im übrigen war er sehr zufrieden, denn immerhin sprang sein Wagen im Gegensatz zu dem von Wolfgang sofort an...

Klaus hatte zwar keine Sorgen bezüglich des Ölverbrauchs, wohl aber Probleme mit dem Zündzeitpunkt seines Käfers. Etwa alle 30 km mußte er anhalten, die Unterbrecherkontakte säubern und den Zündzeitpunkt neu einstellen. Er kam daher immer als letzter und mit ölverschmierten Händen zum Unterricht.

Ganz andere Probleme plagten Joachim, der einen Fiat 500 fuhr: Da der erste Gang seines Wagens kaputt war, mußte er große Steigungen immer rückwärts hochfahren. Außerdem wurde sein Wagen ständig von irgendwelchen Sextanern in unmögliche Positionen gehoben. Solche Probleme waren Käferfahrern fremd!

Und was waren die Traumwagen meiner Freunde? Wolfgang und Bernd schwärmten von einem Rallye-Kadett-B mit vollen 60 PS, Klaus von einem NSU-Prinz-TTS mit gar 70 PS, während Joachim am liebsten einen Renault 16 mit 55 PS gehabt hätte. Ich dagegen habe immer vom VW-Käfer geschwärmt.

Doch schon bald zeigte der blaue „Traumkäfer" meiner Mutter genauso Mängel wie die Autos meiner Freunde. Bereits nach kurzer Zeit ließ die Motorleistung stark nach, und er fuhr nur noch knapp über 100 km/h Spitze. Gleichzeitig wurde der Leerlauf immer schlechter und verlangte stets den rechten Fuß auf dem Gaspedal. Gebremst wurde mit dem linken Bein. Als nächstes blieb die Tankuhr in der Mittelstellung hängen, und das Handschuhfach sprang nicht mehr von alleine auf. Außerdem blieb der Wagen mit schöner Regelmäßigkeit alle 30 000 km liegen – mit gerissenem Kupplungsseil. Nun gut, das waren Schönheitsfehler, mit denen man leben konnte.

Nachdem ich mein Abitur gut bestanden hatte und mich als Student an der Technischen Hochschule Darmstadt immatrikulierte, entschloß sich meine Mutter, mir den „Traumkäfer" endgültig zu überlassen. Sie selbst legte sich einen neuen Käfer, Modell 1970, zu. Diese Entscheidung dürfte ihr durch die lange Mängelliste „meines" Autos nicht schwergefallen sein.

Von nun an war ich eigener Herr meines Wagens, aber auch selbst für die Bezahlung der Inspektionen und Reparaturen verantwortlich. Das bedeutete, daß der Schmierdienst (alle 2500 km) sowie die weiteren Inspektionstermine „gestreckt" wurden und ich auch sonst an dem Wagen nichts mehr reparieren ließ.

Etwa um die gleiche Zeit lernte ich meine nächste Flamme Gaby kennen. An ihr gefiel mir insbesondere ihr mädchenhaftes Aussehen und ihr Charme. Von nun an war sie meine Begleiterin in meinem „Traumwagen". Wohin fuhr man damals mit einer jungen Dame? Tagsüber vielleicht zu einer der vielen Burgen an der Bergstraße, etwa dem Alsbacher Schloß.

Sehr praktisch: Seit August 1964 konnte die Rückbank umgeklappt und arretiert werden, so daß sich eine große hintere Ladefläche ergab. Damit war der Getränketransport auch für große Parties gesichert.

Elegant und preiswert:
der VW 1200, Traumwagen eines Studenten.

Abends ging es dann zum Tanzen in eine der neumodischen Diskotheken. Auch Gaby schwärmte für die Beatles, insbesondere von dem Lied „The Fool on the Hill". Ich dagegen war mehr von Dave Dee & Co begeistert.

Leider zeigte mein Käfer bald den gleichen Mangel wie der von Wolfgang: Der Magnetschalter für den Anlasser klemmte. Die Reparatur hätte 180 DM gekostet, entsprechend 18 Stunden Nachhilfe oder 36 Gedichten. Dieses Geld konnte ich einsparen, da sowohl meine Wohnung als auch die von Gaby am Hang lag. Anrollen statt Anlassen hieß die Devise. Bei anderen Gelegenheiten – etwa auf dem Hochschul-Parkplatz – war leider Schieben angesagt.

Die Mängelliste meines Käfers nahm beharrlich zu. Nach etwa 100 000 km zeigte die Lichtmaschine starke Anzeichen von Ladeschwäche, und ich fuhr ständig mit „Roter Kontrolleuchte". Einmal wäre ich in tieffinsterer Nacht beinahe liegengeblieben, weil die Batterie leer war, bevor ich das heimische Ladegerät erreichte. Geistesgegenwärtig konnte ich die Situation durch „Licht aus" und „Vollgas" gerade noch retten. Als Folge dieser katastrophal schwachen Stromversorgung mochte der Blinker nicht mehr blinken, so daß ich von da an mit „eigener" Blinkfrequenz – durch Bewegung des Blinkerhebels – unterwegs war.

Wenn ich mir das Autofahren mit meinem „Traumkäfer" heute in Gedanken zurückrufe, erscheint es mir unverständlich, warum ich mir nicht damals vom Schrottplatz einen ordentlichen Austauschmotor mit intakter Lichtmaschine sowie einen neuen Magnetschalter gekauft und eingebaut habe. Der Wagen war doch noch prima in Schuß, kein Rost und keine sonstigen Mängel. Die Antwort liegt wahrscheinlich darin, daß ich früher so fasziniert von meinem Auto war, daß ich gewisse Mängel gerne in Kauf nahm. Im übrigen verjuxte ich das wenige Geld, das ich durch meine Nebenjobs verdiente, lieber mit Mädels.

Mochte ich mit den Mängeln meines blauen Käfers leben können – der TÜV würde es vermutlich nicht. Da ich aber kein Geld für eine Reparatur hatte bzw. mein Fachwissen nicht reichte, um alles selbst zu reparieren, machte ich mich auf die Suche nach einem tauglichen, vor allem mängelfreieren Fahrzeug. Natürlich sollte es auch diesmal wieder ein Käfer sein . . .

Der Käfer Typ 1302/1303 von 1970 bis 1975 – modern und komfortabel

In den Jahren 1971 bis 1972 baute sich meine Familie ein Zweifamilienhaus in Seeheim bei Darmstadt. Ich als „noch nicht Erwerbstätiger“ übernahm die Planung des Hauses sowie die tägliche Bauaufsicht. Somit hatte ich keine Zeit für dumme Gedanken und ging in meinen Arbeiten voll auf. Dies änderte sich erst nach unserem Einzug im März 1973, aber dann kam die „Ölkrise“ mit den Autofahrverboten. Zu diesem Zeitpunkt glaubte ich, nun doch für den Rest meines Lebens auf ein Motorrad umsteigen zu müssen. Gott sei Dank hatte ich den entsprechenden Führerschein. Aber überraschend schnell war 1974 wieder Benzin im Überfluß da, und so konnte man schon bald nach den Sonntagsfahrverboten wieder ohne Einschränkung mit dem Auto fahren.

Zum damaligen Zeitpunkt war ich immer noch Besitzer des blauen „Traumkäfers“ mit der gewaltigen Mängelliste. Aber ich suchte bereits fieberhaft nach Ersatz – nach robustem, unverwüstlichem Ersatz: einem alten „Brezelkäfer“! Schließlich hörte ich doch überall in meinem Bekanntenkreis – von unserem Schuster, unserem Getränkelieferanten, von Christophs Vater und Joachims Onkel – nur Gutes über diese Fahrzeuge. Die Mängel an Komfort erschienen mir im Nachhinein gering im Vergleich zu den niedrigen Unterhaltskosten. Und wer kaufte denn 1974 noch so ein altmodisches, unbequemes Fahrzeug? Niemand. Es müßte deshalb möglich sein, ein gutes Exemplar für – sagen wir mal – 1000 DM aufzutreiben und meinen eigenen Käfer für 500 DM zu verkaufen (ein neuer VW 1200 kostete damals nur 5650 DM). Die Differenz von 500 DM wäre sicherlich irgendwie finanzierbar.

Rückblickend frage ich mich, ob ich früher wirklich so naiv war zu glauben, ein 20jähriger Volkswagen hätte weniger Mängel als ein nur 8 Jahre alter. Andererseits erscheinen mir meine damaligen Überlegungen noch heute einleuchtend. Denn zu diesem Zeitpunkt herrschte noch keine „Wegwerfmentalität“. Wir besaßen unseren alten Fernseher von 1960, unser altes Radio von 1954, unseren alten Staubsauger aus den 30er Jahren und unsere alten Möbel aus den 50er Jahren. Das waren alles Dinge, bei denen ich selbst die Erfahrung gemacht hatte, daß sie nicht kaputtzukriegen waren.

Genauso war es mit dem „Brezelkäfer“. Nur zu gut wußte ich, daß diese alten „Mühlen“ noch mit 600 000 km liefen und – neben den üblichen Verschleißteilen wie Öl, Bremsbeläge, Reifen und Batterie – nur alle 200 000 km einen neuen Motor und alle 400 000 km ein neues Getriebe benötigten. Elektrikprobleme waren bei diesen Fahrzeugen weitgehend unbekannt, da man keine Kabelstecker verwendete, sondern alles fest verschraubte. Vielleicht war es doch keine so schlechte Idee, einen „eisernen Gustav“ gegen einen altersschwachen „Luxuswagen“ einzutauschen.

Ich machte mich also auf die Suche nach dem Objekt meiner Begierde, las jeden Samstag den Automarkt im Darmstädter Echo und fuhr mit meinem Käfer zur Begutachtung der von mir ausgeguckten Kandidaten.

Zuerst besichtigte ich ein hellgrünes Export-Modell in der Nähe des Jugenheimer Krankenhauses. Der Preis von 1000 DM war aufzubringen, aber der Lack sah schon recht ramponiert aus. Auch von innen wirkte das Fahrzeug wenig einladend. Der Käfer war zu verkaufen, weil er die TÜV-Hürde nicht geschafft hatte. 1000 DM für ein solches Fahrzeug, in das man noch mindestens einen weiteren Tausender hereinstecken müßte? Es fiel mir leicht, abzulehnen.

Als nächstes interessierte ich mich für einen olivfarbenen Standard-Käfer aus der Heidelberger Straße in Bessungen. Der war innen genauso olivgrün wir außen – zweifellos ein ehemaliger CCG-Wagen. „Liebhaberfahrzeug, 1000 DM, Schweißarbeiten erforderlich“, verkündete die Zeitungsanzeige. Auch hier schreckte mich die viele, nicht abschätzbare Arbeit ab,

Der Autor im Jahre 1976 mit seinem „Luxuswagen“: einem marinablauen VW 1302L von 1970/71.

Links:
1970 erschien der VW 1302: der erste Käfer, mit einem großen Kofferraum. Erstmals konnte man nun in einem VW Käfer 5 Personen und einen Bierkasten transportieren.

zumal ich nicht schweißen konnte. Außerdem wollte ich eigentlich ein Export-Modell – nicht wegen des Chroms, sondern wegen der weicheren Sitze und der besseren Motorgeräuschdämmung.

Ein sehr schöner, bordeauxroter Brezelkäfer verschwand eines Tages in einer Garage in der Seeheimer Bergstraße. So ein Fahrzeug hätte ich gerne gekauft. Aber so oft ich auch an der Garage lauerte, ich sah dieses Fahrzeug nie wieder. Später bemerkte ich einen wunderschönen goldfarbenen Brezelkäfer, von einer jungen Dame zum TÜV Darmstadt gesteuert. Diese beiden Erlebnisse gaben mir wieder Auftrieb; es gab also noch gute Fahrzeuge.

Ein blauer Brezelkäfer wurde in Eberstadt von einem Tankwart angeboten. Aber der ganze Kfz-Brief war mit Vorbesitzern gefüllt, die das Fahrzeug alle nach sehr kurzer Zeit wieder verkauft hatten. Wenn ein Tankwart, der sich in Reparaturen ja bestens auskennt, ein solches Fahrzeug auch nach wenigen Monaten bereits wieder verkauft, dann ist an diesem Wagen etwas faul. Ich sagte höflich „nein danke". Gleiches tat ich bei jenem hellbraunen Exemplar, das mir von einem Schrotthändler in Nieder-Ramstadt angeboten wurde. Zwar wirkte das Fahrzeug optisch noch ganz gut, aber ich hatte doch Hemmungen, ein Auto vom Schrott zu kaufen.

Etwa um 1975 herum waren alle Brezelkäfer im Großraum Darmstadt verschwunden. Selbst auf dem Parkplatz der TH gab es kein Exemplar mehr zu sehen. Lediglich in der Seeheimer Tannenbergstraße parkte gelegentlich ein orangefarbener Zwitterkäfer in bescheidenem Zustand. Später entdeckte ich noch ein schwarzes Brezel-Exportmodell an einer Alsbacher Tankstelle; dieses schöne Fahrzeug war jedoch nicht zu verkaufen.

Zu diesem Zeitpunkt gab ich die Suche nach einem „Brezelkäfer" auf. Es war mir bewußt geworden, daß mehr als 20 Jahre Fahrbetrieb nicht spurlos an einem Auto vorbeigehen können. Gleichzeitig wuchs die Mängelliste meines Käfer weiter an: Bei Regen spritzte mir Wasser aus der Windschutzscheiben-Defrosterdüse ins Gesicht und am ganzen Auto blätterte der Lack ab – offensichtlich ein schlecht reparierter Unfallschaden des Vorbesitzers. Auch war bald der nächste TÜV-Termin fällig, und den hätte ich mit den erwähnten Elektrik-Mängeln nie überstanden.

Wenn ich also noch weiter Auto fahren wollte, dann half nur noch Diplomatie. Ich überzeugte daher meine Mutter, daß es doch jetzt an der Zeit wäre, sich ein richtiges Auto anzuschaffen. Immerhin war ihr Käfer bereits sechs Jahre alt, und sie wollte eigentlich nie einen Käfer fahren, sondern immer einen VW 1600L. Ich malte ihr also in den dunkelsten Farben aus, wie mein derzeitiges Auto auf meine Professoren und Freundinnen wirkte, wie unzuverlässig es wäre – und überhaupt! Ich hatte Erfolg: Sie kaufte sich einen Opel Kadett C Jahreswagen und überließ mir ihren Käfer für 1000 DM. Mein „Traumkäfer" mit 140 000 km ging für 450 DM an eine junge Dame im Odenwald, die gerade den Führerschein gemacht hatte und ein billiges Auto zum Üben suchte.

Ich hatte es geschafft, ein gepflegter marinablauer VW 1302L mit 44 PS und

Links:
Gut zu erkennen: Der VW 1303 unterschied sich von seinem Vorgänger 1302 u. a. durch eine stärker gewölbte Frontscheibe.

Im August 1972 wurde der VW 1303 vorgestellt. Er stellte den Höhepunkt der Käferentwicklung dar.

Auch der Innenraum des 1303 ist durch die gewölbte Winschutzscheibe und das „richtige" Armaturenbrett unverwechselbar.

90 000 km gehörte mir! Zum ersten Mal in meinem Leben fuhr ich ein Auto, das weniger als 120 000 km auf dem Tacho hatte. Und dieser Käfer war noch viel luxuriöser als mein alter „Traumkäfer": Er besaß sogar eine Lüftung mit einem Gebläse, eine Lehnenverriegelung an den Vordersitzen, eine heizbare Heckscheibe, Dreipunkt-Automatikgurte und ein Schiebedach. Vor allem aber ließen sich damit zwei Bierkästen im vorderen Kofferraum transportieren. Und er war mängelfrei. Sogar das Autoradio krächzte munter in Mono Hits von den Les Humphries Singers, Deep Purple oder Uriah Heep. Soviel Luxus auf einmal – ich war überwältigt und hatte meinen „Traumkäfer" schnell vergessen.

Neben den „sichtbaren" Verbesserungen führte der automobilistische Fortschritt der letzten Jahre auch zu technischen: Eine Schräglenker-Hinterachse sorgte für eine bessere Straßenlage und für weniger Windempfindlichkeit, eine andere Vorderachse mit Zahnstangenlenkung bewirkte eine spielfreie Lenkung; die Wartungsintervalle wurden vergrößert, das Motorgeräusch war wesentlich besser gedämpft, und natürlich beschleunigte der Wagen mit seinen 44 PS auch viel schneller als die zudem altersschwachen 34 PS meines „Traumkäfers".

Passend zur Wagenfarbe hieß meine Freundin jetzt Marina, ein engelsgleiches Wesen mit langen, dunkelblonden Haaren, das mir vor allem durch ihr gutes Herz imponierte. Ihr Lieblingsziel bei unseren Ausfahrten waren Boutiquen, in denen sie mit unerschütterlicher Ruhe Kleider anprobierte und manchmal sogar kaufte. Ihr Lieblingsspruch hieß: „Ich lade dich ein, aber du bezahlst." Oft parkte mein Käfer auch zu einem Spaziergang am Rheinufer. Er machte damit seinem Namen „Marinablau", übersetzt mit „Meerwasserblau", alle Ehre.

Die Mitte der 70er Jahre war für mich die sorgloseste Zeit in meinem ganzen Leben: Es herrschte Vollbeschäftigung, jedermann hatte es zu einem gewissen Wohlstand gebracht, nirgendwo drohte eine ernsthafte Kriegsgefahr, und Umweltverschmutzung war kein Thema. Auch ich hatte endlich keine Sorgen mehr: Mein Studium lief planmäßig ohne große Schwierigkeiten, und in den Semesterferien verdiente ich genug Geld, um einen ordentlichen Lebensstandard zu führen. Außerdem besaß ich das erste mängelfreie Auto in meinem Leben.

Mit meinem Käfer war ich anfangs sehr zufrieden. Er lief recht ordentlich, überzeugte in Sachen Beschleunigung wie Endgeschwindigkeit (127 km/h) und bot auf größeren Strecken genug Bequemlichkeit. Vor allem traten während meines Besitzes überhaupt keine Reparaturen auf, was nicht nur pekuniär sehr entspannend war.

Leider hatte sich die anfängliche Freude über meinen Käfer Anfang der 80er Jahre gelegt – vielleicht auch deshalb, weil meine Freunde ständig stichelten. Tatsächlich wirkte ein Käfer neben einem Golf (den ich gerne gehabt hätte, aber nie und nimmer bezahlen konnte) total veraltet! Zu diesem Zeitpunkt stellte ich zu meiner Überraschung fest, daß das Fahren mit diesem modernen Käfer eigentlich weit weniger Spaß machte als mit meinem alten „Traumkäfer": Die Lenkung war schwergängiger, die Bremse bei sehr hohem Pedaldruck relativ schwammig und der Motor ausgesprochen unelastisch, was zu häufigem Schalten zwang. Außerdem lag der Benzinverbrauch mit 12 Litern auf 100 km deutlich höher als bei meinem „Traumkäfer", der sich mit 10 Litern begnügte. Außerdem übertrug die Vorderachse starke Vibrationen auf das Lenkrad, wenn man die Vorderräder nicht ständig auswuchten ließ. Und mit dem modernen Äußeren, insbesondere den senkrecht stehenden Scheinwerfern, konnte ich mich nie so recht anfreunden.

Immer öfter begann ich daher über meinen „neuen" Käfer zu grübeln: Die alte Käferform war doch irgendwie harmonischer, nicht wahr? Aber dafür hat der neue Käfer doch das Gebläse! Nun, im Sommer braucht man kein Gebläse, da fährt man sowieso mit offenen Fenstern. Aber die 44 PS sind unbestritten besser als die

Bei den zeitgenössischen Werbeaufnahmen konnte auf kurzberockte Models nicht verzichtet werden.

lahmen 34 Pferdchen meines „Traumkäfers“. Oder nicht? Eigentlich bin ich auch mit 34 PS recht flott gefahren. Überdies: Was bringt die Mehrleistung, wenn ich laufend schalten muß und den Benzinverbrauch nicht bezahlen kann? Und der größere Kofferraum? Also mal ganz ehrlich: Bierkästen kann man auch auf dem Rücksitz transportieren.

Plötzlich wurde mir klar: Wenn ich mir schon keinen VW-Golf leisten konnte, dann wollte ich wenigstens wieder einen von den „alten“ Käfern haben. Einen, der die Robustheit des „Brezelkäfers“ mit dem Luxus meines „Traumkäfers“ vereinte. Aber dieser Wunsch mußte zunächst auf Eis gelegt werden; nicht zuletzt deshalb, weil mein 1302 während meiner Tätigkeit an der TH-Darmstadt (1981 bis 1984) immer noch mängelfrei und ohne Reparaturen lief.

Aber als ich Anfang 1985 meine erste Stellung als Dr. Ing bei einer Firma in Plochingen antrat, war es Zeit zu handeln. Ich konnte unmöglich als leitender Angestellter mit einem 14 Jahre alten Käfer antreten. Ein sehr viel älteres Fahrzeug erschien mir dagegen akzeptabel, weil individualistisch. Mein „neuer“ Käfer mit 120 000 km wurde daher mängel- und rostfrei für 1000 DM an eine junge Frau in Darmstadt verkauft, die unsicher beim Autofahren war und nur Käfer fahren konnte. Ich dagegen kaufte mir…

Der 1303 auf schneller Fahrt.

ES-CV 43

Der frühe Rechteckkäfer von 1957 bis 1959 – er läuft und läuft . . .

Ich erinnere mich noch sehr gut an die Zeit vor 1961: Als Kinder durchforsteten wir Trümmergrundstücke, spielten Soldat in den Panzerwracks, die nach dem Krieg noch lange im Westen Darmstadts nahe dem ehemaligen Flughafen standen, oder erkundeten alte Luftschutzbunker. Sehnsüchtig schauten wir der Straßenbahnlinie 5 nach, die an unserer Wohnung vorbei vom Ostbahnhof zur Heinheimerstraße fuhr, oder den Autos, die auf der Frankfurter Straße Kurs auf die große, weite Welt nahmen. Die meisten dieser Autos waren Käfer, die damals noch Einkammerrückleuchten und Winker besaßen. Dann wurde die Straßenverkehrsordnung geändert und alle älteren Käfer auf Blinker umgerüstet. Mancher Käferbesitzer wählte den billigsten Weg – seitliche Blinker anstelle der Winker –, kam letztendlich um vordere und hintere Blinker (die vorderen saßen auf den Kotflügeln, die hinteren in der bekannten Zweikammerleuchte) aber nicht herum.

Die meisten Besitzer waren nach dem Nachrüsten stolz, daß ihr Wagen, insbesondere die Modelle mit großer Heckscheibe, kaum vom neuesten Käfermodell zu unterscheiden war. Ich dagegen empfand diese Umrüstung als eine schwerwiegende Veränderung, die meine ganze Vorstellung von Autos durcheinanderbrachte. Denn ein richtiges Auto besaß nach meinen damaligen kindlichen Kenntnissen einen Drei-Wege-Kraftstoffhahn, symmetrisches Abblendlicht, ein un- bzw. wenigstens nur teilsynchronisiertes Getriebe sowie einen Winker.

Ich hatte mir daher geschworen, wenn ich groß und wohlhabend wäre, einen alten Käfer zu kaufen und diesen wieder mit Winkern und Einkammerrückleuchte zu betreiben. Die Blinker vorn auf den Kotflügeln störten mich nicht, da das Volkswagenwerk bereits ab August 1957 Käfer auf Wunsch mit derartigen Blinkern ausrüstete, und diese Käfer zumindest im „amerikanischen" Darmstadt relativ oft zu sehen waren. Und falls ich in Zukunft gar einen „Brezelkäfer" fahren sollte, müßte natürlich auch das hintere Bremslicht wieder originalgetreu in die hintere Kennzeichenbeleuchtung integriert werden.

Da ich diese Sache zum damaligen Zeitpunkt sehr ernst nahm, fing ich an, hierfür zu sparen. Ich wußte, daß die Käferproduktion an jedermann 1949 begann. Und so gewöhnte ich mir an, alle Geldstücke von 1949, die im Lauf meines Lebens durch meine Hände gehen sollten, in eine Sparbüchse für einen Käfer zu stecken. Als ich 18 Jahre alt war, verfügte ich so über ein Kapital von sage und schreibe 21 DM. Das reichte natürlich allenfalls für ein Käfer-Modellauto und half mir nicht viel weiter. Aber es erinnerte mich doch stets an meinen Wunsch von früher.

Warum mußte es unbedingt ein Käfer sein? Gemäß meiner kindlichen Logik sah man den Käfer so oft auf den Straßen, weil er so oft gekauft wurde. Und er wurde so oft gekauft, weil er eben gut war. Und „gut" meinte vor allem „zuverlässig" und versprach „geringe Reparaturkosten auch nach hoher Kilometerleistung". Den Beweis hierfür sah ich darin, daß Anfang der 60er Jahre Brezelkäfer und Mercedes 170 als Vertreter der Fahrzeuge vor 1954 in größeren Mengen auf deutschen Straßen liefen.

Heute weiß ich, daß der Käfer im Gegensatz zu anderen Fahrzeugen aus relativ wenig Teilen besteht. „Was er nicht hat und braucht, kann nicht kaputtgehen", stand deshalb auch werbewirksam im Prospekt. Sofern man Lack und Unterbodenschutz nicht vernachlässigte, konnte der Käfer daher eine Anschaffung fürs Leben sein.

So standen die Dinge, als ich Anfang 1985 meine erste Industriestellung als leitender Angestellter antrat. Ich zog aus Seeheim weg in eine kleine Wohnung in Plochingen. Nach Bezahlung der Mietkaution besaß ich noch etwa 4000 DM an verfügbarem Kapital. Von diesem Geld wollte ich mir einen sehr guten älteren Käfer kaufen, mit dem ich auch die 200 km lange Strecke zwischen Plochingen und Seeheim fahren konnte. Als Kaufpreis hatte ich mal wieder 1000 DM vorgesehen, wobei ich von Anfang an noch 2000 DM für anfallende Reparaturen mit einkalkulierte.

Links: Ein Besuch beim VW-Werk.

Der große Tag: endlich VW-Besitzer.

ES-CV 43

ES
CV 43
D

Links:
Nach der Generalreinigung zeigte sich der Wagen von seiner besten Seite.

Als ich so in Gedanken meinen Kontostand begutachtete, brannte in mir die Erinnerung an meinen „Traumkäfer“, aber auch an den „Brezelkäfer“. Die Freundin, wegen der ich den Wagen damals nicht gekauft hatte, war längst in fremden Händen, aber den Wagen, da war ich mir ganz sicher, würde ich heute noch fahren. Aber dazu war es jetzt zu spät.

Aus Erfahrung klug geworden suchte ich diesmal nicht nach einem „Brezelkäfer“ für 1000 DM. Er wäre auch – mangels Komfort – für die vorgesehenen Wochenendfahrten wenig geeignet gewesen. Ich hielt daher in meinem Bekanntenkreis und in Zeitungen Ausschau nach einem etwas moderneren Käfer, bevorzugt aus den fünfziger Jahren. Ich wußte genau: Das erste Käfermodell mit guter Bremsanlage, brauchbaren Scheibenwischern und großem Rückfenster erschien ab 15.10.1957. Als eines Tages in der Zeitung ein gut erhaltenes Modell dieses Jahrgangs zu verkaufen war, fuhr ich hin.

Der Wagen gehörte einem Fotografen, der ihn sich zum 70. Geburtstag gekauft und bis zum 90. Geburtstag gefahren hatte. Dann mußte er seinen Führerschein aus Altersgründen abgeben. Von seinem Wagen hatte er sich aber nicht getrennt, der blieb in der Garage bis zu seinem Tod und wurde jetzt von seiner Tochter verkauft.

Als ich den blauen, verstaubten Fotografenwagen das erstemal sah, war ich auf Anhieb so fasziniert wie von keinem der bisher besichtigten Käfer. Das Armaturenbrett glich dem meines „Traumkäfers“, den ich ja neun Jahre gefahren hatte. Andererseits besaß der Wagen alle Merkmale, die ein „guter“ Wagen besitzen mußte: Winker, Teilsynchrongetriebe (1. Gang nicht geräuscharm), symmetrisches Abblendlicht, Drei-Wege-Kraftstoffhahn nebst Peilstab für den Tank, beiger Stoffdachhimmel, transparente dunkle Sonnenblenden und ein schönes, sehr altmodisch wirkendes Lenkrad.

Eine weitere Besonderheit entdeckte ich beim Blick auf den Tacho: es fehlte die rote Marke bei 50 km/h. Früher, d.h. noch bis September 1957, gab es keine Geschwindigkeitsbeschränkung in der Stadt. Dazu war der Bereich von 0 bis 20 km/h auf dem Tacho gespreizt, um das Zurückschalten in den nichtsynchronisierten ersten Gang zu erleichtern.

Der Wagen bot – total verstaubt und mit platten Reifen – keinen schönen Anblick; wischte man aber den Staub weg, kamen sehr gut erhaltene Chrom- und Gummiteile sowie eine glänzende, einwandfreie Lackierung zum Vorschein. Rost war keiner vorhanden, aber auch keine Batterie – eine Probefahrt also nicht möglich. Da aber die bisher besichtigten Käfer alle sehr schlecht fuhren, war mir das egal: Schlechter konnte er auch nicht laufen!

Der VW Käfer von 1957 bis 1959 verfügte über eine transparente Sonnenblende und ein sehr schönes altmodisches Lenkrad. Der Beifahrerhandgriff war Mehrausstattung gegen Aufpreis.

Die kleine Limousine hatte erst 54 000 Kurzstreckenkilometer auf dem Buckel. Der Originalmotor war allerdings schon bei 50 000 km mit 70 km/h im zweiten Gang überdreht und dann durch einen Austauschmotor ersetzt worden. Ich klappte die Motorhaube auf. Mit einem Blick erkannte ich die Frischluftheizung, den Zündverteiler mit Unterdruck sowie die Startautomatik – und atmete erleichtert auf: Gott sei Dank: ein 34-PS-Triebwerk! Nur zu gut erinnerte ich mich sowohl an die schlappe 24,5-PS-Maschine des „Brezelkäfers“ als auch an die altersschwachen 34 Pferdchen meines „Traumkäfers“. Endlich würde ich einmal einen guten, neueren Motor haben. Merkwürdig nur, daß, wie ich später feststellte, im Kfz-Brief 22 kW – das sind 30 PS – vermerkt waren...

Als ich nach meinem Gebot für das Fahrzeug gefragt wurde, antwortete ich

Unter dem Armaturenbrett befand sich eine Plastikflasche, aus der Waschflüssigkeit auf die Windschutzscheibe gespritzt werden konnte (zeitgenössisches Zubehör).

ganz spontan: „1000 Mark“. Zu meiner grenzenlosen Überraschung sagte die Tochter des Erstbesitzers gleich zu, und ich war mal wieder stolzer Besitzer eines gebrauchten VW-Käfers. Immerhin, einen Käfer mit einer so geringen Kilometerleistung hatte ich bisher noch nie besessen.

Bei der Übernahme tauchte ein Problem auf: Die Tochter konnte die Wagenschlüssel nicht mehr finden. Schnell handelte ich den Kaufpreis noch etwas herunter und organisierte einen Abschleppwagen mit Seilwinde, der mein neues Prachtstück zum nächsten VW-Kundendienst verfrachtete. Dort erzielte ich große Heiterkeit, als ich den Wagen ohne Schlüssel zur Inspektion ablieferte. Aber alles lief glatt. Da die Seitenscheiben zwecks Belüftung etwas heruntergekurbelt waren, ließen sich die Türen mit einem Draht öffnen. Das ausgebaute Türschloß offenbarte die Schlüsselnummer, die mit dem Zündschloß übereinstimmte, und so konnte ich schon bald die passenden Wagenschlüssel in Empfang nehmen.

Einige Zeit später kam der große Moment: Wir füllten Benzin in den Tank und starteten. Und wirklich: Der Motor sprang sofort an und begeisterte durch seinen „gesunden“ Klang. Leider saßen die

Das heute gebräuchliche asymmetrische Licht hatte sich in den 50er Jahren noch nicht etabliert.

Hätten Sie's gewußt? Auf dem Foto ist ein 30-PS-Austauschmotor von 1975 abgebildet.

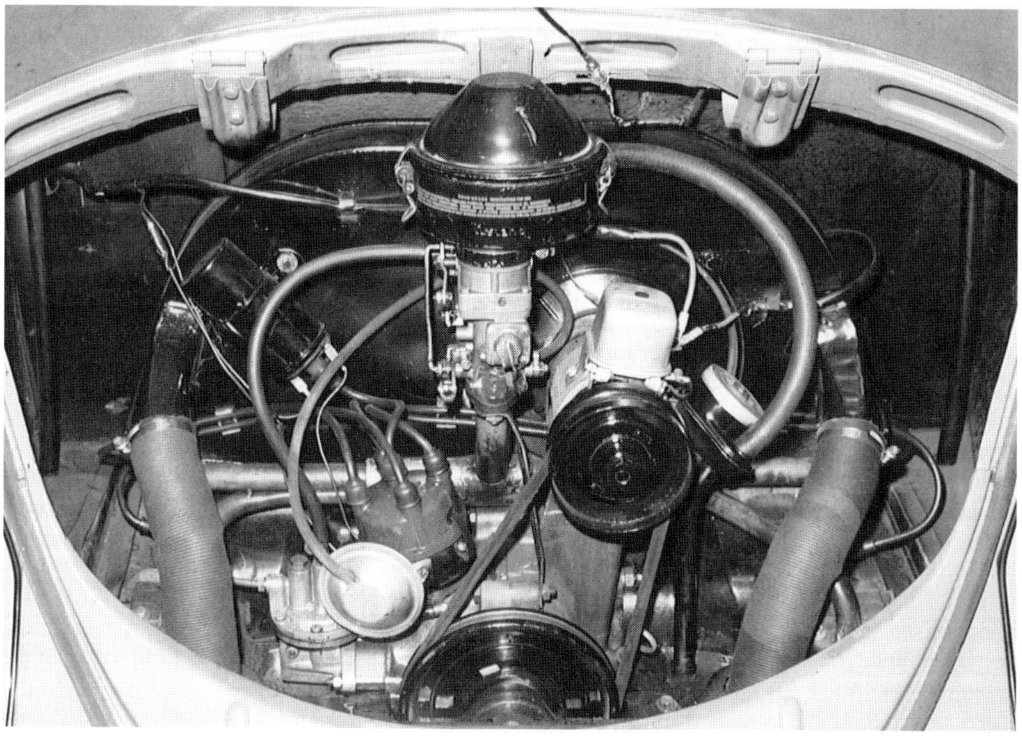

Tief hängende Wolken empfingen mich auf der Großglocknerstraße. Auf die Laune hatte dies jedoch keinen Einfluß.

Durch die Alpen . . .

. . . ein Abstecher zum Silvretta-See.

Bremsen fest, und ich mußte alle Bremszylinder austauschen lassen. Summa summarum beliefen sich die Reparaturen auf 2500 DM – ich war schockiert. Zumal der Motor bei der ersten Probefahrt auf dem Hof des VW-Händlers doch nicht so gut lief, wie erwartet, und auch die Bremsen schief zogen.

Trotzdem – von nun an ging's bergauf! Zuerst ließ ich den Wagen in die Garage meiner Freundin Christine – attraktiv und ein wahres Haushaltsgenie – abschleppen (wegen der Mängel an Motor und Bremsen mochte ich den Wagen nicht selbst mit roten Kennzeichen überführen). Dort wurde Käferlein gründlich gereinigt und entstaubt, wobei sich bei einigen hartnäckigen Verschmutzungen mein Chemiestudium als nützlich erwies. Als nächstes schloß ich die Winker wieder an.

Blieben noch die Probleme mit dem Motor und den Bremsen. Ich suchte deshalb jene Werkstatt auf, die 1975 den Austauschmotor eingebaut hatte. Zu meiner großen Überraschung erinnerte man sich dort noch an das Fahrzeug, und ich erfuhr, daß damals eine 30-PS-Maschine eingebaut worden war. Die gab es zu jener Zeit für 70 DM Aufpreis auch mit der moderneren „Frischluftheizung" – daher also die Leistungsangabe von 22 kW im Kraftfahrzeugbrief!

Gegen den Rat der Werkstatt hatte der Vorbesitzer auf dem Einbau eines Vergasers mit Startautomatik bestanden – obwohl dieser auf den 34-PS-Motor abgestimmt war. Da bekanntlich ein Käfer „reinrassig" sein muß, um einwandfrei zu laufen, war vermutlich der Vergaser schuld am unbefriedigenden Motorlauf. Aber woher den passenden Vergaser nehmen? Man empfahl mir einen bestimmten Schrotthändler und riet in Sachen Bremsprobleme, die Schläuche zu wechseln.

Glücklicherweise hatte der genannte Schrotthändler tatsächlich noch den von mir gesuchten Vergaser, den ich für 30 DM haben konnte. Vorsichtshalber kaufte ich noch ein gebrauchtes 30-PS-Triebwerk in gutem Zustand für 150 DM – man weiß ja nie! Anschließend ließ ich den Wagen wieder in die Werkstatt abschleppen und die Bremsschläuche wechseln. Alles in allem hatte ich jetzt 4000 DM in das Fahrzeug investiert. Was würde ich dafür geboten bekommen? Mein Herz klopfte verständlicherweise bis zum Halse, als ich mit roten Kennzeichen in der Tasche den Wagen zur TÜV-Vorführung abholte.

Diese erste Ausfahrt entwickelte sich wie erwartet zu einem ungeheuer aufregenden Erlebnis! Ich zog den Choke und startete. Man hörte gerade noch das Einrasten des Anlassers, dann war der Motor schon da und lief. Etwas unrund wegen der fehlenden Ansaugvorwärmung, aber doch sehr vertrauenerweckend. Ich schob den Choke halb zurück und genoß den Klang des Motors.

Die 30-PS-Maschine ist viel leiser als die mit 24,5 PS. Also Gang rein und los! Ich bekam eine Gänsehaut, als sich der Wagen mit laut singendem, unsynchronisiertem ersten Gang in Bewegung setzte. Ja, genauso haben früher die Käfer geklungen! Vor fast 15 Jahren hatte ich zuletzt diesen Sound gehört, als wir noch mit dem Käfer von Christophs Vater die Gegend unsicher machten. Beim Hochschalten in den zweiten Gang wurde bei meinem „neuen" Käfer das Getriebe aber sofort laufruhig. Trotzdem kam ich nicht weit, denn schon an der ersten Steigung blieb der Motor stehen. „Mist", dachte ich, entdeckte aber schon nach kurzer Suche den Fehler: das Schwimmernadelventil klemmte. Glücklicherweise hatte der „falsche" 34-PS-Vergaser den gleichen Ventiltyp, und so war der Umtausch kein Problem. Es sollte bis heute meine einzige Panne bleiben. Und da auch die TÜV-Vollabnahme am nächsten Tag ohne Mängel verlief, hatte ich allen Grund, zufrieden zu sein.

Zumal Bremsen, Kupplung und Schaltung genauso leicht gingen wie bei meinem

Auch in der Schweiz gibt es malerische Fotomotive.

„Traumkäfer“ von 1964; die Lenkung empfand ich jedoch durch das konstruktionsbedingte Spiel als katastrophal. Vor allem Spurrillen, Straßenbahnschienen und Seitenwind machten das Fahren zu einer anstrengenden Konzentrationsübung. Originalitätsfanatiker müssen mir daher verzeihen, daß ich schon bald die neuere spielfreie Lenkung des 61er Käfers einbaute, die wesentlich besser und leichtgängiger arbeitete. Durch Erhöhung des Reifenluftdrucks um 0,3 bar konnte die Spurstabilität weiter verbessert werden.

Eine der angenehmsten Überraschungen an dem Wagen war sein Boxermotor. Nach kurzer Einfahrzeit mit dem richtigen Vergaser zeigte er sich von seiner allerbesten Seite: sparsam (6,5 l bei Tempo 80, 10 l bei Vollgas, 10 l im Stadtverkehr), sehr elastisch und drehfreudig, fast sportlich: immerhin 122 km/h Spitzengeschwindigkeit nach Tacho, entsprechend 112 km/h gestoppt. Damit verfügte dieser Käfer wider Erwarten über genügend große Kraftreserven für meine Wochenendtrips nach Hause. Die 200 km lange Strecke schaffte ich in genau zwei Stunden. Also stimmte, was VW im Prospekt versprochen hatte: „Mit der neuen 30-PS-Maschine geht der große Wunschtraum aller sportlich eingestellten VW-Fahrer in Erfüllung.“

Meine Freude über den Käfer teilten sogar meine Nachbarn. Oder warum sonst gingen in allen Wohnungen die Lichter an, wenn ich nachts im ersten Gang durch unsere Straße heulte?

Der erste Urlaub im neuen Käfer führte Christine und mich an Ostern 1986 durch die Alpen nach Österreich. Fotoapparat, Radio, Reservekanister und eine luftdichte Box mit Proviant (wegen des Benzingeruchs) paßten unter die Vorderhaube, Kleider und der Koffer wanderten hinter die Rückbank. Unter dem Rücksitz verstaute ich Werkzeug und Ersatzteile wie Benzinpumpe, Schwimmernadelventil oder Seilzüge. Bis heute wurde nichts davon benötigt.

Unsere Reiseroute ging über Kempten, Fern- und Gerlospaß in Richtung Großglockner. Leider war das Wetter nicht so gut; es regnete teilweise recht heftig. Gott sei Dank hatte das Volkswagenwerk diesem Käfermodell jedoch brauchbarere Scheibenwischer spendiert, so daß wir ohne Unterbrechung weiterfahren konnten.

Nach einigen Übernachtungen näherten wir uns schließlich der Großglockner-Hochalpenstraße. Das Wetter war besser geworden, kein Regen, ab und zu Sonnenschein, aber tiefhängende Wolken. Hier bei den engen Kehren zeigte sich der Käfer von seiner besten Seite: Wieselflink und mühelos nahm er Kurven und Kehren, ohne den Fahrer irgendwie zu belasten. Die Großglocknerstraße ist wohl eine der beeindruckendsten Aussichtsstraßen auf der ganzen Welt. Man fährt mitten durch die unberührte Natur, sieht rechts und links Tiere der Gebirgswelt und erhascht zwischendurch einmalige Blicke auf Alpengipfel und Gletscher. Die karge Vegetation und der Schnee tun ein übriges und verstärken das Gefühl der Naturverbundenheit.

Doch schon bald trafen wir auf Hindernisse wie Reisebusse und Wohnmobile, die im Schneckentempo den Berg heraufkrochen. Jetzt mußte ich in den unsynchronisierten ersten Gang zurückschalten, der — wie Sie ja bereits wissen — nicht geräuscharm ist. Nun ist gerade das Zurückschalten am Berg, wenn der Wagen rasch langsamer wird und sich die richtige Menge Zwischengas nur schwer dosieren läßt, reine Glückssache. Mein erster Versuch ging daher auch prompt schief, und das Getriebe rächte sich mit einem lauten „Krck". Keine Ahnung, ob ich zuviel oder zuwenig Zwischengas gegeben habe. Christine wurde unruhig und begann an meiner Qualifikation als Fahrer zu zweifeln.

Als die Kolonne auf 30 km/h beschleunigte, legte ich den zweiten Gang ein. Aber schon bald wurde es wieder langsamer — und ich mußte zurückschalten. Ich gab diesmal etwas mehr Zwischengas, aber noch immer fehlte dem Schaltvorgang seine Eleganz und Routine! Aber, wie Christine vorschlug, zum Schalten anzuhalten kam nicht in Frage. Und erwies sich schon bald als unnötig, denn nach der „Trial and Error"-Methode bekam ich den Bogen immer besser raus: Wenig Zwischengas, warten, bis der Wagen auf Schrittgeschwindigkeit abgefallen ist, dann rein mit dem ersten Gang! Mein Selbstvertrauen wuchs.

Als ich an der nächsten Steilstrecke rechts einen Parkplatz entdeckte, hielt ich an, um der Kolonne einen Vorsprung zu geben. Wir nutzten die Gelegenheit zu einer Vesperpause — was sich als Fehler erweisen sollte: Bei Temperaturen unter Null Grad kühlt ein Käfermotor sehr schnell aus — auch unserer. Weshalb ich an dieser steilen Stelle große Probleme mit dem Anfahren bekam.

Das letzte Stück bis zur Edelweißspitze war sehr eng und kurvenreich. Ich erklomm es daher mit laut singendem ersten Gang, was Christines Nerven — schon gereizt durch die vorangegangenen Prüfungen — offenbar übermäßig strapazierte. Sie gab mir unmißverständlich zu verstehen, daß sie von meinem Käferlein die Nase endgültig voll hatte (trotzdem fuhren wir einige Monate später mit diesem Wagen zum Standesamt und haben geheiratet).

Oben, auf der Edelweißspitze in 2571 m Höhe, konnten wir trotz tiefhängender Wolken ein herrliches Bergpanorama genießen. Allerdings wehte kalter Wind, weshalb wir schon bald wieder aufbrachen. Nun konnten die Bremsen zeigen, was in ihnen steckte — und sie zeigten sich tatsächlich von ihrer besten Seite: kein Fading, kein Nachlassen, kein Geruch. So mußte es sein, und wir kamen gesund und munter zu Hause an.

Die nächsten Urlaubsfahrten mit dem Käfer führten an die Nord- und Ostsee, nach Holland und Frankreich, in die Schweiz und nach Liechtenstein. Auch in Zukunft wollten wir mit diesem Wagen in Urlaub fahren, der laut Aussage meiner Werkstatt mich noch überleben würde. Was mich nicht weiter beunruhigen soll — solange dies nicht auch mein Hausarzt sagt!

Ob nach Paris oder an die Nordsee, meine Urlaubsreisen mit meinem Käfer habe ich in bester Erinnerung.

WOLFSBURG MOTOR WORKS
CONTROL AND MANAGEMENT

Der Beginn der VW-Veteranenszene

Es war einer von diesen trüben Abenden im Jahre 1987, an denen man zu gar nichts Lust hat. Wind und Regen klatschten an die Fensterscheiben meiner Wohnung in Plochingen, als mich plötzlich ein Telefonanruf aus der Eintönigkeit herausriß. Es war mein alter Freund Christoph. Natürlich war ich sehr erfreut, schließlich hatte ich seit meinem Wegzug aus Seeheim-Jugenheim Anfang 1985 nichts mehr von ihm gehört.

„Stell Dir vor", begann er seine Ausführungen, „ich gehe wie so immer ganz normal durch unser kleines Städtchen, denke an nichts Besonderes – und wen treffe ich? Na, da kommst Du nie drauf. Ich treffe Theodor Reitz."

Ich war ziemlich gelangweilt. Der Name „Theodor Reitz" sagte mir überhaupt nichts. Wahrscheinlich verwechselte mich Christoph sogar mit einem anderen Freund. Im übrigen konnte Christoph treffen, wen er wollte, das interessierte mich selbst an einem so langweiligen Abend wie dem heutigen überhaupt nicht. Aber mein Freund ließ nicht locker: „Mensch du Simpel, das ist doch der Mann, der vor 20 Jahren den Brezelkäfer von meinem Vater gekauft hat. Daran mußt du dich doch noch erinnern. Kannst du dir vorstellen: Herr Reitz fährt den Wagen noch heute."

Ich war plötzlich hellwach. Voller Aufregung schlug ich vor: „Also diesen Herrn Reitz, den müssen wir unbedingt mal besuchen. Mach bitte irgendeinen Termin mit ihm aus. Für so ein Ereignis nehme ich mir glatt einen Tag Urlaub." Und Christoph versprach, einen solchen Besuch zu arrangieren und sich dann wieder bei mir zu melden.

Nach diesem Anruf hatte ich keine Ruhe mehr. In Gedanken erlebte ich wieder meine Suche nach einem Brezelkäfer in den Jahren 1973 bis 1975. Ich ahnte damals nicht, daß nur ein paar Straßen von mir entfernt ein echter Liebhaber eines solchen Fahrzeuges wohnte, eben der genannte Theodor Reitz. Ich war sicher: Hätte ich ihn damals schon kennengelernt, hätte ich bestimmt nicht so schnell die Suche nach einem guten Fahrzeug aufgegeben.

Ein paar Tage später erhielt ich endlich den erwarteten Anruf von Christoph mit dem ausgemachten Besuchstermin. Ich hatte ganz schön Herzklopfen, plötzlich wieder mit der eigenen Vergangenheit konfrontiert zu werden. Wenigstens konnten wir zu dem Termin mit meinem 58er Käfer halbwegs standesgemäß hinfahren.

Auch mein Freund schien etwas unruhig. Darauf angesprochen meinte er, Herr Reitz wäre etwas sonderbar, ich würde schon sehen. Donnerwetter – jetzt war ich erst recht interessiert. Es würde bestimmt kein langweiliger Besuch werden.

Herr Reitz lebte damals mit seiner Frau auf einem uralten Bauernhof in der Altstadt von Seeheim-Jugenheim. Als wir zu dem Haus gelangten und durch das offene Tor traten, erblickten wir als erstes einen schwarzen Ovalkäfer von 1957, der in der Mitte des Hofes stand. Dann trat ein mittelgroßer, kräftiger Mann mit einem kleinen Kinnbart auf uns zu, der uns begrüßte. Er trug etwas altmodische Kleidung und eine karierte Schottenmütze. Es war Theodor Reitz.

Ich verstand sofort, was mein Freund mit der Bezeichnung „etwas sonderbar" meinte. Jedoch empfand ich dies nicht als negativ. Dieser Eindruck wurde durch die Herzlichkeit bestätigt, mit der uns der etwa fünfzigjährige Mann empfing. Er stellte sich uns vor, erzählte, daß er von Beruf Maschinenbau-Ingenieur sei und früher Fiat 500 fuhr. Auf der Suche nach einem besseren, aber billigen Auto war er auf den Brezelkäfer gestoßen. Eher zufällig: „Ich erfuhr, daß sich Dein Vater, Christoph, einen VW 1600 Variant kaufen wollte. Sein alter Brezelkäfer war ihm zu klein und zu schwach geworden, stand also zum Verkauf. Mängelfrei war der Wagen natürlich nicht – in letzter Zeit wurde halt nichts mehr repariert. Eigentlich ein Fahr-

Links:
Heute genauso begehrt wie damals: die ersten Käfer-Veteranen von 1945 (oben) und 1947 (unten).

Rechts:
Man merkt's: Der Käfer ist ein Familienmitglied, das nur zufällig in der Scheune wohnt.

DA-N 956

STP

Waren bis zum Tod gute Freunde: Theodor Reitz und sein VW Käfer.

zeug zum Verschrotten. Aber ein Jahr würde er schon noch halten – und länger wollte ich ihn auch nicht behalten. Also griff ich zu und kaufte ihn 1967 für 250 Mark.

Ich habe es nicht bereut! Schon nach den ersten Kilometern war ich ganz begeistert. Ich benutzte den Wagen als Alltagsfahrzeug und machte mit meiner Frau ausgiebige Reisen. Schauen Sie sich nur mal meine Plakettensammlung an! Im Stich gelassen hat mich das Auto nie – und durch den TÜV bin ich, nach einigen kleinen Reparaturen, auch immer problemlos gekommen – bis heute!"

Nach einer Pause sprach Theodor Reitz weiter: „In meiner Begeisterung suchte ich Kontakt zu anderen Fahrern von Brezelkäfern – was sich als recht schwierig herausstellte. Das änderte sich erst, als ich von einem geplanten Treffen von Uraltkäfern in Fuldatal-Simmershausen bei Kassel erfuhr. Meine Frau und ich sind natürlich hingefahren. Das war am 14./15.Juni 1975, und der Ausrichter des Treffens war der Silberschmied Otto Weymann.

Als wir ankamen, standen dort schon einige Brezelkäfer. Wir parkten mitten zwischen ihnen. Die vielen anderen Besitzer solcher Fahrzeuge zu sehen und mit ihnen zu sprechen, das war wirklich toll und für uns etwas ganz Neues. Das Größte war aber, daß ich von einem Rundfunkreporter interviewt und daß mein Auto sogar gefilmt und fotografiert wurde. Dieses Treffen wird für mich immer unvergeßlich bleiben."

Christoph und ich waren fasziniert! Auch für uns eröffnete sich eine neue Welt – von der wir bald mehr erfuhren, denn Herr Reitz hatte sich mittlerweile in Fahrt geredet: „Bei dieser Gelegenheit lernte ich Peter Gelien, Joachim Harff und Carsten Krügler kennen. Wir begriffen schnell, daß wir auf der gleichen Wellenlänge lagen und außerdem nah beieinander wohnen. Peter machte dann den Vorschlag, einen VW-Veteranenclub ins Leben zu rufen. Wir waren einverstanden!

Schon im Herbst 1975 kam es zu seiner Gründung, zuerst als lose Interessenvereinigung für VW-Käfer mit geteiltem Heckfenster. Mit einem Problem haben wir uns anfangs jedoch sehr schwer getan: Wie nennen wir unsere IG? Die ersten Vorschläge lauteten „Urkäferclub", „Historischer Käferclub" und „Club der VW-Veteranenfreunde". Oder was wäre von „Brillenkäfer" zu halten? Dieser Spitzname gefiel uns Hessen aber nicht besonders.

Irgendjemand kam dann auf „Brezelkäfer" – was sofort auf allgemeine Zustimmung stieß. Einige Tage nach Gründung der „Brezelfenstervereinigung" erhielt ich Post von der „Niederländischen Brillenvereinigung". Ich öffnete den Umschlag – es war ein Schreiben des holländischen VW-Veteranenclubs mit der Bitte um Aufnahme in unseren Club. Ach ja, die armen Holländer können einem leid tun, sie kennen eben keine Brezeln. Aber sie wurden natürlich trotzdem aufgenommen und bekamen Mitgliedsnummer 7.

Apropos Mitgliedsnummer: Peter Gelien bekam als Gründer und erster Vorsitzender natürlich die Mitgliedsnummer 1. Joachim Harff als Verantwortlicher für Öffentlichkeitsarbeit und Clubzeitung erhielt Mitgliedsnummer 2, Carsten Krügler als Ersatzteilreferent die Nummer 3 und ich die Nummer 4. Ich übernahm die Arbeiten, für die sich sonst keiner zuständig fühlte."

Nach kurzer Verschnaufpause fuhr Theodor Reitz fort: „Wir hatten mit erheblichen Schwierigkeiten zu kämpfen, besonders 1975. Es gab ja noch kaum Oldtimerzeitschriften, keine VW-Literatur, keine Ersatzteilhändler und auch keine Teilemärkte. Von daher war es schwer, bekannt zu werden, zumal uns jeder normale Mensch schief ansah, weil wir so ein altes Auto fuhren. Auch die Ersatzteilbeschaffung für unsere Käfer wurde immer kniffliger; vor allem die 16-Zoll-Reifen waren zu diesem Zeitpunkt kaum zu kriegen.

Wir überlegten lange, wie wir denn nun bekannter werden und weitere Mitglieder finden könnten. Schließlich fanden wir die Lösung: Wir mußten selbst VW-Veteranentreffen veranstalten und die Presse hiervon benachrichtigen. Um an interessierte Käferfreunde heranzukommen, hatte Peter die richtige Idee: Er besorgte sich von Otto Weymann die Teilnehmerliste vom ersten VW-Veteranentreffen und lud sämtliche Teilnehmer zum ersten Meeting unseres Clubs am 15.11.1975 in seinem Wohnort Mainaschaff ein. Für mich und meinen Käfer war das natürlich ein Heimspiel.

Das Treffen stand jedoch wettermäßig unter keinem guten Stern: Winterliches Chaos, Glatteis und Nebel führten dazu, daß viele Brezelkäfer in der warmen Garage blieben und nur 20 Exemplare erschienen. Trotzdem – für mein Gefühl war das Treffen ein voller Erfolg. Und wir konnten durch eine Pressemitteilung darüber unseren Bekanntheitsgrad weiter steigern.

Die folgende Zeit war ich sehr aktiv. Ich steckte Werbezettel für unseren Club unter die Scheibenwischer von Brezelkäfern, die ich irgendwo stehen sah, und besuchte viele Clubversammlungen und Käfertreffen. Besonders begeistert war ich von den

„Ich benutzte den 17 Jahre alten Wagen weitere zwanzig Jahre als Alltagsfahrzeug und machte mit meiner Frau ausgiebige Reisen. Schaun Sie sich nur mal meine Plakettensammlung an."

Manche Käfer-Veteranen gab es nur als Einzelstück wie z. B. diesen Typ 92LO von 1942.

Treffen 1979 und 1983 in Bad Camberg, die Heinz-Willi Lottermann organisiert hatte. Willi gab sich ja stets viel Mühe, hat einmal sogar jedem Teilnehmer anhand der Fahrgestellnummer des Fahrzeugs die bei VW noch registrierten Daten mitgeteilt. Bei der Gelegenheit erfuhr ich, daß mein Fahrzeug ursprünglich 2 Jahre in der 151. Vehicle Company in Lippstadt gedient hatte – womit sich die komische Eintragung „C. C. G.-Wagen" im Kraftfahrzeugbrief erklärte. Na, das war eine Überraschung: Mein Wagen war damit zwei Jahre älter, als ich bisher geglaubt hatte! Ein anderes Mal ließ Willi jeden Wagen fotografieren, um das Bild dem Besitzer zu schenken. Mein Fahrzeug hat übrigens einmal sogar eine Urkunde wegen seiner Originalität erhalten. Ja, an Bad Camberg denke ich gerne zurück.

Am 25.10.1980 mauserte sich unser Club zu einem richtigen eingetragenen Verein. Gleichzeitig wurden auch Besitzer von Käfern mit ovalem Rückfenster als Mitglieder zugelassen, wenn zunächst auch nur in eine Untersektion „Ovale Scheibe" (die dann nie gegründet wurde). Ich war von dieser Erweiterung nie begeistert, aber der Druck der neueren Mitglieder war eben zu stark. Seitdem ist unser Club für meinen Geschmack ein bißchen zu groß.

Anfang der achtziger Jahre habe ich mich aus dem Clubleben zurückgezogen. Meine Gesundheit, wissen Sie. Außerdem wurde auch meine graue Brezel langsam müde – da habe ich mir einen alten 57er Ovalkäfer als Alltagsfahrzeug gekauft. Den Wagen sehen Sie ja hier auf dem Hof."

Christoph und ich bewunderten das Fahrzeug. Das heißt, viel zu bewundern gab es eigentlich nicht. Der Wagen hatte zwar noch einen relativ guten schwarzen Lack, wirkte aber recht ausgelaugt. Auf mich machte es sogar den Eindruck, als ob es jederzeit in zwei Teile auseinanderbrechen könnte. Mein Freund Christoph aber lachte mich aus. „Ein Käfer bricht nicht auseinander", flüsterte er.

„Eigentlich ist es überraschend, daß gerade von Ihnen und Ihren drei Freunden ein VW-Veteranenclub gegründet wurde", bemerkte ich anschließend. „Ich hätte dies eher von Otto Weymann erwartet oder von Gerd Lamping aus Bremen, der bereits im Frühjahr 1975 in einschlägigen Zeitschriften nach Mitgliedern für eine lose Interessengemeinschaft von VW-Veteranen-Fahrern suchte. War vielleicht die große räumliche Nähe der vier Gründungsmitglieder und die daraus resultierende Produktivität ihrer Arbeit der entscheidende Faktor?"

„Bestimmt", antwortete Herr Reitz, „wir waren selbst überrascht, wie schnell alles ging. Sie besitzen auch einen alten Käfer?"

„Aber ja", entgegnete ich, „wir sind sogar damit hergekommen. Es ist allerdings kein Brezelkäfer, sondern nur ein 58er Rechteckkäfer, aber in sehr gutem Zustand."

„Na, dann fahren Sie ihn doch mal auf den Hof", meinte Theodor Reitz – was wir uns nicht zweimal sagen ließen. Rasch holten wir unseren blauen Käfer, der – für uns sehr überraschend – so viel Eindruck machte, daß unser Gastgeber ihn seiner Frau zeigen mußte. Also wurden wir ins Haus gebeten und durch einen finsteren Flur, in dem sich die alten Zeitungen stapelten, in eine große, ebenfalls düstere und sehr altmodische Küche geführt, um Frau Reitz vorgestellt zu werden. Die Dame des Hauses teilte, das merkten wir sofort, die Liebe und Begeisterung ihres Mannes zu alten Käfern – beneidenswert!

Nachdem wir etwas in alten Unterlagen über VW-Treffen gestöbert und die Mitgliedsurkunde Nr. 4 – sie hing im ebenfalls düsteren Nachbarraum an der Wand – bewundert hatten, zog unsere kleine Gruppe wieder in den Hof. Auch Frau Reitz war von meinem blauen Käfer ganz begeistert – was mich natürlich mächtig stolz machte.

Dann kam der große Moment: Das Ehepaar Reitz führte uns ihren Brezelkäfer vor. Er stand in einer großen, fast versteckt liegenden Scheune, in der es ebenfalls ziemlich finster war. Erst nachdem sich unsere Augen an die Dunkelheit gewöhnt hatten, bemerkten wir in einer

Ecke den grauen Brezelkäfer. Etwas traurig sah er schon aus, neben all dem Stroh und unter der dicken Staubschicht, die ihn überzogen hatte. Sein einer platter Reifen paßte gut ins Bild. Trotzdem wurden Christoph und ich von Wehmut überfallen: Da stand das Auto, mit dem wir vor rund 20 Jahren durch die Gegend gezockelt waren! Erinnerungen an Erlebnisse – nette und weniger nette – stiegen in uns auf...

Um es bei Tageslicht begutachten zu können, schoben wir das bis auf die Batterie noch immer komplette Fahrzeug in den Hof. Vermutlich würde man Käferlein ohne allzu große Mühe zum Laufen bringen; allerdings waren die beiden vorderen Schweller so vollständig durchgerostet, daß man von innen seine Füße auf die Vorderräder stellen konnte. Ein Blick auf die Fahrzeugunterseite offenbarte zahlreiche Schweißstellen. Das Nummernschild – es war noch das erste von 1957 – verriet, daß der TÜV bereits 1986 abgelaufen war. Weil er zur Zeit kein Geld habe, um den Wagen instandzusetzen, wie uns sein Besitzer erklärte. Irgendwann aber wäre dies hoffentlich der Fall – und darum bliebe das Auto angemeldet. Natürlich wäre es unverkäuflich.

Wir öffneten die Motorhaube (wobei das Blech abriß, an dem die Feder befestigt war). „Das ist aber nicht der Originalmotor“, folgerte ich aus Motornummer und anderen Details. Als Antwort führte uns Herr Reitz zurück in die Scheune zu einem Strohhaufen. Ich war höchst überrascht, als tatsächlich der Originalmotor darunter zum Vorschein kam, der jedoch nicht mehr drehte. Aus weiteren Verstecken zauberte Herr Reitz noch ein paar andere Brezelkäferteile hervor.

Zum Abschied durfte ich noch ein paar Fotos schießen, für die sich Theodor Reitz extra ein altes T-Shirt vom Brezelfensterverein überstreifte. Sollte ich selbst einmal einen Brezelkäfer besitzen, würde ich ihn damit besuchen – das versprach ich unserem neuen Freund noch beim Abschied.

Aber es sollte zu keinem zweiten Treffen mehr kommen: Ein paar Jahre später gehörte mir tatsächlich ein Brezelkäfer, den ich 1992 – fertig restauriert – Theodor Reitz vorstellen wollte. Aber es war zu spät: Dieser so liebenswürdige Freund von alten Käfern war am 26. 6. 1991 gestorben.

PS: Unmittelbar nach dem Tod von Herrn Reitz entdeckte ein junges Mädchen aus Seeheim durch Zufall den schwarzen Ovalkäfer auf dem Hof der Familie Reitz. Sie informierte ihren Freund Knut in Buxtehude, der für Käfer schwärmte. Für 200 DM durfte er das Auto mitnehmen. Aber es blieb nicht bei dem einen: Frau Reitz zeigte den jungen Käfer-Freunden die graue Brezel, die in der Scheune schlummerte – ohne TÜV, aber immer noch zugelassen! Man wurde sich schnell einig, und so gingen die beiden Volkswagen für zusammen 2000 DM nach Buxtehude. Beim Transport brach der Ovalkäfer zwar auseinander, dafür aber wird „der Alte“ bald in neuem Glanz erstrahlen!

Auch dieser Allrad-Käfer-Veteran „Major Hirst“ von 1946 ging nicht in Serie.

ES
CV 43
D

Der Ovalkäfer von 1953 bis 1957 – das Familienauto der 50er Jahre

Der Erfolg des Käfers in den 50er und 60er Jahren ist ein unbestrittenes Phänomen und hatte viele Ursachen. Eine davon war, daß das Auto ganz einfach gut in seine Zeit paßte. So kostete in der zweiten Hälfte der 50er Jahre ein Haus etwa 40 000 DM, eine Werkstadtstunde 10 DM und der dazugehörige Export-Käfer rund 5000 DM. In den Büros wurde noch samstags gearbeitet (45-Stunden-Woche), und ein Familienvater mit einem guten Job (6–7 DM Stundenlohn) konnte sich jetzt endlich und erstmals ein Auto leisten; zumindest einen Käfer – meist mit ovalem Heckfenster – aus dem „Altwagenhandel".

Auch mein Vater, ein Architekt, fuhr als erstes Auto einen atlantikgrünen Ovalkäfer in Export-Ausführung. Er erwarb ihn 1955 für 3300 DM beim Autohaus Pedrotti in Bergheim. Es war noch das Modell 1953 mit der 24,5-PS-Maschine, das zu diesem Zeitpunkt relativ preiswert war, da bereits die ersten Jahreswagen mit 30 PS auf den Altwagenmarkt drängten. Jetzt mußte er nicht mehr mit der NSU-Lambretta auf die Baustellen fahren. Ich war sehr stolz, daß mein Vater ein Auto besaß, dieses untrügliche Zeichen für Erfolg und Wohlstand. Leider starb mein Vater schon 1956, und so wurde der Wagen für 3500 DM (!) weiterverkauft.

Übrigens mußte man bis etwa 1963 als Besitzer eines Automobils stets seine Steuerkarte mit sich führen, um jederzeit den Nachweis über die gezahlte Kfz-Steuer erbringen zu können. Manch einer klebte sogar die Plakette seiner Kfz-Versicherung samt Autokennzeichen auf die Scheibe – um zu beweisen, daß sein vierrädriger Liebling ordnungsgemäß versichert war. Dafür brauchte man sich nicht um den TÜV-Termin zu kümmern, denn man wurde bis 1961 automatisch angeschrieben und zu einem Termin vorgeladen.

Kein Problem bereitete die Wagenpflege: Nachbars Mäxchen war gerne bereit, für eine Mark den Wagen zu waschen oder leichte Handgriffe auszuführen. Größere Arbeiten erledigte der freundliche Tankwart (typischer Slogan damals: „ESSO-Freunde – gut betreut") für 5 DM pro Stunde. Nur selten mußte der Wagen in die Werkstatt.

Aber halt – da war doch eben von einem Ovalkäfer die Rede. In meinem Leben fehlten noch einschlägige Erlebnisse mit einem solchen Käfer. Mein Freund Klaus und ich waren uns daher schnell einig: Diese Lücke mußte unbedingt geschlossen werden! Da Klaus von einem sehr gut erhaltenen Ovalkäfer in Berlin wußte, beschlossen wir, mit meinem 58er Käfer und roten Nummern an Bord hinzufahren und Käferlein zu besichtigen. Sollte Klaus der Wagen gefallen, könnten wir ihn gleich mitnehmen. Wobei wir uns die 300 km lange Fahrt durch die DDR sehr abenteuerlich vorstellten.

Übrigens lockte der Berliner Ovalkäfer mit einer interessanten Vorgeschichte, soviel wußten wir bereits: Er war gebaut worden, kurz bevor die großen Veränderungen im August 1957 über die Bühne gingen, stand dann aber jahrelang bei einem Westberliner Händler, da niemand das veraltete Modell mit dem kleinen Rückfenster kaufen wollte. Erst im Jahre 1960 wurde er veräußert, bis er nach dem Tod des Erstbesitzers von dessen Witwe mittels Anzeige in einer großen Oldtimerzeitschrift zum Verkauf angeboten wurde.

Eine so weite Reise erforderte einige Vorbereitungen an meinem Auto – wir wollten nicht mitten auf der Transitstrecke liegenbleiben. Also „checkten" wir meinen Käfer intensiv, wobei wir ein marodes Kupplungsseil entdeckten, das wir bei der nächsten Inspektion austauschen ließen. Sie wissen ja, daß der Käfer alle 2500 km zu einem Wartungs- bzw. Schmierdienst muß. Einen Ersatzteilkoffer mit Benzinpumpe, Zügen, Zündkerzen, Unterbrecherkontakten, Glühbirnen, Schwimmernadelventil usw. hatten wir sowieso immer bei uns, dazu natürlich gutes Werkzeug. So waren wir für viele Eventualitäten gerüstet.

Dann, endlich, starten wir zu unserer großen Reise. Um 10 Uhr ist Abfahrt bei sonnigem und warmem Wetter. Also werden die Fenster runtergekurbelt und die Ohren mit Watte verstopft, weil sonst die Windgeräusche zu störend sind; immerhin

Links: Berlin ist immer eine Reise wert, doch damals gab es noch die Mauer...

Das Faltdach ermöglicht jederzeit einen guten Ausblick.

ES-06040

fahren wir stets über 100 km/h. Über Heilbronn, Nürnberg und Bayreuth erreichen wir nach 350 km Fahrt die DDR-Grenze. Vorher wird schnell noch einmal getankt: Zwar ist der Sprit in der DDR mit 0,50 DM/l um mehr als die Hälfte billiger als bei uns, jedoch müßten wir dort etwa eine Stunde in einer „sozialistischen Wartegemeinschaft“ vor den Zapfsäulen ausharren. Außerdem ersparen wir uns so das Fluchen des DDR-Tankwarts, der seine Zapfsäule von Zweitaktgemisch auf Normalbenzin ohne Ölzusatz umzustellen hätte.

Mit vollem Tank – wir haben einen Schnitt von weniger als 10 l auf 100 km erreicht – nähern wir uns der Grenze. Jetzt ist Geduld gefragt, denn vor uns windet sich eine 300 m lange Autoschlange in Richtung „Transit Westberlin“. Alle 30 Sekunden geht es ein Auto weiter, und nach zwanzig Minuten sitzen wir dem DDR-Grenzer Auge in Auge gegenüber. Eine Menge Dokumente – Reisepässe, Führerscheine sowie Fahrzeugschein – will er sehen, um dann sorgfältig die Fotos der Pässe mit unserem Konterfei zu vergleichen („machen Sie bitte mal das linke Ohr frei“). Der Kfz-Schein verblüfft ihn: „Was, nur 30 PS hat Ihr Fahrzeug? Mein Trabbi bringt es auf 26!“ Offensichtlich werden wir ihm sympathischer. Nachdem wir ihm glaubhaft versichert haben, nur zu zweit zu sein, dürfen wir die nächste Etappe dieses amtlichen Grenz-Malefiz-Spiels in Angriff nehmen. Inzwischen prüft man unsere Papiere auf ihre Echtheit. Nach einer dreiviertel Stunde sind wir am nächsten Kontrollpunkt an der Reihe, erhalten unsere Papiere zurück und werden mit der Ermahnung, niemanden zusteigen zu lassen, auf die Transitstrecke geschickt. Wir haben es geschafft! Langsam verflüchtigt sich auch das flaue Gefühl, das wir im Magen hatten.

Stammt die Fahrbahn noch aus der Zeit vor dem Zweiten Weltkrieg? Vermutlich! Vieles jedenfalls kommt einem bekannt vor – aus alten Vorkriegswochenschauen. Immerhin – die gröbsten Schlaglöcher sind ausgebessert, und es gibt keine Spurrillen, so daß wir dank der guten Federung unseres Käfers zügig voran kommen. Der Verkehr ist zunächst gering, was sich aber bald ändert. Langweilig wird es uns trotzdem nicht, denn wir amüsieren uns über die sozialistische Werbung am Straßenrand. Nach und nach leisten uns immer mehr Trabis und – seltener – Ladas, Wartburg und Skodas Gesellschaft. Keine Frage: Unser Käfer ist hier ein Traumwagen, nicht nur wegen des Komforts. Mit 30 PS sind wir fast schon die Könige der Autobahn! Vor allem an Steigungen müs-

Besonderes Kennzeichen: ovale Heckscheibe

Schnell waren die mitgebrachten roten Nummernschilder montiert, und es ging aus eigener Kraft weiter…

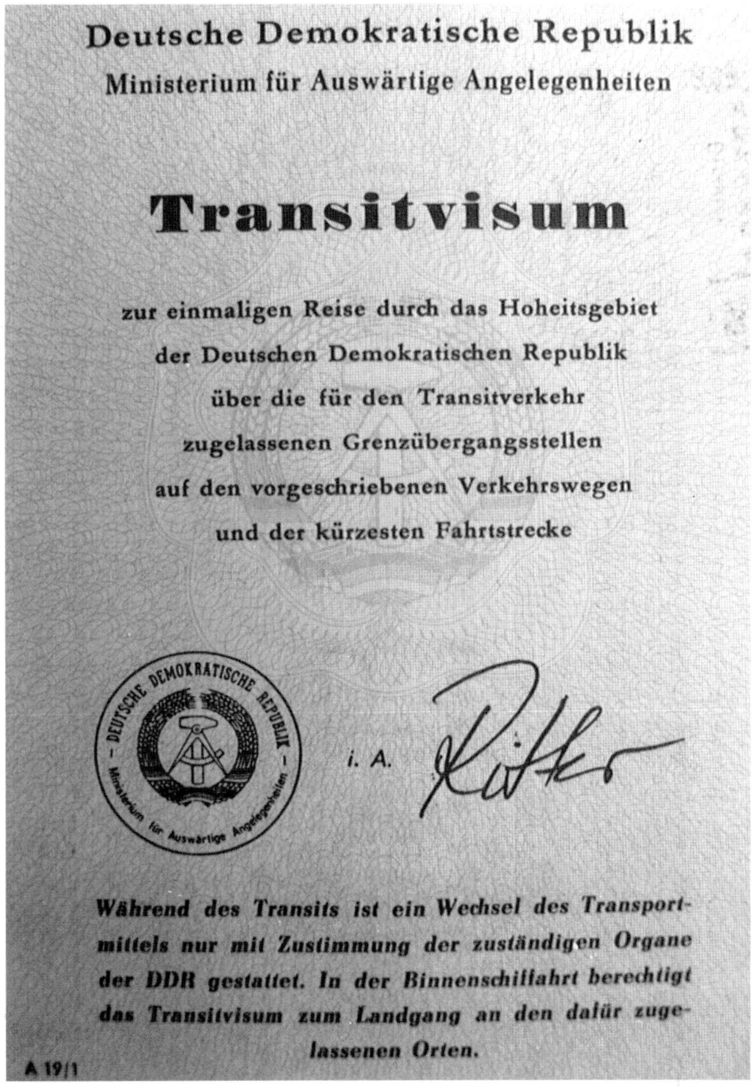
Deutsche Demokratische Republik
Ministerium für Auswärtige Angelegenheiten

Transitvisum

zur einmaligen Reise durch das Hoheitsgebiet der Deutschen Demokratischen Republik über die für den Transitverkehr zugelassenen Grenzübergangsstellen auf den vorgeschriebenen Verkehrswegen und der kürzesten Fahrtstrecke

Deutsche Demokratische Republik – Ministerium für Auswärtige Angelegenheiten –

i. A. Ritter

Während des Transits ist ein Wechsel des Transportmittels nur mit Zustimmung der zuständigen Organe der DDR gestattet. In der Binnenschiffahrt berechtigt das Transitvisum zum Landgang an den dafür zugelassenen Orten.

A 19/1

An der Grenze zur DDR erhielten wir dieses Transitvisum, das wir später wieder abgeben mußten.

Unten: „Keine weiteren Mitreisenden im Kofferraum?“ fragte uns der Zöllner an der Grenze. In Anbetracht der Größe unseres Kofferraums erschien uns diese Frage reichlich unverständlich, konnte doch unter der vorderen Haube allenfalls Kleintieren eine Mitreisemöglichkeit geboten werden.

Das Garagentor ging auf – und wir waren begeistert. Ein wunderschöner Ovalkäfer von 1957 stand in der Garage.

sen die schwachbrüstigen Trabis – aufgeregt qualmend und strenge Gerüche verbreitend – passen. Die in den 50er Jahren nachgebauten Vorkriegsautos – man sieht sie häufiger als VW Golfs mit DDR-Kennzeichen – beeindrucken uns besonders. Wie jenes wunderbare 327 Cabriolet, das Klaus zunächst für einen echten BMW hält.

Nach einer Stunde Fahrzeit meldet sich unser Magen, und wir halten auf einem der vielen Parkplätze an. Dort werden wir gleich nach Ersatzteilen wie Keilriemen oder Bowdenzügen gefragt, die wir zwar dabei haben, aber nicht hergeben wollen. Wir hätten ein paar mehr einpacken sollen – bei der bekannt schlechten Ersatzteillage... Abgesehen davon, daß wir mit dem Ostgeld auf unserer Transitreise nichts anfangen könnten. Aber immerhin kommen wir so mit den Leuten ins Gespräch.

Nach unserer kurzen Rast geht es weiter, diesmal mit Klaus am Steuer. Wir halten uns strikt an die Ausschilderung „Transit Westberlin“ und kommen schließlich zum Grenzübergang Dreilinden, wo wir unser Transitvisum abgeben müssen. Dann wiederholt sich mehr oder weniger das gleiche Spiel, wie wir es schon von

Wir schoben den Wagen aus der Garage, um ihn besser bewundern zu können.

Auch innen wirkte der Wagen sehr freundlich.

Schön und original: ein zeitgenössisches Blaupunkt-Radio

unserer Einreise kennen. Nach einer halben Stunde haben wir endlich „westlichen“ Boden unter den Füßen – oder richtiger: Rädern. Es ist 19.30 Uhr abends, und wir sind 680 Kilometer gefahren. Es beginnt zu dämmern.

Das Abenteuer Berlin kann beginnen. Nach einer aufregenden Odyssee (einen Stadtplan haben wir dummerweise vergessen) finden wir unser Quartier, gehen aber sofort wieder auf Entdeckungstour. Berlin ist immer eine Reise wert: das Brandenburger Tor, die Mauer, der Reichstag, die Floh- und Antikmärkte, das Europacenter oder die vielen Kneipen im Kudamm-Karree sind nur einige der zahlreichen Sehenswürdigkeiten. Wir besuchen natürlich auch das Museum für Verkehr und Technik.

Unser größtes Interesse gilt natürlich dem zu besichtigenden Ovalkäfer. Der zeigt sich in sehr gutem, weitgehend originalem Zustand, und so ist sich Klaus mit der Verkäuferin schnell einig: Der Wagen kommt mit uns nach Stuttgart! Im Nu sind die mitgebrachten roten Kennzeichen montiert; Klaus kommt überraschend schnell mit seiner Neuerwerbung klar.

Die ich später natürlich auch fahren darf. Es handelt sich um ein Export-Modell der Baureihe 1956–1957 mit Faltschiebedach und originalem 30-PS-Motor. Im Gegensatz zu meinem Käfer, Baureihe 1957–1958, besitzt er noch die kleine ovale Heckscheibe, die kleinere Frontscheibe sowie statt des Gaspedals eine Rolle. Auch das Armaturenbrett ist ganz anders gestaltet. Obwohl in vielen Details meinem Fahrzeug sehr ähnlich, wirkt dieser Käfer auf mich doch sehr viel altmodischer, was für mehr nostalgische Stimmung sorgt. Ich verstehe plötzlich, warum manche Leute über die Rechteck-Käfer die Nase rümpfen.

Auch beim Fahren bemerke ich erhebliche Unterschiede. Neben der schon angesprochenen Gasrolle fällt auf, daß das Kupplungs- wie das Bremspedal wirklich kräftiges Zutreten erfordern, der Scheibenwischer sich schon fast aufreizend langsam bewegt und, besonders gravierend, die Bremse mit ihren schmaleren Belägen viel schlechter arbeitet. Von der schlechten Sicht gar nicht zu reden ...

Außerdem gefallen mir persönlich das kleine Handschuhfach und die Placierung der Schalter nicht. Fünf identische Bedienungsknöpfe liegen unmittelbar nebeneinander: Beleuchtung, Scheibenwischer, Lautstärke Radio, Abstimmknopf Radio, Luftklappe. Aus diesem Grund besteht eine gewisse Verwechselungsgefahr. Auch das Zündschloß ganz rechts beim Beifahrer halte ich für keine glückliche Lösung. VW war offensichtlich der gleichen Meinung und hat alle angesprochenen Punkte zum 1. 8. 1957 geändert.

Unseren Käfern gemeinsam sind die Lenkung, der wunderbare 30-PS-Motor, der Tacho, die weichen Sitze, die Federung sowie das Getriebe. Ich erinnere mich, daß das VW-Werk in den 50er Jahren die Getriebe streng nach dem Sprichwort: „Wer zuerst kommt, mahlt zuerst“ baute: Der erste Gang war geradverzahnt, was zu einem mehr oder weniger lauten „Singen“ führte.

Nachdem wir beide den neuen „alten“ Käfer ausführlich beschnuppert haben, treten wir unsere Rückreise an. Problemlos erreichen wir die Avus in Richtung Grenzübergang Dreilinden. Es beginnt zu regnen, glücklicherweise ist es jedoch nur wenig windig. Böiger Seitenwind auf so einer langen Fahrtstrecke – das hätte uns gerade noch gefehlt! Die Fahrbahn ist naß, ich fahre etwa Tempo 80 in einer Kolonne und halte einen großen Sicherheitsabstand zu dem vor mir fahrenden Klaus. Schließ-

Ein Blick zurück

lich will ich nichts riskieren. Es ist ein merkwürdiges Gefühl, hinter einem Ovalkäfer herzufahren, denn er ist sehr hoch und man kann nicht durch die Rückscheibe nach vorne blicken. Man schaut praktisch nur auf Blech. Plötzlich nimmt der Abstand zu Klaus rapide ab, und ich trete auf die Bremse.

Doch was ist das? Die Bremse blockiert beim leichtesten Druck, und mein Käfer rutscht wie auf Glatteis immer näher auf den von Klaus. Gleichzeitig dreht sich mein Wagen nach links, denn die Straße ist abschüssig. Ich versuche es mit der Stotterbremse und lenke gegen, leider ohne großen Erfolg: Mein blauer Käfer schlittert unverdrossen in die einmal eingeschlagene Richtung weiter. Als der Crash schon unvermeidlich scheint, fährt die Kolonne wieder an und Klaus zieht eine Wagenlänge vor. Gerettet!

Hinterher gibt es heiße Diskussionen. Der Sicherheitsabstand war riesig, und trotzdem entstand diese kritische Situation. Zweifellos lag es an meinen vor 4 Jahren neu gekauften Diagonalreifen, die trotz 6 mm Profil glatt versagten. Da der Wagen bisher immer nur bei schönem Wetter gefahren wurde, ist mir das miserable Verhalten bei nasser Fahrbahn nie aufgefallen. Werden wir uns das nächste Mal wieder die originalen Diagonalreifen kaufen? Aber natürlich, denn offensichtlich gibt es bessere als meine, denn die Uraltpneus von Klaus haben ja einwandfrei gebremst.

Ansonsten verläuft die Rückfahrt ohne Probleme. Auf einem Parkplatz bietet man Klaus 8000 Ostmark für seinen Käfer, aber er lehnt ab. Sein neues Schmuckstück ist unverkäuflich, vom schlechten Geschäft für Klaus mal abgesehen.

Stunden später sind wir wieder zu Hause. Insgesamt 1500 km Fahrtstrecke, 130 l Benzin und 0,25 l Motorenöl liegen hinter mir und meinem Käfer. Ich habe in den wenigen Tagen viel erlebt und sinke erschöpft, aber glücklich in mein Bett. Es sollte freilich nicht die letzte Überführungsfahrt sein, die ich erlebe. Denn schon einige Monate später bin ich wieder auf Achse, um einen Käfer „nach Hause" zu holen. Aber diesmal ist es mein eigenes Fahrzeug, ein pastellgrünes Käfer-Exportmodell von 1949. Was ich dabei erlebte, lesen Sie gleich . . .

Ende gut - alles gut. Wieder in der Heimat hatten Klaus und ich gut lachen . . .

Mit dem Brezelkäfer von 1949 zurück in die Zukunft

War es Abenteuerlust, die in der zweiten Hälfte der achtziger Jahre mein Verlangen wachsen ließ, wieder einen Brezelkäfer zu besitzen und zu fahren? Oder hatte auch mich die Nostalgiewelle erfaßt? Egal. Mochte mein 58er Käfer mir auch noch so viel Freude machen – mich lockte plötzlich wieder die spartanische Ursprünglichkeit eines ganz frühen Krabbeltiers! Nicht zuletzt erinnerte mich meine alte Sparbüchse mit den Geldmünzen von 1949 daran, daß ich mir schon als Kind einen Käfer von 1949 kaufen wollte.

Zunächst allerdings kaufte ich einen weißen VW Golf, um meinen 58er Käfer zu schonen. Dann wurde es ernst in der Liebe: Ich wollte endlich meine Freundin Christine heiraten und Kinder haben. Aus diesem Grund brauchten wir mehr Platz, sprich: ein eigenes Haus. Da hierfür unser Geld aber nicht reichte, begann ich eisern zu sparen. Nach Feierabend verfaßte ich Artikel, baute Computer aus Einzelteilen zusammen und versuchte, ein Patent auf ein von mir erfundenes Arzneimittel zu vermarkten. Alles nur, um unserem angestrebten Ziel näher zu kommen!

Nach drei Jahren harter Arbeit und sparsamer Lebensweise hatte ich 1988 genug Geld zusammengespart, um ein altes Reihenhaus in Deizisau bei Stuttgart zu kaufen. Das Haus erwies sich jedoch als renovierungsbedürftiger als vorhergesehen, und so war ich weitere zwei Jahre nach Feierabend als Heimwerker tätig.

Als die Renovierungsarbeiten endlich abgeschlossen waren, erhielt ich von meinem Arbeitgeber ganz überraschend die Kündigung meines Arbeitsverhältnisses. Betriebsbedingte Schwierigkeiten zwangen ihn zu Entlassungen, von denen auch ich betroffen war. Ich bekam eine Abfindung – und hatte plötzlich Geld, aber keinen Job!

Konnte ich in solch einer Situation auf die Suche nach einem Brezelkäfer gehen – anstatt mein Geld für schlechte Zeiten zurückzulegen? Ich sprang über meinen Schatten und vertiefte mich in die Kleinanzeigen einschlägiger Zeitschriften!

Ich wurde fündig und besichtigte zunächst einen im Juni 1949 gebauten Standard-Käfer für 15 000 DM. Viele fast vergessene Erinnerungen meldeten sich zurück, als ich den alten grauen Käfer sah, der einen recht originalen Eindruck machte und sich innen wie außen in gutem Zustand präsentierte. Allerdings störten mich die zahlreichen unfachmännisch ausgeführten Schweißstellen. Der alte Kfz-Brief fehlte. Außerdem fiel mir wieder ein, daß ich immer von den weicheren Sitzen und der besseren Geräuschdämmung des Exportmodells geträumt hatte. Aus diesen Gründen bot ich nur halbherzige 12 000 DM – und wurde selbstverständlich überboten.

Ich erzählte meinen Käfer-Freunden davon – und war wirklich überrascht, als mir Hermann Walter das eine seiner beiden 1949er Exportmodelle anbot. Ich kannte das Fahrzeug, das mir immer gut gefallen hatte – aber eben nie zum Verkauf stand. Bis heute. Also inspizierte ich es noch einmal gründlich und entdeckte wenig Rost, aber viel solides Blech – man hatte es eben mit einem guten, unverbastelten Auto zu tun. Die üblichen Teile wie Rückleuchten und Stoßstangen waren natürlich nicht mehr original, auch war der Stoff der Innenausstattung recht abgenutzt. Trotzdem: Wir einigten uns schnell auf einen Kaufpreis von 8500 DM, wobei ich fünf DM dieses Betrags aus meiner Sparbüchse in Münzen von 1949 bezahlte. Endlich war ich glücklicher Besitzer eines Brezelkäfers von 1949!

Ich forschte zunächst in der Geschichte meiner Neuerwerbung, die sich 1949 ein selbständiger Elektromeister in Bielefeld für 5450 DM gekauft hatte. Viel scheint er aber nicht damit gefahren zu sein, denn 1953 erhielt er immerhin noch 4000 DM, als er den Wagen an einen Kollegen verkaufte. Der hat den Kauf nie bereut – und seine Frau auch nicht, obwohl sie zunächst das Geld für neue Wohnzimmermöbel ausgeben wollte! Dieser zweite Besitzer war 18 Jahre mit dem Auto unterwegs – ohne Pannen und ohne große Reparaturen, obwohl er seinen Käfer nicht schonte und sogar Steine sowie andere Baumaterialien

Endlich zu Hause – die Schleichfahrt mit „vollem Tank" ist zu Ende.

damit transportierte. Mit Karacho ging es ins Jahr 1968: Am Neujahrstag rutschte ein anderes Auto bei Glatteis aufs Hinterteil von Käferlein, das neben Kotflügeln und Motorhaube ein neues Triebwerk benötigte. Aus Kostengründen entschied man sich für das 30-PS-Aggregat eines 1962er Standard-Käfers. Im Oktober 1971, zum 65. Geburtstag des Vorbesitzers, legte die ganze Familie zusammen, und der Wagen wurde noch einmal tiptop technisch und optisch instandgesetzt. Jedoch gab bereits Anfang 1972, nach 152 000 km Gesamtlaufleistung, der zweite Motor seinen Geist auf.

Was tun? Einerseits sagten die Werkstätten, daß sich eine Reparatur nicht mehr lohnen würde, denn außerdem war infolge einer undichten Frontscheibendichtung Wasser in den rechten Schweller gelangt, was schwere Rostschäden nach sich gezogen hatte. Andererseits hatte man wenige Monate vorher viel Geld investiert, und deshalb wollte man den Wagen weder verkaufen noch verschrotten. Man löste dieses Dilemma dadurch, daß man drei weitere Garagen auf dem Grundstück bauen ließ und das Fahrzeug in einer davon abgemeldet abstellte.

Nach dem Tod seines Besitzers ließ die Familie für viel Geld einen generalüberholten 24,5-PS-Motor einbauen und verkaufte den Wagen mit dem „neuen" Motor Ende 1977 für 1500 DM an einen Studenten aus Bielefeld. Dieser ließ den Schweller an einer Tankstelle schweißen, was seine finanziellen Möglichkeiten jedoch übersteigen sollte. Also wurde der Wagen von der Tankstelle als Faustpfand bis zur Bezahlung der Rechnung einbehalten.

Aufgrund anderer Kotflügel und Zierteile sieht der Brezelkäfer auch von vorne altmodischer aus als die Modelle ab Oktober 1952.

Hier stöberte ihn Hermann Walter auf. Der Tankstellenbesitzer vermittelte den Kontakt zu dem (finanziell schwachbrüstigen) Studenten, der ihn für 2000 DM im Februar 1978 an den neuen Interessenten verkaufte. Mit roten Kennzeichen fuhr es Hermann Walter, der sich die 2000 DM übrigens von seiner Großmutter leihen mußte, in seine Scheune. Wo er zehn Jahre auf mich wartete.

Rechts: Endlich in friedensmäßiger Qualität an jedermann lieferbar eroberte der VW Käfer ab 1949 die Straßen der Welt.

Jetzt war ich glücklicher Besitzer dieses Fahrzeuges geworden. Aufgrund meiner Arbeitslosigkeit hatte ich genügend Zeit, die notwendigen Arbeiten an dem Wagen durchzuführen: Ich montierte ein Warnblinklicht, schloß die Winker wieder an und widmete mich Kleinigkeiten wie wakkelnden Sitzen oder festgerosteten Bowdenzügen. Auch Stoßdämpfer, Bremsbeläge und Bremstrommeln mußten ausgetauscht werden.

Eine jähe Unterbrechung dieser Arbeiten gab es, als ich eine neue Stellung fand. Leider war diese mit einem Umzug von Deizisau nach Braunschweig verbunden. Also verkauften wir unser Haus und legten uns ein anderes in Braunschweig zu. Daß dieses Reihenendhaus stark renovierungsbedürftig war, schockte mich nicht. Ich verfügte ja über einschlägige Erfahrungen auf diesem Gebiet.

Mit dem Umzug wurde natürlich auch die Überführung meiner beiden Käfer erforderlich. Mein vollrestaurierter 58er bewältigte die 580 km lange Strecke völlig problemlos in 6 Stunden reiner Fahrzeit, während ich meinem Oldie diese Strapazen doch nicht zumuten wollte. Zumal ein weiteres Problem darin bestand, daß ich die erste Zeit in Braunschweig ohne Behausung dastand und deshalb in meinem Golf übernachtete. Mein zugelassener 58er Käfer parkte für einige Tage unter der Laterne. Also ließ ich meinen Brezelkäfer für ein paar Monate in einer Garage in der Nähe von Deizisau.

Erst Ende November 1990, als wir unser Haus in Braunschweig bezogen hatten, konnte ich meinen grünen Oldtimer nachholen. Mit einem Werkzeugset, einem Batterieladegerät, Scheibenwischerblättern, dem Kfz-Brief, der Versicherungsdoppelkarte sowie einigen Schecks reiste ich mit der Bahn zurück nach Plochingen. Mit im Gepäck befanden sich ein originaler Zünd-

verteiler, ein Luftfilter und ein Vergaser, die ich gegen die montierten Teile, die von der 30-PS-Maschine stammten, tauschen wollte. Außerdem nahm ich noch einen Benzinschlauch, Verschraubungen und einen Kraftstoffilter mit, um gegebenenfalls das Benzin filtern und außerdem seinen Fluß beobachten zu können. Ansonsten vertraute ich auf die Unverwüstlichkeit des alten 24,5-PS-Triebwerks, das ich als Clou meiner Abschiedsparty in Deizisau vor versammeltem Freundeskreis zum ersten Mal seit 12 Jahren wieder angelassen hatte. Wir wurden nicht enttäuscht: Nach einer Qualmwolke lief es zu unser aller Freude ganz ausgezeichnet.

Am Morgen des 2.1.1991 erreichte ich Plochingen und schloß als erstes das Batterieladegerät an. Mein nächster Weg führte mich zum Landratsamt, wo ich mir rote Überführungskennzeichen besorgte. Wieder zurückgekehrt, testete ich Scheinwerfer, Scheibenwischer und Blinker. Alles bestens. Der Motor sprang auch sofort an, und der Wagen ließ sich problemlos einige Meter vor- und zurückfahren; der Tank war randvoll. Jetzt nur noch die Kennzeichen montiert, und für die morgige Fahrt sollte alles klar sein.

Am Morgen des 3.1.1991 konnte das Abenteuer beginnen. Nicht zuletzt dank eines gut gefüllten Proviantbeutels fühlte ich mich bestens gerüstet! Übertriebene Eile war nicht angesagt, denn spätestens gegen 17 Uhr hoffte ich in Braunschweig zu sein. Obwohl ich erst mit saftiger Verspätung wegkam, lief zunächst alles glatt. Es herrschte wenig Verkehr an diesem trüben, bedeckten Tag mit Temperaturen um 8 Grad. Mit Tempo hundert jagte ich auf der B 312 der Autobahnanschlußstelle Wendlingen entgegen. Der Wagen machte so richtig Freude.

Doch was war das? Nach drei Kilometern, kurz vor der Ausfahrt Köngen, setzte der Motor plötzlich ohne Vorwarnung aus, ich blieb auf der Standspur stehen. Eine Motorüberprüfung ergab folgendes: Zündfunke und Zündzeitpunkt stimmten, die Schwimmerkammer war voll und die Hauptdüse nicht verstopft. Also bitte: Warum tat sich nichts? Ich startete – und wirklich: Der gute alte Boxer sprang an, als sei nichts gewesen! Ich gelangte zu dem Schluß, daß der montierte, ja eigentlich „falsche" Vergaser ganz einfach zu fettes Gemisch lieferte. Wußte ich nicht zu gut, daß ein VW-Motor „reinrassig" zu sein hatte?

Also baute ich die mitgebrachten Teile – Vergaser, Luftfilter usw. – kurzerhand ein. Leider erwies sich das „kurzerhand" als recht langwierig; vor allem das Einhängen des Gaszuges erwies sich als schwierig – ohne zusätzlichen Helfer. Wenigstens regnete es nicht. Erst gegen 16 Uhr konnte ich weiterfahren. Dafür lief der Motor – den Originalteilen sei Dank! – nun ausgezeichnet. Leider nicht für lange: Schon nach 20 Kilometern leuchtete plötzlich die grüne Ölkontrolleuchte auf; wenige Sekunden später setzte der Motor aus und blieb stehen. Ich öffnete die Motorklappe: Eine Bullenhitze strömte mir entgegen. Der Motor war total überhitzt, das Öl offenbar so dünnflüssig, daß die Kontrollampe aufleuchtete. Irgendwie mußte die Hitze auch das Aussetzen des Motors bewirkt haben.

Wieder brachte ich mein Hirnschmalz in Wallungen. Die Motorkühlung war zweifellos intakt, denn die Heizung mit der Kühlluft funktionierte einwandfrei. Benzin war auch in der Schwimmerkammer, und die Zündung zeigte keinen Fehler. Der Motor lief sehr gut, brachte volle Leistung und machte keine unnormalen Geräusche. Ich startete erneut – mit demselben Resultat: Das Maschinchen lief! Vielleicht bekam er nun ein zu mageres Gemisch, weil am Ansaugrohr etwas undicht war? Fehlanzeige.

Ein anderer Gedanke: Hatte sich möglicherweise in den 18 Jahren Standzeit etwas Flugrost im Motorinneren gebildet, was zu übermäßiger Reibung und dadurch Hitze führte? Das schien mir noch am wahrscheinlichsten zu sein, und so beschloß ich, den Motor noch einmal „einzufahren" – also nicht mehr als 80 km/h. Ich ließ den Motor etwas abkühlen, um dann weiterzufahren. Alles bestens. Nach einiger Zeit wurde ich kühner. Vielleicht würde ich so um Mitternacht in Braunschweig ankommen.

Gegen 19.30 Uhr erreichte ich den Rasthof Wunnenstein. Mein Tank war eigentlich noch ziemlich voll, aber ich wollte nach dem Motor schauen. Gott sei Dank, er war nur lauwarm; eher zu kalt als das Gegenteil. Ich hatte mir schon fast so etwas gedacht, denn im Wagen war es trotz Heizung lausekalt. Also wenigstens keine Störung im Ölkreislauf. Meine Stimmung stieg: Ich würde es schaffen. Ich legte mir eine Wolldecke um die Beine und fuhr los. Nur noch 500 km...

Trotz alledem, ein ungutes Gefühl hatte ich immer noch. Vielleicht, weil der Wagen an jeder Steigung ruckelte und stehenzubleiben drohte. Aus diesem Grund hielt ich an, tankte und baute in meiner Verzweiflung neue Unterbrecherkontakte, Zündkerzen sowie ein neues Schwimmernadelventil ein; außerdem kam ein Kraftstoffilter zwischen Kraftstoffpumpe und Vergaser. Jetzt hatte ich bis auf Glühbirnen, Scheibenwischerblätter und Sicherungen alle mitgenommenen Teile eingebaut. Dabei wußte ich immer noch nicht, was dem Auto fehlte. Immerhin fuhr es jetzt besser als vorher. Mittlerweile war es 21 Uhr – und ich hatte noch 450 km vor mir.

So nach einer Stunde merkte ich, daß Käferlein zwar immer noch lief und lief und lief, dabei aber immer langsamer wurde. Fuhr ich anfangs Tempo achtzig, war ich nun bei 60 km/h angelangt. Wieder hielt ich an und kontrollierte Benzinfilter und Schwimmerkammer, die beide gut gefüllt waren. Sprit bekam mein Autochen also genug. Vielleicht eine defekte Tankbelüftung? Ein Versuch mit nur lose aufgelegtem, mit Tesaband fixiertem Tankdeckel brachte schnell Klarheit: Hier war alles okay. Auch eine Reinigung des Kraftstoffsiebs im Kraftstoffhahn – mühsam durch die Handöffnung rechts vorne in der Reserveradmulde durchzuführen – führte nur zu weiterem Zeitverlust und zu schmutzigen Händen. Also: weiter!

Ein Bremslicht, kleine Katzenaugen und Einrohrauspuff – so prägte der Brezelkäfer das Straßenbild der 50er Jahre.

Um 21.30 Uhr ging nichts mehr. Mit letzter Kraft rollte der Wagen auf den Rastplatz Riedener Wald; ich war am Ende mit meinem Latein. Vor meinem geistigen Auge tauchte die Schreckensvision von einem kapitalen Motorschaden auf, der durch hohe Abschleppkosten – noch 350 km bis Braunschweig – zusätzliche Würze erhielt.

Plötzlich tauchte ein Polizist auf. Aber der Mann hatte nichts zu bemängeln, im Gegenteil: Er erwies sich als echter Freund und Helfer, der, nachdem ich ihm mein Leid geklagt hatte, auf einen Defekt an der Benzinpumpe tippte. Also öffneten wir die Motorhaube, ich startete den Motor (der wie immer tadellos ansprang) und ließ ihn aufheulen. Der Sprit lief völlig normal durch den Benzinfilter. Also alles wie gehabt. „Geben Sie mehr Gas", meinte die Obrigkeit. Also bitte: Ich kam dieser Aufforderung so gründlich nach, daß ich glaubte, der Motor würde auseinanderfliegen. Wir warteten eine Minute, ohne daß etwas geschah. Ich wollte schon aufgeben, als mich der freundliche Polizist zu Geduld ermahnte: „Lassen Sie den Motor doch noch eine Weile so laufen." Ich nickte, denn mir war mittlerweile (fast) alles recht. Und tatsächlich: Plötzlich wurde der Kraftstofffilter langsam leer. Ein Stein fiel mir vom Herzen: Der Fehler war gefunden!

Ich nahm das Gas weg – und sofort füllte sich der Filter wieder. Offensichtlich wirklich eine defekte Kraftstoffpumpe, die desto schlechter förderte, je höher die Maschine drehte. Aber was nützte mir diese Weisheit? Ich hatte weder eine neue Membrane dabei noch eine Ersatzpumpe. Und Lust, die alte Pumpe auseinanderzunehmen und eventuell die klemmende Ventilplatte gangbar zu machen, hatte ich ehrlich gesagt auch nicht. Dafür bewegte mich eine andere Frage: Warum lief mein Käfer nach jedem Tankstopp besser als vorher? Richtig: Der Benzintank liegt beim Brezelkäfer ziemlich hoch, und wenn er randvoll ist, läuft der Sprit fast von alleine in den Vergaser. Also: Rein in den Tank, was reingeht!

Um zehn Uhr abends fuhr ich weiter. Ich war wieder voller Zuversicht, auf eigener Achse in die heimatliche Garage zu kommen. Auf einmal ging alles glatt: Ich hielt Tempo achtzig und lief jede nur erreichbare Autobahntankstelle an, wo ich wegen meiner niedrigen Rechnungen für Unmut sorgte. Aber wann fährt schon mal ein 49er Käfer mit malader Benzinpumpe über deutsche Autobahnen? Daß ich sogar von einem Trabi überholt wurde, störte mich ebenfalls nicht.

Ab Kassel regnete es. Gott sei Dank fiel nur ein schwacher Nieselregen vom Himmel, denn sonst hätte ich anhalten müssen – bei einer Wischerfrequenz von 30 pro Minute. Unangenehm war es trotzdem: Die Schweller an meinem Käfer hatten Löcher und ich schon bald nasse Füße. Kritisch wurde es vor Göttingen, wo tiefe, mit Wasser gefüllte Spurrillen das Fahren erschwerten. Das war nämlich nichts für meine schmalen 16-Zoll-Diagonalreifen und verlangte von mir höchste Konzentration. Um mich von diesen Strapazen auszuruhen, legte ich am Rasthof Göttingen eine Pause – und ein Nickerchen auf der Rückbank – ein.

Als ich erwachte, war es 2 Uhr morgens und ich hatte nur noch 150 Kilometer vor mir. Die ich, plötzlich wieder sehr munter, sofort in Angriff nahm. Um 5 Uhr morgens war ich zu Hause – bleich, mit ölverschmierten Händen und unrasiert – aber glücklich! Zumal ich dank meiner zurückhaltenden Fahrweise nur 71 Benzin verbraucht hatte. Bevor ich mich hinlegte, wurden noch ein paar Erinnerungsfotos gemacht.

Inzwischen ist die Kraftstoffpumpe längst repariert: Die Membrane war in Ordnung, aber die Ventile haben oberhalb einer von der Motortemperatur abhängigen Drehzahl geklemmt. Außerdem war der Kraftstoffhahn mit Benzinablagerungen ziemlich zugesetzt. Aber das ist Schnee von gestern. Nun steht künftigen Abenteuerausfahrten nichts mehr im Wege ...

Noch ein Abenteuer im Brezelkäfer

Der Beginn der 90er Jahre war für mich die schwerste Zeit meines Lebens. Das lag daran, daß ich wegen einer neuen Stelle nicht nur mein altes Haus verkaufen, sondern die ersten Monate sogar ohne festen Wohnsitz im „fremden" Braunschweig in meinem VW Golf übernachten mußte. Ich fühlte mich damals sehr einsam, denn in einem Umkreis von 500 km hatte ich weder Freunde noch Verwandte. Hinzu kam, daß ich meine neue Stelle praktisch ohne Vorkenntnisse antreten mußte, und das völlige Umlernen fiel mir schon recht schwer. Meine Frau Christine hatte es daher nicht leicht, mich aus 600 km Entfernung telefonisch aufzumuntern. Eine Besserung dieser Verhältnisse trat erst ein, als ich endlich ein für uns passendes Reihenhaus gefunden hatte, das allerdings renoviert werden mußte. Was ich in Eigenregie bewältigte.

Aber irgendwie schien mich das Haus nicht zu mögen: Ich erlebte drei Wasserrohrbrüche und mehrere Stromausfälle; beim ersten Regen bemerkte ich Wassereinbrüche, die sowohl vom undichten Dach als auch von schlechter Isolierung der Kellerwände herrührten. Kurz und gut, ich hatte große Schwierigkeiten, alle anfallenden Handwerkerrechnungen zu bezahlen. Schon bald mußte ich daher meinen VW Golf verkaufen, aber ich hatte ja glücklicherweise noch meinen alltagstauglichen 58er Käfer.

Trotz all dieser Schwierigkeiten hatte ich zu Weihnachten 1991 meine „Baustelle" endlich soweit hergerichtet, daß auch meine Frau zu mir ziehen konnte. Erst ab diesem Zeitpunkt hatte ich wieder Gelegenheit, an meinem 49er Brezelkäfer zu arbeiten, der Mitte 1992 endlich fertig restauriert war. Ich konnte die TÜV-Vollabnahme wagen. Ein ungutes Gefühl hatte ich trotzdem: Würde der TÜV Beamte meine komplett mit Neuteilen wiederaufgebaute Seilzugbremse akzeptieren? Bekam ich die Originalscheinwerfer und Rückleuchten, die kein Prüfzeichen aufwiesen, genehmigt? Auch hing der Wagen vorne relativ tief, obwohl ich neue Federstäbe eingebaut hatte. Fragen über Fragen, die am 12. 6. 1992 geklärt sein würden.

Die Nacht vorher schlafe ich unruhig. Diese Unruhe steigert sich, als mein Name endlich beim TÜV aufgerufen wird. Aber als der Prüfer mein Fahrzeug das erste Mal sieht, strahlt er über das ganze Gesicht. Mit wird wohler, zumal ich ja auch ein gutes Gewissen habe. Zunächst wirft der freundliche Prüfer einen Blick in den Motorraum: „Ahhh, sehr schön. Motornummer 1-0163534, also zehn Millionen und ein paar Gequetschte: eindeutig 34 PS." Sofort protestiere ich — und schaffe es schließlich, 24,5 PS eingetragen zu bekommen.

Anschließend wird mein Fahrzeug gewogen. Als Leergewicht werden 750 kg ermittelt — vollgetankt und mit Verbandskasten, Warndreieck und Werkzeug. „Hmm", meint der Prüfer, „sowas habe ich mir schon gedacht. Das zulässige Gesamtgewicht beträgt 1110 kg, entsprechend 360 kg Zuladung. Da eine Person gemäß Gesetz 75 kg wiegt, darf ich Ihnen den Wagen nur für vier Personen zulassen. 1949 hat man noch mit 65 kg pro Person gerechnet, das waren eben noch andere Zeiten." Ich bin mit dieser Einschränkung einverstanden, da wegen der hinteren Armrollen sowieso ein Transport von fünf Personen erschwert ist.

Ein Blick unter den Wagen, ein bißchen Hämmern, Blinker, Licht, Hand- und Fußbremse — ja, bestens. „Bestanden?" frage ich. „Nun ja", meint der Prüfer, „die Heizung kann nicht funktionieren, da die Heizzüge nicht angeschlossen sind. Zwar ist an Fahrzeugen vor 1956 eine Heizung des Fahrzeuginnenraums nicht vorgeschrieben; wenn sie aber vorhanden ist, muß sie auch betriebsbereit sein. Und das ist Ihre nicht, also kann ich Ihr Fahrzeug eigentlich nicht zulassen." „Aber das ist doch nur eine Kleinigkeit", ereifere ich mich. „Halten Sie allen Ernstes mein Fahrzeug für verkehrsunsicher, weil ich es gestern nicht mehr geschafft habe, die Heizungszüge anzuschließen? Im übrigen haben wir gerade Sommer." „Na gut", meint der TÜV-Ingenieur, „dann beanstande ich eben nicht, daß die Heizung defekt ist, sondern nur, daß die Heizungszüge nicht angeschlossen sind. Das ist nur ein kleiner Mangel, ohne Bedeutung für das Prüfergebnis."

Glücklich nach geschaffter TÜV-Vollabnahme.

BS CV 28

Links: Auf dem Weg zum Brocken entdeckte ich noch so manches schöne Fotomotiv.

Links: Ein Abschiedsfoto vom Brocken.

Die Innenausstattung wirkte sehr einladend. Ursprünglich bestanden die Sitzbezüge aus grobem beigen Cordstoff, vermutlich aus Pferdehaar. Beiger Bedford-Cord kommt diesem Stoff recht nahe.

Er geht noch einmal um das Fahrzeug, eher genießerisch als kritisch, und wünscht dann „viel Spaß mit dem Wagen". Nachdem alle Papiere unterschrieben sind, frage ich den Prüfer, warum um alles in der Welt er denn nicht die fehlenden Prüfzeichen auf den Beleuchtungseinrichtungen bemängelt habe. Er lächelt daraufhin und sagt: „Wissen Sie, gemäß dem Kraftfahrzeug-Typblatt vom 8. 9. 1949, das ich mir vor der Prüfung in Kopie besorgt habe, wurde schon damals beanstandet, daß ‚Scheinwerfer, Schluß- und Bremsleuchten ... keiner amtlich genehmigten Bauart angehören. Gegen ihre Verwendung bestehen jedoch keine Bedenken, wenn die Einholung der Betriebserlaubnis gemäß § 22 (3) StVZO ... nachgeholt wird.' Wenn damals diese Einrichtungen ohne Betriebserlaubnis akzeptiert wurden, muß ich sie auch heute akzeptieren. Sie sehen, ich habe mich vorbereitet. Im übrigen brauche ich diese Kopie jetzt nicht mehr; wenn Sie wollen, können Sie sie haben."

Ich nehme das Geschenk dankend an. So ein TÜV-Ingenieur hat es wirklich nicht leicht. Er muß alle Autos kennen und begutachten; da können schon mal Fehler wie bei meiner Motornummer passieren.

Ich melde meinen Wagen sofort bei der Zulassungsstelle an. Als ich an der Kasse meine Gebühren zahlen will, beglückwünscht mich der Schalterbeamte zu meinem Brezelkäfer – um dann seinen Schalter kurz entschlossen zuzumachen und sich mein Auto anzusehen. Von dem er ganz begeistert ist!

Ich bin es auch – erst recht, nachdem die ersten Ausfahrten – zum Teil bis zu 400 km lang – ohne Pannen über die Bühne gehen. Fast ohne Pannen zumindest: Einmal ist die Reserveöffnung des Kraftstoffhahns zugesetzt, weshalb auch nach Umschaltung auf „Reserve" nichts passiert. Aber das sind natürlich Lappalien. Im großen und ganzen schlägt sich mein Uralt-Käferlein prächtig – woran sich bis heute nichts geändert hat.

BS ER 815

D
BS
ER 815

Der Mexiko-Käfer ab Baujahr 1978 – nicht so schlecht wie sein Ruf

Mein blauer Käfer von 1958 erwies sich den ganzen Sommer über als ausgezeichnetes, alltagstaugliches Fahrzeug, das mir keinerlei Probleme bereitete. Doch je näher der Winter mit Streusalz, Rollsplit und dunklen Straßen nahte, desto klarer wurde mir, daß ich weder dem Wagen noch mir diese Tortur zumuten wollte: Mein Käfer ist mir einfach zu schade, um ihn einer erhöhten Unfall- und Korrosionsgefahr auszusetzen. Darüber hinaus machen ihn seine Sommerreifen, das funzelige Licht und die schwache Heizung nicht gerade wintertauglich.

Leider ließ mein Kontostand nach Hausrenovierung und der Geburt meiner Tochter keine großen Sprünge zu. Ein neues oder neuwertiges Fahrzeug kam deshalb nicht in Frage. Also warum nicht wieder einen gebrauchten VW Käfer kaufen, diesmal vielleicht einen aus Mexiko? Je länger ich darüber nachdachte, desto besser gefiel mir dieser Gedanke.

Doch in der Zeitung fand ich entweder neuere Käfer für 13 000 bis 17 000 DM oder reparaturbedürftige Billigangebote für 1000 DM oder weniger. Das entsprach nun beides nicht meinen Vorstellungen. Dafür sah ich eines Tages einen marsroten „Special Bug“ von 1983 auf der Straße stehen, der 120 000 km gelaufen war und für 3980 DM angeboten wurde.

Der Wagen, der mich in rost- und beulenfreiem Originalzustand anglänzte, war mir auf Anhieb sympathisch. Allerdings merkte man sofort, daß der Wagen zwei ganz unterschiedliche Vorbesitzer gehabt haben mußte. Der erste schien ihn sehr gepflegt zu haben, der zweite nicht. So waren z. B. Reifen und Bremsbeläge abgefahren und die Auspuffanlage samt Heizbirnen porös. Tatsächlich gehörte der Wagen zuerst einem Rentner, der ihn gehegt und gepflegt hatte. Nach dessen Tod übernahm ihn sein Sohn, ein Student.

Alles in allem hatte ich Interesse; im Hinblick auf die zu erwartenden Reparaturkosten wollte ich freilich nie und nimmer knapp 4000 DM dafür bezahlen. Sowas wie ein Pokerspiel begann: Nachdem ich den Wagen einige Wochen später für 3000 Mark hätte haben können (ich sagte auch diesmal wieder höflich „nein danke“), bekam ich ihn schließlich für 2000 DM!

In der Nacht vor der feierlichen Übergabe schlief ich sehr schlecht. Obwohl ich auf einer Probefahrt bereits die meisten Schwachstellen des Wagens festgestellt hatte, ahnte ich, daß mir eine Leidenszeit bevorstand. Beruhigend war für mich nur die Tatsache, daß ich noch 2000 DM für unvorhergesehene Reparaturen einkalkuliert hatte.

Gleich der erste Tag mit meinem neuen (Blech-)Freund hatte es in sich. Da es naßkalt und regnerisch war, beschlugen schon bald die Fensterscheiben. Kein Problem – dafür gibt es ja im VW Käfer eine Warmluftheizung! Also zog ich an dem Heizungshebel. Das hätte ich besser nicht getan: Unter ohrenbetäubendem Motorlärm waren innerhalb von Sekunden alle Scheiben beschlagen, und mein Lenkrad verschwand im dichten Nebel von Motorabgasen. Instinktiv hielt ich die Luft an, bremste, drückte den Heizungshebel wieder zurück und stieg aus, um nach Luft zu schnappen. Als ich wieder einstieg, bohrte sich mir eine Feder der Rückenlehne ins Fleisch.

Obwohl ich in der folgenden Zeit immer neue Macken und Defekte an meiner roten Neuerwerbung entdeckte und – trotz erheblicher Eigenleistungen! – tatsächlich die kalkulierten 2000 DM an Reparaturkosten verbrauchte, bin ich heute mit dem Mexiko-Käfer rundherum zufrieden. Wie seine Artgenossen hat sich auch dieses Exemplar als sehr zuverlässig und wintertauglich erwiesen – und alles in allem meine Erwartungen erfüllt. Wer – wie ich – bisher nur alte Käfer gefahren hat, der muß von der Ausstattung meines neuen Käfers einfach begeistert sein: Halogenlicht, Kopfstützen, Zweikreisbremssystem, heizbare Heckscheibe, Sicherheitsgurte vorne und hinten, „großer“ Kofferraum vorne, umklappbare Rücksitzbank hinten, Liegesitze, zugfreie Belüftung, Radio mit Display, lange Wartungsintervalle, Unterbodenschutz mit Hohlraumkonservierung und und und . . .

Das sind Dinge, an die sich ein passionierter Käferfahrer erst langsam gewöhnen muß.

Ein marsroter Special-Bug (links) von Anfang 1983 mit schwarz/gold angelegten Zierteilen – Dank gutem serienmäßigen Korrosionsschutz auch nach elf Jahren noch keine „Rostlaube“.

Links:
Endlich ein Kofferraum, in den auch ein normaler Koffer paßt!

Links unten:
Die Innenausstattung des Special-Bug umfaßte serienmäßig unter anderem auch ein Autoradio und Schonbezüge. Beides wurde jedoch inzwischen ausgetauscht.

Nach 120 000 km noch bestens in Schuß – der 34-PS-Motor. Bei einem Durchschnittsverbrauch von 9 l/100 km ermöglicht er Fahrleistungen, die in der Praxis völlig ausreichend sind. Ein Schwachpunkt ist jedoch das Getriebe: es neigt bereits nach etwa 120 000 km zu Laufgeräuschen.

Am meisten haben mir der verbesserte Geradeauslauf und die geringere Seitenwindempfindlichkeit imponiert. Windböen und Straßenbahnschienen haben viel von ihrem Schrecken verloren – der „neuen" Vorderachse mit der breiten Spur (seit August 1965) sowie den Gürtelreifen (ab August 1967 montierbar) sei Dank!

Positiv hat sich auch die Straßenlage entwickelt. Leider fordern jedoch der Stabilisator vorne und die Ausgleichsfeder hinten sowie die jetzt montierten Gürtelreifen ihren Tribut in Form einer etwas härteren Federung. Insgesamt kann man (zumindest verglichen mit meinem 58er Käfer) das Fahrwerk meines „Neuen" aus Mexiko fast schon sportlich nennen.

Erstaunlich gut beschleunigen tut er mit seinen 34 PS auch – ebenso wie seine Höchstgeschwindigkeit, 126 km/h nach Tacho (entsprechend 116 km/h gestoppt), mir völlig ausreicht, weil man bei mehr als 120 km/h nach Tacho bereits an der Grenze des Fahrwerkes angelangt ist. Mehr Dampf wünscht man sich daher allenfalls an Steigungen auf der Autobahn, doch darf man nicht vergessen, daß gerade beim Käfer der Benzinverbrauch zumindest bei den alten Modellen mit der PS-Zahl des Motors deutlich ansteigt.

In dieser Hinsicht überraschte mich mein Mexiko-Käfer angenehm. Zwar benötigte ich im dichten Stadtverkehr gut 10 l Normalbenzin auf 100 km, doch auf der Autobahn lag der Verbrauch mit nur 8,0 l auf 100 km bei einem Schnitt von gut 100 km/h (Tachonadel immer auf 120 km/h, bergauf Vollgas) deutlich niedriger als bei meinen schwächeren Käfern. Hier macht sich einfach bemerkbar, daß der 34-PS-Motor auf der Autobahn nicht sein Allerletztes geben muß.

Der Mexiko-Käfer ist der billigste vollwertige Wagen, den man zur Zeit in Deutschland kaufen kann. Zwar wird insbesondere hinsichtlich Höchstgeschwindigkeit, Heizung und Benzinverbrauch das Niveau des VW Polo nicht erreicht, doch fühlt sich der VW Käfer – abgesehen von den Kosten – keineswegs kleinwagenmäßig an. Hierzu trägt insbesondere die hohe Sitzposition bei, die man gerade auf längeren Strecken zu schätzen lernt.

Insgesamt halte ich den schlechten Ruf des Mexiko-Käfers für nicht gerechtfertigt. Gewiß, sein Blech rostet schneller als bei den Käfern der 50er Jahre, aber es rostet nicht schneller als bei den heutigen Konkurrenzfahrzeugen. Auch die Verarbeitungsqualität hat im Vergleich zu früher vielleicht nachgelassen, liegt aber ebenfalls auf dem heutigen Niveau. So stammen z. B. die anfangs von mir beanstandeten Sitze bis auf den Bezugsstoff vom VW Golf I.

Wer einen Mexiko-Käfer kauft, wird manchmal einen dornenreichen Weg gehen müssen. Das liegt weniger am Wagen als an mangelnder Pflege, also letztlich am Vorbesitzer. Denn der VW Käfer war in den 80er und 90er Jahren ein Fahrzeug für Leute, die nur wenig Geld für ein Auto ausgeben wollten oder konnten; was sich natürlich am Pflegezustand bemerkbar macht. Bei vorhandener guter Substanz ist eine Aufarbeitung aber in jedem Fall lohnend. Ersatzteile sind billig (ein Austausch-Rumpfmotor kostet bei VW 1900 DM) und, da der Käfer immer noch gebaut wird, problemlos erhältlich.

Hinzu kommt, daß am VW Käfer nicht viele technische Teile kaputtgehen können. Es gibt, zumindest bei den Modellen bis 1985, weder Transistorzündungen, Bordcomputer, Einspritzanlagen, Servolenkungen, Bremskraftverstärker, Wasserpumpen oder Kühler. Da alles sehr einfach und wartungsfreundlich aufgebaut ist, kann man bei liebevoller Pflege vor allzu unliebsamen Überraschungen sicher sein.

Und das ist doch ein sehr beruhigendes Gefühl, oder?

KS
VW 42

KS-VW 42

Haben viel erlebt: die ältesten Käfer der Welt

Hand aufs Herz – wann haben Sie bewußt den letzten Käfer im Straßenverkehr wahrgenommen? Sie wissen es bestimmt nicht mehr, denn langsam aber sicher wird der Käfer zu einem seltenen Fahrzeug auf unseren Straßen. Früher war das anders: Es gab Zeiten, da stellte der Käfer die Hälfte aller zugelassenen Fahrzeuge! Wäre es deshalb nicht interessant, den ältesten vorhandenen Käfern einen Besuch abzustatten und sie ihre teilweise abenteuerliche Lebensgeschichte erzählen zu lassen? Wenn Sie Lust haben, begleiten Sie uns!

Angefangen hatte alles damit, daß sich der bekannte Automobilkonstrukteur Ferdinand Porsche selbständig machte und im Dezember 1930 ein Konstruktionsbüro für Automobile in Stuttgart gründete. Mit seinen Erfahrungen im Kleinwagenbau, die er mit seinem Typ 12 von 1932 für Zündapp und Typ 32 von 1933/34 für NSU sammeln konnte, war er 1934 in der Lage, Hitler ein Exposé über einen deutschen Volkswagen zu liefern.

Hitler war von dem Gedanken eines deutschen Volkswagens so begeistert, daß er den Bau weiterer Prototypen, ab jetzt Typ 60 genannt, anordnete. Mit dem Vorserienwagen VW 30 von 1936/37 nahm der Käfer Gestalt an, bis er schließlich Ende 1937 seine endgültige Form erhielt und die Vorserie V 303 in Auftrag gegeben wurde. Rechtzeitig zur Grundsteinlegung des VW-Werks am 26.5.1938 konnte man die ersten drei Exemplare vorzeigen, welche die New York Times am 3.7.1938 ironisch „Käfer" nannte. Für Test und Werbezwecke wurden teilweise noch im gleichen Jahr weitere Exemplare als VW 38 und VW 39 bei Porsche gebaut. Da sich die Konstruktion der V 303-Serie bewährte hatte, unterschied sie sich von der späteren Serienfertigung nur in Details.

Anfang 1940 war das Volkswagenwerk so weit fertiggestellt, daß mit der Fahrzeugproduktion begonnen werden konnte. Der Ausbruch des Zweiten Weltkrieges führte jedoch dazu, daß statt Käfer hauptsächlich militärisch wichtigere Fahrzeuge hergestellt wurden: bis Ende des Krieges immerhin 50 788 Kübelwagen Typ 82 und 14 276 Schwimmwagen Typ 166.

Erst am 11.7.1941 lief der erste im Volkswagenwerk gefertigte Käfer vom Band. Die Fahrzeuge wurden an Nazipersönlichkeiten, Führungskräfte des VW-Werks sowie an staatliche oder militärische Organisationen ausgeliefert. Keiner der vielen VW-Sparer erhielt seinen versprochenen Wagen, schon gar nicht für 990 RM. Trotz großer kriegsbedingter Produktionsstörungen wurden bis zum Ende des Krieges immerhin 630 Limousinen (Typ 60L, „KdF-Wagen"), 16 Cabriolets (Typ 60 offen) und 564 Gelände-Limousinen (Typ 82e/92) mit dem Fahrgestell des Kübelwagens gebaut.

Obwohl das VW-Werk im Krieg zu zwei Dritteln zerstört wurde, konnte bereits kurz nach der Kapitulation 1945 die Produktion für die Besatzungsmacht wieder aufgenommen werden, wobei erst 521 Kübelwagen, dann 754 Gelände-Limousinen aus Restbeständen an Kübelwagenfahrgestellen bis Januar 1946 gefertigt wurden. Weitere Gelände-Käfer gingen 1945 mit einem aufgebauten Postkasten an die Reichspost. Eine Produktion der normalen Limousine war vorerst nicht möglich, da diese andere Achsenteile benötigte, die in Serie erst nach Weihnachten 1945 zur Verfügung standen. Ab diesem Zeitpunkt wurde dann nach und nach die Produktion auf Limousinen mit dem normalen Käfer-Fahrgestell umgestellt.

Nachdem auch das letzte Teil des Käfers vom Volkswagenwerk selbst hergestellt oder von Zulieferern bezogen werden konnte, wurden ab 14.10.1946 die ersten

Links:
Otto Weymann ist der stolze Besitzer des ältesten permanent zugelassenen VW Käfers (1942).

Rechts:
Der älteste heute noch vorhandene VW Käfer im Winter 1939.

Hätten Sie ihn erkannt? Der erste Käfer-Prototyp von 1935.

Wagen auf Bezugsschein offiziell an zivile Behörden, Firmen, Bahngesellschaften, Kirchen und karitative Einrichtungen geliefert. Es dauerte jedoch noch bis zum September 1948, ehe der Käfer von jedem Bürger in Deutschland ohne Bezugsschein gekauft werden konnte. Aber nur die wenigsten verfügten damals über den Mindestkaufpreis von 5300 DM. Da im Herbst 1948 die Lieferzeit sechs bis sieben Monate betrug, konnte erst in der zweiten Hälfte des Jahres 1949 mit der Auslieferung der ersten Bestellungen von Herrn und Frau Jedermann begonnen werden.

Aus diesem kleinen geschichtlichen Abriß können Sie schon entnehmen, daß Käfer vor 1949 ausgesprochen selten sind. Aber wo stehen denn nun die ältesten Käfer?

Der älteste noch existierende Käfer-Prototyp

Unser erster Weg führt uns ins VW-Museum nach Wolfsburg. Dort steht der älteste Käfer-Prototyp, ein Porsche Typ 32 mit der Chassisnummer 2004. Die erste Probefahrt mit diesem Wagen führte Porsche bereits am 27. 7. 1934 durch. Probleme gab es nur mit den Drehfederstäben, die ständig brachen. Dieser Mangel konnte zwar durch Qualitätsverbesserung beseitigt werden, aber da dem Auftraggeber NSU die zur Produktion erforderlichen 10 Millionen Reichsmark fehlten, kam es nicht zu der geplanten Serienfertigung. Der Wagen blieb bei NSU und wurde nach dem Krieg an einen NSU-Mitarbeiter verkauft. Dieser fuhr ihn bis 1956 und tauschte ihn dann beim VW-Werk gegen einen neuen Volkswagen ein.

Die älteste noch existierende Käfer-Limousine

Einige Schritte weiter steht der älteste Käfer, eine Vorserien-Limousine aus der VW-38-Baureihe, gebaut im Juli 1938 und mit der Fahrgestellnummer 38/03 versehen. Dieser Wagen war nach Angaben des Volkswagenwerks seit Juli 1938 bei der Porsche KG in Stuttgart als Versuchswagen mit dem Kennzeichen IIIA-43003 zugelassen; oft saß Professor Porsche persönlich am Steuer. 400 km Testfahrten standen täglich auf dem Programm, wobei es teilweise wild zuging. Dieses Fahrzeug überstand sogar einen Unfall mit Überschlag: Auf einer Autobahnfahrt von Stuttgart nach Danzig wurde er von einem LKW-Fahrer abgedrängt, überschlug sich bei Tempo 100, rutschte mit der Dachkante auf dem Grünstreifen in der Autobahnmitte entlang und blieb auf dem Dach liegen. Die Fahrt konnte jedoch weitergehen: Als der Wagen wieder auf die Räder gestellt worden war, erwies sich lediglich die Regenrinne als eingedrückt.

1940 landete das Fahrzeug bei der Verkaufsabteilung der Porsche KG in Berlin. Viele Reisen und viele Kratzer in der Karosserie waren damit verbunden, da bei den Ausstellungen einige Neugierige mit dem Taschenmesser nachprüften, ob die Karosserie auch wirklich aus Stahl war. Auch mußte das Fahrzeug einige zeitbedingte Reparaturen und Umbauten über sich ergehen lassen. So erhielt der Wagen, als das Benzin im Krieg knapp wurde, einen Holzgas-Generator. Mit dieser neuen Kraftquelle legte er Wagen weitere 100 000 km zurück.

Als sich gegen Kriegsende alliierte Besatzungstruppen Berlin näherten, wurde der Wagen zerlegt und an verschiedenen Stellen in Berlin gelagert. Trotzdem fanden die Alliierten die Karosserie und beschlagnahmten sie; später wurde sie für 275 Reichsmark zurückgekauft. Damit war der Wiederzusammenbau des Wagens möglich. Da jedoch die vordere Vorserien-Haube beim Umbau auf den Holzvergaser beschädigt worden war, ersetzte man sie durch ein Serienteil. Die Narben dieser Operationen sind heute noch sichtbar. Auch der Tachometer ist bereits ausgewechselt worden.

Übrigens hat sich dieser Käfer auch nach dem Krieg als unverwüstlich erwiesen. Als sein Besitzer damit am 6. und 7. 9. 1952 an einem Käfertreffen der 100 000-km-Wagen teilnahm, wurde das VW-Werk aufmerksam und kaufte den Wagen für Werbezwecke. Bis dahin war er mit zwei Austauschmotoren insgesamt 485 000 km gelaufen. Heute besitzt der Wagen seinen dritten Motor bei einer Gesamtlaufleistung von rund 500 000 km.

Das älteste noch existierende Käfer-Cabriolet

Erstaunlich ist auch die Geschichte des ältesten offenen Käfers, eines Vorserien-Cabriolets, das ebenfalls im VW-Museum steht. Es trägt die Fahrgestellnummer 38/31, wurde laut Auskunft des Volkswagenwerks noch Ende 1938 gebaut und am 20. 4. 1939 Adolf Hitler zu seinem 50. Geburtstag geschenkt. Damit war es der erste Käfer, der in externe Hände gelangte. Das Cabriolet wurde in Berlin mit dem Kennzeichen IA-148564 zugelassen und dort untergestellt – Hitler besaß keinen Führerschein. Als nach Kriegsausbruch die Bombardierung von Berlin einsetzte, wurde der Käfer auf Hitlers Berghof am Obersalzberg transportiert, wo er den Krieg fast unversehrt überstand.

1945 wurde er dort von amerikanischen Truppen entdeckt. Ein US-Leutnant ließ das Fahrzeug mit nur 70 km Laufleistung auf der Stelle beschlagnahmen. Ein Diplom-Ingenieur aus Heppenheim hörte von dieser Aktion und bot dem Leutnant den gesamten Goldschmuck seiner Frau für das Cabriolet. Das Gold verfehlte seine Wirkung nicht, und so wurde der Herr Ingenieur am 29. 6. 1945 stolzer Besitzer dieses Käfers.

Der Diplom-Ingenieur fuhr das Auto etwa 250 000 km, um es 1951 für 2500 DM zu verkaufen. Der neue Besitzer spulte 180 000 km damit ab, dann wanderte das kostbare Stück 1954 an einen Mannheimer Autohändler – für 600 DM. Der ließ die nötigen Reparaturen durchführen und verkaufte an ein Viernheimer Ehepaar, das – nach ausgedehnten Fahrten durch Europa – den Wagen an einen Uhrmachermeister aus Schliersee weitergab. Bis schließlich 1956 die Münchener Volkswagenvertretung MAHAG den Wagen mit einer Gesamtlaufleistung von 590 000 km für 1000 DM in Zahlung nahm und ihn später an das VW-Werk weiterverkaufte.

Da an dem Fahrzeug bisher keine aufwendigen Umbauarbeiten durchgeführt wurden, befindet es sich in sehr gutem Originalzustand. Lediglich Hitlers Radio wurde irgendwann einmal ausgebaut.

Der älteste noch vorhandene VW Käfer heute.

Die zweitälteste noch existierende Käfer-Limousine

Die zweitälteste Käfer-Limousine mit der Fahrgestellnummer 1-000003 befindet sich in der Fahrzeugsammlung des Volkswagen- und Porsche-Händlers Raffay in Hamburg. Es handelt sich hierbei ebenfalls um einen Vorserienwagen, allerdings aus der VW-39-Serie. Seine Geschichte zeigt auffallende Parallelen zu seinem älteren Bruder 38/03. Denn auch dieser Wagen wurde bei der Porsche KG in Stuttgart gebaut und dort 1939 als Versuchsfahrzeug unter dem Kennzeichen IIIA-43028 zugelassen. Im Krieg landete das Fahrzeug in Berlin, vermutlich ebenfalls wie Bruder 38/03 bei der Porsche KG Berlin.

1948 fanden Berliner beim Aufräumen von Trümmern in einer eingestürzten Garage einen total demolierten Käfer. Zwar fehlte der Motor, aber ansonsten war der Wagen in akzeptablem Zustand. Etwa zur gleichen Zeit suchte die Firma Raffay & Co nach dem ältesten noch vorhandenen Käfer für die eigene Fahrzeugsammlung. Unter Zuhilfenahme der damaligen polizeilichen Meldekartei wurde man schließlich auf das Exemplar mit der Fahrgestellnummer 3 aufmerksam und konnte es erwerben, um anfangs der fünfziger Jahre mit der sorgfältigen Restauration des Fahrzeugs zu beginnen. Heute erstrahlt dieser Käfer in neuem Glanz – und hat in Hamburg seine verdiente Ruhe gefunden.

Der Käfer mit der Fahrgestellnummer 1

Anders erging es dem ersten Käfers aus der VW-39-Serie mit der Fahrgestellnummer 000001. Bereits im Frühjahr 1941 sah er ziemlich heruntergekommen aus, denn als „Mädchen für alles“ hatte der grau lakkierte Wagen schon eine Weile im Kundendienst gearbeitet. Deshalb wurde er jetzt in ein vornehmeres helles Beige umgespritzt. Mit dieser Farbe ging's dann kreuz und quer durch ganz Deutschland, wobei er auch vor dem Geburtshaus Porsches in Maffersdorf im Sudetenland stand.

Dann war „Feldgrau“ angesagt: Käferlein mußte am Rußlandfeldzug teilnehmen. Vollgepfropft mit Ersatzteilen und Benzintanks, rollte er über die Heerstraßen nach Riga. Auf einem Knüppeldamm bei Pieskau legte ihn ein Achsschaden lahm – und er blieb ausgerechnet in einem Bombentrichter auf der Seite liegen! Mit einem russischen Panjepferdchen, einem Reparatursatz für die Achsschenkel sowie einem Schweißgerät und einigen Schrauben gelang es aber der Besatzung, ihn wieder flott zu kriegen.

Im Frühherbst 1941 war der Osteinsatz für ihn beendet; der Wagen wurde im VW-Werk für den nächsten Kriegseinsatz überholt. Der kam im Frühjahr 1942, als der Wagen zur Ersatzteillager-Inspektion im Südabschnitt der Ostfront eingesetzt wurde. Im Sommer 1942 fand die letzte

Hitlers Cabriolet war der erste Käfer, der in externe Hände gelangte.

Bereits 1948 sicherte sich VW-Händler Raffay einen Käfer von 1939 mit der Fahrgestellnummer 3 . . .

Fahrt dieses Käfers statt. Sie führte nach Charkow, wo der Wagen der berüchtigten 6. Armee auf ihrem Marsch nach Stalingrad übergeben wurde. Seitdem ist der Wagen verschollen.

Die älteste permanent zugelassene Käfer-Limousine

Der älteste permanent zugelassene Käfer in Deutschland gehört dem Silberschmied Otto Weymann aus Fuldatal und hat die Fahrgestellnummer 2-008032. Dieser Käfer wurde am 20. 5. 1942 als Kübelwagen produziert und zwei Tage später an das Heereszeugamt in Kassel ausgeliefert. Von dort aus wurde er der Standortkommandantur in München zugeteilt und diente ebenda von 1942 bis 1945 zur Feindaufklärung. Später wurde er von den einziehenden Amerikanern requiriert und lief dann bei der US-Besatzungsmacht in München. 1950 wurde er ausgemustert und für 500 DM an einen Münchner Spengler verkauft. Dieser brauchte einen billigen Wagen für sein Geschäft.

Als sein Betrieb besser lief, baute er 1951 die offene Kübelwagenkarosserie ab und ersetzte sie durch eine alte Käferkarosserie von 1948. Auch spendierte er dem Fahrzeug einen Austauschmotor. Dieser läuft heute – nach 300 000 km – immer noch einwandfrei.

In den folgenden Jahren diente der Käfer nacheinander einem Barpianisten, zwei Veterinärsräten und schließlich einem Schlachthofkontrollmeister. Alle diese Besitzer hatten mit dem bereits ausgemusterten Fahrzeug kaum Reparaturen und beklagten lediglich, daß sich die Heizung nicht abstellen ließ. Aber den Tüftler Otto Weymann, der den Wagen 1975 kaufte, störte dies nicht. Heute funktioniert die Heizung. Auch über altersschwache Batterien kann Herr Weymann nur milde lächeln: Wozu gibt es denn wohl eine Anlaßkurbel?

Vor kurzem hat Otto Weymann einen noch vier Wochen älteren VW Käfer erworben (Produktionsdatum 16. 4. 42). Dieser diente 40 Jahre in zweiter Hand als Alltagsfahrzeug in der ehemaligen DDR und wurde dann von seinem langjährigen Besitzer mit Tränen in den Augen verkauft. Vielleicht gibt es also bald einen anderen „ältesten permanent zugelassenen Käfer“.

Übrigens können Sie im VW-Museum noch zwei weitere Käfer von Otto Weymann bewundern: ein VW-Cabriolet von 1949, eines der ältesten bekannten Cabriolets von Karmann überhaupt, welches das VW-Werk von Herrn Weymann gekauft hat, sowie ein Käfer-Taxi von 1949 im Originalzustand mit der beachtlichen Laufleistung von über 530 000 km als Dauerleihgabe.

Ein Käfer verschafft seinem Besitzer Wohlstand

Auch Otto Weymanns bereits erwähnte Käfer-Taxi von 1949 hat eine bemerkenswerte Geschichte. Es wurde 1949 von einem Ladenburger gekauft, der es seitdem einsetzte und sich so eine Existenz als Taxiunternehmer aufbaute. Am bereits angesprochenen Treffen der Volkswagen mit mehr als 100 000 km Laufleistung, das am 6. und 7. 9. 1952 in Erbach stattfand, nahm unser Freund natürlich ebenfalls teil. Er meldete sich und sein Fahrzeug auch für die dortige Sparsamkeitsfahrt an: Wer mit seinem Käfer am weitesten mit 250 ml Benzin fahren konnte, gewann ein funkelnagelneues VW Cabriolet. Und wirklich: Das 49er Taxi fuhr mit

. . . Heute präsentiert sich das Fahrzeug dem Besucher in exzellentem Zustand.

Dieser Käfer verschaffte seinem Besitzer Wohlstand: Käfer-Taxi von 1949.

dem Benzin 4870 m weit (= 5 l/100 km) und gewann den ersten Preis. Das gewonnene Cabriolet wurde sofort gegen eine neue Mercedes-Taxe eingetauscht. Diese Taxe war dann die Basis für den späteren Wohlstand der Ladenburger Familie.

Der überglückliche Besitzer beschloß daraufhin, den VW Käfer, der ihm soviel Glück gebracht hatte, nicht zu verkaufen, sondern bis an sein Lebensende zu fahren (immerhin noch 26 Jahre). Nach seinem Tod verkaufte die Witwe den Wagen dann an Otto Weymann, weil er ihrem Mann so ähnlich war. Als Bedingung stellte sie jedoch, daß der Wagen nicht weiterverkauft werden durfte.

Otto Weymann beschloß daher, den Wagen als Leihgabe dem Automuseum Wolfsburg zur Verfügung zu stellen. Bei der damaligen Überführung des Taxis von Kassel nach Wolfsburg schaltete er spaßeshalber den originalen Taxameter ein. Ergebnis: 13,40 DM hätte diese Fahrt im Jahre 1949 gekostet!

Eine leere Batterie ist kein Starthindernis für einen Käfer vor Oktober 1949.

Rechts: 1943 Zollgrenzschutz Nicolai bei Kattowitz, 1993 Hermann Walter. Experten erkennen an der „krummen" Kennzeichenleuchte das Baujahr vor 1946.

Der KdF-Wagen-Sammler

Der Besitzer der meisten Käfer vor 1945 ist Hermann Walter, Fleischermeister in Kaunitz bei Gütersloh. Er besitzt sieben Exemplare (Stand: April 1993) und damit sogar mehr als das VW-Werk.

Prunkstück seiner Sammlung ist zweifellos eine Käfer-Limousine mit der Fahrgestellnummer 1-009122, die am 18. August 1942 gebaut und am 28. Januar 1943 mit schwarzer Lackierung an den Gauleiter Jury in Wien ausgeliefert wurde. Dieser fuhr das Fahrzeug bis zu seinem Tod am Ende des Krieges.

Nach dem Krieg gelangte das Fahrzeug nach Süddeutschland in die Nähe von Basel, wo ein Bauer es über 40 Jahre lang dazu benutzte, damit täglich die Milchkannen zur Genossenschaft zu transportieren. Dann endlich wurde Herr Walter auf dieses ausdauernde Käferexemplar aufmerksam und erwarb den Veteranen 1988.

Wegen des jahrzehntelangen harten Alltagsdienstes präsentiert sich das Fahrzeug zwar in weniger schönem, aber fahrbereitem, restaurierungsfähigem Zustand mit vielen raren Teilen. Lediglich der Motor wurde in den fünfziger Jahren gewechselt. Aber wer Hermann Walter kennt, weiß, daß er auch dieses Fahrzeug in den nächsten Jahren perfekt restaurieren wird. Ein passender Motor steht jedenfalls schon bereit.

Sein zweitältester Käfer ist eine Gelände-Limousine mit der Fahrgestellnummer 5-020367. Sie wurde am 7. 5. 1943 gebaut und am 15. 5. 1943 an den Zollgrenzschutz Nicolai ausgeliefert. Dieser befand sich an der damaligen deutsch-polnischen Grenze bei Kattowitz. Dort blieb der Wagen aber nur kurze Zeit. Nach dem Zusammenbruch der Ostfront übernahm die Besatzungsmacht den Wagen, der nach dem Krieg im Großraum Bonn landete. Hier wurde er im Dezember 1945, zusammen mit anderen Käfern aus Wehrmachtbeständen, zum Kauf angeboten und von einem 37jährigen Landwirt aus Königswinter erworben.

Der neue Besitzer hing sehr an seinem Käfer: Er fuhr ihn sage und schreibe über 44 Jahre lang! Dann erst gelangte der Veteran in die Sammlung von Herrn Walter. Aufgrund der guten Pflege des Vorbesitzers ist der Wagen in einem ordentlichen, verkehrssicheren Zustand. Trotz einer Gesamtlaufleistung von 260 000 km fährt der Wagen immer noch mit dem ersten Motor.

Interessant ist, daß die beiden damals an andere Interessenten verkauften Käfer heute ebenfalls noch existieren. Das eine Fahrzeug, ebenfalls vom Zollgrenzschutz

Hermann Walter und sein eingemauerter Käfer von 1948.

1948 war jede Farbe lieferbar, sofern sie Schwarz, Perlgrau oder Dunkelblau hieß. Ein Bischof wählte da natürlich schwarz. Beachten Sie besonders die originalen Rückleuchten und den Auspufftopf.

Auch innen ist der Wagen wie neu erhalten. Lediglich den Sitzbezugsstoff mußte sich Hermann Walter als sehr teure Einzelanfertigung nachweben lassen.

Nicolai, befindet sich heute im Besitz von Fred Metson, Irland. Der dritte Wagen, Aufbaunummer 870, blieb 47 Jahre in einer Hand (jedoch nicht die ganzen Jahre angemeldet), um schließlich ebenfalls seinen Platz in der Halle von Hermann Walter zu finden.

Ein weiterer Uraltkäfer dieses bekannten Sammlers ist eine Gelände-Limousine (Fahrgestellnummer 5-021594). Sie wurde am 29. Mai 1943 produziert und am 4. 6. 1943 an das Heereszeugamt in Kassel ausgeliefert. Nach dem Krieg verschlug es sie in die Tschechoslowakei, wo sie nach einem leichten Auffahrunfall im Jahre 1967 stillgelegt wurde. 21 Jahre später hat sie dann Herr Walter entdeckt und gekauft. Seitdem wird sie von ihm liebevoll restauriert.

Sie leistet übrigens noch einer weiteren Gelände-Limousine mit der Fahrgestellnummer 5-035164 Gesellschaft! Dieser

Wagen wurde am 31. 3. 1944 produziert, am 6. 4. 1944 an das Beständelager Kölleda ausgeliefert und noch 1944 der Standortkommandantur in Wilhelmshaven als Funkwagen zugeteilt. 1946 erwarben die Olympia-Werke in Wilhelmshaven das Fahrzeug, musterten es aber, Duplizität der Ereignisse, ebenfalls nach einem leichten Auffahrunfall 1956 aus und überließen es seinem damaligen Fahrer. Der wollte den Wagen reparieren, tat es aber letztendlich dann doch nicht. Erst zwanzig Jahre später wurde der Veteran wiederentdeckt und gelangte in den Besitz von Herrn Walter.

Das Fahrzeug weist drei Besonderheiten auf: Erstens ist seine Karosserie voll verzinkt, zweitens wurde im Krieg mangels Fahrzeugschildern das Fahrzeugkennzeichen auf die Karosserie auflackiert, und drittens fehlen die Winker mitsamt dem Winkerschalter. Dafür war dem Wagen eine Kelle beigelegt.

Vor kurzem hat Hermann Walter noch eine weitere Gelände-Limousine in der DDR erworben. Dieser am 28. 5. 1943 gebaute Käfer mit der Fahrgestellnummer 5-021541 wurde an das Heereszeugamt Kassel ausgeliefert und blieb beim Rückzug der deutschen Truppen im Gebiet der späteren DDR beschädigt liegen. Dort übernahm ihn ein Landwirt, setzte ihn instand und fuhr das Fahrzeug über 40 Jahre. Der Wagen befindet sich in ungeschweißtem, weitgehend originalem Zustand; Schweiß- und sonstige Arbeiten sind jedoch erforderlich.

Rekordverdächtig: Als Alltags-Käfer 46 Jahre in einer Hand

Falls Sie glauben sollten, es sei ein „Rekord“, wenn ein Käfer 44 Jahre von einem Besitzer täglich gefahren wird, so muß ich Sie eines besseren belehren. So besitzt Jaques Morel, Chefredakteur der Zeitschrift „Super VW Magazine“, einen Käfer, der noch länger in einer Hand gefahren wurde. Es handelt sich um eine Gelände-Limousine mit der Fahrgestellnummer 5-033568, die am 31. 1. 1944 produziert und an das Stabsamt Hermann Göring, Berlin, ausgeliefert wurde. Eine Kriegsmission führte das Fahrzeug dann nach Paris, wo es gestohlen und noch 1944 an einen Drucker aus Vincennes weiterverkauft wurde.

Dieser fuhr seine Neuerwerbung zuerst „schwarz“, ließ sie dann aber doch am 10. 5. 1946 unter dem Kennzeichen I604RP1 zum Straßenverkehr zu. Am 21. 3. 1955 wurde das Kennzeichen in 796-DW-75 umgeändert. Der genannte Drukker fuhr das Fahrzeug über 45 Jahre bis zu seinem Tod Mitte 1991. Seine Erben ließen das Fahrzeug – immer noch auf seinen Namen zugelassen – am 17. 10. 1991 öffentlich versteigern. Das mit 18 195 Franc höchste Gebot kam von Jacky Morel, und so wurde er stolzer Besitzer dieses Gelände-Käfers, der sich bis auf leichte Rostschäden an den Schwellern noch in verblüffend gutem Zustand befindet und mit dem ersten Motor immer noch einwandfrei läuft.

Unverwüstlich: Dieser VW Käfer war mehr als 45 Jahre Alltagsfahrzeug eines französischen Druckers.

Heinz-Willi Lottermann und sein liebstes Stück: Sein VW Käfer von 1943 war 30 Jahre unter Stroh versteckt.

Ein Käfer, 30 Jahre unter Stroh versteckt

Einer der schönsten und gleichzeitig originalsten Altkäfer gehört dem VW-Händler Willi Lottermann aus Bad Camberg. Er trägt die Fahrgestellnummer 5-020984. Dieser Käfer – wieder eine Gelände-Limousine – hat ein wirklich abenteuerliches Leben hinter sich.

Am 20. 5. 1943 erblickte er das Licht der (Auto-)Welt und wurde einen Tag später an das Heereszeugamt Kassel ausgeliefert. Er nahm am Rußlandfeldzug teil und gelangte bis zum Kaukasus. Auf dem Rückzug vor den alliierten Truppen landeten schließlich vom Hunger geplagte deutsche Soldaten bei einem Bauern in Sulzbach/Württemberg und tauschten ihr Fahrzeug gegen eine Speckseite und zwei Säcke Kartoffeln.

Als einige Tage später französische Truppen Sulzbach erreichten, hielt es der listige Bauer für geboten, das Auto unter einem Strohhaufen in einer seiner Scheunen zu verstecken. So wurde der Wagen vor der Requirierung bewahrt und überlebte diese kritische Zeit. In den Hungerjahren nach dem Krieg war der Bauer jedoch mit anderen Projekten beschäftigt, und so geriet der versteckte Käfer in Vergessenheit.

Eines Tages starb der Bauer, und sein Hof wurde im Jahre 1975 von seinen Erben weiterverkauft. Da das Anwesen dem neuen Besitzer besenrein übergeben werden mußte, machte man sich an das Aufräumen der besagten Scheune, die weitab von jeder Wohnung mitten auf einem Feld stand. Beim Abtragen des alten Strohs stieß man plötzlich auf Blech: Der Käfer wurde wiederentdeckt und erblickte nach knapp 30 Jahren erneut das Licht der Welt. Das Fahrzeug trug dabei sogar noch die alten IIE-Kriegskennzeichen.

Zuerst waren die Entdecker von ihrem Fund gar nicht begeistert; sie schoben den Wagen vor den Hof auf die Straße und beauftragten einen Schrotthändler, das Ding abzuholen. 1975 war ein Brezelkäfer noch kein Liebhaberstück. Trotzdem schaute man in die Zeitung, die ausgerechnet an diesem Tag von dem von Otto Weymann initiierten Brezelkäfertreffen 1975 berichtete! Die Erben stutzten – war der Käfer vielleicht doch wertvoller als gedacht? Schnell wurde der Käfer wieder von der Straße weggeschoben, und der Schrotthändler kam glücklicherweise vergeblich.

Jetzt standen die Erben vor dem nächsten Problem: Wohin mit dem Ding? Auf dem Grundstück konnte es nicht bleiben, denn das mußte ja für den neuen Besitzer geräumt werden; auf die Straße konnte man es auch nicht schieben – mit den alten Kennzeichen. Man besann sich dann auf einen befreundeten, 70 km entfernten VW-Händler, der bereit war, dem Oldie für einige Tage Unterschlupf zu gewähren.

Die Beschaffung roter Überführungskennzeichen war kein Problem. Aber wie würde der Käfer aus seinem dreißig Jahre langen Dornröschenschlaf erwachen? Man war skeptisch, aber das Mißtrauen war unbegründet: Nach dem Einbau einer neuen Batterie und der Versorgung mit Benzin und frischem Öl startete der Motor nach Betätigen des Anlasserdruckknopfes so augenblicklich, als hätte er durch die Jahrzehnte hindurch sehnsüchtig auf diese Gelegenheit gewartet. Und er lief die siebzig Kilometer, ohne zu mucken.

Der Wagen wurde schließlich auf einem Altkäfertreffen zum Verkauf angeboten, wo ihn besagter Herr Lottermann erwarb. Zu Hause angekommen, mußte der stolze Neubesitzer aber erst einmal tief in seine Altteilekiste greifen, denn bei der damaligen Käferfertigung wurde aufgrund Materialmangels kräftig improvisiert. So fehlte die Kennzeichenbeleuchtung, und statt des linken Rücklichtes zierte ein Notek-Kombinationsrücklicht die linke hintere Hälfte. Außerdem hatte der Wagen keine Stoßfängerhörner. Bis auf diese nachträglich angebrachten Teile ist der Käfer heute völlig original. Sie glauben nicht, daß der Wagen beim Rußlandfeldzug mitgewirkt hat? Zumindest fand sich unter den olivfarbenen Wehrmachtsitzen Toilettenpapier einer Fabrik aus dem Kaukasus!

23 Jahre eingemauert: Ein Käferschicksal

Es fing ganz harmlos an. Der Ihnen mittlerweile bestens bekannte Hermann Walter erwarb 1976 von einem Abbruchunternehmen einen verbeulten schwarzen Käfer von 1948. Zu Hause angekommen, machte er eine bemerkenswerte Entdeckung: Die letzten Arbeiten an seiner Neuerwerbung waren offensichtlich 1950 durchgeführt worden! Der letzte Ölwechsel etwa wurde 1950 bei km-Stand 20 000 durchgeführt, jetzt zeigte der Tacho knapp über 21 000 km. Außerdem wies der Wagen merkwürdige Beschädigungen auf, die kaum von einem Unfall stammen konnten. Aber woher stammten sie dann? Die Geschichte dieses Käfers schien spannend werden zu können.

Seine Nachforschungen begann Hermann Walter beim Verkäufer seines Autos, dem Abbruchunternehmer.

Der teilte ihm mit, daß er das Fahrzeug 1973 beim Abbrechen einer alten Schnapsbrennerei in Steinhagen gefunden hatte, eingemauert zusammen mit einem alten Opel in der hintersten Ecke einer Werkstatt. Daher also die Beschädigungen: Der Baggerfahrer konnte schließlich nicht ahnen, welcher Schatz sich hinter den Mauern verbarg.

Aber wie gelangte das Käferlein denn nun in sein Gefängnis? Vom Abbruchunternehmen war nichts mehr zu erfahren; also konnte eigentlich nur der Erstbesitzer weiterhelfen. Ermittlungen bei VW ergaben, daß der Wagen Ende 1948 an den VW-Händler Thiel in Paderborn ausgeliefert worden war. Mit wenig Hoffnung fuhr Herr Walter zu dem genannten Händler. Ob sich da wohl noch jemand an das Fahrzeug erinnern würde?

Aber er hatte etwas Glück und fand einen alten Prokuristen, der ihm mitteilen konnte, daß zum damaligen Zeitpunkt nur die Diözese Paderborn Bezugsscheine für VW Käfer besaß und das Fahrzeug von daher nur an den Bischof ausgeliefert worden sein konnte. Deshalb auch die schwarze Farbe.

Das Stroh gab es nach 30 Jahren preis: Primitiv, aber überraschend bequem waren die VW-Sitze im Kriegsjahr 1943. Das Obermaterial war aus Jute, wie z. B. Kartoffelsäcke, die Füllung bestand aus Stroh bzw. Wollstoff. Der Überlieferung nach hatte der dicke Fahrer damals Anspruch auf eine Extra-Polsterung.

Also wurde unser Hobbydetektiv bei der Diözese von Paderborn vorstellig, wo man nichts über das Auto wußte – außer, daß es möglicherweise dem Dompropst von Münster als Dienstfahrzeug zugeteilt worden war.

Enttäuscht, aber nicht ganz ohne Hoffnung, machte sich Herr Walter auf die nächste Station seiner Odyssee: zur Dompropstei in Münster. Zu seiner größten Überraschung erfuhr er dort, daß der damalige Dompropst tatsächlich seit 1948 einen schwarzen Käfer fuhr. Mehr wisse man aber nicht, da ihm das Fahrzeug 1950 gestohlen worden war. Herrn Walter riß es vom Stuhl: Kein Zweifel, das mußte sein Käfer sein, den er vom Abbruchunternehmer erworben hatte!

Warum er allerdings eingemauert wurde, ließ sich nur vermuten: Vom ehemaligen Besitzer der Schnapsbrennerei war zu erfahren, daß sich zwielichtige britische Soldaten häufig in der genannten Schnapsbrennerei herumgetrieben hatten. Sie müssen 1950 auf illegale Weise in den Besitz des Käfers und des Opels gelangt sein. Zu Geld konnten sie die beiden Autos aber nicht mehr machen. Offenbar waren sie gezwungen, ihre Beute zu verstecken – vor der Polizei, vielleicht aber auch, um sie später zu verhökern. Warum daraus nichts wurde, ließ sich nun wirklich nicht mehr herausfinden.

Dafür steht fest, daß zumindest der Käfer bei Hermann Walter ein neues Zuhause gefunden hat.

Nach 30 Jahren unter Stroh zeigt sich auch das Armaturenbrett fast perfekt original. Lediglich der rechte Schalttafeleinsatz mit dem VW-Zeichen im Zahnkranz war durch die damalige Montage von Zubehör irreversibel beschädigt worden und wurde deshalb durch einen Schalttafeleinsatz von 1939 ersetzt.

Die originalgetreueste KdF-Limousine

In Reichshof-Brüchermühle wurde mit großem Aufwand von einem Fachbetrieb eine Uralt-Käferlimousine mit der Fahrgestellnummer 1-019120 und der Aufbaunummer 440 restauriert. Dieser Wagen wurde am 17.4.1943 produziert und am 25.6.1943 an Ferdinand Porsche ausgeliefert, der ihn seinem Freund, dem Flugzeugkonstrukteur Willy Messerschmitt, schenkte. Professor Messerschmitt ließ den Wagen mit dem Kennzeichen IIB-256403 auf sein Institut, die Oberbayerische Forschungsanstalt Oberammergau, zu und ergänzte die Käferausstattung nach seinem persönlichen Geschmack. So wurde etwa die Benzinuhr eines Flugzeugs montiert, denn offenbar mußte Messerschmitt um die Zuteilung von Benzin kämpfen. Aus dem noch immer vorhandenen Fahrtenbuch geht hervor, daß er bis zum Ende des Krieges etwa 33 000 km mit dem Fahrzeug zurückgelegt hatte.

Nach dem Krieg wurde ein Neffe Messerschmitts von der Militärregierung beauftragt, am Straßenrand liegengebliebene Fahrzeuge einzusammeln und wieder fahrbereit zu machen. Dabei stieß der Oberingenieur aus Augsburg auch auf das Auto seines Onkels, das ausgeplündert und demoliert in einem Straßengraben lag. Nach Rücksprache mit ihm erwarb er das Fahrzeug 1946 für 400 RM und richtete es mit Achsenteilen und dem Motor eines ebenfalls liegengebliebenen Kübelwagens mit der Fahrgestellnummer 2-034720 (am 1.3.1944 an die Wehrmacht ausgeliefert) wieder her.

Wegen der anderen Achsen mußte der Messerschmitt-Käfer nun die Fahrgestellnummer seines „Organspenders“ erhalten, die in die Rahmengabel unter der Rückbank eingeschlagen wurde; ein neuer Kraftfahrzeugbrief mit der Nummer des Kübelwagenfahrgestells und dessen Erstzulassungsdatum folgten. Die Originalfahrgestellnummer am Rahmentunnel sowie das originale Typenschild blieben erhalten. Diese etwas seltsame Vorgehensweise war gesetzlich vorgeschrieben, da die Käferlimousine keine Betriebserlaubnis für die Kübelwagenachsen besaß. Dagegen war es jedoch zulässig, ein Kübelwagenfahrgestell mit einer Käferkarosserie zu versehen.

1964 erwarb ein kaufmännischer Angestellter aus München das Fahrzeug, bis schließlich im Jahre 1967 der Münchner Kfz-Meister Alfred Kaschel den Wagen von seinem Vorbesitzer geschenkt bekam. Kaschel war sich der Seltenheit dieses Käfers bewußt und führte ihn mehrfach interessierten Journalisten vor. Dabei müssen Herrn Kaschel die zwei Fahrgestellnummern und die beiden Typenschilder seines Wagens aufgefallen sein. Warum nicht noch ein drittes hinzufügen, dachte er sich wohl – und „frisierte“ sein Auto phantasiebegabt auf Baujahr 1939! Als Alfred Kaschel vor einigen Jahren starb, wurde das Fahrzeug an einen westdeutschen VW-Händler verkauft. Dieser erkannte schnell die hervorragende Basis des Wagens für eine superoriginale Restauration.

Denn der Käfer war trotz einiger dilettantischer Veränderungen von seiner Originalität her bestechend: Sogar an den Türinnengriffen, Scheinwerfergläsern und Winkern fanden sich die alten KdF-Zeichen. Das Fahrzeug befand sich auch technisch und karosseriemäßig in ausgesprochen gutem Zustand. Nach der sachgerechten Entfernung der alten Kübelwagenachsen wird das Fahrzeug in Kürze als der originalgetreueste restaurierte Altkäfer fertiggestellt werden.

Die Restauration erfolgte natürlich ausschließlich mit alten KdF-Teilen, die von einem Fachbetrieb aus Bonn beschafft wurden. Dazu gehörten Achsmanschetten, Stoßstangen, der Kraftstoffhahn oder brünierte Schrauben nach alter DIN-Norm. Besonders stolz ist man, daß auch für Motor und Getriebe ausschließlich Teile mit dem alten KdF-Zeichen verwendet wurden. Sogar ein Restposten alten KdF-Stoffs für die Innenausstattung konnte bei der weltweiten Suche nach Teilen aufgetrieben werden.

Perfekt und nur mit original KdF-Teilen restauriert: VW Käfer von 1943. Zum Zeitpunkt des Fotos wurde noch nach einem rechten Schalttafeleinsatz sowie einem originalen Tachometer gesucht.

Werner Klute hat gut lachen: Zwar ist sein Käfer im Kriegsjahr 1943 ohne Türschloß ausgeliefert worden, trotzdem hat er aber die Zeit doch recht gut überstanden.

Die Lackierung erfolgte mit ebenso großer Sorgfalt. So hat BASF in Hiltrup die Farbe nach den alten Rezepten aus den vierziger Jahren zusammengemischt. Wobei wegen der Giftigkeit der alten Bestandteile besondere Vorsichtsmaßnahmen getroffen werden mußten. Dafür hat man heute die absolute Gewähr, daß Farbton und Glanz exakt mit der alten Fertigung übereinstimmen.

Dieses Fahrzeug ist der einzige KdF-Wagen, der ausschließlich aus KdF-Teilen besteht. Wenn Sie ihn bewundern möchten, so wird dies demnächst sogar möglich sein: Es ist geplant, das Fahrzeug einem Museum als Dauerleihgabe zur Verfügung zu stellen. Damit wäre dieses historische Fahrzeug dauerhaft für die Öffentlichkeit gesichert.

Ohne Zündschloß, ohne Türschloß: Käfer ab Mai 1943

Ab Mai 1943 herrschte bei VW extremer Materialmangel. Dies führte dazu, daß bei den produzierten Autos die weniger wichtigen Teile wie Winker, Innenspiegel, Kennzeichen- sowie Innenleuchte, Stoßfängerhörner, Beifahrerscheibenwischer etc. weggelassen und die Fahrzeuge zum Teil nur noch mit Kübelwagensitzen ausgeliefert wurden (von Exemplar zu Exemplar unterschiedlich).

Dieser Materialmangel machte selbst vor Schlössern nicht halt: Die Gelände-Limousine Typ 82e vom 24. 5. 1943, die mit der Fahrgestellnummer 5-021068 an das Heereszeugamt Kassel ausgeliefert wurde und heute Werner Klute aus Paderborn gehört, wurde ohne Türschloß ausgeliefert. Und die KdF-Limousine Typ 60 vom 11. 12. 1943, ausgeliefert an Direktor Schleima, Fa. Schmiedag, Hagen/Westfalen, jetziger Besitzer VAG Fleischhauer, Bonn, ging gar ohne Zündschloß an ihren Besitzer! Statt dessen montierte man einen einfachen Schalter. Eine Käfer-Limousine ohne Tür- und Zündschloß mochte man aber selbst in dieser Zeit wohl nicht produzieren.

Der Rekord: 2 200 000 km mit einer Käfer-Limousine

Die bei den genannten Fahrzeugen angegebene hohe Laufleistung ist für einen Käfer keine Besonderheit. So besitzt der Rentner Albert Klein in den USA ein Exemplar, das bereits jetzt mit dem neunten Motor eine Laufleistung von über 2,2 Millionen Kilometer hinter sich gebracht hat. Das ist Weltrekord! Bis heute hat

Mr. Klein übrigens 55 000 Dollar an Kraftstoff, Öl und Reparaturen in den Wagen gesteckt (unter anderem 182 600 Liter Benzin, vier Getriebe und 160 Reifen). Viel? Sicher nicht: Umgerechnet auf die Kilometerleistung kostete die Meile gerade mal 4 Cents. Auch das ist Rekord!

Schlußwort

Wenn Sie jetzt auf den Geschmack gekommen sind und auch einen Uralt-Käfer besitzen möchten, so nehmen Sie bitte keinen Kontakt mit den genannten Besitzern auf. Alle Fahrzeuge sind absolut unverkäuflich.

Diese Aufzählung ist natürlich nicht vollständig; sie gibt nur einen Einblick in die Geschichte der ältesten VW-Käfer. Und alle Jahre wieder wird ein neues „Altfahrzeug" entdeckt. Ich selbst habe 1964 in der CSSR ein blaues VW-30-Vorseriencabrio mit senkrechten Scheinwerfern gesehen. Es war weitgehend original (noch ohne Blinker oder irgendwelche Markenembleme, aber mit kleinem, rundem Tacho und riesigen Lüftungsschlitzen auf der Rückseite). Ob der Wagen heute noch läuft?

Möglich wäre es – bei der sprichwörtlichen Unverwüstlichkeit eines Käfers, ohne die der phänomenale Erfolg dieses Wolfsburger Krabbeltiers nicht zu erklären wäre. Zu einer Zeit, als ein Automotor ohne Überholung gerade 50 000 km weit lief, tauchte ein Personenwagen auf, der wegen seiner einfachen Konstruktion mit einer außergewöhnlichen Langlebigkeit (bei erschwinglichen Unterhaltskosten) aufwartete, ohne dabei hinsichtlich Fahreigenschaften und Fahrkomfort „kleinwagenmäßig" zu wirken.

Kein Wunder also, daß dieser im Krieg gereifte Wagen sich nach 1945 besonders gut verkaufen ließ – zumal Volkswagen als erstes deutsches Autowerk nach dem Krieg wieder produzierte. Außerdem ermöglichten die hohen Stückzahlen einen konkurrenzlos günstigen Preis.

Neben der Qualität des Käfers sicherten die ständig an ihm vorgenommenen Verbesserungen seinen Erfolg. Ungeachtet modischer Tendenzen hat Direktor Nordhoff versucht, das Fahrzeug auf dem Stand der Technik zu halten, und es auf diese Weise ständig aktualisiert. Damit wurde ein von Jahr zu Jahr besseres Auto auf den Markt gebracht – selbst wenn es bereits in der zweiten Hälfte der fünfziger Jahre veraltet erschien! Aber mittlerweile präsentierte sich der Käfer so ausgereift und billig, daß der Käufer dies gerne in Kauf nahm.

Außerdem hatte man es hier mit einem „klassenlosen" Automobil zu tun, an dessen Steuer sich der Hilfsarbeiter ebenso wohl fühlte wie der Bankdirektor. Dies ist ein ganz wichtiger Aspekt, wenn es um den Erfolg des Käfers geht: DKW Junior, Lloyd Arabella oder wie die Käfer-Konkurrenten sonst noch heißen mögen, mußten hier passen. Sie waren und blieben Kleinwagen.

Folglich kam das Ende des Käfers erst dann, als er technisch wie optisch den Käuferansprüchen nicht mehr genügte.

Haben bestimmt auch viel zusammen erlebt: Professor Ferdinand Porsche und sein VW Käfer 38/11.

Der New Beetle - ein Auto weckt Gefühle

Der New Beetle - ein Auto weckt Gefühle

Es gab Zeiten, da bekam man beim Anblick von bestimmten Autos Herzklopfen. Das waren Schöpfungen, die mit ihrer ästhetischen Linienführung, ihrem Chrom, mit den zahlreichen liebevollen Details - eben mit ihrer ganzen Ausstrahlung faszinierten. Heutige Autos tun sich oftmals schwerer, wenn es um Emotionen geht - was vielleicht am Windkanal liegt, diesem großen Gleichmacher. Denn daß das Streben nach einem optimalen Luftwiderstands-Beiwert – der nun mal den Benzinverbrauch ebenso mitbestimmt wie die Windgeräusche – auf Kosten eines unverwechselbaren, individuellen Designs geht, läßt sich kaum leugnen. „Form follows function", lautet die Devise. Oftmals ist deshalb erst auf den zweiten oder dritten Blick erkennbar, um welche Automarke es sich überhaupt handelt. Darüber hinaus hat der rostfreie und billigere Kunststoff längst die blinkenden Chrom- und Metallteile ersetzt.

In dieser Zeit bringt die Volkswagen AG ein Auto auf den Markt, das Emotionen weckt, bei dessen Anblick viele tatsächlich wieder Herzklopfen bekommen! Dieses Auto ist natürlich der *New Beetle* - der sich als nahezu perfekte Synthese von Nostalgie und Moderne präsentiert: Seine Formsprache schwelgt in Erinnerungen - und gibt sich in Details dennoch zeitgemäß. „In Zeiten von Sinnkrisen und wirtschaftlichen Schwierigkeiten besinnt man sich auf klassische Werte", brachte Sergio Pininfarina die sich hinter jeder Art von „Rétro-Design" verbergenden Motive auf einen Nenner. Mag sein, daß die Käufer eines *New Beetle* durch seine Form bedingte Einschränkungen akzeptieren müssen; auch auf den aktuellen Modegeschmack nehmen seine Karosserielinien keine Rücksicht. Warum auch? In diesem Fall ging es darum, positive Gefühle zu erwecken. Und dieser Anspruch ist gelungen! Das Rezept, wie man sowas erreicht, klingt einfach: Man orientiere sich an der charakteristischen Silhouette des VW-Käfers sowie an einigen käfertypischen Merkmalen im Innenraum und forme daraus (unter möglichst großzügiger Verwendung kostengünstiger Großserienteile aus den eigenen Regalen) ein Auto, das anders ist als alle anderen. Ein Auto, das wegen seiner runden Formen sich schon optisch vom heutigen Angebot unterscheidet und auf uns wie ein aktualisierter VW Käfer 1303 wirkt. Ein Auto, das auf diese Weise Gefühle und Erinnerungen weckt an eine Zeit, die uns im Nachhinein ruhiger und menschlicher erscheint als die hektische, unsichere Gegenwart. Ein Auto, das Herzklopfen mit modernster Technik kombiniert - zu einem günstigen Preis.

Der *New Beetle* ist ein Auto, das zuallererst die Gefühle anspricht. So wird seine Käufer erst in zweiter Linie interessieren, daß die Kopffreiheit im Fond des Wagens begrenzt und der Kofferraum des *New Beetle* mit einem Fassungsvermögen von 209 l kleiner ist als der des guten alten Käfers. Wer den Newcomer zum Transport von Gepäck verwenden will, kann schließlich die Rückbank umklappen. Die Enge im Cockpit sorgt sogar dafür, daß man beim Schalten leicht mit der Hand gegen das Armaturenbrett stößt. All diese Dinge, die bei einem „gewöhnlichen" Auto Empörung beim Käufer hervorrufen würden, werden beim *New Beetle* ohne Murren hingenommen.

Wie schon beim alten Käfer gibt es an den Sitzen des *New Beetle* nichts auszusetzen. Vor allem vorne sitzt man sehr gut, wenn auch hoch; trotzdem ist die Kopffreiheit hier mehr als reichlich und ermöglicht sogar das Autofahren mit Hut. Selbst der Blick über die gewölbte Haube ist „alten" Käfer-Fahrern irgendwie vertraut. Was man vom Käfer natürlich nicht kennt, sind Merkmale wie die hohe aktive und passive Sicherheit, der gute Fahrkomfort und das flotte Temperament des *New Beetle;* Merkmale, die eben dem aktuellen Stand der Technik entsprechen. Vier Automatikgurte, vier Gurtstrammer, vier Airbags, vier Scheibenbremsen, das Antiblockiersystem (ABS) und das elektronische Stabilitätsprogramm (ESP) sowie eine crasherprobte Sicherheitszelle gehören beim Neuling ebenso zur Serienausstattung wie die dritte Bremsleuchte und die elektrisch einstell- und beheizbaren Außenspiegel.

Hervorragend ist beim *New Beetle* auch der Fahrkomfort. Das Golf-IV-Fahrwerk ermöglicht komfortables Fahren auch über schlechte Straßen. Die hochwertige Ausstattung umfaßt Dinge wie Servolenkung, Aktivkohlefilter für die Innenraumluft, Zentralverriegelung, Drehzahlmesser, Zeit- und Außentemperaturanzeige, Netztürtaschen und eine Fernentriegelung von Kofferraum- und Tankklappe. Der Fahrersitz und die Lenksäule sind höhen- wie längsverstellbar. Sogar Becherhalter und ein hochwertiges Radio mit sechs Lautsprechern gibt es serienmäßig. Vor allem jugendliche Käufer werden von der blauen Innenbeleuchtung und der rot glimmenden Mittelkonsole begeistert sein, die nachts im Cockpit Disco-Feeling erzeugen.

Ein weiterer Pluspunkt ist die angemessene Motorisierung. Der Vierzylinder Benzinmotor mit 1984 ccm Hubraum leistet 85 kW/115 PS bei 5200/min und besitzt ein Drehmoment von 170 Nm bei 2400/min. Damit beschleunigt ein *New Beetle* in 10,9 s auf 100 km/h und erreicht eine Höchstgeschwindigkeit von 185 km/h. Der durchschnittliche Verbrauch beträgt 8,7 l Superkraftstoff auf 100 km. Für den Vierzylinder Turbodiesel mit 1896 ccm Hubraum und 66 kW/90 PS bei 3750/min paßt der Spitzname „Dampfhammer". Dieses Triebwerk erreicht schon knapp über Leerlaufdrehzahl sein maximales

Fit for future: der New Beetle. Seine Formsprache erinnert an das berühmte Vorbild, weckt Emotionen und Assoziationen, sorgt für Herzklopfen. Daß Volkswagen den Mut hatte, diesen Käfer für das neue Jahrtausend in Serie gehen zu lassen, verdient Anerkennung

Drehmoment von 210 Nm, liefert Leistung pur und vermittelt beachtlichen Fahrspaß. In 13,1 s sind 100 km/h erreicht, die Höchstgeschwindigkeit beträgt 171 km/h. Bemerkenswert an diesem Aggregat ist seine für einen Dieselmotor außergewöhnliche Laufruhe, die u.a. durch ein neuartiges Schwungrad und eine umfassende Geräuschdämmung erzielt wurde. Sparsamkeit ist eine seiner weiteren Tugenden: der angegebene Durchschnittsverbrauch beträgt 5,2 l Diesel auf 100 km.

Für 1999 ist mit einem V-Fünfzylinder-Benziner mit 2,3 l Hubraum eine neue Spitzenmotorisierung angekündigt. Im selben Jahr soll auch die Auslieferung mit einer mikroprozessorgesteuerten Getriebeautomatik möglich sein.

Beim Fahren offenbart der *New Beetle* seine technische Verwandtschaft zum Golf IV: Fahrsicher und agil, die exakte Lenkung, minimale Windgeräusche, gute Verarbeitung – all das entspricht den Erwartungen, die man heute an einen modernen VW stellt. Gleichzeitig ist und bleibt der *New Beetle* ein Spaßmobil, aber ein ernstzunehmendes: Kein „facegelifteter" alter Käfer, sondern eine völlige Neukonstruktion mit der Technik von heute. Die dennoch Anklänge an die unvergleichliche Form des Käfers bewahrt. Nostalgie und Fortschritt sind im *New Beetle* wirklich perfekt unter einen Hut gebracht.

Heute, mehr als ein halbes Jahrhundert nach Vorstellung des Ur-Modells, ist ein Ende der „Beetlemania" nicht abzusehen: Über 21 Millionen Käfer sind von 1941 bis heute in Serie gebaut worden - und nun rechnet man mit einer runden Million neu hinzukommender *New Beetle.*

Freuen wir uns darauf!

Schöne Aussichten: Blick ins New Beetle-Cockpit. Hier das im Frühjahr 1996 auf dem Genfer Salon gezeigte Vorserienmodell im Farbton „Cybergreen-Perleffekt"

Spektakulär: das elektrisch zu bedienende Targa-Glasschiebedach. Dank ausgeklügelter Technik schiebt sich das breite Dachteil beim Öffnen unter die Heckscheibe

So soll es sein: Der Motor sitzt, anders als beim Ur-Modell, vorne. Der in Genf gezeigte New Beetle kam übrigens mit Allrad-Antrieb daher

Black Magic: Ein in „Schwarz uni“ lackierter New Beetle vor imposanter Kulisse. Damit sich seine Besitzer lange an ihm erfreuen können, gewährt Volkswagen auf die vollverzinkte Karosserie eine Garantie von 12 Jahren gegen Durchrostung

Yellow Express: Zur serienmäßigen Farbpalette des New Beetle gehört auch dieses herzhafte Gelb, schlicht „Yellow“ genannt. Alu-Felgen kosten Aufpreis, die 16-Zoll-Räder gibt es dagegen serienmäßig

Der Sonne entgegen: ein New Beetle in voller Fahrt. Der Farbton? „Silver arrow metallic“ - was sonst?

*Rock around the clock:
das New Beetle-Armaturenbrett.
Trotz nostalgischer Reminiszenzen
entsprechen sämtliche Details den
aktuellen (Sicherheits-)Standards*

*Geräumig? Bewahre! Eher eng geht's im
New Beetle-Cockpit zu...*

*Selbstzünder: Wer will, kann den New
Beetle mit Benzin-Motor bekommen -
oder, wie hier gezeigt, mit dem ebenso
sparsamen wie durchzugsstarken Turbo-
Diesel von 1,9 l Hubraum*

Ein Original kommt in Fahrt: Der Concept 1 auf dem Weg zum Serienauto. Das Team um James C. Mays im kalifornischen Simi Valley liefert die ersten Entwürfe des New Beetle

Anders - und doch so vertraut: der New Beetle. Die optische Verwandtschaft zum guten alten Käfer war das Gebot der Stunde...

...schließlich hatte eine in den Vereinigten Staaten durchgeführte Befragung ergeben, daß „die Marke Volkswagen auf dem nordamerikanischen Markt nachdrücklich mit ihrem Erfolgsmodell Käfer verbunden" ist

WOB CL 486

WOB CP500

1991 bis heute: Vom „Beetle“ zum „New Beetle“

Im Januar 1991 eröffnet der Volkswagenkonzern im kalifornischen Simi Valley nördlich von Los Angeles ein Designstudio. Es erhält die Aufgabe, „an einem Brennpunkt des modernen Lebens Trends in ihrem Frühstadium zu erkennen und Visionen speziell für den amerikanischen Markt zu entwickeln“. Die ersten Arbeiten der Designer betreffen Studien für alternative Antriebsformen, die keine Schadstoffe emittieren und die Forderung des kalifornischen Bundeslandes nach Null-Emission-Fahrzeugen erfüllen.

Im September 1992 wird das Ergebnis einer amerikanischen Umfrage bekannt, wonach „die Marke Volkswagen auf dem nordamerikanischen Markt nachdrücklich mit ihrem Erfolgsmodell Käfer verbunden ist. Der klassische Käfer ... ist Mythos und Legende“. Als Reaktion auf dieses Umfrageergebnis beginnt das junge, von James C. Mays geleitete Designerteam, bei den Entwürfen für neue Fahrzeuge auch Alternativen mit der Käfersilhouette zu entwerfen.

Im Mai 1993 präsentiert das kalifornische Studio dem Volkswagen-Vorstand die ersten Fahrzeugmodelle mit der Linienführung des VW-Käfers. Zu diesem Zeitpunkt quält den VW-Vorstandsvorsitzenden Ferdinand Piëch der Gedanke, daß VW nichts, aber auch gar nichts Neues auf den Automobilmessen des Jahres 1994 anzubieten hat.

Als er die Entwürfe sieht, kommt ihm schließlich der Gedanke, zum Spaß eine fahrbare 1:1-Studie im Käfer-Design bauen zu lassen und diese als Blickfang auf der nächsten Detroit Motor Show zu präsentieren. Seine Idee ist nicht neu. Bereits früher, noch als Chef der Audi AG, hatte er mit der Studie „Audi quattro Spyder“ auf der IAA 1991 und später mit der Präsentation eines „Audi Avus Quattro“ mit 12-Zylinder-Motor auf dem Autosalon von Tokio, die Weltöffentlichkeit überrascht. Später hat Piëch mit Befriedigung in der Fachpresse gelesen, daß Audi jetzt als innovative Marke des VW-Konzerns betrachtet wird.

Die Arbeiten an dem Designfahrzeug mit Käfer-Linienführung erfolgen unter strikter, auch werksinterner Geheimhaltung. Das Fahrzeug soll den Namen „Studie Concept 1“ erhalten. Nach den Automobilmessen, so ist es vorgesehen, sollen die Arbeiten an Fahrzeugen mit der Käfersilhouette eingestellt werden.

Der „Concept 1“-Käfer ist die Sensation der North American Motor Show im Januar 1994 in Detroit. Die amerikanische Presse bringt Schlagzeilen wie: „VW hatches a New Beetle. It would sell like hotcakes“, „Best in Show“, „Exciting“, „The futuristic New Beetle – the hit of the Detroit show“. Selbst Konkurrenten sprechen von einer „Signalwirkung der modernen Käfer-Linie, die den Charme des früheren Volkswagen-Erfolgsmodells in die Gegenwart überträgt“. Ferdinand Piëch hat sein Ziel erreicht: Die gesamte Weltpresse redet über VW – und nicht über die neuen amerikanischen Modelle.

Doch der Erfolg des „Concept 1“ löst eine Lawine aus, die so nicht geplant war. Eine ungeheure Erwartungshaltung entsteht. Die amerikanischen Volkswagenhändler fordern eine Serienproduktion des Wagens. Die ganze Welt schließt sich ihnen an. Alle wollen den neuen Käfer. Ferdinand Piëch hat mit der Studie eine Entwicklung ausgelöst, die er nicht mehr stoppen kann. Schon in Detroit beginnt VW deshalb mit der Planung einer möglichen Serienproduktion.

Zurück in die Zukunft: der New Beetle, Seite an Seite mit seinem berühmten, unverdrossen gebauten Urahn. Ob der „neue“ Käfer sich ähnlich gut verkauft wie das Original, ist eher unwahrscheinlich. Einen blitzsauberen Start hat er allerdings hingelegt: Fast 65.000 Käufer entschieden sich schon in seinem ersten Produktionsjahr für den New Beetle - weit mehr als erwartet!

Was ist das Erfolgsgeheimnis des „Concept 1"? Zunächst einmal wurde versucht, die Formensprache und Details des Käfers auf ein neues Automodell zu übertragen. Hierzu gehörten:

- die Käfersilhouette mit abgerundeter Fronthaube und Dach
- die stilisierten Kotflügel
- die Trittbretter
- die großen Räder
- die großen runden Frontscheinwerfer
- die großen runden Rückleuchten (wie etwa beim Mexikokäfer) sowie
- die angedeuteten Hupenziergitter links und rechts.

Hieraus modellierten die kalifornischen Designer eine einfache Form aus ineinander gesetzten Halbzylindern: ein großer Halbzylinder für das Dach, ein kleiner Halbzylinder für jeden Kotflügel - und fertig ist der neue Käfer.

Auch im Innenraum findet man Stil-Elemente des Ur-Modells:

- ein einziges Rundinstrument direkt vor dem Fahrer mit allen Kontrolleuchten
- Haltegriffe an der B-Säule
- eine Blumenvase (ein käfertypisches, zeitgenössisches Zubehörteil)
- relativ geringe Innenraumbreite (dafür vorne große Innenraumhöhe und hohe Sitzposition).

Die Übernahme dieser Elemente führt dazu, daß sich beim Betrachter das Gefühl eines modernisierten, aber noch vertraut wirkenden Käfers einstellt. Auch wenn die „Concept 1"-Studie optisch mit dem Käfer vieles gemeinsam hat, ist sie technisch ein ganz anderes, modernes Auto. So gibt es weder Luftkühlung, Drehfederstäbe oder Pendelachsen. Stattdessen glänzt der neue Käfer durch hochmoderne, umweltfreundliche Technik. Als Antrieb werden folgende fortschrittliche Alternativen angeboten:

- der sparsame 90 PS TDI-Motor mit der Technik des Golf-Ecomatic (maximales Drehmoment 202 Nm, Höchstgeschwindigkeit 178 km/h, Kraftstoffverbrauch knapp über 4 1/100 km)
- der TDI-Diesel-Elektrohybridantrieb vom Golf Hybrid (44 kW Dieselmotor, 7 kW Elektromotor)
- ein reiner Elektroantrieb, ähnlich wie beim Golf CityStromer, aber mit mehr Leistung (37 kW/50 PS, Höchstgeschwindigkeit 120 km/h, Reichweite 150 km).

Aus Kostengründen wird keine der drei Varianten später zur Serienproduktion gelangen.

Gebaut unter der Sonne Mexikos: Der New Beetle entsteht im mexikanischen Volkswagenwerk Puebla. Hier befindet sich die Rohkarosserie gerade auf dem Weg zum Tauchbad

Klappe auf: New Beetle-Montage in Puebla, Mexiko. Geringer Ausschuß, gute Fertigungs-Qualität und natürlich das niedrige Lohnniveau sprachen für diesen Produktionsstandort

X-Ray 1: Die aufwendige Technik des New Beetle mit Frontmotor und Vorderradantrieb, dargestellt am Schnittmodell. Anfänglich serienmäßig nur mit einem Fünfgang-Getriebe lieferbar, kamen später Alternativen hinzu

X-Ray 2: Die Sicherheits-Karosserie des New Beetle, transparent gemacht: Antiblockiersystem (ABS), elektronisches Stabilitätsprogramm (ESP), vier Airbags für Fahrer und Beifahrer, vier Automatikgurte mit Gurtstraffern, dazu die crasherprobte Fahrgastzelle – der New Beetle befindet sich in allen Belangen auf der Höhe der Zeit.

Vorhang auf: Im Dezember 1997, als diese Aufnahme entstand, war der Startschuß zur Vorserienproduktion des New Beetle in Puebla gerade gefallen

Um das Medienspektakel um die aufregende Studie weiter zu steigern, läßt Ferdinand Piëch auf dem Genfer Salon im März 1994 ein rotes „Concept 1"-Cabriolet vorführen. Die Begeisterung wächst weiter. Über 1,2 Millionen Kaufinteressenten bedrängen VW. Um die Gemüter zu beruhigen, bleibt VW nichts anderes übrig, als zu erklären, „daß man in Zukunft den VW-Käfer in modernisierter Form wieder zum Kauf anbieten wird. Der Käfer von morgen soll mit der Technik von heute und dem Feeling von gestern Autofans, die den Käfer nur noch vom Hörensagen kennen, ansprechen". Die Entscheidung für einen zeitgemäßen Käfer-Nachfolger ist gefallen.

Um den neuen Käfer überhaupt in akzeptablen Stückzahlen verkaufen zu können, darf sein Kaufpreis nicht wesentlich über dem von anderen Großserien-Fahrzeugen liegen. Also erläßt VW die Vorgabe, daß der neue Käfer nicht mehr als 10 % teurer sein darf als ein vergleichbarer Golf. Dies bedeutet, daß für die Serienproduktion möglichst viele im Volkswagen-Konzern vorhandene Bauteile verwendet werden müssen – besonders natürlich solche vom Golf, da diese in hohen Stückzahlen und somit preiswert sind. Dafür muß die „Concept"-Studie aber überarbeitet und an die vorhandenen Bauteile angepaßt werden. Die entsprechenden Arbeiten werden in Wolfsburg unter der Leitung von Chefdesigner Helmut Warkuß durchgeführt. Die Grundvoraussetzung: Der neue Käfer wird auf der Plattform des Golf IV aufgebaut. Damit sind sein Radstand, seine Breite, die Anordnung der Aggregate, die Größe der Radkästen sowie der vordere wie hintere Überhang vorgegeben. Aus diesem Grund muß die Länge der „Concept 1"-Studie von 3,80 m auf 4,08 m vergrößert und der Raddurchmesser von 18 auf 16 Zoll verkleinert werden. Auch die Lage des Kraftstofftanks macht Schwierigkeiten. Der Innenraum wird ebenfalls verändert; so werden viele Schalter aus dem VW-Sortiment übernommen. Dafür behält man etwa das ursprüngliche Rundinstrument ebenso bei wie die originelle Blumenvase.

Auf der Tokyo Motor Show im Oktober 1995 debütiert die serienreife Version der Studie, die auf der Technik des Golf basiert. Die Faszination des New Beetle ist ungebrochen, trotz aller durchgeführten Modifikationen. Im Gegenteil: Sogar in Fernost findet der Wagen lebhaften Beifall. Ferdinand Piëch läßt es sich nicht nehmen, persönlich die ersten verbindlichen Bestellungen für den neuen Volkswagen aufzunehmen. Und tatsächlich kommt er mit einem vollen Auftragsbuch nach Wolfsburg zurück. Damit ist die endgültige Entscheidung für die Produktion dieses Fahrzeugs gefallen.

Nach einem gelben und einem roten Käfer wird diesmal ein schwarzes Modell ausgestellt. So ergeben alle drei Fahrzeuge, in der richtigen Reihenfolge nebeneinander gestellt, die Farben der deutschen Nationalflagge. Die angebotenen Motoren sind der 2,0-l-Golf-Motor mit 85 kW/115 PS und Zweiventil-Technik, ein 1,8-l-

Schöner Rücken: Auch von schräg hinten macht der New Beetle eine blendende Figur, gibt sich nostalgisch-verspielt – und gleichzeitig modern und aktuell

Fünfventiler mit Turbo-Aufladung und 110 kW/150 PS sowie der 1,9-1-Golf-Turbo-Diesel mit 66 kW/90 PS.

Nach dem Erfolg auf der Tokyo Motor Show wird im November 1995 das Design des neuen Käfers bis auf kleinere Details festgelegt. Als Produktionstandort wird das mexikanische Werk in Puebla ausgewählt. Für den Produktionsort hatten sich Wolfsburg, Mosel/Sachsen sowie Bratislava beworben. Daß die Entscheidung zugunsten von Puebla ausfällt, liegt an dem niedrigen Lohnniveau und dem geringen Ausschuß Pueblas (weniger Ausschuß als z.B. in Wolfsburg!), der Zugehörigkeit Mexikos zur nordamerikanischen Freihandelszone sowie den vielen ortsnahen Zulieferern (schneller und billiger beliefert niemand den VW-Konzern). Damit wird der neue Käfer in Sichtweite jener Hallen gebaut, in denen sein berühmtes Vorbild noch heute vom Band läuft. Schon jetzt steht fest, daß der serienmäßige New Beetle über temperamentvolle Motoren, moderne Sicherheitselemente und eine hochwertige, funktionale Ausstattung verfügen wird, wie es sie zu keinen Zeiten beim alten Modell gab.

Auf dem Genfer Automobilsalon im März 1996 wird die weiterentwickelte „Concept 1"-Studie vorgestellt – als „der neue Beetle" oder „the New Beetle". Das Ausstellungsexemplar unterscheidet sich von dem früheren schwarzen Modell durch die außergewöhnliche Farbe „Cybergreen-Perleffekt" sowie durch ein riesiges, sich elektrisch öffnendes Targa-Glasschiebedach, System Porsche. Dank einer ausgeklügelten Technik verschwindet das breite Glasdach beim Öffnen im Fahrzeugheck unter der großen Heckscheibe. Neu ist auch die Stoff-Lederkombination im Innenraum sowie ein Syncro-Allradantrieb.

Auch dieses Fahrzeug findet großes Interesse beim Publikum. Der eMail-Server bei VW bricht wegen der vielen eMail-Anfragen von Interessenten zusammen. Um diese Flut an Interessenten in den Griff zu bekommen, führt VW eine Vormerkliste im Internet ein, in die sich jeder Interessent bequem von zu Hause aus eintragen kann. Die Interessenten erhalten dann von einem speziellen New Beetle-Team regelmäßig Newsletter und Info-Material zugeschickt. Im September 1997 wird das erste Prospektmaterial verschickt. Es beginnt mit den Worten: „Der New Beetle – ein Original kommt in Fahrt" und beinhaltet ein großes Poster von einem New Beetle in violetter Farbe.

Nur zwei Jahre nach der endgültigen Entscheidung zum Bau des Autos eröffnet Ferdinand Piëch persönlich im November 1997 die Vorserienproduktion in Puebla. Das moderne Engineering im VW-Konzern führte in atemberaubend kurzer Zeit vom Prototypen zum Serienmodell. Die Fahrzeugentwicklung erforderte mit den notwendigen Tests und der Einrichtung der Produktion Investitionen von einer knappen Milliarde DM.

Im Januar 1998 wird der New Beetle in Amerika-Version auf der Detroit Motor Show vorgestellt – und übertrifft alle Verkaufserwartungen. Die amerikanische Presse schreibt: „Eine Legende wird wieder lebendig", der New Beetle ist „die Unsterblichkeit eines Lebensgefühls" und die „Sehnsucht nach der Jugend". Die deutsche Presse ergeht sich daraufhin in Schlagzeilen wie „Amerika ist verrückt nach dem Beetle" und „Amerika ist im Käfer-Fieber" und druckt als Beleg hierfür Bilder strahlender amerikanischer Prominenter neben einem New Beetle.

In Puebla beginnt im Februar die Serienfertigung. Die Produktion von 260 Fahrzeugen pro Tag muß schon im März auf 500 Wagen und im April auf 600 Exemplare pro Tag erhöht werden. Trotz dieser Maßnahmen ist schon vor dem eigentlichen Verkaufsbeginn die gesamte Jahresproduktion vergeben. Es entsteht ein Schwarzmarkt für Kaufverträge für den New Beetle. Dabei wird von den Spekulanten teilweise der doppelte Verkaufspreis gefordert. Wegen der gewaltigen Nachfrage geben VW-Manager schließlich im Februar bekannt, daß zur Beseitigung der Lieferengpässe ein zweites Werk für den New Beetle bereits in der Planung sei.

Im März 1998 werden die ersten Exemplare offiziell in den USA ausgeliefert. Weil auch in Deutschland ein großes Interesse besteht, werden 60 dieser Fahrzeuge von VW an einen ausgewählten Personenkreis vorzeitig ausgeliefert. Darüberhinaus haben zahlreiche VW-Liebhaber bereits früher direkt bei einem VW-Händler in den USA ihren New Beetle bestellt und importieren ihn jetzt nach Deutschland. So kommt es, daß der New Beetle bereits im Frühling 1998, ein halbes Jahr vor dem eigentlichen Verkaufsstart in Deutschland, auf deutschen Straßen zu sehen ist.

Wo der New Beetle auftaucht, wird er bewundert. Als auf der Hannover-Messe im April 1998 ein Besucher mit einem New Beetle anreist, wird der Wagen sofort von den anwesenden Fernsehteams zum Medienstar gemacht, als Kulisse für Interviews benutzt und in zahlreichen Zeitungen als Messe-Highlight abgebildet. Hat es jemals, so fragt man sich, soviel Rummel um ein neues Auto gegeben?

Im Oktober 1998 wird der New Beetle in seiner internationalen Version auf dem Pariser Automobilsalon der Öffentlichkeit präsentiert. Ende November 1998 werden die ersten Exemplare offiziell in Deutschland ausgeliefert. Der New Beetle kann die Straßen Deutschlands erobern!

New Age: der Concept 1. Erstaunlich, wie nahe diese ganz frühe Studie dem späteren Serienmodell kommen sollte!

Flower-power: „Sagt mehr als tausend Worte: die stilvolle Vase an der Armaturentafel" heißt es dazu im New Beetle-Prospekt

Liebe zum Detail: Die in der Heckklappe verborgene Entriegelung des Kofferraums

Auf die Plätze...:
Als Hinterbänkler ist man im New Beetle weniger gut untergebracht. Dafür läßt sich die Rückbank umklappen...

...wodurch der sonst nur knapp bemessene Kofferraum deutlich an Fassungsvermögen gewinnt

Augenschmaus:
der runde Halogenscheinwerfer des New Beetle

Cab der guten Hoffnung: Bereits im Frühjahr 1994 stand dieses Concept 1-Cabrio auf seinen schicken Rädern - und weckte, wie die New Beetle Limousine, Emotionen und Assoziationen...

Daß es kommen wird, steht fest. Aber wann? Und vor allem: Wo wird es gefertigt? Denn schon heute ist sicher, daß die Steigerung...

...der Limousinen-Produktion in Puebla auf über 650 Exemplare pro Tag nur schwer möglich sein wird. Das Cabrio könnte darunter leiden

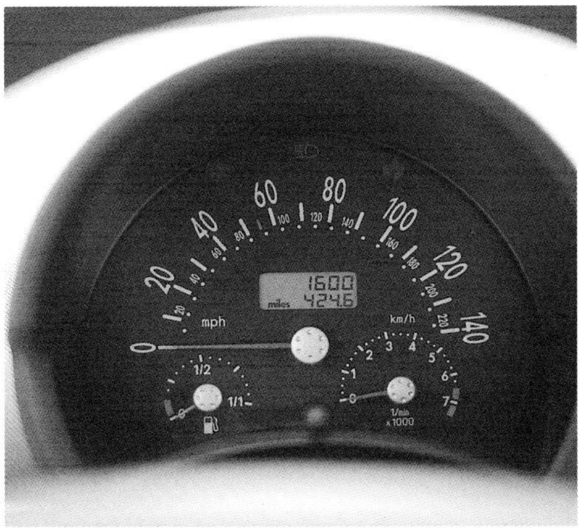
0
20
40
60
80
100
120
140
mph
km/h
1/2
1/1
1/min
x1000

STOP
EJECT
REW
SEEK
AC

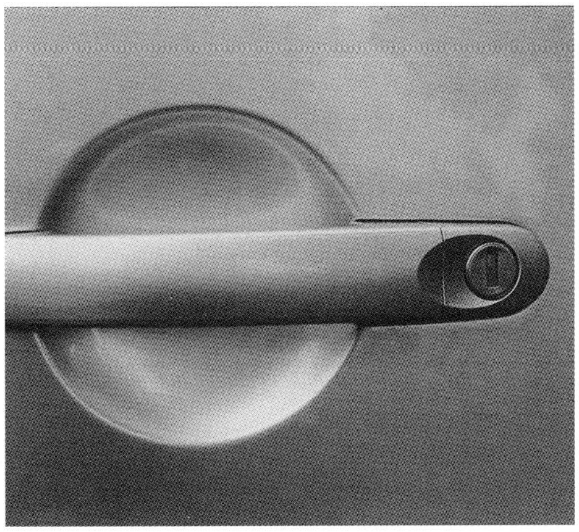

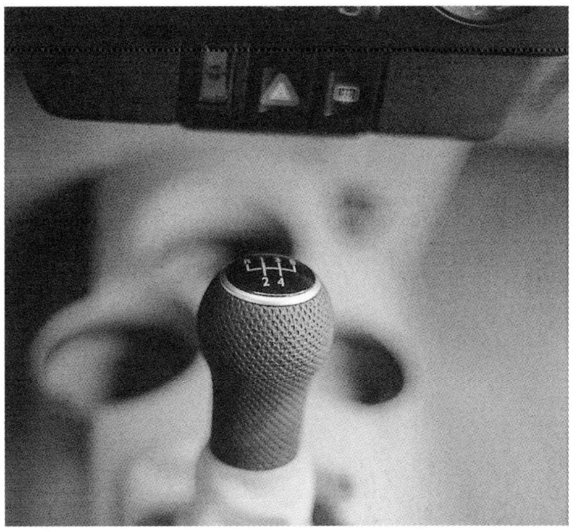

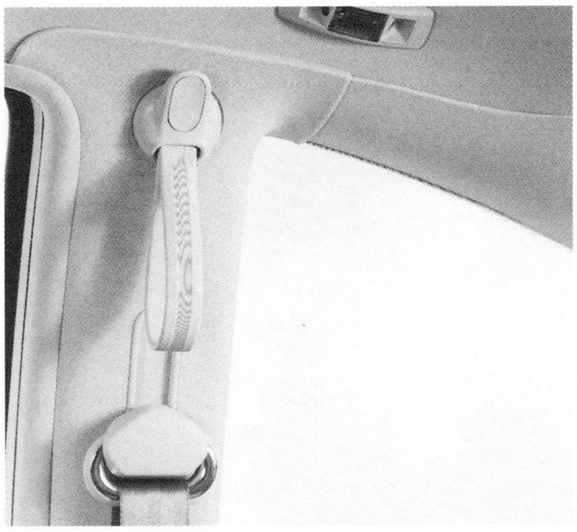

D
F TR 9

2. Abschnitt: Tips aus meiner Käferpraxis

Der Brezelkäfer bis Oktober 1952 ist hinsichtlich des Fahrkomforts ein Auto für harte Männer. Trotzdem stand damals auch so manche Frau schon ihren Mann.

Wem der Brezelkäfer (siehe Foto) zu wenig Fahrkomfort bietet, findet im Zwitter-Käfer ein Fahrzeug mit geteilter Heckscheibe und der Technik des späteren Ovalkäfers.

Unten:
Wer gern offen fährt und wenig Geld besitzt, wird zu einem Faltdachkäfer tendieren.

Kaufberatung: Welches Baujahr ist das richtige für mich?

Der Oldtimermarkt bietet ein großes Angebot an gebrauchten VW Käfern. Vom restaurierungsbedürftigen Brezelkäfer, Baujahr 1950, bis zum gepflegten Sondermodell „50-Jahre Käfer“, Baujahr 1985, ist heutzutage alles ohne Schwierigkeiten erhältlich. Der Käufer steht damit vor der großen Qual der Wahl: Welches Käfermodell ist denn nun das Richtige für mich?

Im folgenden werden daher die einzelnen Käfer der unterschiedlichen Baujahre mit ihren Schwächen und Stärken so dargestellt, daß jeder Käferfreund ohne Schwierigkeiten erkennen kann, welches Käferbaujahr hinsichtlich seiner Fahrcharakteristik und seines Preises am besten zu ihm paßt. Außerdem habe ich Fahrstrecken angegeben, die ich höchstens mit den einzelnen Modellen fahren würde. Zwar ist die individuelle Leistungsfähigkeit von Mensch zu Mensch unterschiedlich, und daher sind meine Zahlenwerte rein subjektiv, doch ermöglichen diese Angaben einen direkten Vergleich des Fahrkomforts. Vorab jedoch einige allgemeine Hinweise.

Die erste Entscheidung, die Sie treffen müssen, ist: Limousine oder Cabriolet? Das schönere Käfermodell ist zweifellos das Cabriolet, aber es ist natürlich auch am teuersten. Sie müssen deshalb schon selbst wissen, ob Ihnen die paar Tage offenes Fahren im Jahr diesen Mehrpreis wert sind. Pragmatiker kaufen deshalb oft eine Käferlimousine mit Faltschiebedach (ab 1950) bzw. Stahlschiebedach (ab 1963). Sie sollten jedoch wissen, daß bei der Restaurierung eines Fahrzeugs mit einem Schiebedach erhebliche Mehrkosten im Vergleich zur normalen Limousine anfallen. Käfer-Cabriolets der 50er Jahre stehen übrigens nur sehr selten zum Verkauf an.

Die zweite Entscheidung ist: Restaurierungsobjekt oder fertig restaurierter Wagen? Generell ist das fertig restaurierte Auto der bessere, weil billigere Kauf, vorausgesetzt, es wurde fachmännisch restauriert. Leider ist dies jedoch oft nicht der Fall. Da unfachmännisch restaurierte Fahrzeuge langfristig sehr teuer werden, ist der Kauf eines fertig restaurierten Käfers immer Vertrauenssache und daher mit einem gewissen Risiko verbunden.

Meistens kann man aber an Details, z. B. bei der optischen Restaurierung nicht direkt sichtbarer Teile, die Restaurierungsqualität einschätzen. Ebenso weisen mitlackierte Kotflügelkeder, Farbreste unter bzw. auf den Gummifensterdichtungen, schlechter Lackverlauf, Paßungenauigkeiten, fehlende oder schlechte Dichtungen an den Hauben, Türen und Fenstern, lieblos zusammengeschusterte Ausstattungsteile aus verschiedenen Baujahren sowie optisch schlecht eingeschweißte Bleche unzweifelhaft auf eine Pfuschrestaurierung hin. Im Gegensatz dazu ist das Restaurierungsobjekt der ehrlichere Wagen. Man weiß, was man bekommt und was noch zu machen ist, und kann sich außerdem Farbe und Innenausstattung selbst aussuchen. Und glücklicherweise sind beim unrestaurierten VW Käfer auch keine unangenehmen Überraschungen zu erwarten.

Die dritte Entscheidung, die Sie treffen müssen ist: Einfachausführung (Standard, 1200A, 1200) oder Luxusausführung (Export, 1200L, 1300, 1302, 1303). Einfachausführungen wie der Standardkäfer sind viel seltener als das Luxus-Modell. Sie sind in der Ausstattung extrem spartanisch, was jedoch schon wieder einen ganz besonderen Reiz ausmacht. Aus diesem Grund sind sie auch besonders leicht zu restaurieren. Der Hauptunterschied zum „Luxusmodell“ besteht darin, daß z. B. durch ein wesentlich lauteres Motorengeräusch und härtere Sitze die Fahrzeuge für größere Strecken weniger geeignet sind. Vor allem die älteren Standard-Modelle mit Seilzugbremse sind bei Bastlern beliebt, weil diese im Gegensatz zur Hydraulikbremse billig überholt werden kann (neue Bremsbeläge, neue Bremsseile, Bremstrommeln ausdrehen). Außerdem besteht — wenn richtig geschmiert — auch bei jahrelangem Stehen keine Gefahr des Festgehens.

Beim Kauf eines seriennahen VW-Käfers sollten Sie auf die folgenden vier Dinge achten:

1 Das Fahrzeug ist weitgehend komplett und ausstattungsmäßig original. Denn die Beschaffung von z. B. Sitzgarnituren oder bestimmten Ausstattungsteilen kann sich als unmöglich oder zumindest kostenintensiv herausstellen. Kaufen Sie auf keinen Fall ein Fahrzeug, bei dem schon einmal die Karosserie und das Fahrgestell ausgetauscht wurden. Solche Fahrzeuge, bei denen nur noch das Typenschild und der Kfz-Brief original sind, haben keinen Wert. Gleiches gilt für Fahrzeuge, die mit älteren Käferteilen auf „alt“ gemacht wurden. Allgemein gilt der Grundsatz: Lieber ein Fahrzeug mit technischen Mängeln oder fehlendem Motor erwerben als ein Fahrzeug mit schweren Originalitätsmängeln.

2 Das Fahrzeug besitzt eine gute Karosserie, d. h., es sind nur wenige Schweißarbeiten erforderlich. Der Handel bietet eine Vielzahl von Fahrzeugen mit guter Karosserie, so daß sich nur bei sehr alten oder seltenen Fahrzeugen umfangreiche Karosseriearbeiten lohnen.

3 Der Käfer macht einen gepflegten, unverbastelten Gesamteindruck. Dann können Sie sicher sein, daß das Fahrzeug nur wenige Mängel aufweisen wird und Sie auch langfristig viel Freude an dem Fahrzeug haben werden. Es gibt nichts Schlimmeres als ungepflegte, verbastelte Käfer, auch wenn sie bei der Übergabe noch einwandfrei laufen sollten. Denn die meisten Defekte treten erst nach einigen Jahren aufgrund mangelnder Pflege und Wartung auf und werden sehr schnell zu dem Spitznamen „Mistkäfer“ führen.

4 Der Käfer sollte, bezogen auf sein Alter, nur wenige Vorbesitzer haben. Dies bietet Ihnen die Gewähr, daß jeder Eigentümer mit dem Fahrzeug zufrieden war und daß Sie es auch werden. Vermeiden Sie Fahrzeuge, deren letzte Besitzer kein Interesse an Autos hatten, oder die ganz einfach finanziell schwach gestellt waren. Diese Leute haben in der Regel kein Geld für Inspektionen und Reparaturen, so daß sie selbst das gepflegteste Fahrzeug meist nach einigen Jahren ruiniert haben. Bevorzugen Sie dagegen Fahrzeuge von wohlhabenden VW-Veteranen-Liebhabern, die verstorben sind oder gerade Geld für ein besonders seltenes Neufahrzeug brauchen. Auch Fahrzeuge von Rentnern, die wenig gefahren sind, aber ihr „ein und alles" immer gepflegt und gewartet haben und jetzt verstorben sind oder ins Altersheim müssen, sind ein guter Kauf. Für alle Fahrzeuge gilt: Wertsteigernd ist in jedem Fall ein interessanter Erstbesitzer, wie z.B. Kanzlei des Führers, Berlin, oder Control Commission for Germany.

Doch welches Baujahr sollte es nun sein?

Die KdF-Wagen von 1941 bis 1944 werden nur extrem selten zum Verkauf angeboten. Meist handelt es sich dann um stark ausgelaugte, restaurierungsbedürftige Fahrzeuge der Preisklasse 8000 DM bis 20 000 DM. Achten Sie hier insbesondere auf die richtige Fahrgestellnummer. Der Kauf ist jedoch das kleinste Problem. Meist sind alle charakteristischen Altteile wie Lenkrad, Tachometer, Stoßstangen, Rückleuchten, Kennzeichenleuchte und rechter Schalttafeleinsatz inzwischen ausgewechselt worden und müssen in Einzelanfertigung nachgebaut werden. Außerdem paßt kein Teil der neueren Käfer, insbesondere kein Blechteil und kein Verschleißteil. Jedes kleinste Teil muß daher ebenfalls nachgefertigt werden. Es fallen daher mindestens 100 000 DM an Gesamtkosten für das Fahrzeug an. Für dieses Geld bekommen sie dann aber ein wirklich originelles Fahrzeug, mit dem harte Männer ihren Spaß haben, über die Straßen zu hoppeln.

Für die ersten nach dem Krieg gebauten Käfer von 1945 bis 1948 gelten im Prinzip die gleichen Aussagen wie für die KdF-Wagen. Jedoch sind für diese Wagen bereits die meisten Verschleiß- und Blechteile erhältlich, so daß nur insgesamt etwa 50 000 DM an Restaurierungskosten anfallen. Auch diese Fahrzeuge sind noch sehr selten, es gibt aber alle paar Jahre immer mal wieder einen Glückspilz, der einen originalen 48er Käfer in einer Scheune findet. Das Fahren macht viel Spaß, ist aber sehr anstrengend, und Tagestouren von mehr als etwa 250 km pro Tag sind deshalb nicht zu empfehlen.

Die ältesten Käfer, die für einen Normalverdiener in Frage kommen, sind die Brezelkäfer von 1949 bis September 1952. Restaurierungsobjekte gibt es in der Preisklasse 3000 DM bis 8000 DM, fertige Fahrzeuge reichen von 15 000 DM bis 25 000 DM, wobei der Jahrgang 1949 recht selten und deutlich teurer ist und auch eine härtere Federung aufweist. Sehr praktisch sind die Ausschnitte in den Seitenscheiben zwecks zugfreier Belüftung ab 3.4.1950, weniger gut die zugigen Rheumaklappen im Exportmodell ab 6.1.1951. Der Brezelkäfer bis September 1952 ist im Alltag sehr zuverlässig und robust, jedoch hart gefedert und laut. Wegen schlechten Geradeauslaufes, langsamer Scheibenwischer, schwacher Heizung, Unsynchrongetriebe, schwergängiger Pedale sowie schlechter Sicht nach hinten ist er nur bedingt alltagstauglich. Man gewöhnt sich jedoch an diese Dinge in ein paar Monaten, und dann fängt das Fahren an, wirklich Freude zu machen. Dann empfindet man sogar die harte Federung und das laute Motorengeräusch als sympathisch.

Jeder Käfer-Liebhaber kennt die Qual der Wahl: Kaufe ich einen Brezelkäfer, einen Ovalkäfer, ein 30-PS-Rechteckkäfer, oder darf es auch ein modernerer sein?

Ein Standard-Käfer ist wegen seiner spartanischen Ausstattung sehr reizvoll und besonders einfach zu restaurieren. Wegen seines lauten Innengeräusches ist er jedoch nichts für Leute, die leicht einen „Brummschädel" bekommen.

Bei vielen zum Kauf angebotenen Fahrzeugen hat man jedoch den Eindruck, der Wagen sei überhaupt nicht gefedert. Dann sind entweder die vorderen Traghebelbuchsen gequollen, der Bundbolzen sitzt fest, oder es sind nicht die originalen Stoßdämpfer eingebaut. Gleiches gilt für ein dröhnendes Motorengeräusch. Hier sollte man z.B. die Gummi-Motorlager überprüfen. Haben Sie keine Angst vor dem Erwerb eines Fahrzeuges mit Seilzugbremsen. In gutem Zustand sind diese Bremsen für 25-PS-Käfer im Sommer kaum schlechter oder schwergängiger als hydraulische Bremsen. Für Glatteis oder Geschwindigkeiten über 100 km/h sind sie dagegen ungeeignet.

Mit einem Export-Modell können Sie problemlos 400 km am Tag zurücklegen. Der Einbau eines stärkeren Motors ist nur bei Anhängerbetrieb zu empfehlen. Die Ersatzteilsituation sieht für Technikteile recht gut aus, Ausstattungsteile wie Zierleisten, Stoßstangen, Rückleuchten und Lenkräder sind hingegen – wenn überhaupt – nur gegen Tausendmarkscheine erhältlich.

Der Zwitterkäfer (1.10.1952 bis 10.3.1953) ist das Auto für diejenigen, die gerne ein Fahrzeug mit geteilter Heckscheibe besitzen möchten, jedoch nicht auf den Komfort der neueren Modelle verzichten möchten. Es ist mit 400 Änderungen eigentlich ein völlig neues Käfermodell, das mit dem Vorgänger nur noch die Windschutzscheibe, den Motor und ein paar Dichtgummis gemeinsam hat. Anders ausgedrückt: es ist technisch ein Ovalkäfer, jedoch mit geteiltem Rückfenster. Aufgrund der wesentlich weicheren Federung vorne und hinten, der stark verbesserten Motorgeräuschdämpfung durch Dämmpappe und besserer Gummi-Metall-Lager, den breiteren Reifen sowie dem Teilsynchrongetriebe ist das Fahrzeug wesentlich bequemer als das Vorgängermodell und hat daher in relativ großen Stückzahlen überlebt. Wegen des besseren Fahrwerks ist auch der Einbau einer 30-PS-Maschine möglich. Die Ersatzteilversorgung mit Blech- und Verschleißteilen (außer Türen und einigen speziellen Zwitterteilen) ist sehr gut und preiswert. Aus diesem Grund ist der Zwitterkäfer in der Anschaffung auch deutlich billiger als der Brezelkäfer.

Ab 10. 3. 1953 ist das Rückfenster nicht mehr geteilt.

Abgesehen von den langsamen Scheibenwischern, dem Lenkgetriebe und der schlechten Sicht nach hinten ist dieser Käfer voll alltagstauglich, und Strecken bis 500 km am Tag können ohne weiteres mit der 25-PS-Maschine gefahren werden. Der Zwitterkäfer ist der älteste Käfer, den ich einer Frau empfehlen würde.

Der Ovalkäfer (10. 3. 1953 bis 31. 7. 1957) ist der klassische Käferveteran für den kleinen Geldbeutel. In Form und Design ausgesprochen nostalgisch, haben sehr viele Exemplare überlebt, was zu erschwinglichen Preisen führt. Am 21. 12. 1953 wurde die 30-PS-Maschine eingeführt, die bei dieser Baureihe unbedingt zu empfehlen ist, weil sie wesentlich spritziger und drehfreudiger ist. Ab 4. 8. 1955 wurde der vordere Kofferraum endlich so vergrößert, daß ein kleiner Koffer hineinpaßt; gleichzeitig wurden unter anderem ein neues Lenkrad, neue Rückleuchten und ein Auspufftopf mit zwei Endrohren eingeführt. Hier muß jeder selbst entscheiden, welche Ausführungsform er bevorzugt.

Abgesehen von den langsamen Scheibenwischern, dem Lenkgetriebe, der schlechten Sicht nach hinten und den für 30 PS schwachen Bremsen ist dieser Käfer wieselflink und alltagstauglich. Strecken bis 600 km am Tag können deshalb ohne weiteres mit der 30-PS-Maschine gefahren werden. Der Ovalkäfer ist daher der richtige Wagen für den, der ein flinkes nostalgisches Fahrzeug möchte und zu kleinen Zugeständnissen hinsichtlich der Alltagstauglichkeit bereit ist. Die Ersatzteilsituation ist sehr gut und preiswert, nicht lieferbare Teile gibt es praktisch nicht. Lediglich Rückleuchten vor August 1955 können ins Geld gehen und einen Tausendmarkschein erfordern.

Der frühe Rechteckkäfer (1. 8. 1957 bis 5. 8. 1959) zählt schon nicht mehr zu den klassischen Käferveteranen. Denn seit der Einführung der großen Heckscheibe, der schnellen Scheibenwischer, der guten Bremsanlage (ab 15. 10. 1957) und ggf. nach Einbau eines Rollenlenkgetriebes ist das Fahrzeug nach heutigen Ansprüchen ohne Einschränkung alltagstüchtig. Trotzdem weist das Fahrzeug mit symmetrischem Licht, Winker, Drei-Wege-Kraftstoffhahn, transparenter Sonnenblende und Stoffdachhimmel noch wesentliche Merkmale eines Käferveteranen auf. Ein wunderschöner, komfortabler und praktischer Wagen für den, der keine Zugeständnisse hinsichtlich Alltagstauglichkeit machen möchte.

Wer seinen Käfer jedoch öfters schnell um die Kurve jagt, ist mit Modellen ab dem 6. 8. 1959 besser bedient. Ab diesem Zeitpunkt wurde die Straßenlage durch einen Stabilisator vorn und eine tiefere Schwerpunktlage des Fahrzeugs deutlich verbessert. Die Eigenart früherer Käfer, sich in schnell gefahrenen Kurven plötzlich seitlich zu überschlagen, wurde dadurch entscheidend abgeschwächt. Gleichzeitig wurden Verbesserungen hinsichtlich der inneren Sicherheit vorgenommen (gepolsterte Sonnenblenden und versenkte Lenkradnabe etc. zum Schutz des Kopfes bei einem Unfall). In der Innenausstattung entspricht dieses Modell deshalb bereits den sechziger Jahren.

Ein entscheidendes Datum in der Käferentwicklung ist der 1. 8. 1960. Zu diesem Zeitpunkt wurden die 34-PS-Maschine und ein Vollsynchrongetriebe eingeführt. Ebenso wurde der vordere Kofferraum vergrößert, so daß endlich ein normaler Koffer hineinpaßt. Genauso nützlich ist die Tankentlüftung ins Freie und die Scheibenwaschanlage. Winker und symmetrisches Abblendlicht wurden durch Blinker bzw. asymmetrisches Licht ersetzt. Im Vergleich zur 30-PS-Maschine ist der neue Motor oberhalb von 100 km/h deutlich leistungsstärker, hat aber auch wegen seiner Startautomatik einen höheren Benzinverbrauch. Tagestouren von mehr als 600 km sind ohne Schwierigkeiten fahrbar.

Es sei jedoch nicht verschwiegen, daß zum gleichen Zeitpunkt Kabelstecker in der elektrischen Anlage eingeführt wurden. In Kombination mit der 6-V-Anlage können daher ab dieser Modellreihe Elektrikprobleme in Form von Spannungsabfällen aufgrund von Übergangswiderständen auftreten, die bei den älteren Fahr-

Seit 1. 4. 1955 gab es auf Wunsch den Käfer auch mit hörnchenförmigen vorderen Blinkern. Ab 4. 8. 1955 waren auch „Rammschutzstoßstangen" lieferbar.

Seit 4. 8. 1955 wurde der Käfer mit größeren Einkammer-Schlußleuchten und zwei Auspuffendrohren ausgestattet.

Im August 1967 erfolgten die meisten Änderungen in der Kädergeschichte . . .

. . . sowohl für die Limousine als auch für das Cabriolet.

zeugen mit verschraubten Kabelkontakten allenfalls bei korrodierten Schalterkontakten und Masseleitungen sowie gelockerten oder korrodierten Verschraubungen beobachtet werden.

In der Folgezeit wurden weitere Verbesserungen durchgeführt: seit 2. 5. 1961 Zweikammerschlußleuchte; seit 30. 6. 1961 Lenkschloß; seit 31. 7. 1961 Einführung des spielfreien Rollenlenkgetriebes nebst Tankuhr und Befestigungspunkten für Sicherheitsgurte; seit 30. 7. 1962 Kunststoffdachhimmel und seit 5. 8. 1963 breite Blinker und Kennzeichenleuchte. Ab dem 3. 8. 1964 waren Front- und Heckscheibe deutlich vergrößert, so daß der Wagen innen wesentlich heller und luxuriöser wirkt. Nicht umsonst habe ich diesen Fahrzeugtyp deshalb „meinen Traumkäfer“ genannt.

Sehr gut motorisiert sind die Modelle 1300 (ab 2. 8. 1965) und besonders 1500 (ab 1. 8. 66), mit denen man im Vergleich zu der 34-PS-Maschine besser überholen kann und auch auf der Autobahn nicht untermotorisiert ist.

Zahlreiche Veränderungen gab es ab dem 1. 8. 1967. Generell wurde die innere Sicherheit wesentlich verbessert und auch eine Zweikreisbremsanlage eingeführt. Gleichzeitig wurden die Fahrzeuge auch mit sogenannten „Hump-Felgen“ ausgestattet, welche die Montage schlauchloser Gürtelreifen der Größe 155 SR 15 ermöglichten. Auf ältere Fahrzeuge ohne Hump-Felge können nur Diagonalreifen mit Schlauch, ab Felgenbaujahr 1956 auch schlauchlos, montiert werden. Alternativ können ab Felgenbaujahr Oktober 1952 auch Gürtelreifen der Größe 155 SR 15 mit Schlauch verwendet werden, welche den Geradeauslauf und die Spurrillenempfindlichkeit der Fahrzeuge drastisch verbessern. Die Verwendung anderer Reifentypen als der hier aufgezählten ist lebensgefährlich, da ansonsten die Reifen z. B. in Kurven von der Felge abrutschen können.

Die genannten sicherheitstechnischen Verbesserungen am Käfer sind natürlich sehr zu begrüßen, die gleichzeitig modernisierte Käferkarosserie mit den senkrecht stehenden Scheinwerfern ist hingegen sicherlich nicht jedermanns Geschmack.

Mit den Modellen 1302 (ab 1. 8. 1970) und 1303 (ab 1. 8. 1972) ist der Höhepunkt der Käferentwicklung erreicht. Diese Fahrzeuge sind komfortabel, robust und zuverlässig. Manche Leute lehnen sie jedoch ab, da sie zu einigen käferuntypischen Mängeln, wie z. B. Lenkungsflattern, neigen. Wer den Kauf eines solchen Fahrzeugs in Betracht zieht, sollte ein Modell mit LS-Ausstattung wählen. Denn die 1,6-l-50-PS-Maschine ist wesentlich elastischer und leistungsstärker als die 1,3-l-44-PS-Maschine, verbraucht jedoch leider auch mehr Benzin.

Aber auch die späteren Modelle sind noch ein guter Kauf. Man sollte hier jedoch unbedingt auf einen guten, rostfreien Zustand Wert legen, da bei einigen Chargen (vor allem ab Mitte der 70er Jahre) erhebliche Korosionsschäden infolge stark rostenden Blechs auftreten können. Ab März 1979 erhielten deshalb alle Käfermodelle ab Werk einen sehr ordentlichen Unterbodenschutz nebst Steinschlagschutz in den Radkästen und Hohlraumkonservierung, so daß bei diesen Fahrzeugen nur geringe Rostprobleme zu erwarten sind. Da die meisten Käfer ab August 1973 mit (zumindest nachrüstbaren) Halogenscheinwerfern, Rückfahrscheinwerfern, heizbarer Heckscheibe, Sicherheitslenkrad und Kopfstützen ausgeliefert wurden, sind diese Fahrzeuge für den Alltag besonders geeignet.

Mit dieser Aufstellung haben Sie nun eine Übersicht über die Eigenschaften der unterschiedlichen Käferjahrgänge. Haben Sie darin Ihr favorisiertes Modell gefunden? Herzlichen Glückwunsch. Oder sind Sie sich noch nicht sicher? Dann machen Sie es doch wie ich, kaufen Sie sich gleich zwei. Und denken Sie daran: Ein gepflegter Käfer ist eine Anschaffung fürs Leben. Sie sollten daher über eine sehr solide gebaute Garage verfügen . . .

Mit dem Sondermodell „50 Jahre VW-Käfer“ lief der Käferverkauf in Deutschland vorläufig aus.

Sichtbare Änderungen am VW Käfer von 1938 bis 1985

Jeder von uns hat wohl schon einmal einen schönen alten Käfer bewundert und sich gefragt, in welchem Jahr er denn hergestellt wurde. Eine solche Bestimmung ist leicht möglich, wenn man die Ausstattungsdetails der einzelnen Käferbaujahre kennt. Auch der angehende Käufer eines VW Käfers wird sich für diese Details interessieren, um zu beurteilen, ob das angebotene Fahrzeug Originalitätsmängel aufweist. Denn gerade beim VW Käfer ist es wie bei bestimmten Zuchttieren: reinrassig sind sie am wertvollsten. Die folgende Liste, aus dem Buch „Was anders wurde" des Volkswagenwerks, eigenem Wissen, alten Käferbildern und Auskünften von Käferbesitzern zusammengestellt, ermöglicht jedermann eine eindeutige Baujahrsbestimmung bzw. eine Bewertung der Originalität des betreffenden Fahrzeugs.

Vollständig originale Käferfahrzeuge sind recht selten. In der Regel wurden sie im Laufe der Jahre durch neuere Rückleuchten, Stoßstangen, Radkappen, Lenkräder, Tachos und Hupenziergitter, ja sogar größere Rückfenster „modernisiert". Gelegentlich findet man auch Käfer, die durch Altteile bewußt älter gemacht wurden. Meistens gibt es aber doch versteckte Merkmale, die nicht verändert wurden: z. B. ein Griff am Aschenbecher.

Außerdem müssen bei der Originalitätsbewertung die damals üblichen Mehrausstattungen berücksichtigt werden: So gab es z. B. eine Mehrausstattung für Standardkäfer mit nahezu allem Chrom (inkl. Hupenziergitter) des Exportmodells! Aus diesem Grund wird daher in dieser Liste auf sehr häufig gekaufte Mehrausstattungen hingewiesen. Zu beachten ist auch, daß es seit 1972 verschiedene Sondermodelle mit gegenüber der Serie abweichenden Ausstattungen gab (Effektlackierungen, fehlende Radkappen, „halbe" Luxusausstattungen).

Ein Wort noch zu den Käfermodellen vor 1949. Hier gibt es bisher keine Dokumentation bezüglich der Änderungen an der Karosserie und den Ausstattungsdetails. Von daher wurde durch Besichtigung der wenigen vorhandenen Exemplare versucht, charakteristische Merkmale aufzufinden. Dieses wird noch durch die Tatsache erschwert, daß in den vierziger Jahren bei der Käfer-Fertigung in extremster Weise improvisiert wurde. Deshalb können die angegebenen Details nur als guter Ausgangspunkt dienen.

Im übrigen gilt für diese Uralt-Fahrzeuge die Erfahrung, daß hier die ältesten im allgemeinen nicht veränderbaren Merkmale zur Baujahrsbestimmung herangezogen werden müssen, z. B. Heizung, die Nase für die Dachantenne oberhalb der Windschutzscheibe, die Anzahl der Sicken unter dem Rückfenster innen oder die VW-Zeichen auf den Teilen. Selbstverständlich darf nicht erwartet werden, daß ein z. B. ohne Rückspiegel oder Beifahrer-

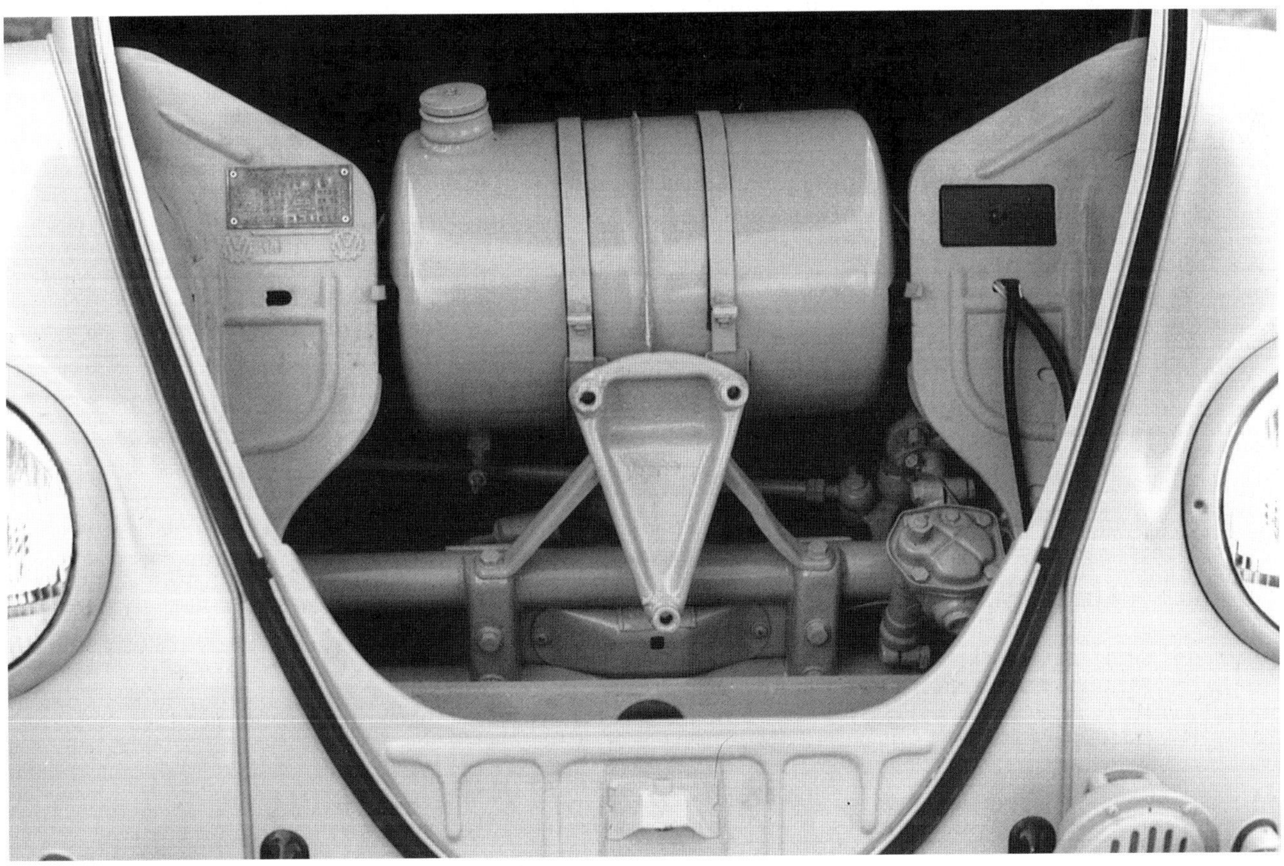

Sicherstes Erkennungszeichen eines Kriegskäfers ist der „Fäßchentank" unter der vorderen Haube. Er wurde bis März 1944 in die Käfer eingebaut.

scheibenwischer ausgeliefertes Exemplar heute noch in diesem Urzustand ist.

Im Laufe seiner Produktionszeit wurden am Käfer mehr als 80 000 Veränderungen vorgenommen. Bis auf die Klemmleiste für die Gummidichtung des vorderen Deckels ist praktisch jedes Teil mehrmals geändert worden. Die folgende Aufstellung wurde daher auf die Dinge beschränkt, die mit bloßem Auge am zusammengebauten Fahrzeug gut sichtbar sind. Der Vollständigkeit halber sind die wesentlichsten technischen Änderungen mitaufgeführt. Weitergehende Informationen können dem Buch „Etzold: Der Käfer I" oder den Ersatzteilkatalogen des Volkswagenwerks entnommen werden.

Mit Hilfe dieser Liste sind Sie jetzt in der Lage, Baujahre von Käfern zu bestimmen, Originalitätsfehler zu entdecken oder auch Ihren Käfer originalgetreu zu restaurieren. Viel Vergnügen.

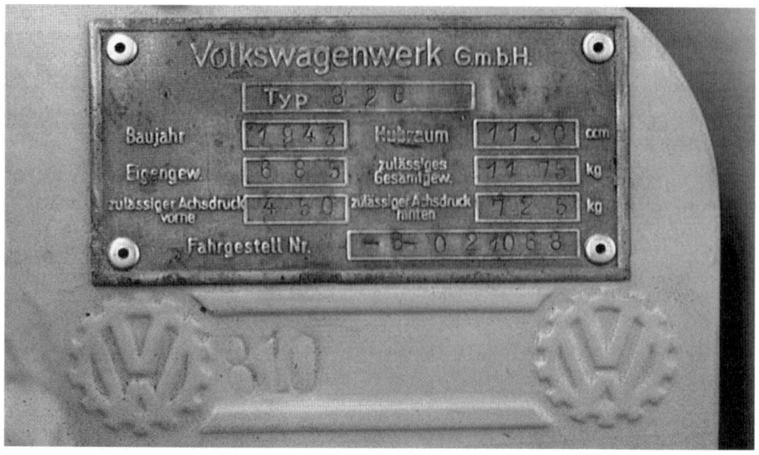

Alle Teile des Kriegskäfers erhielten VW-Zeichen im Zahnkranz.

Zu den Raritäten gehört heute z. B. ein Kriegsscheinwerferglas mit Scheinwerferring, welches damals mit Noppen zum Befestigen der „Tarnkappen" zum Abdunkeln der Scheinwerfer versehen war.

Ebenfalls sehr selten: originaler rechter Schalttafeleinsatz des Kriegskäfers.

1. Teil: Geteilte Heckscheibe

Vorserie 1938/40:

Dreh-Türgriff; Zuggriffe für Deckel vorn und Motorhaube; abgerundete Kennzeichenleuchte mit Glaseinsatz oben für Bremslicht, außenliegendes Scheibenwischergestänge; Vordersitze mit großem Metallgriff; Cabriolet und Rolldachlimousine mit 4-Speichenlenkrad (alles nur Anfang 1938); verchromte Stoßstangen mit geraden, hochreichenden Stoßfängerhörnern; Schalttafeleinsatz mit runden weißen Schaltern mit Griff und Schaltungsillustration auf rechtem Schalttafelausschnitt; großer Hupknopf; rechteckiger Innenspiegel; Handschuhfächer mit Deckeln; keine Heizung; Deckel vorn und hinten oben seitlich mit scharfer Kante; schüsselförmige Radkappen ohne VW-Zeichen, zwei Sikken unter Rückfenster innen, hinter Motorbelüftungsgitter mit 48 Luftschlitzen Schlitz über gesamte Breite vorne, keinerlei VW-Zeichen auf Teilen (alles bis ca. 1939); Lenkrad mit drei breiten Speichen (bis ca. Mai 1943).

23,5-PS-Maschine (bis März 1943), Seilzugbremsen (Export-Modell bis März 1950, Standard-Modell bis 4. 4. 1962); 6V-Anlage (bis 31. 7. 1967, VW 1200 bis 31. 7. 1975); nicht synchronisiertes Getriebe mit 3. und 4. Gang geräuscharm (Export-Modell bis 30. 9. 1952, Standard-Modell bis 29. 10. 1964); nicht ganz spielfreies Spindellenkgetriebe (Export-Modell bis 30. 7. 1961, Standard-Modell bis 1. 8. 1965).

Die ersten drei Exemplare von Anfang 1938 sind auf Fotos am Kennzeichen IIIA-42801 bis IIIA-42803 zu erkennen. Die folgenden Vorserienexemplare mit Kennzeichen IIIA-43001 bis IIIA-43027, abgeleitet von der Fahrgestellnummer 38/01-38/27, erhielten nach und nach einen Zug-Türgriff (bis 5. 8. 1959), ein innenliegendes Scheibenwischergestänge, sowie die späteren Knebeldrehgriffe am Deckel vorn (bis 4/1949) und hinten (bis 30. 9. 1952) und weitere Merkmale der Serienfertigung. Die letzten Fahrzeuge dieser Gruppe besitzen im allgemeinen ein VW-Zeichen im Zahnkranz mit stilisiertem Hakenkreuz auf dem vorderen Deckel. Des öfteren wurden Kennzeichenleuchte, Innenleuchte und Radkappen geändert. Die noch später produzierten Vorserienwagen sind an den bananenförmig nach außen gekrümmten Stoßfängerhörnern zu erkennen (bis 4/1949) und weisen auch sonst zahlreiche Merkmale der Serienfertigung auf.

seit 3. 9. 1941:

Offizieller Lieferbeginn des KDF-Wagens (bis 17. 8. 1944). Neu sind: dreieckige Kennzeichenleuchte mit Glaseinsatz unterhalb für Bremslicht (bis 1945); Deckel vorn und hinten oben seitlich abgerundet; Heizung; runde Innenleuchte oberhalb Rückfenster (bis ca. Mai 1943); ovalförmiger Innenspiegel (Standard-Modell bis 1950); Armaturenbrett mit großen weißen Knebelschaltern (bis 1942, bisher: Drehschalter); kleiner weißer Hupknopf (bisher: groß und schwarz, bis 1942); Hupe links auf vorderer Stoßstange montiert (Standard-Modell bis 30. 9. 1952), 42 Motorbelüftungsschlitze (bis 7/1957).

Rechter Schalttafeleinsatz mit geprägtem VW-Zeichen im Zahnkranz, VW-Zeichen im Zahnkranz auch auf allen Einzelteilen (ältere Teile mit stilisiertem Hakenkreuz, neuere Teile ohne Hakenkreuz. Der neuere Zahnkranz hat – je nach Zulieferer – 14 eckige oder spitze Zahnflanken, bis 1945/46); VW-Zeichen im Zahnkranz aus Aluminium auf Deckel vorn oben (bis Ende 1943, bisher: mit stilisiertem Hakenkreuz); fünf Sicken unter Rückfenster innen (bis Ende 1946); Nase für Dachantenne oberhalb der Windschutzscheibe, keine Handschuhfachdeckel (bis 30. 9. 1952); schüsselförmige Radkappen mit VW-Zeichen im Zahnkranz mit stilisiertem Hakenkreuz; Tür- und Deckelgriffe aus eloxiertem Aluminium (bis ca. Mai 1943); Loch in hinterer Stoßstange für Andrehkurbel (bis 1942).

seit ca. Mitte 1942:
Große schwarze Knebelschalter am Armaturenbrett (bisher: weiß, bis 1945); kleiner schwarzer Hupknopf (bisher: weiß, bis 1948); Stütze für Andrehkurbel in hinterer Stoßstange (bis 10/1949, bisher: Loch in hinterer Stoßstange); Radkappen der normalen Limousine jetzt mit farblich abgesetztem, großem VW-Zeichen im Zahnkranz ohne Hakenkreuz oder den flachen Radkappen der Gelände-Limousine (bis 1943). Am 1.10.1942 offizieller Lieferbeginn der Gelände-Limousine mit hochbeinigem Kübelwagen-Fahrgestell, flachen Radkappen mit Ausbeulung nebst VW-Zeichen im Zahnkranz, Tacho bis 100 km/h (Limousine bis 120 km/h), anderer Getriebeübersetzung und Reifen mit grobem, V-förmigem Profil (bis 1944); seit ca. Ende 1942 Stoßstangen jetzt in Wagenfarbe lackiert (Standard-Modell bis 10. 3. 1953).

seit ca. Mai 1943:
Seitliche Luftführung hinter den Belüftungsschlitzen unter dem Rückfenster (bis Ende 1949), Lenkrad mit drei schmalen Aluminiumspeichen (bis Ende 1946). Einsatzbeginn der 24,5-PS-Maschine (seit März 1943, bis 20.12.1953, bisher: 23,5 PS). Wegen Materialmangel Lieferung in spartanischerer Ausstattung ohne Innenleuchte (bis 1945), ohne Radkappen (bis 1946), mit Tür- und Deckelgriffen sowie Lampenringen in Wagenfarbe (Standard-Modell bis 10. 3. 1953, Lampenringe bis 1950) und seit ca. Ende 1943 ohne VW-Zeichen auf Deckel vorn (Standard-Modell bis 30. 9. 1962).

Weitere Materialeinsparungen seit ca. Mai 1943 betreffen Innenspiegel, Kennzeichenleuchte (statt dessen linkes Kombinations-Rücklicht von Notek), Stoßfängerhörner, Winker inkl. Winkerschalter, Tür- oder Zündschloß, falscher Tachobereich, elektrischer Anlasser inkl. Anlasserknopf, einfachere Sitze des Kübelwagens etc. (von Exemplar zu Exemplar unterschiedlich).

Seit ca. Herbst 1943 wird der Kontakt zum Hupknopf nicht mehr durch ein gewickeltes Kabel, sondern über einen Schleifkontakt an der Lenksäule innen rechts bewerkstelligt. Außerdem rundes Aufnahmerohr für den Wagenheber unter dem Trittbrett (bis Ende 1946, bisher: ohne).

seit ca. Anfang 1944:
Öffnungen für Heizungsluft nicht mehr oberhalb des Warmluftkanals an A-Säule. Ab 18. 8. 1944 Einstellung der Käferproduktion wegen Kriegszerstörungen, die Kübelwagenproduktion läuft aber noch weiter.

seit ca. Herbst 1945:
Die ersten Käfer nach dem Krieg wurden 1945/46 noch aus Restteilen der 1944er Gelände-Limousine zusammengebaut. Nach und nach wird das VW-Zeichen im Zahnkranz durch ein VW-Zeichen ohne Zahnkranz ersetzt. Spätestens seit Ende 1945 bleibt statt des rechten Schalttafeleinsatzes das Blech mit einem VW-Zeichen ohne Zahnkranz stehen (bis 30. 4. 1949). Nur 57 Exemplare erhielten das normale Käfer-Fahrgestell. Die Ausstattung ist spartanisch: teilweise sogar ohne Beifahrerscheibenwischer und mit Scheinwerfern des Kübelwagens in Metallfassungen, keinerlei Chromteile, aber seit Ende 1945 wieder mit Innenleuchte. Oft wurden Teile von ausgeschlachteten Altkäfern mit eingebaut, was bei der Originalitätsbeurteilung zu berücksichtigen ist.

seit ca. Anfang 1946:
Knopfförmige Kennzeichen- und Bremsleuchte (bis Ende 1946); Armaturenbrett mit kleinen schwarzen Knebelschaltern (bisher: groß, Standard-Modell bis 30. 9. 1952); seit ca. Mitte 1946 Lieferung wieder in Normalausstattung, z. B. mit flachen Radkappen, aber mit gegenüber 1943 geändertem VW-Zeichen ohne Zahnkranz (bis 10/47); Teile, insbesondere Tachometer, sind jetzt fast durchweg mit VW-Zeichen ohne Zahnkranz gekennzeichnet, einige Restteile mit VW-Zeichen im Zahnkranz wie der Schalthebelknopf werden jedoch noch bis 1948 eingebaut; innen unter dem Rückfenster befinden sich von Ende 1946 bis 1949 nur noch drei senkrechte Sicken (bisher: fünf); Tachometernadel mit ankerförmigem Gegengewicht (bis 5/1949); 14. 10. 1946 offiziel-

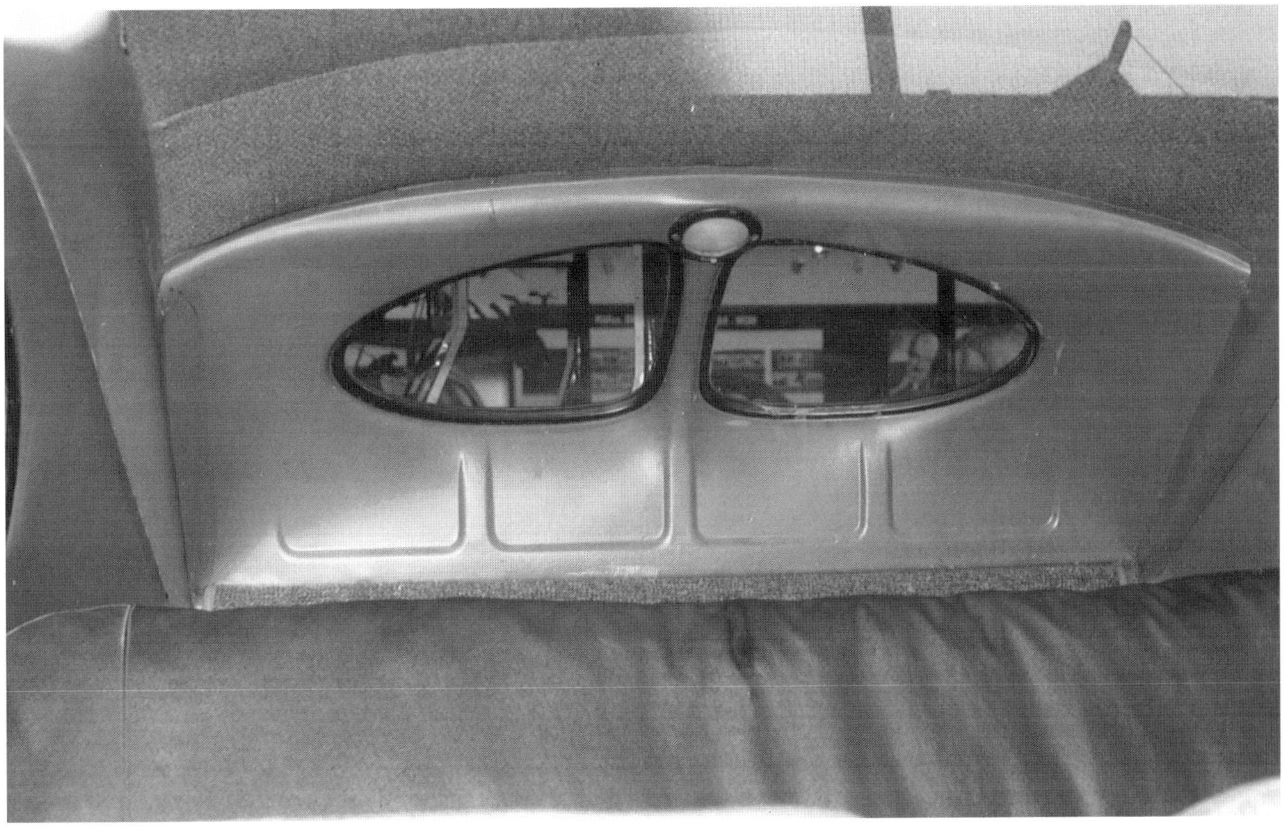

Äußerlich sind VW Käfer vor 1947 an den fünf Sicken unter dem geteilten Rückfenster zu erkennen. Wer genau hinschaut, wird bemerken, daß auch das geteilte Heckfenster vor 1947 deutlich größer als das der später gebauten Käfer war.

ler Lieferbeginn des Käfers an Firmen und Behörden gegen Bezugsschein und gegen Aufpreis mit verchromten Stoßstangen, Radkappen, Lampenringen, Tür- und Deckelgriffen sowie Hupengehäuse nebst einer Hochglanzlackierung der gesamten Karosserie. Etwa zur gleichen Zeit werden die Speichen des schwarzen Dreispeichenlenkrads schwarz angelegt. Seit ca. Ende 1946 Brezelnase statt bisher knopfförmiger Kennzeichenleuchte (bis 30. 9. 1952).

seit ca. Anfang 1947:
Viereckiges Wagenheberaufnahmerohr unter dem Trittbrett (bisher: rund); seit 10/1947 schüsselförmige Radkappen mit großem, farblich abgesetztem VW-Zeichen (bis 6/1949) statt bisher flache Radkappen mit Ausbeulung; Schlußleuchten mit verchromtem Rand (bis 5/1949).

seit ca. Ende 1948:
Großer Hupknopf (Standard bis Produktionsende); seit 31. 12. 1948 ovaler Heizungszugknopf (bis 29. 4. 1950, bisher: runder Zugknopf); seit September 1948 Wegfall der Bezugsscheinpflicht.

seit 9. 2. 1949:
Metallschienen im hinteren Gepäckraum (bis 21. 12. 1953); seit 1. 5. 1949 vorderer Deckel von innen zu öffnen (bisher: Drehgriff außen am Deckel); rechter Schalttafeleinsatz aus Bakelit (bisher: Blech mit VW-Zeichen); gerade Stoßfängerhörner (bisher: bananenförmig) und Stoßstangen mit Sicke (bis 30. 9. 1952); seit 6. 5. 1949 Tacho mit feinen Zahlen und ohne VW-Zeichen oben (bisher: große grobe Zahlen und ankerförmiges Tachonadelgegengewicht); seit 9. 5. 1949 Handschuhfachkästen aus Preßstoff (bisher: Blech); seit 6/1949 Rückleuchten ohne verchromten Rand; seit 7/1949 Radkappen mit kleinem VW-Zeichen und Motorhaube ohne Kennzeicheneinprägung; seit 8/1949 Kraftstoffhahn in Wagenmitte (bisher: halbrechts); seit 10/1949 große – bisher kleine – Gashebelrolle (bis 31. 7. 1957) sowie Wegfall der Andrehkurbelstütze in der hinteren Stoßstange. Seit ca. 12/1949 Luftführung hinter Motorbelüftungsgitter durch mittige Luftschlitze (bisher: seitlich ohne Schlitze).
Export-Modell: Fertigungsbeginn am 2. 6. 1949. Mehrausstattung: gesickte Zierleisten; verchromte Griffe, Stoßstangen, Lampenringe und Radkappen; geschlossenes VW-Zeichen auf Deckel vorn; Chromrahmen um Schalttafeleinsätze und Handschuhfächer; zwei runde Hupenziergitter in den Kotflügeln; Hupe unter linkem Kotflügel; bessere Polsterung; vollständig ausgekleideter Innenraum; elfenbeinfarbige Bedienungsgriffe und Schalttafeleinsätze; Uhr; Zweispeichenlenkrad; eckiger Innenspiegel; Armrollen auf Rücksitzbank; Armschlaufen mit Mantelhaken hinten; metallfarbene Scheibenwischer; dunkeltransparente Fahrersonnenblende sowie in Wagenfarbe lackierte Stoßstangenrillen und VW-Zeichen auf Radkappen.
Cabriolet: Fertigungsbeginn am 3. 6. 1949. Ausstattung bis auf fehlende Armschlaufen und Garderobenhaken wie Export-Mod.
Standard-Modell für Export: verchromte Griffe, Stoßstangen und Radkappen, vollständig ausgekleideter Innenraum, Sitze des Export-Modells, Stoßstangenrille und VW-Zeichen in Radkappe mit roter Farbe ausgelegt.

seit 3. 4. 1950:
Zugfreie Belüftung durch S-förmigen Ausschnitt in den Türscheiben oben vorne (bis 30. 9. 1952); seit 28. 4. 1950 gegen Mehrpreis Faltschiebedach lieferbar; seit 29. 4. 1950 T-förmiger Heizungszuggriff (bis 30. 9. 1952, bisher: ovaler Zugknopf); seit 17. 10. 1950 Handbremshebel verkürzt.

30. März 1946: Erstmals 1000 Käfer in einem Monat

Export-Modell: seit März 1950 hydraulische Einkreisbremsanlage (bis 31. 7. 1967, bisher: Seilzugbremsen); seit 3. 6. 1950 runder Schubascher über dem Anlaßdruckknopf sowie Aufbauascher in Kugelform in hinterer rechter Seitenverkleidung (bis 30. 9. 1952).
Standard-Modell: seit ca. Anfang 1950 eckiger Innenspiegel (bisher: oval) sowie verchromte Lampenringe (bisher: in Wagenfarbe). Seit ca. Mai 1950 seitliche Zierstreifen (bis 1. 8. 1965) und Stoßstangenrille in roter bzw. weißer Farbe angelegt (bisher: ohne Zierstreifen bzw. Stoßstangenrille nicht angelegt).

seit ca. Anfang 1951:
Tachometer mit Gangbereichsmarkierungen, unterbrochener km-Anzeige und Aufdruck „KM".
Export-Modell: seit 6. 1. 1951 ausstellbare Belüftungsklappen in den vorderen Seitenteilen (zuerst nur teilweise, ab 4/1951 alle Fahrzeuge, bis 30. 9. 1952); seit 1. 4. 1951 Wolfsburg-Wappen auf vorderem Deckel; seit 12. 4. 1951 Windschutzscheibe mit Chromzierrahmen; seit 20. 11. 1951 Armrollen auf Rücksitzbank entfallen.
Cabriolet: seit 13. 4. 1951 verschließbarer Handschuhkasten.

seit 1. 10. 1952:
Ausstellfenster in den Türen; neue Kennzeichenleuchte (bisher: Brezelnase); ovale Rückleuchten mit herzchenförmigen Aufsätzen (bisher: kleine beleuchtbare runde Katzenaugen); vollständig neues Armaturenbrett mit nur einem Handschuhfach rechts, neuem Tacho und neuen Zug-Schaltern (bisher: Handschuhfächer rechts und links außen, dazwischen zwei Schalttafeleinsätze, Knebelschalter); Kippascher vorne ohne Griff; Stoßstangen, Stoßfängerhörner und Zierleisten ohne Sicke; Motorhaube mit Doppelgriff (bisher: Knebel); Nase für Dachantenne oberhalb Windschutzscheibe entfallen; Heizungsdrehknopf mit A–Z Beschriftung (bis 3. 11. 1953, bisher: T-förmiger Zuggriff); ovalförmige Innenleuchte im linken Dachholm (bisher: runde Leuchte oberhalb Rückfenster), 15-Zoll-Felgen (bisher: 16 Zoll), abgerundeter Innenspiegel (bisher: eckig); breiterer Schaltknopf; Befestigung des Kraftstoffhahns mit Gummitülle (bisher: mit Schild Z-A-R); weichere Federung durch 6-Blatt-Federstäbe; Dämpfung des Motorgeräuschs durch Dämmpappe im Motorraum sowie Verwendung von drei Gummi-Metall-Lagern (bisher: zwei).
Export-Modell: alle Fenster mit Chromzierrahmen; ovale – bisher runde – Hupenziergitter; Hupknopf mit Wolfsburgwappen; rechteckiger Kippascher hinten (bisher: kugelförmiger Aufbauascher); offenes VW-Zeichen auf Deckel vorn (bisher: geschlossen); Getriebe bis auf ersten Gang und Rückwärtsgang synchronisiert und geräuscharm (bis 31. 7. 1960, bisher: nicht synchronisiertes Getriebe, nur der 3. und 4. Gang waren geräuscharm).
Standard-Modell: Hupe unter vorderem linken Kotflügel (bisher: auf Stoßstange) und ovales Hupenziergitter in Wagenfarbe links (bisher: ohne).

Das Lenkrad mit den drei breiten Speichen wurde bis etwa April 1943 in VW Käfer eingebaut.

Oben und unten:
Das Armaturenbrett von Käfer-Prototypen der Jahre 1938/39. Nur die allerersten Fahrzeuge besitzen Handschuhfachdeckel und ein Getriebeschaltbild auf dem rechten Schalttafeleinsatz. Seit 1939 gibt es ein VW-Zeichen in stilisiertem Hakenkreuz auf dem rechten Schalttafeleinsatz. Spätestens 1941 wird dieses dann durch ein geprägtes VW-Zeichen im Zahnkranz ersetzt.

Oben:
Seit zirka Mai 1943 wird ein Lenkrad mit drei blanken Aluminiumspeichen eingebaut. Im Original war das VW-Zeichen rechts nicht mit Farbe angelegt (vergleiche Foto des Schalttafeleinsatzes auf Seite 80).

Oben:
Spätestens seit Ende 1945 bleibt der rechte Schalttafeleinsatz als Blech mit VW-Zeichen ohne Zahnkranz stehen. Seit ca. Ende 1946 wurden die Lenkradspeichen in schwarzer Farbe lackiert.

Links und unten:
Durch die elfenbeinfarbigen Schalttafeleinsätze und Bedienungselemente sowie das Zweispeichenlenkrad wirkt das am 1. 7. 1949 vorgestellte Exportmodell recht luxuriös. Seit 3. 6. 1950 gibt es sogar einen runden Kuckus-Aschenbecher oberhalb des Anlaßdruckknopfes. Die Handschuhfachdeckel sind zeitgenössisches Zubehör.

Unten:
Seit 1. 5. 1949 gibt es wieder einen richtigen rechten Schalttafeleinsatz aus Kunststoff. Einige Monate zuvor erhielt das Lenkrad einen größeren Hupknopf.

Zum 1. 10. 1952 wird das Armaturenbrett völlig umgestaltet. Beim Exportmodell wird noch bis zum 4. 8. 1955 das alte Lenkrad, mit einem Hupknopf mit VW-Wappen optisch aufgewertet, eingebaut (siehe Foto). Das Standard-Modell behält hingegen sein schwarzes Dreispeichenlenkrad bis in die 60er Jahre. Seit 10. 3. 1953 erhält der Kippascher rechts einen Griff. Ab dem 21. 12. 1953 entfällt der Anlaßdruckknopf links neben dem Tacho.

Ab 4. 8. 1955 wird beim Export-Modell ein neues Lenkrad mit tiefer gesetzten Speichen verwendet. Radio und Beifahrerhandgriff sind Mehrausstattung auf Wunsch, die Blumenvase ist zeitgenössisches Zubehör.

Zum 1. 8. 1957 wird das Armaturenbrett erneut total umgestaltet. Der Beifahrerhandgriff ist Mehrausstattung auf Wunsch, die Scheibenwaschanlage mit Spritzflasche dagegen zeitgenössisches Zubehör.

Seit 6. 8. 1959 wird ein neues Lenkrad mit versenkter Nabe und Signalhornring eingebaut. Seit 1. 8. 1960 ist der Beifahrerhaltegriff endlich im serienmäßigen Lieferumfang enthalten. Am 30. 6. 1961 gibt es das lang erwartete Lenkradschloß. Seit 31. 7. 1961 besitzt der VW Käfer eine Tankuhr rechts neben dem Tachometer sowie eine pneumatische Scheibenwaschanlage mit Druckknopf im Scheibenwischerschalter (siehe Foto). Zigarettenanzünder und Blumenvase sind zeitgenössisches Zubehör.

Am 5. 8. 1963 gibt es die erste nennenswerte Änderung am Armaturenbrett des Standard-Käfers seit 1. 8. 1957: Lenkrad und Bedienungsknöpfe sind jetzt in Silberbeige statt Schwarz angelegt, der Hupknopf bleibt jedoch schwarz. Mit dem Einbau des 34-PS-Motors ab dem 2. 8. 1965 entfällt der Choke rechts neben dem Aschenbecher, und der Tachometer geht jetzt bis 140 km/h (siehe Foto). Ab dem 1. 8. 1966 wird endlich ein – wenn auch einfaches – schwarzes Zweispeichenlenkrad sowie der normale Blinkerschalter eingebaut.

Im Laufe der 60er, 70er und 80er Jahre gibt es nur Detailänderungen am Armaturenbrett der „Export"-Limousinen. So entfällt ab 5. 8. 1963 der Signalhornring, um am 2. 8. 1965 wieder eingeführt zu werden. Seit 1. 8. 1966 werden schwarze Bedienknöpfe aus Weichplastik eingebaut. Zusätzliche Drehknöpfe für Frischluft sowie ein auf Wunsch gepolstertes Armaturenbrett gibt es ab 1. 8. 1967. Zu diesem Zeitpunkt wird auch die Kraftstoffuhr in den Tachometer integriert. Seit 1. 8. 1971 gibt es ein Vierspeichenlenkrad sowie zwei zusätzliche Frischluftdüsen als „Mann-Anströmer". Gleichzeitig wird der Scheibenwischerschalter als Hebel an die Lenksäule verlegt.

2. Teil: Ovalförmige Heckscheibe

seit 10. 3. 1953:
Ersatz der zwei dreieckigen Rückfenster durch eine langgestreckte ovalförmige gewölbte Rückscheibe sowie Kippascher im Armaturenbrett mit Griff (alles bis 31. 7. 1957); Tachometer mit ungeteiltem Winkerpfeil. Seit 3. 11. 1953 Heizungsdrehknopf ohne Beschriftung.
Standard-Modell: Stoßstangen, Griffe und Radkappen in anderer als Wagenfarbe angelegt (teilweise, abhängig von Wagenfarbe).

seit 21. 12. 1953:
Anlaßdruckknopf am Armaturenbrett links entfallen; Schalter an Innenleuchte (bisher: Kippschalter unter Instrumententafel); Heizungsöffnungen im Fußraum vorne vergrößert und mit Schutzgitter, hinten entfallen; Gepäckschienen im hinteren Kofferraum entfallen; Tachometer mit Gangbereichsmarkierungen bei 25, 50, 75 (bisher: 22, 45, 70); Pedalgummi mit kleinem VW-Zeichen (bisher: großes VW-Zeichen); unsymmetrisch angeordnete Scheibenwischer; Winker mit glatter Außenseite (bisher: Rillenwinker); Einsatzbeginn der 30-PS-Maschine (Export-Modell bis 31. 7. 1960, Standard-Modell bis 31. 7. 1965, bisher: 25 PS).

seit 25. 5. 1954:
Cabriolet: Beifahrersonnenblende, Beifahrerhaltegriff, zwei Armschlaufen im Fond, Steinschlagschutz an den hinteren Kotflügeln (bisher: ohne).

seit 4. 8. 1955:
Größere und höher angebrachte Einkammerrückleuchten ohne herzchenförmigen Aufsatz (bis 1. 5. 1961); zwei Auspuffrohre nebst Aussparungen hierfür im hinteren Abschlußblech (bisher: ein Auspuffrohr unter Abschlußblech); breitere Sitze; gekröpfter Schalthebel (bisher: gerade); Heizungshebel am Rahmentunnel vor Vordersitzen (bisher: hinter Vordersitzen); senkrecht stehende Türinnengriffe (bisher: waagrecht); Rücksitzbank nach hinten versetzt (bisher: auf Höhe Türkante); auf Sonderwunsch: seit 1. 4. 1955 hörnchenförmige Blinkleuchten vorne außen neben Scheinwerfern statt Winker, seit 4. 8. 1955 Rammschutzstoßstangen.
Export-Modell: verstellbare Sitzlehnen (bis Produktionsende); Tür- und Seitenverkleidungen mit Zierleiste (bis 5. 8. 1959); Lenkradspeichen tiefer gesetzt (bis 5. 8. 1959); Auspuffendrohre verchromt; Haltegriffe für Fondpassagiere aus Kunststoff (bisher: Stoff).
Standard-Modell: Auspuffendrohre schwarz lackiert.

seit 4. 9. 1956:
Export-Modell: VW-Zeichen in Radkappe nur noch in schwarzer Farbe. Bisher: in Wagenfarbe. Seit dem 19. 10. 1956 serienmäßiger verchromter Außenspiegel an Türscharnier mit Hutmutter (bisher: ohne Spiegel).
Standard-Modell: seit dem 19. 10. 1956 lackierter Außenspiegel am Türscharnier mit Hutmutter (bisher: ohne).

5. August 1955: der 1 000 000ste Volkswagen nach dem Krieg.

Brems- und Kennzeichenleuchte 1941 bis 1945.

Brems- und Kennzeichenleuchte 1946.

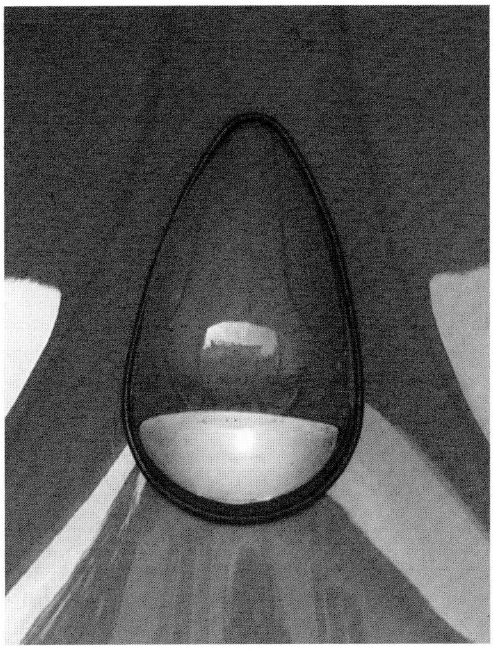

Brems- und Kennzeichenleuchte 1946 bis 30. 9. 1952.

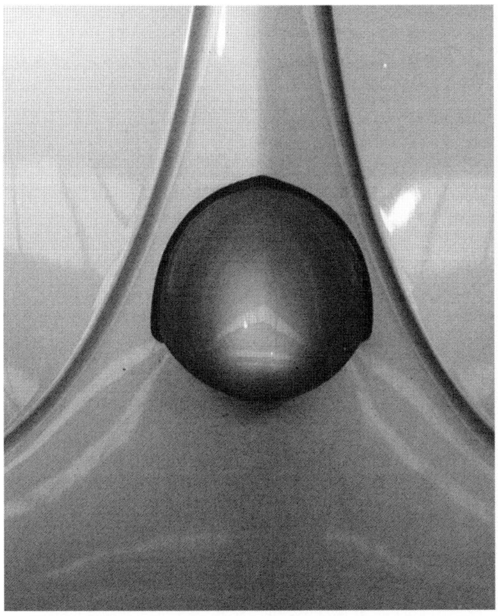

*Links:
Kennzeichenleuchte
1. 10. 1952 bis
5. 8. 1963.
Nur Standard-Modell:
bis 1. 8. 1966.
Seit 1. 8. 1957 wird
die Kennzeichenleuchte
mit einer anderen
Streuscheibe für zweizeilige Kennzeichen
ausgestattet.*

*Rechts:
Kennzeichenleuchte
5. 8. 1963 bis 1. 8. 1966.*

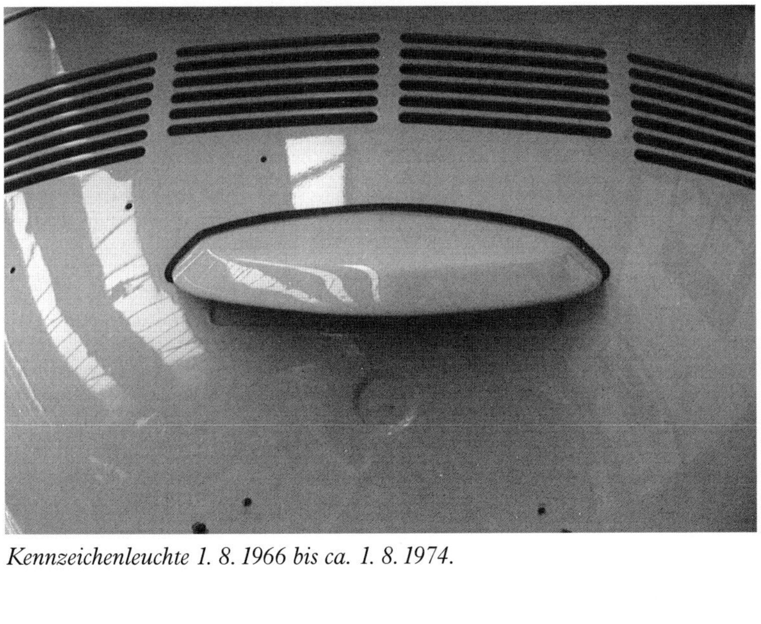

Kennzeichenleuchte 1. 8. 1966 bis ca. 1. 8. 1974.

Ab ca. 1. 8. 1974 wird die Kennzeichenleuchte oben geriffelt.

Tachometer der Käfer-Limousine bis 1946.

Unten: Tachometer der Geländelimousine bis 1945.

Oben und rechts: Tachometer von 1946 bis 6. 5. 1949 in unterschiedlicher Lackierung.

Oben:
Tachometer vom 6. 5. 1949 bis 30. 9. 1952. Seit ca. Anfang 1951 erhält der Tachometer wieder Gangbereichsmarkierungen.

Rechts:
Tachometer vom 1. 8. 1960 bis 1. 8. 1968. Seit 4. 5. 1961 kleine (siehe Foto), seit 5. 8. 1963 große rote Marke bei 50 km/h. Ab 1. 8. 1967 wird die Kraftstoffuhr in den Tachometer integriert.

Unten:
Tachometer von 1. 8. 1968 bis 1. 8. 1971. Nur VW 1200: bis 1. 8. 1972.

Oben:
Tachometer vom 1. 10. 1952 bis 1. 8. 1960. Bis 21. 12. 1953 lagen die Gangbereichsmarkierungen bei 22, 45, 70, danach bei 25, 50, 75 (siehe Foto). Nur Standard-Modell: Seit 1. 8. 1960 Tachomitte bei 70 km/h (bis 2. 8. 1965, danach Tachometer des Export-Modells).

Unten:
Tachometer ab 1. 8. 1971.

3. Teil: Große Heckscheibe

seit 1. 8. 1957:
Große Panorama-Heckscheibe (bisher: Ovalfenster), auch Frontscheibe vergrößert; neues Armaturenbrett mit großem Handschuhfach rechts, Ziergittern rechts und links vom Tacho und einem Schubascher an der Unterkante (bisher: Kippascher, nur ein Ziergitter in Wagenmitte); Gaspedal statt Gasrolle; symmetrischer und schnellerer Scheibenwischergang mit Parkstellung rechts; Motorhaube für quadratisches Kennzeichen ausgelegt (bisher: rechteckiges Kennzeichen und tiefe runde Sicken); Innenrückblickspiegel vergrößert und neuerdings mit unsymmetrischer Befestigung; Sondermodelle mit Blinkanlage: Blinkleuchten auf vorderem Kotflügel, bisher: neben Scheinwerfern.
Export-Modell: waagrechte Zierleiste auf Armaturenbrett. Seit 15. 10. 1957 Bremsanlage wesentlich verbessert.
Cabriolet: waagrechte Luftschlitze in Motordeckel (bisher: senkrechte).

seit 31. 10. 1958:
Großer Außenrückspiegel ohne Hutmutter.
Cabrio: seit 10. 2. 1958 Innenausstattung mit Garderobehaken.

seit 6. 8. 1959:
Türgriffe mit Drucktasten (bisher: Zuggriff); bessere Straßenlage durch Stabilisator vorn und tieferen Fahrzeugschwerpunkt.
Export-Modell: Armlehne rechts mit Griffmulde; flacher Winkerschalter aus Kunststoff (bisher: Metallröhrchen mit Kunststoffgriff); Lenkrad mit versenkter Nabe (bisher: auf gleicher Höhe wie Lenkrad) und Hupring (bisher Hupknopf); schwarzes (bisher: blaues) VW-Wappen auf Deckel vorn; Zierleisten auf Seitenverkleidungen entfallen; Fersenbretter unterhalb der Rücksitzbank; Fußstütze auf Beifahrerseite; gepolsterte Sonnenblende (bisher: dunkeltransparent).

seit 1. 8. 1960:
Schmale Blinkleuchten vorn (bisher: ohne, Winker entfallen); asymmetrisches Abblendlicht (bisher: symmetrisch); handbetätigte Scheibenwaschanlage durch Zug des Scheibenwischerschalters; Sicherungskasten im Innenraum rechts neben Lenksäule (bisher: hinter Schalttafel); farbige Kotflügelkeder (bis 31. 7. 1975, bisher: nur schwarz); Kabelsteckverbindungen (bisher: geschraubt).
Export-Modell: Chokezug rechts neben Schubascher entfällt; Tachometer bis 140 km/h (bisher bis 120 km/h); Beifahrersonnenblende; Kleiderhaken am Haltegriff aus Kunststoff (bisher: Metall); verchromte Blinkleuchten vorn; 34-PS-Maschine (bis Produktionsende, bisher: 30 PS); Vollsynchrongetriebe (bisher: Teilsynchrongetriebe, 1. Gang unsynchronisiert und nicht geräuscharm).
Standard-Modell: in Wagenfarbe lackierte Blinkleuchten vorn; gepolsterte Sonnenblende für Fahrer (bisher: ohne); verstellbare Fahrersitzlehne; Tachometer: Mittelstellung bei 70 km/h (bisher: 60 km/h), Gangbereichsmarkierungen entfallen.

seit 2. 5. 1961:
Zweikammerschlußleuchte (bisher: rote Einkammerrückleuchten); seit 30. 6. 1961 Lenkschloß (bisher: Zündschloß links neben Schubascher); seit 31. 7. 1961 pneumatische Scheibenwaschanlage mit Knopf im Scheibenwischerschalter (bisher: handbetätigt durch Zug des Wischerschalters); Befestigungspunkte für Zweipunkt-Sicherheitsgurte.

4. Dezember 1961: der 5 000 000ste, und am 15. September 1965 der 10 000 000ste (rechts) Volkswagen nach dem Krieg.

Export-Modell: Heizung im vorderen Fußraum mit Schiebern und hintere Fersenbretter mit Warmluftöffnungen; seit 4. 5. 1961 rote 50-km/h-Markierung im Tacho; seit 31. 7. 1961 Tankuhr (bisher: Drei-Wege-Kraftstoffhahn) sowie spielfreies Rollenlenkgetriebe.
Standard-Modell: seit 5. 4. 1962 hydraulische Einkreisbremsanlage (bis 31. 7. 1969, bisher: Seilzugbremsen).

seit 1. 10. 1962:
Buckel unter dem VW-Zeichen auf Deckel vorn.
Export-Modell: seit 30. 7. 1962 Dachhimmel aus Kunststoff (bisher: Wollstoff); seit 1. 10. 1962 eckiges hohes VW-Zeichen und ohne Wappen auf Deckel vorn (bisher: rundes flaches VW-Zeichen und schwarzes VW-Wappen); seit 13. 12. 1962 Regulierhebel für Heizung in Warmluftöffnungen der hinteren Fersenbretter.
Standard-Modell: in Stoßstangenfarbe lackiertes VW-Zeichen auf Deckel vorn (bisher: ohne); seit 13. 12. 1962 Warmluftöffnungen mit Regulierhebeln unter Rücksitzbank (bisher: ohne Warmluftöffnungen).

seit 5. 8. 1963:
VW-Zeichen in Radkappen nicht mehr farblich abgesetzt.
Export-Modell: breite Kennzeichenleuchte (bisher: schmale Form) und mittlere Sicke der Motorhaube der neuen Kennzeichenleuchte angepaßt; Huphalbring entfällt; Stahlkurbeldach statt Stoffaltdach; seit 31. 10. 1963 breite vordere Blinkleuchten (bisher: schmale).
Standard-Modell: Bedienknöpfe und Lenkrad in silberbeige (bisher: schwarz); Dachhimmel aus Kunststoff (bisher: Wollstoff); normale Wagenfarben; Sitzbezüge aus Kunstleder (bisher: Wollstoff); seit 31. 10. 1963 breite lackierte vordere Blinkleuchten (bis 31. 7. 1974, bisher: schmale).

VW 1200A: Schild „1200" auf Motorklappe (bis 31. 7. 1966, bisher: ohne); Tachometer bis 140 km/h (bisher: 120 km/h); Chokezug rechts neben Schubascher entfällt; 34-PS-Motor (bisher: 30 PS); spielfreies Rollenlenkgetriebe; seitliche Zierstreifen entfallen.

seit 1. 8. 1966:
Senkrecht stehendes hinteres Kennzeichen; flache schwarze Bedienungsknöpfe aus Weichplastik (bisher: elfenbeinfarbig aus Hartplastik); Ascher ohne Zugknopf; zylinderförmiger Türdruckknopf (bisher: quaderförmig); Türverriegelung innen mit Druckknopf (bisher: durch Drehen des Türinnengriffs); Ausgleichsfeder hinten; VW 1200A heißt jetzt VW 1300A.
VW 1300: Armlehne auf Fahrerseite; schmale Zierleisten; seit 1. 12. 1966 Knopf für Lehnensperre in der Lehne seitlich oben; Schild „VW 1300" auf Motorklappe (bis Produktionsende, bisher: Schild „1300").
VW 1300A: schwarzes Zweispeichenlenkrad (bisher: silberbeiges Dreispeichenlenkrad) und Blinkerhebel aus Kunststoff (bisher: Metallröhrchen mit Kunststoffgriff); wahlweise mit 34 PS oder 40 PS. Produktionsende am 31. 7. 1967.
VW 1500: Fertigungsbeginn am 1. 8. 1966; Ausstattung wie VW 1300, jedoch Schild „VW 1500" auf Motorklappe und 1,5 l-44-PS-Motor (produziert bis 31. 7. 1970) sowie Scheibenbremsen vorn.
VW 1200: Fertigungsbeginn am 10. 1. 1967 als späterer Nachfolger des VW 1300A unter der Bezeichnung „Sparkäfer". Ausstattung wie VW 1300A, jedoch mit verchromten Stoßstangen, Radkappen, Griffen, seitlichen Zierleisten, eloxiertem VW-Zeichen auf Deckel vorn und Hupenziergitter in linkem vorderen Kotflügel, aber keine Stoßfängerhörner und nur mit 34-PS-Motor.

seit 3. 8. 1964:
Front- und Heckscheibe vergrößert; Ausstellfenster mit schräg stehendem Steg und ohne Sicherungs-Druckknopf (bisher: senkrechter Steg, mit Druckknopf); Heizungsbetätigung durch Hebel (bisher: Drehknopf); größere, federnde Scheibenwischer mit Endstellung links (bisher: Parkposition auf Beifahrerseite); Druckknopfverschluß für Motorhaube (bisher: Doppelknebelgriff); neue Sonnenblenden, die nicht mehr am Rückspiegel befestigt sind. VW Standard heißt ab jetzt VW 1200A.
VW 1200A: seit 30. 10. 1964 Vollsynchrongetriebe (bisher: nicht synchronisiertes Getriebe).

seit 2. 8. 1965:
Flache Radkappen und Lochscheibenfelgen (bisher: schüsselförmige Radkappen); neue wartungsarme Vorderachse mit breiterer Spur; Fertigungsbeginn VW 1300 statt Export-Modell (bis 31. 7. 1973).
VW 1300: Schild „1300" auf Motorhaube (bis 31. 7. 1966, bisher: ohne); Huphalbring (bisher: ohne); zusätzliche Entfrosterdüse in Schalttafelmitte; Hebel für Lehnensperre am Sitz unten; Abblendschalter jetzt im Blinkerhebel integriert; Seitenverkleidungen mit Zierleisten; jetzt 40-PS-Motor (bis 31. 7. 1970, bisher: 34 PS).

Rückleuchte bis 5/1949.
Seit ca. 1947 mit verchromtem statt lackiertem Rand.

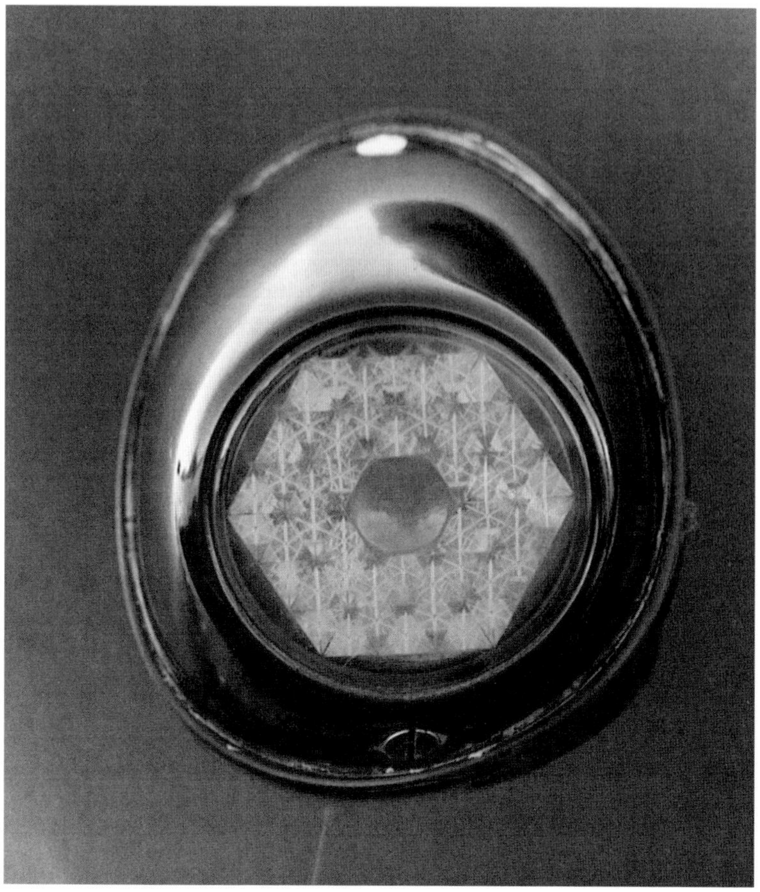

Rückleuchte 6/1949 bis 30. 9. 1952.

Rückleuchte 1. 10. 1952 bis 4. 8. 1955.

Rückleuchte 4. 8. 1955 bis 2. 5. 1961.

Rückleuchte 2. 5. 1961 bis 1. 8. 1967.
Nur VW 1200: teilweise bis 1. 8. 1973, je nach Ausstattung.

Rückleuchte 1. 8. 1967 bis 1. 8. 1973.

Rückleuchte ab dem
1. August 1973.

Radkappe 1938. Teilweise wurde sie bis Mai 1943 auch mit VW-Zeichen im stilisierten Hakenkreuz geliefert.

Oben: Radkappe 1941 bis ca. Mai 1943. Seit Mai 1943 sind die Radkappen wegen Materialmangel meist entfallen.

Oben: Radkappe 1946 bis 9/1947. Gegen Mehrpreis waren auch verchromte Radkappen lieferbar.

Radkappe 10/1947 bis 6/1949 mit großem VW-Zeichen. Gegen Mehrpreis waren auch verchromte Radkappen lieferbar.

Radkappe 7/1949 bis 4. 9. 1956. Das kleine VW-Zeichen wurde beim Export-Modell wie bisher meist in Wagenfarbe angelegt (siehe Foto). Beim Standard-Modell mit lackierter Radkappe war es je nach Wagenfarbe und Baujahr perlgrau, schwarz, rot oder weiß ausgelegt.

Oben: Radkappe 4. 9. 1956 bis 2. 8. 1965. Das VW-Zeichen wurde nur noch in schwarzer Farbe angelegt (Standard-Modell: schwarz oder weiß). Alle Modelle: Ab 5. 8. 1963 wurde das VW-Zeichen nicht mehr farbig abgesetzt.

Oben: Flache Radkappe ab 2. 8. 1965. Die innere Felge wurde schwarz, die äußere weiß lackiert. Seit 1. 8. 1967 wird die Felge silberfarben angelegt.

Ab 1. 8. 1974 entfielen beim VW 1200 die Radkappen. Die Luxusmodelle wurden dagegen nach wie vor mit den alten, flachen Radkappen ausgeliefert.

4. Teil: Große Heckscheibe, senkrecht stehende Scheinwerfer

seit 1. 8. 1967:
Senkrecht stehende Scheinwerfer; Tankklappe mit Griffmulde im rechten vorderen Seitenteil (bisher: Tankeinfüllstutzen unter Dekkel vorn); vordere Haube verkürzt und Deckelgriff mit Druckknopf (bisher: ohne Druckknopf); Türgriff außen mit Innendrükker; kunststoffummantelter Innenspiegel; Schalthebel verkürzt und zurückgesetzt; Außenspiegel vergrößert und nicht mehr am Türscharnier befestigt; runder Plastikgriff zum Öffnen der Ausstellfenster und des Handschuhfachs; weiße Symbole auf Bedienungsknöpfen; Sicherheitslenksäule.
VW 1300/1500: massivere Stoßstangen ohne Stoßfängerhörner; größere Rückleuchten; Frischluftzuführung durch Lüftungsgitter im vorderen Deckel und zwei zusätzliche Schlitze im Armaturenbrett oben; Tankuhr jetzt im Tachometer integriert; 12-V-Anlage (bisher: 6 V serienmäßig); Zweikreisbremsanlage (bisher: ein Bremskreis).
Automatik: Fertigungsbeginn 1. 8. 1967, mit Schräglenker-Hinterachse, produziert bis 31. 7. 1975.

seit 1. 8. 1968:
Tankklappe ohne Griffmulde im rechten vorderen Seitenteil (bisher: mit); Griff für Tankklappe im vorderen rechten Fußraum oben (bisher: ohne); neue Tachometerskala mit schlanken, senkrecht stehenden Ziffern und Symbolen auf Kontrollampen; Heizung: vordere Fußraumausströmer in den Bereich der Sitzschienen verlegt; Warnblinkanlage (schwarzer Schalter rechts neben Schubascher).
VW 1200: Hupenziergitter jetzt auch in rechtem Kotflügel.

seit 1. 8. 1969:
VW 1200: Benzinuhr im Tachometer statt Drei-Wege-Kraftstoffhahn jetzt als Extra lieferbar; Zweikreisbremsanlage (bisher: ein Bremskreis).
VW 1300: jetzt auch mit L-Ausstattung lieferbar (Schild auf Motorklappe) mit z. B. Rückfahrscheinwerfern, Gummileisten um Stoßstangen, sowie gepolsterter Armaturentafel.
VW 1500: zehn waagrechte Luftschlitze in Motorklappe (bisher: ohne). Lieferbar jetzt auch mit L-Ausstattung wie VW 1300. Produktionsende am 31. 7. 1970.
Cabriolet: 28 waagrechte Luftschlitze in Motorklappe (bisher: zehn).

seit 1. 8. 1970:
Stärker gewölbte Motorklappe; bei den 44- und 50-PS-Limousinen Motordeckel mit zehn waagrechten Luftschlitzen (bisher: nur bei VW 1500, sonst ohne).
VW 1300: Zwei zusätzliche Frischluftschlitze im Armaturenbrett in Richtung Wageninsassen („Mann-Anströmer") sowie Lüftungsniere an hinteren Seitenfenstern (bisher: ohne); jetzt 1,3-l-44-PS-Motor (bis Produktionsende, bisher: 40 PS).

17. Februar 1972: Der VW Käfer ist das meistgebaute Auto der Welt.

VW 1302: Fertigungsbeginn anstelle des VW 1500. Ausstattung wie VW 1300, jedoch mit Schräglenker-Hinterachse wie bisher Automatik-Käfer und Federbein-Vorderachse; auf Wunsch auch in L-Version (siehe 1969) oder als S-Version mit 50 PS (in Limousinen bis 31.12.1977), jeweils mit entsprechendem Schild auf Motorklappe. Erkennbar an wuchtigerem Vorderwagen in Kombination mit nicht gewölbter Windschutzscheibe.
Cabriolet: jetzt mit der VW-1302-Karosserie und LS-Ausstattung, jedoch unverändert 28 Luftschlitzen in Motorklappe.

seit 1. 8. 1971:
Motorklappe bei 44- und 50-PS-Motoren mit 26 waagrechten Luftschlitzen (bisher: zehn, Cabriolet 28), die 34-PS-Version ist nach wie vor ohne Luftschlitze; Rückblickfenster nach oben vergrößert; Tachometer mit kleineren, nicht mehr so schlanken Ziffern.
VW 1300: Vierspeichen-Sicherheitslenkrad (bisher: Zweispeichenlenkrad); Hebel rechts am Lenkrad für Scheibenwischer und -wascher (bisher: Drehschalter links neben Lichtschalter); Tachometeranzeige bis 160 km/h (bisher: 140 km/h).
VW 1302: wie VW 1300. Produktionsauslauf am 31. 7. 1972.

seit 1. 8. 1972:
Tankklappe mit Griffmulde im rechten vorderen Seitenteil (bisher: ohne), Zug für Tankklappe entfällt; VW-Zeichen auf Deckel vorn entfällt; schwarze Druckknöpfe für Deckel vorn. Ab September 1972 Sondermodelle mit Effektlackierung, z.B. GELB-SCHWARZER-RENNER (Januar 1973).
VW 1200: Hupenziergitter in Kotflügeln entfallen; Tachometerskala bis 160 km/h (bisher: 140 km/h). Seit Ende September 1972 Rückfahrscheinwerfer als Extra nur noch in Kombination mit den stabileren Stoßstangen und runden Rückleuchten des VW 1303.
VW 1300: jetzt auch alternativ mit 50 PS als 1300S lieferbar. Produktionsende dieser Baureihe am 31. 7. 1973. Nachfolger ist der VW 1200 mit 1,3-l-44-PS-Motor.
VW 1303: Fertigungsbeginn anstelle VW 1302 (erkennbar an gewölbter Windschutzscheibe in Kombination mit dem wuchtigen Vorderwagen, großen runden Rückleuchten, völlig neuem Plastikarmaturenbrett mit versenktem Tacho sowie Schild auf Motorklappe).
Cabriolet: jetzt mit VW 1303 Karosserie.

seit 1. 8. 1973:
VW 1200: stabilere Stoßfänger und runde Rückleuchten des VW 1303 sowie Stoßfänger und Deckelgriffe schwarz lackiert (Sondermodelle zum Teil bereits früher); auf Wunsch jetzt auch als L-Ausstattung mit vollständiger Innenraumauskleidung, verchromten Stoßfängern und Deckelgriffen, einer Türtasche links, sowie einer Lüftungsniere an den hinteren Seitenscheiben; auf Wunsch jetzt auch mit 1,3-l-44-PS-Motor in Kombination mit 26 Luftschlitzen in Motorhaube (bis 31. 7. 1975) alternativ zu 34 PS ohne

Lüftungsschlitze. Sondermodell JEANS-KÄFER (September 1973).
VW 1303: Luftausströmdüsen links und rechts der Windschutzscheibe (bisher: zahlreiche Schlitze über gesamte Windschutzscheibenbreite); Tastenschloß für Handschuhfachdeckel (bisher: Drehgriff); Sondermodelle CITY-KÄFER und 1303/BIG auf Basis VW 1303S (September 1973).
VW 1303A: Fertigungsbeginn (Karosserie von VW 1303, 34-PS-Motor und Ausstattung von VW 1200), erkennbar z. B. an schwarzen Stoßfängern und fehlenden Zierrahmen um Scheiben, produziert bis 31. 7. 1974.

seit 1. 8. 1974:
Vordere Blinkleuchten in die Stoßstangen integriert (bisher: auf Kotflügel montiert); Kennzeichenleuchte oben geriffelt (VW 1200 seit ca. 6/1974, VW 1303 seit ca. 10/1974).
VW 1200: es entfällt der Handschuhfachdeckel, die meisten Geräuschdämpfungspappen sowie die Radkappen, welche bisher bereits bei einigen Sondermodellen mit Sportfelgen weggelassen wurden; L-Ausstattung daher zusätzlich mit verchromten Radkappen, einem Handschuhfachdeckel und ab jetzt auch Zierrahmen um die Scheiben; Vierspeichenlenkrad neuerdings als Extra lieferbar in Kombination mit Hebel am Lenkrad rechts für Scheibenwischer und -wascher.

15. Mai 1981: Die Präsentation des 20 000 000sten VW Käfer im festlichen Rahmen (oben und Vorseite) läßt kaum ahnen, wie bescheiden der 100 000ste Käfer am 4. März 1950 das Produktionsband verließ (unten).

VW 1303: einheitlicher Schriftzug VW 1303 auf Motorklappe unabhängig von S- und L-Ausstattung. Produktionsende am 31. 7. 1975.
Cabriolet: wie VW 1303, jedoch Produktionsende erst am 10. 1. 1980 (letzte Auslieferung im Sommer 1980) mit der Karosserie des VW 1303LS und 50-PS-Motor.

seit 1. 8. 1975:
VW 1200: Kotflügelkeder nur noch in Schwarz (bisher: Farbe abhängig von Wagenfarbe); 12-V-Anlage serienmäßig (bisher 6 V, 12 V nur als Extra); L-Ausstattung jetzt zusätzlich mit Frischluftzuführung über Lüftungsgitter auf vorderem Deckel und Luftschlitze im Armaturenbrett (bisher: ohne) sowie mit Vierspeichenlenkrad nebst Hebel am Lenkrad rechts für Scheibenwischer und -wascher (bisher: Zweispeichenlenkrad und Drehschalter für Scheibenwischer links neben Lichtschalter, Vierspeichenlenkrad in Kombination mit rechtem Scheibenwischerhebel nur als Extra); auf Wunsch jetzt mit 50-PS-Motor (bis 31. 12. 1977, bisher: 44 PS) alternativ zu 34 PS.

seit 19. 1. 1978:
VW 1200: Produktion in Deutschland eingestellt, Lieferung jetzt seit 15. 12. 1977 aus Mexiko in der Ausstattung des bisherigen VW 1200L, jedoch ohne Gummileisten auf Stoßfängern und ohne Türtasche links, dafür zusätzlich Zierleiste auf den Trittbrettern sowie bei allen Modellen 26 Luftschlitze in Motorhaube (bisher: 34 PS ohne, stärkere Motoren mit 26 Lüftungsschlitzen). Außerdem Kraftstoffanzeige im Tacho (bisher: Drei-Wege-Kraftstoffhahn, Tankuhr nur als vielgekauftes Extra).

seit 1. 1. 1981:
Hebel rechts am Lenkrad mehrfach schwach geknickt (bisher: mit zwei rechten Winkeln Z-förmig geknickt). Im Mai 1981 Sondermodell SILVER BUG.

seit 31. 7. 1981:
Motorhaube ohne Luftschlitze. Seit September 1981 Bremskontrolleuchte rechts neben Tacho. Im Frühjahr 1982 Sondermodell JEANS-BUG. Im September 1982 Sondermodell SPECIAL BUG. 1985 gibt es ein Sondermodell 50 JAHRE KÄFER anläßlich des 50. Geburtstags am 17. 10. 1985. Am 25. 7. 1985 werden offiziell die letzten 3150 Käfer von Mexiko nach Deutschland verschifft, sie treffen am 12. 8. 1985 in Emden ein und sind Ende 1985 verkauft. Importeure bieten jedoch den VW Käfer noch weiter auf dem deutschen Markt an. Diese Fahrzeuge sind insbesondere an den viereckigen Schaltern am Armaturenbrett, dem Zweispeichenlenkrad des VW Golf sowie dem Einrohrauspuff zu erkennen.

Ausblick:
VW plante, den VW Käfer ab 1994 wieder in Deutschland zum Verkauf anzubieten. Hierzu müßten jedoch die Fahrzeuge wegen der Erlöschung der Allgemeinen Betriebserlaubnis erheblich umgerüstet werden. So forderte der TÜV beispielsweise, daß alle vorstehenden Kanten wie Stoßstangenenden und Türscharniere mit Plastikkappen versehen werden müssen, um damit Fußgänger bei Unfällen vor Verletzungen zu schützen. Die dadurch bedingten Umrüstkosten haben das Projekt vorläufig gestoppt. Statt dessen gab VW auf der Detroiter Motorshow 1994 bekannt, möglicherweise den VW Käfer in modernisierter Form mit Golf-Turbodiesel oder Elektromotor und Frontantrieb ab dem Jahre 2000 wieder anzubieten. Der „Käfer von morgen“ soll „mit der Technik von heute und dem Feeling von gestern“ Autofans, die den Käfer nur noch vom Hörensagen kennen, ansprechen.

23,5-PS-Motor bis März 1943 mit alter Benzinpumpe und Kraftstoffleitungen. Der Zyklon-Luftfilter war Serienausstattung bei Fahrzeugen für staubige Gebiete.

24,5-PS-Motor ab März 1943 (Typ 92 und 87 teilweise schon eher) mit Zündspule auf Gebläsekastenrückseite. Seit 1945 wurde ein topfförmiges Luftfilter sowie die neueren Riemenscheiben eingebaut.

24,5-PS-Motor mit Schwenkhebel für Kühlluftdrosselblende ab 12/1947 bis 7. 3. 1949. Seit 14. 1. 1949 wurde statt des bisherigen topfförmigen bzw. kleinen Filzkegel-Luftfilters (siehe Foto) wieder ein pilzförmiges Luftfilter verwendet.

24,5-PS-Motor ohne Kühlluftdrosselblende vom 7. 3. 1949 bis 2. 5. 1950. Das pilzförmige Luftfilter (siehe Foto) wurde ab 7/1949 nach und nach durch die späteren Luftfilter ersetzt. Ab 10/1950 wurde es nur noch im Industriemotor eingebaut.

24,5-PS-Motor mit großem Luftfilter mit Filzeinsatz (siehe Foto), welches ab 7/1949 nach und nach in die meisten Käfer eingebaut wurde. Alternativ wurden einige VW-Motoren mit einem Zyklon-Luftfilter ausgeliefert. Seit Juni 1952 wurde teilweise bereits das später serienmäßige Ölbadluftfilter eingebaut. Ab dem 1. 10. 1952 erhielt der Vergaser eine Beschleunigerpumpe.

30-PS-Motor seit 21. 12. 1953. Ende der 50er Jahre erhielt die Benzinpumpe ein Kraftstoffilter. Seit 2. 8. 1962 gibt es einen zusätzlichen Verbindungsschlauch zwischen Kurbelgehäuseentlüftung und Ölbadluftfilter. Seit 15. 12. 1962 wurde der Motor mit einer Frischluftheizung durch zusätzliche Schläuche vom Gebläsekasten geliefert.

34-PS-Motor ab 1. August 1960 bis 15. Dezember 1962. Seit dem 2. August 1962 gibt es einen zusätzlichen Verbindungsschlauch zwischen Kurbelgehäuseentlüftung und Ölbadluftfilter (siehe Bild).

34-PS-Motor mit Frischluftheizung ab 15. Dezember 1962.

Was sonst noch alles in Wolfsburg vom Band lief...

Die einzelnen Modellbezeichnungen für den Käfer sind im Laufe der Zeit mehrfach geändert worden. Aus diesem Grund schien es mir sinnvoll, einmal alle Modellbezeichnungen des Volkswagenwerks systematisch in einem Kapitel zusammenzustellen. Damit wird einerseits die ganze Typenvielfalt demonstriert, die in Wolfsburg jemals hergestellt bzw. geplant wurde, andererseits werden Mißverständnisse vor allem bei der Typenbezeichnung der älteren Modelle aufgeklärt. Des weiteren erhält man außerdem einen hochinteressanten Einblick in die Geschichte des Käfers und des Volkswagenwerkes.

Die folgenden Bezeichnungen entsprechen den Typen, die VW-intern bzw. in Prospekten und Betriebsanleitungen gegenüber dem Kunden verwendet wurden. Falls nichts anderes angegeben ist, entsprechen die amtlichen Typenbezeichnungen den ersten beiden Ziffern der angegebenen internen Bezeichnung.

Die Modellbezeichnungen wurden durch die F. Porsche GmbH, Stuttgart, in der Reihenfolge ihres Auftragseingangs vergeben (siehe Tabelle 1). Aus diesem Grund erhält der VW Käfer erst die Nummer 60. Zur Kennzeichnung der unterschiedlichen Fahrzeugtypen anhand ihrer Fahrgestellnummer wird seit dem 20.12.1941 bei den normalen Käfer-Limousinen eine 1, bei den hochbeinigen Kübelwagen eine 2, bei den Gelände-Limousinen eine 2, ab Ende 1942 eine 5, bei Industrieaggregaten eine 6 und bei den Serien-Schwimmwagen Typ 166 eine 7 vorangestellt. Für bei VW gefertigte Kübelwagen mit Allradantrieb war eine 3, für den Schwimmwagen Typ 128 eine 4 vorgesehen. Je nach Typ und Ausführung sind die amtlichen Bezeichnungen zwei- oder dreistellig (z.B. 60, 82, 82e, 166 etc.). Beachten Sie, daß der Typ 82e in der Wagenstammkartei, in der Finanzbuchhaltung bei VW und auch auf den Typenschildern fast durchweg mit einem kleinen „e" geschrieben wird. Erst ab 1944 taucht vereinzelt ein großes „E" auf.

VW-intern wurden die Kübelwagen Typ 82 weiter in Typ 1, Typ 2, Typ 3 und Typ e unterteilt, während bei Porsche dreistellige Typenbezeichnungen üblich waren.

Auf ausdrücklichen Wunsch Adolf Hitlers wurde auch eine Cabriolet-Version des Volkswagens entwickelt, denn er liebte es, sich im offenen Wagen vom Volk bejubeln zu lassen. Für den normalen VW-Sparer war diese Ausführung jedoch nicht bestimmt, denn in den damaligen Verkaufsprospekten ist nie von einer Cabriolet-Version die Rede gewesen.

Anfang 1938 wurde mit dem Bau des Volkswagenwerkes begonnen, und bereits am 15.8.1940 begann dort die Produktion des Kübelwagens Typ 820. VW-intern wurde zwischen den Kübelwagentypen 1, 2 und 3 unterschieden. Doch die erste Volkswagen-Limousine Typ 60 lief erst am 11.7.1941 vom Band: Sie ging als Dienstwagen an den Leiter des Preßwerks, Herrn Luik. Reichorganisationsleiter Dr. Robert Ley erhielt den nach der Fahrgestellnummer siebten Wagen am 5.9.1941. Ein Zeichen für die erheblichen Anfangsschwierigkeiten sind die anfallenden

Heute sehr selten: Die Käfer-Limousine Typ 60.

Tabelle 1
Modellbezeichnungen bis 31. 7. 1945 (Auswahl)

Typ 12	Zündapp-Vorläufer für den Volkswagen
Typ 32	NSU-Vorläufer für den Volkswagen
Typ 60	Deutscher Volkswagen L Limousine CL Cabrio-Limousine offen Cabriolet LO Pritschenwagen
Typ 62	VW-Kübelwagen, erste Ausführung
Typ 64	Berlin-Rom-Wagen
Typ 66	Typ 60 mit Rechtslenkung
Typ 67	Typ 60 als Invaliden-Fahrzeug
Typ 68	Typ 60 als Lieferwagen
Typ 82	hochbeiniges Fahrgestell des Kübelwagens, Serienausführung e mit geschl. Käferkarosserie (Kriegs-Geländelimousine) 0 mit viersitzigem Kübelwagenaufbau (Normalausführung) 1 mit dreisitz. Kübelwagenaufbau 2 mit Siemens-Aufbau (Sirenenwagen) 3 mit Panzerkampf- und Spähwagen-Nachbildung 5 mit käferförmigem Pritschenwagenaufbau 6 mit käferförmigem Tropenkastenwagen-Aufbau 7 mit dreisitzigem Kommandeurwagenaufbau 8 offener Geländewagen mit Aufbau in Holzausführung Typ 1 normaler, viersitziger „Kübelsitzwagen“ 820 Typ 2 Nachrichten-, Funk- und Instandsetzungswagen Typ 3 Meßtruppwagen
Typ 86	Kübelwagen mit Allradantrieb, erste Ausführung
Typ 87	Allradantrieb auf Basis Typ 82, Serienausführung 0 mit viersitziger Kübelwagenkarosserie 1 mit dreisitziger Kübelwagenkarosserie 7 mit geschloss. Käferkarosserie (Kommandeurwagen) trop desgl. tropenfest mit großen Sandreifen und Faltdach
Typ 92	Typ 60 m. Kübelwagenfahrgest. u. 24,5 PS, gebaut bis 4/43 LO Pritschenwagen wie Typ 825 offen Cabriolet SS für SS mit Gewehrhaltern etc. und Allradantrieb
Typ 98	Typ 92 mit Allradantrieb und Faltdachkarosserie Typ 60CL
Typ 128	Schwimmwagen, erste Ausführung, Basis Typ 87
Typ 166	Schwimmwagen, verbesserte Ausführung, Serie
Typ 240	VW Käfer mit Flaschengasbetrieb
Typ 287	verbessertes Kommandeurwagenfahrgestell mit Aufbau 877
Typ 330	VW Käfer mit Holzkohlen-Gemisch-Anlage

Nacharbeiten, welche die Auslieferung verzögerte. So wurde beispielsweise der zwanzigste Volkswagen erst 8 Monate nach seiner Produktion an die Firma Telefunken ausgeliefert.

Parallel zur Käfer-Limousine Typ 60L wurde im VW-Werk ab dem Datum 1. 10. 1942 die Geländelimousine Typ 92 mit dem Fahrgestell des Kübelwagens und dem Aufbau der Käfer-Limousine hergestellt. Im Unterschied zum Typ 60L erhielt dieser Typ einen stärkeren Motor (Typ 87 mit 24,5 PS vom Schwimmwagen bzw. Allradkübel statt 23,5 PS) und war z. B. mit Schreibbrett vor dem Beifahrersitz zusätzlich ausgestattet. In der Ausführung 92SS wurde er speziell für SS-Einheiten mit Gewehrhalterungen, Ersatzkanistern etc. sowie Allradantrieb ausgeliefert. Ab dem 30. 4. 1943 wurde jedoch nur noch eine spartanisch ausgestattete Geländelimousine mit Hinterradantrieb, jetzt Typ 82e genannt, hergestellt, da ab diesem Zeitpunkt die seit 1943 bestehende Kriegswirtschaft infolge Materialknappheit zum radikalen Sparen zwang.

Neben diesen Fahrzeugen wurde, auch noch in einer kleinen Serie von 1940 bis 1945 insgesamt 27 Fahrgestelle hergestellt, welche dann zum größten Teil extern zum Cabriolet Typ 60 offen umgebaut wurden.

Aufgrund der starken Beschädigungen des VW-Werks durch die Bombenangriffe der Alliierten wurde die Käferproduktion am 17. 8. 1944 eingestellt, die Kübelwagenproduktion an das Heereszeugamt in Kassel lief aber dann trotzdem noch bis zum 10. 4. 1945 weiter.

Eine gewisse Unklarheit besteht hinsichtlich der Anzahl der gebauten Allradkübelwagen des Typs 87. Bekannt ist lediglich, daß das Heereszeugamt in Kassel in der Artilleriestraße die Absicht hatte, 5000 dieser Allradkübelwagen für Rommels Afrikafeldzug 1941 zu bestellen, und daß tatsächlich entsprechende Fahrzeuge für dieses Korps ausgeliefert wurden.

Die heute noch existierenden Kübelwagen dieses Typs wurden ursprünglich als ganz normale Kübelwagen Typ 82 an das Heereszeugamt Kassel ausgeliefert (Fahrgestellnummer 2-...) oder aus bei VW gefertigten Kübelwagenfahrgestellen hergestellt. Sehr wahrscheinlich sind diese Fahrzeuge dann bei Porsche um- bzw. aufgebaut worden, denn bei VW gibt es keinerlei Unterlagen hierüber. Ein Indiz für diese Vermutung ist, daß sich nach dem Krieg bei der Porsche KG in Gmünd zahlreiche Allrad-Kübelwagenfahrgestelle fanden. Einige dieser Allradfahrgestelle erhielten nach dem Krieg Käferkarosserien.

In der Literatur wird oft mit dem Typ 87 eine Allradkäferlimousine, der sogenannte „Kommandeurwagen“, bezeichnet. Diese Bezeichnung ist falsch. Richtig ist, daß der Typ 87 ein weiterentwickelter Allradkübelwagen Typ 86 und damit ebenfalls wieder ein Kübelwagen ist. Diese Verwechslung entstand dadurch, daß bis 1943 einige Fahrzeuge vom Typ 92 mit Käferkarosserie und Kübelwagenfahrgestell hergestellt wurden, die zum Teil mit Allradantrieb ausgestattet waren und „Geländevolkswagen“ oder „Geländelimousine“ genannt wurden. Diese Fahrzeuge sehen auf Fotos dem späteren „Kommandeurwagen“ sehr ähnlich. Tatsächlich handelt es sich beim „Kommandeurwagen“ um ein erst 1943 entwickeltes Fahrzeug mit einem verbesserten Allradfahrgestell Typ 287 und einer Käferkarosserie Typ 877.

Sehr wahrscheinlich wurde nur ein Fahrzeug dieses Typs bei Porsche gebaut. Hierfür spricht, daß die heute noch existierenden „Kommandeurwagen“ alle ursprünglich als Limousine Typ 92 oder 82e bzw. als Kübelwagenfahrgestell an das Heereszeugamt Kassel ausgeliefert oder nach dem Krieg aus Allradfahrgestellen bei Porsche aufgebaut wurden. Aus diesem Grund ist es vielleicht am besten, alle Allrad-Geländelimousinen, egal ob Typ 92 allrad, 92SS, 82e allrad, 98 oder 287/877, als „Kommandeurwagen“ zu bezeichnen.

Tabelle 2
Modellbezeichnungen 1. 8. 1945 bis 14. 10. 1946

Typ 1	**Käfer-Limousine mit normalem Fahrgestell**
Typ 10	Fahrgestell
Typ 11	Normal-Limousine (vorher Typ 60L)
Typ 12	Limousine 4-türig
Typ 13	desgl. mit Faltschiebedach (vorher Typ 60CL)
Typ 14	Faltschiebedachlimousine 4-türig
Typ 15	Cabriolet 2-türig
Typ 2	**Kübelwagen**
Typ 20	Fahrgestell
Typ 21	normaler Kübelwagen (vorher Typ 82 Typ 1)
Typ 22	Funkwagen (vorher Typ 82 Typ 2 Funkwagen)
Typ 23	Nachrichtenwagen (vorher Typ 82 Typ 2 Nachr.wag.)
Typ 24	Gerätewagen
Typ 25	Feuerwehr-Hilfsfahrzeug
Typ 26	Kübelwagen mit Anwerfgetriebe
Typ 27	Kübelwagen als Pritschenwagen
Typ 28	Kübelwagen als Kastenwagen
Typ 3	**Kübelwagen mit Allradantrieb**
Typ 30	Fahrgestell
Typ 31	normaler Kübelwagen
Typ 32	Funkwagen
Typ 33	Nachrichtenwagen
Typ 34	Gerätewagen
Typ 35	Feuerwehr-Hilfsfahrzeug
Typ 36	Kübelwagen mit Anwerfgetriebe
Typ 37	Kübelwagen als Pritschenwagen
Typ 4	**Großer Schwimmwagen** (vorher Typ 128)
Typ 5	**Käfer-Limousine mit hochbeinigem Fahrgestell**
Typ 50	Fahrgestell
Typ 51	Limousine hochbeinig (vorher Typ 82e)
Typ 52	desgl. 4-türig
Typ 53	Typ 51 mit Faltschiebedach
Typ 54	desgl. 4-türig
Typ 55	Cabriolet zweitürig
Typ 56	einsitzig mit großer Ladefläche
Typ 6	**Stationärmotor**
Typ 7	**Kleiner Schwimmwagen** (vorher Typ 166)
Typ 8	**Käfer-Nutzfahrzeuge**
Typ 81	2-türiger offener hoher Pritschenwagen
Typ 83	Kastenwagen (Reichspost, Rotes Kreuz)
Typ 84	Typ 83 mit Gepäckgitter über alles
Typ 85	Typ 83 mit vorderem Gepäckgitter
Typ 86	Typ 83 als Krankenwagen
Typ 88	Feuerwehrwagen mit Pumpe
Typ 9	**Anhänger**
Typ 91	offen
Typ 92	Kastenanhänger ältere Ausführung
Typ 93	Kastenanhänger neuere Ausführung
Typ 10	**Käfer mit verkürztem Fahrgestell**
Typ 100	Straßenzugmaschine auf Basis VW Käfer
Typ 101	zweitüriger offener Pritschenwagen

Die Gelände-Limousine Typ 92/82e mit auffällig hochbeinigem Kübelwagenfahrgestell.

Wahrscheinlich wurde im Jahre 1943 nur ein Exemplar vom abgebildeten Kommandeurwagen Typ 287/877 gebaut. Vielleicht ist dieses Exemplar sogar identisch mit dem Typ 98, von dem 1943 ebenfalls nur ein Exemplar gebaut wurde.

Der Siegeszug des VW Käfers begann erst nach dem Krieg. Die ersten Exemplare von 1945 waren noch in „Kriegsqualität".

1948 wurde bereits das dritte Käfer-Cabriolet Typ 15 bei Karmann hergestellt.

Bei Kriegsende im Mai 1945 lagen 64 % des VW-Werks in Schutt und Asche. In den wenigen verbliebenen Fabrikhallen richteten die britischen Besatzungsoffiziere eine provisorische Reparaturwerkstatt für Armeefahrzeuge, später auch zivile Lastkraftwagen und Busse, ein. Unter schwersten Bedingungen, zum Teil knietief im Wasser stehend, nahmen acht VW-Arbeiter am 17. 5. 1945 die Produktion des VW-Kübelwagens Typ 820 ohne Bezahlung wieder auf, um eine Demontage des Werkes zu verhindern. Die Teile hierfür stammten teils aus Restbeständen, teils aus ausgeschlachteten Fahrzeugen. Die ersten Kübelwagen wurden an die IX. US-Armee, später an die 151. Britische Kompanie ausgeliefert. Abgerechnet wurde über Requisitionsscheine, welche von den Besatzungsmächten unter „Besatzungskosten" verbucht wurden. Ein besonderes Problem in dieser Zeit war, daß damals nachts immer wieder Fahrzeuge von Russen und Polen vom Band gestohlen wurden.

1946 wurde das erste Fahrzeug mit Chromausstattung hergestellt und die ersten Fahrzeuge nach Schweden exportiert.

Im August 1945 übernahm Major Hirst die Leitung des Volkswagenwerks. Neben der Beseitigung der Trümmer und der behelfsmäßigen Instandsetzung der Produktionshallen bestand eine seiner ersten Aufgaben darin, eine Planung für die Zukunft des VW-Werks durchzuführen. Denn es ließ sich zum damaligen Zeitpunkt bereits absehen, daß die Kübelwagenproduktion schon bald wegen Teilemangels zum Stillstand kommen würde: Die Kübelwagenkarosserie wurde nämlich bei der Karosseriefirma Ambi-Budd in Ostberlin hergestellt, und nach deren vollständiger Zerstörung im Krieg war an eine Wiederaufnahme der Karosserielieferungen nicht mehr zu denken. Obwohl nur noch wenige Kübelwagenteile vorhanden waren, nahm VW dennoch einen Auftrag der Reichspost über 500 Postlieferwagen auf Kübelwagenbasis an. Mit der Produktion wurde am 14. 8. 1945 begonnen. Die Fahrzeuge dienten zur Reparatur zerstörter Telefonleitungen sowie zum Austragen von Paketen und Briefen.

Da aber die Preßwerkzeuge der Käferkarosserie den Krieg bei VW überstanden hatten, sah man die Möglichkeit, die Zukunft des Volkswagenwerks durch eine Produktion des VW Käfers zu sichern. Die englischen Besatzungsoffiziere machten sich von daher bereits im Juli 1945 Gedanken über die möglichen Fahrzeugtypen, wobei der VW Käfer im Mittelpunkt stehen sollte. Dabei fiel ihnen auf, daß die bisherige Typenliste wenig glücklich ist. Einerseits ist der VW Käfer der Typ 60, gleichzeitig aber auch hinsichtlich der Fahrgestellnummer der Typ 1.

Man „entnazifizierte" daher die alten „Porsche"-Typenbezeichnungen und ersetzte sie durch streng logische neue „VW"-Typen, wobei man sich aus Kompatibilitätsgründen an den bisherigen Fahrgestellnummern orientierte. Der normale Käfer wird daher Typ 1 genannt, Kübelwagen sind Typ 2, Gelände-Limousinen sind Typ 5 und Käfer-Lieferwagen Typ 8. Zur Kennzeichnung der unterschiedlichen Fahrzeugtypen anhand ihrer Fahrgestellnummer werden diese Ziffern wie bisher der Fahrgestellnummer vorangestellt. Im Vergleich zu früher ändert sich damit hinsichtlich der Fahrgestellnummer nichts. Die Umstellung erfolgte zum 1. 8. 1945. Einige wenige Fahrzeuge wurden aber bereits ab dem 19. 7. 1945 mit der neuen Typenbezeichnung bzw. bis zum 30. 8. 1945 mit der alten Typenbezeichnung versehen.

Auch das VW-Zeichen wurde „entnazifiziert", indem der Zahnkranz – das Symbol der Deutschen Arbeitsfront – durch einen normalen Ring ersetzt wurde. Major Hirst erinnerte es zu sehr an schlechte Zeiten.

Um den Käfer verkaufen zu können, mußten zuerst einmal Anschauungsstücke vorhanden sein. Aus diesem Grund wurde ein Käfer vom Typ 51 am 25. 8. 1945 zusammengebaut und zusammen mit einem Anhänger Typ 92 am 7. 9. 1945 an die Armeeführung ausgeliefert. Daraufhin erhielt VW am 17. 9. 1945 den Auftrag, 20 000 Fahrzeuge für die Besatzungsmacht zu produzieren. Damit war das Überleben des VW-Werks vorläufig gesichert.

Ein Problem bestand jedoch darin, daß das VW-Werk über zuwenig Eigenkapital verfügte, um die für die erteilten Aufträge erforderlichen Materialien und Löhne vorzufinanzieren. Bisher hatte man ja nur aus Restbeständen gefertigt, und das Eigenkapital von wenigen 100 000 RM war schnell für Instandsetzungen und Verpflegung der Arbeiter und Angestellten verbraucht. Im übrigen war die Bank der Deutschen Arbeit in Ostberlin – die einzige Bankverbindung des VW-Werks – inzwischen von der russischen Militärregierung geschlossen und ihre Geldwerte beschlagnahmt worden.

Am 10. 9. 1945 fand daher im Hauptquartier Hannover eine Besprechung zwischen den Besatzungsoffizieren und Vertretern des VW-Werks statt. Dabei gab die Militärregierung dem VW-Werk Handlungsfreiheit für die Aufnahme eines Zwischenkredits, wobei die Tilgung des Kredits durch Abzweigung eines Geldbetrags von den Requisitionsscheinen erfolgen sollte. Nach mehrtägigen Verhandlungen war die Staatsbank Braunschweig am 14. 9. 1945 bereit, mit einer 50%igen Beteiligung der Deutschen Bank Braunschweig dem VW-Werk einen Zwischenkredit über 20 Millionen Reichsmark zu 4,5 % Jahreszins zu geben. Als Sicherheit dienten Sola-Wechsel der Militärregierung. Der Kredit war bereits im Juni 1946 vollständig zurückgezahlt.

Mitte 1945 war eine Produktion der normalen Käfer-Limousine nicht möglich, da die Gußformen für die vorderen Achsschenkel der normalen Limousine zerstört waren. Aus diesem Grund konnte man vorerst nur die „hochbeinige" Gelände-Limousine herstellen. Zwei normales Achsschenkelpaare standen jedoch noch zur Verfügung. Diese wurden am 25. 10. 1945 in ein Fahrzeug für den Vorsitzenden des Produktionsausschusses und am 22. 11. in ein Fahrzeug für VW-Direktor Rudolf Brörmann zur Erprobung eingebaut.

Da sich diese Bauart auf den „normalen" Straßen viel besser bewährte als das „hochbeinige" Fahrwerk und auch billiger war, wurden wieder die alten Achsschenkelformen nachgefertigt und ab Weihnachten 1945 die Produktion nach und nach auf die normale Limousine umgestellt. Am 30. 1. 1946 verließ die letzte hochbeinige Gelände-Limousine das Fließband.

Bereits Anfang 1946 erfolgte der nächste Schritt bei der Vermarktung des VW Käfers: Es wurden Verträge mit Organisationen abgeschlossen, welche die Auslieferung und Betreuung der VW Käfer übernehmen sollten. Die ersten beiden Bestellungen gingen in März 1946 bei VW ein; die Fahrzeuge wurden am 21. 6. 1946 produziert und für RM 4150 ausgeliefert. Das einige Nummern ältere Fahrzeug ging am 6. 8. 1946 über Raffay & Co, Hamburg, an das „Zentralamt", das jüngere am 23. 7. 1946 über Gottfried Schulz, Essen, an das „Food Team". Der drittälteste

Ab 1947 gab es die Chromausstattung serienmäßig für alle exportierten Fahrzeuge. Im Inland muße ein Mehrpreis entrichtet werden.

Auch die Polizei kaufte VW Käfer: Polizeistreifenwagen Typ 18 von 1948/49.

Neben Karmann produzierte ab 1949 auch Hebmüller ein Käfer-Cabriolet: den zweisitzigen Typ 14.

Händler ist Keuch in Hannover, welcher am 24. 9. 1946 sein erstes Fahrzeug erhielt. Seit 13. 7. 1948 fungiert Keuch übrigens unter dem Namen Bischoff & Hamel.

Die große Typenvielfalt täuscht. Denn nur die Typen 11, 21, 51 und 83, 91 und 93 wurden in nennenswerten Mengen hergestellt. Von einigen anderen Typen (13, 15, 25, 27, 28, 53, 55, 81, 92, 100) wurden nur wenige Fahrzeuge produziert. Bei den restlichen Typen – so zum Beispiel beim viertürigen Käfer Typ 12 – blieb es beim Planungsstadium.

Im August 1946 wurden in der Versuchswerkstatt noch einmal zwei Kommandeurwagen mit Allradantrieb hergestellt. Beide Fahrzeuge erhielten die alte Porsche-Bezeichnung „Fahrgestell Typ 287 mit Aufbau Typ 877" und wurden im November zur Erprobung fertig.

Tabelle 3
Modellbezeichnungen 14. 10. 1946 – 1.6.1949

Typ 1	**Käferlimousine mit normalem Fahrgestell**
Typ 10	Käferfahrgestell
Typ 11	Limousine Normalausführung
	Export „Land" besser ausgestattete Exportausführung für das genannte Land
	Export D.S. desgl. speziell für Deutschland
	Export II desgl. speziell für Belgien
Typ 14	Käfer Cabriolet zweisitzig (Hebmüller)
Typ 15	Käfer Cabriolet viersitzig (Karmann)
Typ 17	Käfer Krankenwagen (Ausführung Miesen)
Typ 18	Polizeistreifenwagen viersitzig (Hebmüller etc.)
Typ 2	
Typ 29	Projekt VW-Transporter ab 11. 11. 1948

Ein wichtiges Datum in der Geschichte des VW Käfers ist der 14. 10. 1946. An diesem Tag läuft nicht nur der 10 000ste Nachkriegskäfer vom Band, sondern zu diesem Zeitpunkt gibt es auch endlich keine Produktionsbeschränkungen mehr, so daß der Käfer frei verkauft werden kann – vorerst jedoch nur auf Bezugsschein. VW spricht in diesem Zusammenhang gegenüber der Presse vom ersten „normalen" Käfer. Als eine der ersten zivilen Firmen erhält Karmann in Osnabrück im November 1946 einen VW Käfer, welcher dann zu einem Cabriolet umgebaut wird.

Die Typenliste ist erheblich gekürzt worden – es besteht kaum mehr Bedarf an Kübel- und Geländefahrzeugen. Trotzdem kann nicht ausgeschlossen werden, daß vielleicht doch noch einmal ein Fahrzeug eines geplanten älteren Typs versuchsweise hergestellt wurde.

Um Devisen zu erhalten, beschließt man, den Käfer zu exportieren. Die ersten Fahrzeuge gehen am 19. 12. 1946 an das Schwedische Rote Kreuz. Da man im reichen Ausland, wo chromblinkende Fahrzeuge aus aller Welt angeboten werden, kaum Marktchancen für die schmucklose, stumpf lackierte Käfer-Limousine sieht, beschließt man, neben der normalen Käferlimousine eine teurere Exportausführung, welche Typ 11 Exp „Bestimmungsland" genannt wird, mit besseren Sitzen, verchromten Stoßstangen, Radkappen, Tür- und Deckelbeschlägen und Hupengehäuse sowie Hochglanzlackierung herzustellen und nur diesen Typ im Ausland anzubieten. Diese Ausführung kann jedoch auch in Deutschland ("Deutscher Sektor") als „Typ 11 Exp D.S." gekauft werden. Dabei hat man zeitweise die Wahl zwischen der kleinen Luxusausstattung „Export I" (Aufpreis RM 250) und der großen Luxusausstattung „Export II" (Aufpreis RM 325). Das erste Fahrzeug mit Chromausstattung und Hochglanzlackierung wurde übrigens am 2. 10. 1946 produziert; es erhielt die Fahrgestellnummer 1-061203 und wurde an den VW eigenen Kraftwagenpark ausgeliefert.

Im Laufe der Jahres 1947/48 kamen weitere Varianten (Typ 14, 17 und 18) hinzu. Großes Aufsehen erregte der VW-Käfer für den Schauspieler Hans Albers, der 1947/48 in weißer (!) Farbe ausgeliefert wurde. Leider landete das Fahrzeug aber schon kurze Zeit später an einem Baum.

Links: 1947 werden die ersten „Pressefotos" angefertigt.

Rechts oben: Kübelwagen Typ 82, VW-Bezeichnung Kübelwagen Typ 1

Rechts: Schwimmwagen Typ 166

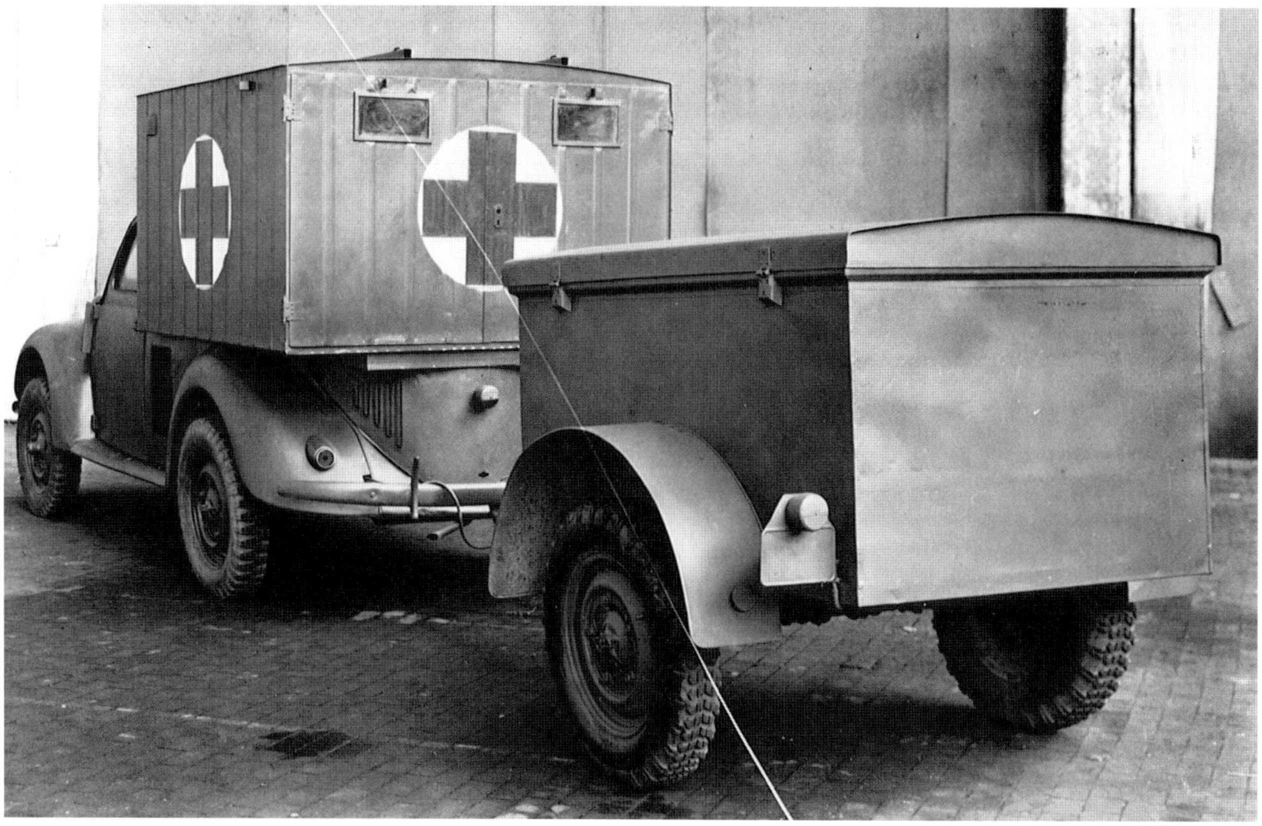

Reichspostwagen (oben) Typ 83 mit Anhänger Typ 92 von 1945 und in der Ausstattung für das Rote Kreuz (links).

Unten: Exportmodell 1948 (links) und 1949 (unten), mit dem das VW-Werk Rekordverkäufe erzielte.

Tabelle 4
Modellbezeichnungen 2. 6. 1949 – 30.4.1950

Typ 1	Käferlimousine mit normalem Fahrgestell
Typ 10	Käferfahrgestell
Typ 11	Limousine Normalausführung, nur für Inland
Typ 11a	Limousine Luxusausführung
Typ 11b	besser ausgestatteter Typ 11 nur für Export
Typ 14	Käfer Cabriolet zweisitzig (Hebmüller)
Typ 15	Käfer Cabriolet viersitzig (Karmann)
Typ 17	Käfer Krankenwagen (Ausführung Miesen)
Typ 18	Polizeistreifenwagen viersitzig (Hebmüller etc.)
Typ 2	
Typ 29	Projekt VW-Transporter

Ein entscheidender Schritt in Richtung hohe Verkaufszahlen war die Verbesserung der Ausstattung der bisherigen Exportausführung, so daß dem Kunden ein rundherum gelungenes Luxusmodell angeboten werden konnte. VW entwickelte daher ein verbessertes neues Modell, welches intern Typ 11a genannt wurde und seit seiner Vorstellung am 1. 7. 1949 Rekordverkäufe erzielte. Über die Benennung dieses Modells herrschte allerdings 1949 noch eine gewisse Unklarheit; manche Prospekte/Pressemitteilungen sprachen von „Luxusausführung", andere von „Exportausführung", „De-Luxe-Ausführung" oder „Sonderausführung". Dem Einfachmodell ging es nicht anders. Zuerst „Normalausführung" genannt, etablierte sich gegen Ende 1949 der Name „Standard-Ausführung". Dieser war wohl von VW eingeführt worden, weil die „Normalausführung" eben gerade nicht mehr normalerweise gekauft wurde, sondern die „Luxusausführung". Ende 1949 hat sich dann für die Luxusausführung im Inland die Typenbezeichnung „Export-Modell" oder noch kürzer, „VW Export" durchgesetzt.

Kurz nach der Einführung des Typ 11a am 2. 6. 49 wurde die bisherige „Exportausführung" in Typ 11b umbenannt. Dies war erforderlich, da der normale schmucklose Typ 11 nicht ins Ausland geliefert werden sollte. Seit September 1949 wurde aber der Typ 11b praktisch nicht mehr verkauft, da im Ausland das besser ausgestattete Modell 11a bevorzugt wurde.

In der amtlichen Typenbezeichnung wird bei allen Modellen „Typ 10" vorangestellt, um auszudrücken, daß hier das normale Käferfahrgestell verwendet wird. Gleichzeitig werden die Buchstaben weggelassen.

Zweisitziges Cabriolet Typ 14 „Hebmüller" von 1949

Viersitziges Cabriolet Typ 15 „Karmann" von 1949 (zweites Foto, offen, ist von 1951)

Das VW-Fahrgestell ist auch die Basis für verschiedene Sonderaufbauten. Am bekanntesten sind das viertürige Rometsch Käfertaxi sowie der Rometsch Sportwagen, im Volksmund „Banane“ genannt.

Seit 1950 wird das VW-Programm um ein Nutzfahrzeug, den VW-Transporter Typ 2, ergänzt.

Tabelle 5
Modellbezeichnungen 1. 5. 1950 bis 4. 1. 1954

Typ 1	VW Käfer
Typ 11A	Standard-Modell Linkslenker
Typ 11B	Standard-Modell Rechtslenker
Typ 11C	Export-Modell Linkslenker
Typ 11D	Export-Modell Rechtslenker
Typ 11E	Standard-Modell Faltschiebedach Linkslenker
Typ 11F	Standard-Modell Faltschiebedach Rechtslenker
Typ 11G	Export-Modell Faltschiebedach Linkslenker
Typ 11H	Export-Modell Faltschiebedach Rechtslenker
Typ 14A	Käfer Cabriolet zweisitzig (Hebmüller)
Typ 15A	Käfer Cabriolet viersitzig Linkslenker (Karmann)
Typ 15B	Käfer Cabriolet viersitzig Rechtslenker (Karm.)
Typ 17A	Käfer Krankenwagen (Ausführung Miesen)
Typ 18A	Polizeistreifenwagen viersitzig (Hebmüller etc.)
Typ 2	**VW-Transporter**
Typ 21	Kastenwagen (ab 2 / 1950)
Typ 22	Kleinbus (ab 5 / 1950)
Typ 23	Kombiwagen (ab 3 / 1950)
Typ 24	Bus Sondermodell „Samba“ (ab 6 / 1951)
Typ 26	Pritschenwagen (ab 8 / 1952)
Typ 27	Krankenwagen (ab 12 / 1951)

Aufgrund der vielen unterschiedlichen Modelle für das Ausland wird die interne Typbezeichnung ausgeweitet. Um Verwechslungen vorzubeugen, hat man bei VW statt bisher kleiner Buchstaben jetzt große Buchstaben angehängt. Beachten Sie daher insbesondere, daß die Typenbezeichnung 11a (kleines a) des Exportmodells 1949 nicht identisch ist mit der Typenbezeichnung 11A (großes A) des einfacheren Standard-Modells ab 1. 5. 1950.

Für das Luxusmodell wird jetzt im Inland einheitlich der Begriff „Export-Modell“ verwendet, im Ausland bezeichnet man es als „Saloon“ oder „De-Luxe“. Spätestens jetzt wird der bisherige Typ 11b durch den Typ 11 mit Mehrausstattung ersetzt. Somit kann sich jeder selbst seinen Standard-Käfer so ausstatten, wie er es gerne möchte (z. B. mit dem Chrom, der Uhr und / oder der Farbe des Export-Modells). Neu ist der VW-Transporter, der als Typ 2 die Produktpalette ergänzt.

Rechts: Neben Transporter, Kleinbus, Pritschenwagen und Krankenwagen gibt es seit 6/1951 das Bus Sondermodell „Samba“.

Unten: Das gab es nur als Prototyp: VW Käfer mit Dieselmotor anno 1952.

Tabelle 6
Modellbezeichnungen 4. 1. 1954 bis 1. 8. 1965

Typ 1	Basis VW Käfer
Typ 111	Standard-Modell Linkslenker
Typ 112	Standard-Modell Rechtslenker
Typ 113	Export-Modell Linkslenker
Typ 114	Export-Modell Rechtslenker
Typ 115	Standard-Modell Faltschiebedach Linkslenker
Typ 116	Standard-Modell Faltschiebedach Rechtslenker
Typ 117	Export-Modell Faltschiebedach Linkslenker
Typ 118	Export-Modell Faltschiebedach Rechtslenker
Typ 141	Karmann-Ghia Cabriolet Linkslenker
Typ 142	Karmann-Ghia Cabriolet Rechtslenker
Typ 143	Karmann-Ghia Coupé Linkslenker
Typ 144	Karmann-Ghia Coupé Rechtslenker
Typ 147	Sonderfahrzeug Post (Kleinlieferwagen, ab 9. 3. 65)
Typ 151	Käfer Cabriolet viersitzig Linkslenker (Karmann)
Typ 152	Käfer Cabriolet viersitzig Rechtslenker (Karmann)
Typ 171	Käfer Krankenwagen (Ausführung Miesen)
Typ 181	Polizeistreifenwagen viersitzig (Karmann etc.)
Typ 2	VW-Transporter
Typ 211–214	Kastenwagen
Typ 221–224	Kleinbus
Typ 231–234	Kombiwagen
Typ 241–244	Bus Sondermodell „Samba“
Typ 261–264	Pritschenwagen
Typ 265–268	Doppelkabine (ab 1958)
Typ 271–274	Krankenwagen
Typ 3	VW 1500 Stufenheck und Variant (ab 1. 9. 1961, Variant ab 9. 1. 1962)
Typ 34	Karmann-Ghia 1500 (ab 1. 9. 1961)

Ab 4. 1. 1954 werden die Buchstaben hinter der Typenbezeichnung durch fortlaufende Ziffern ersetzt. Aus 11A wird damit 111, aus 11G 117 usw. Neu ist der Karmann-Ghia, der als Ersatz für das Hebmüller-Cabriolet als Typ 14 ins Programm aufgenommen wurde. Ab 1961 erweitert die große VW-1500-Stufenheck-Limousine als Typ 3 das Fahrzeugspektrum nach oben. Beachten Sie, daß beim VW Export ab 1963 das Faltschiebedach durch ein Stahlkurbeldach ersetzt wird.

Seit 1964 heißt das Standard-Modell VW 1200A. Ab 1965 wird eine Mischung aus den Typen 1, 2 und 3 als Sonderfahrzeug für die Bundespost Typ 147 in großen Stückzahlen hergestellt. Offiziell (z. B. für Fahrzeugpapiere) werden immer nur die beiden ersten Buchstaben der Typenbezeichnung verwendet.

1961 erweitert der neue VW 1500 Stufenheck mit 45 PS als Typ 3 das Fahrzeugspektrum nach oben. Später ist er auch als Variant und mit stärkerem 54 PS Motor lieferbar. (Foto: Normal und L-Ausstattung von 1961).

1955 wird als Ersatz für das Hebmüller-Cabriolet der VW Karmann-Ghia in das Produktionsprogramm von VW aufgenommen.

Ebenfalls 1961 wird der große Karmann-Ghia 1500 als Typ 34 auf Basis des Typ 3 vorgestellt.

Unten: Das VW-Karmann-Ghia-Cabrio von 1957.

Oben: 1968 wird eine neue Typenreihe, der VW 411/412 Typ 4, als große Heckmotorlimousine der Öffentlichkeit vorgestellt. Doch die Zeit der Heckmotorwagen bei VW geht dem Ende zu.

Ab 1965 wird eine Mischung aus den Typen 1, 2 und 3 als Sonderfahrzeug für die Bundespost Typ 147 in die Produktion genommen.

Tabelle 7
Modellbezeichnungen 2. 8. 1965 bis 31. 7. 1972

Typ 1	Basis VW Käfer
Typ 111	VW 1200, 1200A, 1300A Linkslenker
Typ 112	VW 1200, 1200A, 1300A Rechtslenker
Typ 113	VW 1300/1500/1302 Linkslenker
Typ 114	VW 1300/1500/1302 Rechtslenker
Typ 115	VW 1200, 1200A, 1300A Schiebedach Linkslenker
Typ 116	VW 1200, 1200A, 1300A Schiebedach Rechtslenker
Typ 117	VW 1300/1500 Schiebedach Linkslenker
Typ 118	VW 1300/1500 Schiebedach Rechtslenker
Typ 135	VW 1303 Linkslenker
Typ 136	VW 1303 Rechtslenker
Typ 141	Karmann-Ghia Cabriolet Linkslenker
Typ 142	Karmann-Ghia Cabriolet Rechtslenker
Typ 143	Karmann-Ghia Coupé Linkslenker
Typ 144	Karmann-Ghia Coupé Rechtslenker
Typ 147	Sonderfahrzeug Post (Kleinlieferwagen)
Typ 151	Käfer Cabriolet viersitzig Linksl. (Karmann)
Typ 152	Käfer Cabriolet viersitzig Rechtslenker (Karmann)
Typ 181	Mehrzweckfahrzeug (Kurierwagen, offen)
Typ 2	VW-Transporter (ab 1. 8. 1967 2. Modell mit ungeteilter Frontscheibe)
Typ 211–214	Kastenwagen
Typ 221–224	Kleinbus
Typ 231–234	Kombiwagen
Typ 241–244	Bus Sondermodell „Samba“
Typ 261–264	Pritschenwagen
Typ 265–268	Doppelkabine
Typ 271–274	Krankenwagen
Typ 3	VW 1600 Stufenheck, Variant
Typ 31	VW 1600 TL Fließheck
Typ 34	Karmann-Ghia 1600
Typ 4	VW 411, VW 412
Typ 47	VW-Porsche
Typ 48	K70

Am 1. 8. 1966 wird der VW 1200A durch den VW 1300A abgelöst. Dieser Typ bleibt jedoch nur ein Jahr im Programm; bereits am 10. 1. 1967 läuft das Nachfolgemodell, der „Sparkäfer“ VW 1200, vom Band. Als Nachfolger für das Polizei-Cabriolet läuft am 1. 8. 1969 die Fertigung des offenen Kübelwagens Typ 181 an. Neu ist die Typenreihe 4, die ab 1. 8. 1968 mit dem VW 411 eröffnet wird. Seit dem 1. 8. 1973 wird der VW 1303 anstelle des VW 1302 gefertigt.

Seit dem 1. 8. 1968 wird die Typenbezeichnung um drei weitere Ziffern ergänzt. Die vierte Ziffer gibt die Ausstattung an (0 = Normalausstattung, 1 = Luxusausstattung, höhere Ziffern für andere Länder). Die fünfte Ziffer bezeichnet den Motortyp (1 = 1200 ccm, 25 kW, 2 = 1300 ccm 29 kW, später 32 kW, 3 = 1500 ccm 32 kW, später 1600 ccm 37 kW, höhere Ziffern für andere Länder). Die letzte Ziffer gibt schließlich den Getriebetyp an (1 = Schaltgetriebe, 2 = Wählautomatik). Ein linksgelenkter VW Käfer, Typ 1302 LS Automatik, wäre demnach als Typ 113 132 zu bezeichnen. Diese längeren Typenbezeichnungen wurden jedoch im wesentlichen nur auf Typenschildern verwendet.

Tabelle 8
Modellbezeichnungen seit dem 1. 8. 1972

Typ 1	Basis VW Käfer
Typ 111	VW 1200, 1200L Linkslenker
Typ 112	VW 1200, 1200L Rechtslenker
Typ 113	VW 1200 Nordamerika
Typ 133	VW 1303 Nordamerika, läuft 1975 aus
Typ 135	VW 1303, 1303A Linkslenker, läuft 1975 aus
Typ 136	VW 1303, 1303A Rechtslenker, läuft 1975 aus
Typ 141–144	läuft 1975 aus
Typ 151	Käfer Cabriolet Linkslenker, läuft 1980 aus
Typ 152	Käfer Cabriolet Rechtslenker, läuft 1980 aus
Typ 153	Käfer Cabriolet Nordamerika, läuft 1980 aus
Typ 181	Kurierwagen offen Linkslenker, läuft 1979 aus
Typ 182	Kurierwagen offen Rechtslenk., läuft 1979 aus
Typ 183	Iltis, Basis: Audi, ab 11/1978, läuft 1982 aus
Typ 2	VW-Transporter (ab 1. 8. 1979 neue Karosserie)
Typ 3	läuft aus 1973
Typ 4	läuft aus 1974/75
Passat	ab 1973
Golf	ab 1974
Scirocco	ab 1974
Leichttransporter LT	ab 1975
Polo	ab 1975
Derby	ab 1977
Jetta	ab 1979

Mitte der siebziger Jahre findet die große Umstellung bei den Volkswagentypen statt. Heute werden von den alten Typen lediglich noch der VW Käfer Typ 111 in Mexiko sowie der VW-Transporter Typ 2 in der vierten Baureihe T4 in Deutschland hergestellt.

Bezüglich der noch folgenden drei Ziffern der Typenbezeichnung gilt das bereits weiter oben Gesagte.

Ab 1969 gibt es wieder einen Kübelwagen im VW-Programm: den Typ 181.

Das Schalten von nicht synchronisierten Getrieben

Bekanntlich besitzen die älteren Käfer-Modelle ein nicht synchronisiertes Getriebe (Export-Modell bis 9/1952, Standard bis 10/1964). Da die Anzahl der Fahrer, die noch das Schalten derartiger Getriebe in der Fahrschule gelernt haben, immer geringer wird, erscheint es mir angebracht, dieses Wissen einmal in einem Kapitel zusammenzustellen und so der Nachwelt zu erhalten. Zwar gibt es in der Bedienungsanleitung der Fahrzeuge ab 1950 gewisse Hinweise auf die besonderen Eigenarten dieses Getriebes, und auch in dem Buch „Besser fahren mit dem Volkswagen“ von Artur Wentrup finden sich Tips und Ratschläge, das übermittelte Wissen erscheint mir jedoch zu knapp gefaßt, um im heutigen Verkehr mithalten zu können. Ich versuche daher im folgenden, einen kleinen „Lehrgang zum Schalten von Unsynchrongetrieben“ zu formulieren, der jeden Fahrer nach den durchgeführten Übungen in die Lage versetzt, in den meisten Verkehrssituationen auch mit Unsynchrongetriebe nicht „ins Schwitzen zu kommen“. Diese Übungen sind auch für Besitzer späterer Kfermodelle interessant, da auch bei den Fahrzeugen mit Teilsynchrongetriebe das Einlegen des ersten Ganges bzw. gelegentliches Zurückschalten in den ersten Gang in der Fahrpraxis auftritt. Last not least sollten auch Besitzer von Vollsynchrongetrieben das Schalten von Unsynchrongetrieben in den Grundzügen beherrschen, damit sie bei gerissenem Kupplungsseil oder defekten Synchronringen bis zur nächsten Werkstatt weiterfahren können.

Theorie:

Wie in der Fahrschule ist vor der Fahrpraxis etwas Theorie erforderlich, damit Sie einen Einblick in die Wirkungsweise eines Getriebes bekommen. Wie funktioniert denn nun so ein Getriebe? Hierauf könnte man nun analog zur „Feuerzangenbowle“ folgendermaßen antworten: Also ein Getriebe ist ein großer, dunkler Raum, in dem sich zwei Achsen befinden. Die eine Achse ist über die Kupplung mit dem Motor verbunden (Antriebsachse), die andere treibt über das Differential die Hinterachse an (Abtriebsachse). Auf den Achsen sind Zahnräder angeordnet, die so über den Schalthebel verschoben werden können, daß unterschiedliche Drehzahlverhältnisse zwischen Antriebsachse und Abtriebsachse eingestellt werden können.

Für den, der es ganz genau wissen will: Es können nur je ein Zahnrad des ersten und zweiten Ganges verschoben werden; die Zahnradpaare des dritten und vierten Ganges (Teilsynchrongetriebe auch 2. Gang) sind zwecks eines geräuschärmeren Laufes ständig im Eingriff und werden über verschiebbare Klauen auf der jeweiligen Achse fixiert. Zur Verbesserung der Laufruhe sind die genannten oberen Gänge beim VW Käfer auch noch schrägverzahnt. Die schräge Verzahnung bewirkt einen größeren Bereich, in dem sich die Zahnräder berühren. Dadurch wird einerseits der Verschleiß reduziert, andererseits ist der Überlappungsbereich der einzelnen Zahneingriffe größer, so daß weniger verschleißbedingtes Spiel auftreten kann. Bleiben wir jedoch der Einfachheit halber im folgenden bei den normalen, verschiebbaren Zahnrädern.

Übung 1: Das Anfahren

Natürlich können Sie anfahren. Aber gestatten Sie mir bitte die Frage: Was passiert denn nun beim Anfahren? Wir treten die Kupplung, und die Antriebsachse, die bisher auf Motorleerlaufdrehzahl lief, wird vom Motor getrennt und bleibt infolge der Bremswirkung des viskosen Getriebeöls rasch stehen. Da der Wagen steht, steht auch die Abtriebsachse, und so ist es möglich, beide Zahnräder des ersten Ganges geräuschlos ineinander zu schieben: Der Gang ist eingelegt, und wir können anfahren. Bei diesem Vorgang sind folgende Fehler möglich:

Fehler 1: Beim Einlegen des ersten Ganges muß der Wagen unbedingt stehen, er darf keinesfalls zurückrollen. Natürlich gilt dies auch entsprechend für den Rückwärtsgang, da muß der Wagen auch stehen, er darf insbesondere nicht nach vorne rollen. Sonst versucht man, zwei entgegengesetzt laufende Zahnräder ineinander zu schieben, und das kann nur „Getriebesalat“ ergeben. Diese Art von „Getriebesalat“ ist unbedingt zu vermeiden, da dies zum Herausbrechen von Zahnradzähnen führen kann.

Fehler 2: Wenn der Wagen beim Anfahren steht, muß nach dem Treten der Kupplung etwa eine Sekunde (zählen Sie „einundzwanzig) gewartet werden, bis das Antriebszahnrad, das ja noch Leerlaufdrehzahl hat, auf die Geschwindigkeit „Null“ abgebremst ist. Sonst versuchen Sie, ein drehendes Zahnrad in ein ruhendes zu schieben. Ein Fehler, den Ihr Käfer mit einem lauten „Krrrck“ beantworten wird.

Problem 1: Manchmal stehen die beiden Zahnräder so ungünstig zueinander, daß sie nicht ineinander geschoben werden können: der Gang geht nicht einzulegen. Lassen Sie in diesem Fall die Kupplung kurz los, treten sie aber gleich wieder, zählen bis „einundzwanzig“, und — oh Wunder — der Gang geht glatt herein. Was ist passiert? Sie haben das Antriebszahnrad kurz auf Leerlaufdrehzahl gebracht und dann wieder auslaufen lassen. So stand es in einer anderen, besseren Position, und damit war das Zusammenschieben der beiden Zahnräder möglich. Versuchen Sie niemals, einen Gang mit Gewalt einzulegen. Auch das Einlegen eines anderen Ganges führt meist nicht zum gewünschten Erfolg, da dadurch das Antriebszahnrad nicht gedreht wird.

Problem 2: Trotz einer Sekunde Warten und Fahrzeugstillstand kratzt das Getriebe. Ursache: Kupplung trennt nicht richtig. Entweder ist die Kupplung defekt, oder Sie haben das Kupplungspedal nicht richtig durchgetreten. Wenn dieser Effekt nur bei sehr warmem Motor auftritt, liegt es an einem sehr flüssigen Getriebeöl. In diesem Fall sollten Sie die „Wartezeit“ etwas verlängern.

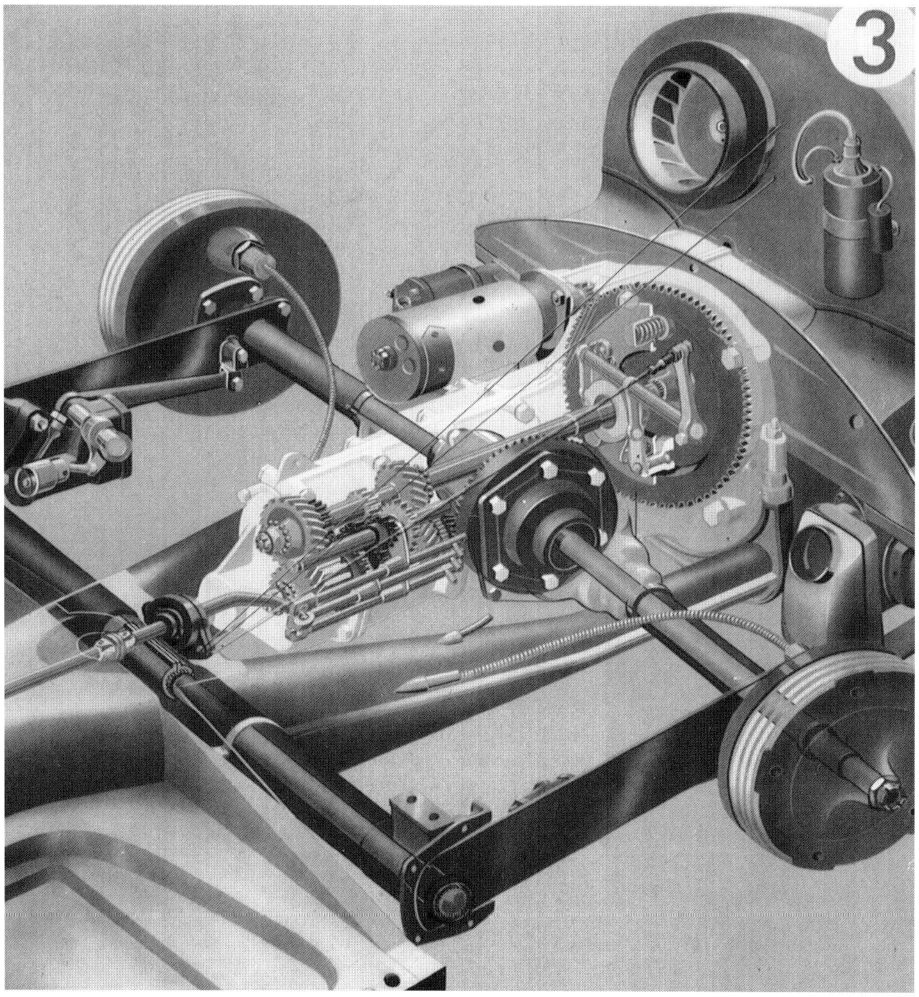

Getriebe und Hinterachsantrieb aus dem Jahr 1938.

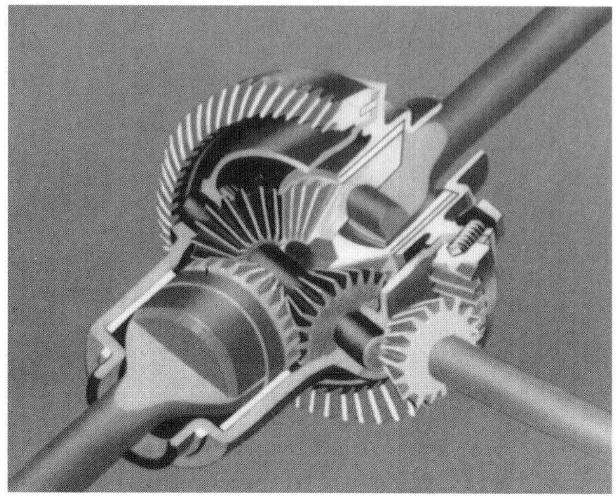

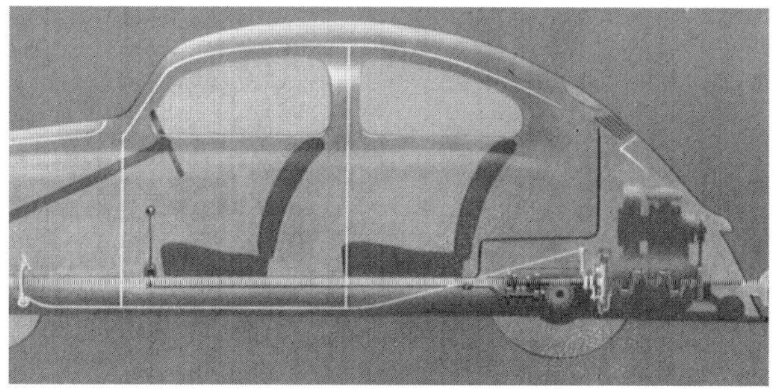

Übung 2: Das Aufwärtsschalten

Wir fahren jetzt mit warmem Motor 20 km/h im ersten Gang, und die Zahnräder auf der Antriebsachse drehen sich mit etwa 3000 Umdrehungen pro Minute. Wir treten die Kupplung, schieben den Schalthebel für eine Sekunde in die Leerlaufstellung zwischen beiden Gängen und legen dann bei immer noch getretener Kupplung den zweiten Gang ein. Der Gang läßt sich geräuschlos einlegen.

Bei dieser Prozedur haben wir in der ausgekuppelten Leerlaufstellung die Antriebszahnräder nicht mehr angetrieben, so daß ihre Drehzahl im Laufe der Zeit abgefallen ist: nach einer Sekunde auf etwa die Hälfte, also ca. 1500 Umdrehungen pro Minute. Dies ist genau die Umdrehungsgeschwindigkeit des Abtriebszahnrades des zweiten Ganges. Beide Zahnräder des zweiten Ganges laufen also für einen Moment genau gleich schnell und sind daher in genau diesem Zeitpunkt geräuschlos ineinander schiebbar. Auf die gleiche Weise läßt sich auch in den dritten und vierten Gang hochschalten. Da die prozentuale Differenz der Übersetzungen bei den höheren Gängen geringer ist als zwischen dem ersten und zweiten Gang, kann die Schaltpause in der Leerlaufstellung bei den höheren Gängen etwas kürzer gehalten werden, weil die Zahnräder für den geringeren Drehzahlsprung weniger lang abgebremst werden müssen.

Problem 1: Bei kaltem Motor und Getriebe kratzt das Getriebe, wenn mit Schaltpause hochgeschaltet wird. Die Ursache hierfür liegt darin, daß das kalte Getriebeöl so zähflüssig ist, daß es die Antriebszahnräder fast augenblicklich abbremst. Man muß daher beim Start im Winter zuerst ohne Schaltpause zwischen den Gangwechseln fahren und nach und nach eine immer längere Schaltpause einführen. Aber keine Angst, ein Gefühl hierfür werden Sie schon nach etwa 1000 km Fahrpraxis haben.

Problem 2: Trotz warmen Motors und einer Sekunde Schaltpause kratzt das Getriebe. Ursache: Kupplung trennt nicht richtig. Entweder ist die Kupplung defekt, oder Sie haben das Kupplungspedal nicht richtig durchgetreten. Vielleicht ist aber auch nur Ihr Getriebeöl sehr flüssig. In diesem Fall verlängern Sie bitte die Schaltpause auf 1,5 Sekunden.

Problem 3: Eine gefährliche Situation im Verkehr zwingt Sie zu möglichst schnellem Hochschalten. In einer solchen Lage halten Sie die Schaltpause nur sehr kurz und schieben den Schalthebel „mit Gefühl" in den nächsthöheren Gang. Das Getriebe wird zwar doch etwas krachen, weil Sie es im Streß nicht geschafft haben, den Gang wirklich über den Druckpunkt der Zahnräder einzufädeln, aber das nimmt uns das VW-Getriebe glücklicherweise nicht übel. Eine bessere Methode ist das sogenannte „Doppeltkuppeln". Sie treten die Kupplung und nehmen gleichzeitig Gas weg, schalten in die Leerlaufstellung, lassen die Kupplung kurz los, treten die Kupplung erneut und schieben dabei den nächsthöheren Gang ein. Das Ganze muß sehr schnell gehen, damit in der eingekuppelten Leerlaufstellung der Motor immer noch eine relativ hohe Drehzahl aufweist. Bei den Brezelkäfern ist dieses Verfahren jedoch etwas lästig, weil das Kupplungspedal sehr schwergängig ist. Wenn Sie es aber beherrschen, können Sie damit sehr „sportlich", d.h. ohne „Gedenkminute", heraufschalten. Bei genügend trainierter Fußmuskulatur können Sie durchaus immer auf diese Weise hochschalten.

Übung 3: Wir fahren „um die Ecke"

Wir sind jetzt schon so weit, daß wir uns an das „Zurückschalten" von Unsynchrongetrieben wagen können. Oft werden Sie in der Fahrpraxis vor folgender Situation stehen: Sie fahren auf eine rote Ampel zu, bremsen, und die Ampel wird überraschend grün. Natürlich haben Sie jetzt den falschen Gang im Getriebe. Was tun, wenn es schnell gehen soll? Grundsätzlich haben Sie schon einen Fehler gemacht, weil Sie einen Gang eingelegt haben, der in der gegenwärtigen Geschwindigkeit falsch war. Sie müssen sich unbedingt angewöhnen, immer einen Gang eingelegt zu haben, der zu der gegenwärtigen Geschwindigkeit paßt — oder der Schalthebel muß zumindest in der Leerlaufstellung stehen, wobei die Kupplung nicht getreten werden darf. Wenn es jetzt überraschend weitergeht, so werfen Sie einen Blick auf Ihren Tacho, treten schnell die Kupplung (der Schalthebel steht bereits in Leerlaufstellung) und legen schnellstmöglich folgenden Gang ein: bei 5 km/h den ersten, bei 10 km/h den zweiten und bei 20 km/h den dritten. Wenn Sie den ganzen Vorgang schnell genug durchgeführt haben, rutschen die Getriebezahnräder geräuschlos ineinander. Na, haben wir das nicht gut hingekriegt?

Fehler: Der Leerlauf darf nicht zu niedrig eingestellt sein. Schließlich muß die Motordrehzahl annähernd der Drehzahl der entsprechenden Geschwindigkeiten in den einzelnen Gängen entsprechen. Probleme treten hier eigentlich nur dann auf, wenn der Motor aus Witterungsgründen beim Auskuppeln fast ausgeht. In diesem Fall gibt man einen Hauch von Zwischengas in der eingekuppelten Leerlaufstellung und schaltet bei etwas höheren Geschwindigkeiten.

Problem: Die angegebenen Geschwindigkeiten sind Näherungswerte und können von Tacho zu Tacho etwas streuen.

Übung 4: Wir geben Zwischengas

Zuerst fahren wir mit unserem Käfer im zweiten Gang bewußt einmal 35 km/h und einmal 20 km/h. Dabei prägen wir uns das Motorengeräusch ganz genau ein. Anschließend halten wir irgendwo an und versuchen, durch Gasgeben in der Leerlaufstellung genau dasselbe Motorengeräusch, d.h. dieselbe Motorendrehzahl, zu erzielen. Dabei sollte die durch das Zwischengas angestrebte Motordrehzahl eher etwas höher als zu niedrig sein, da während des späteren Schaltvorgangs das Antriebszahlrad durch das Getriebeöl schneller abgebremst wird, als der Wagen an Fahrt verliert. Wir werden feststellen, daß für 20 km/h nur eine Nuance Zwischengas erforderlich ist, während man für 35 km/h schon etwas mehr Gas benötigt. Jedoch ist auch bei 35 km/h nur ein leichter Druck auf die Gasrolle erforderlich. Ziel dieser Übung ist es, ein Gefühl für die Menge an Zwischengas zu bekommen, die unser Unsynchrongetriebe beim Herunterschalten benötigt. Wenn Sie es jetzt schaffen, auf ihr eigenes Kommando hin sofort die richtige Zwischengasmenge für die beiden Geschwindigkeiten zu geben, dann können Sie es wagen, die fünfte und letzte Übung durchzuführen.

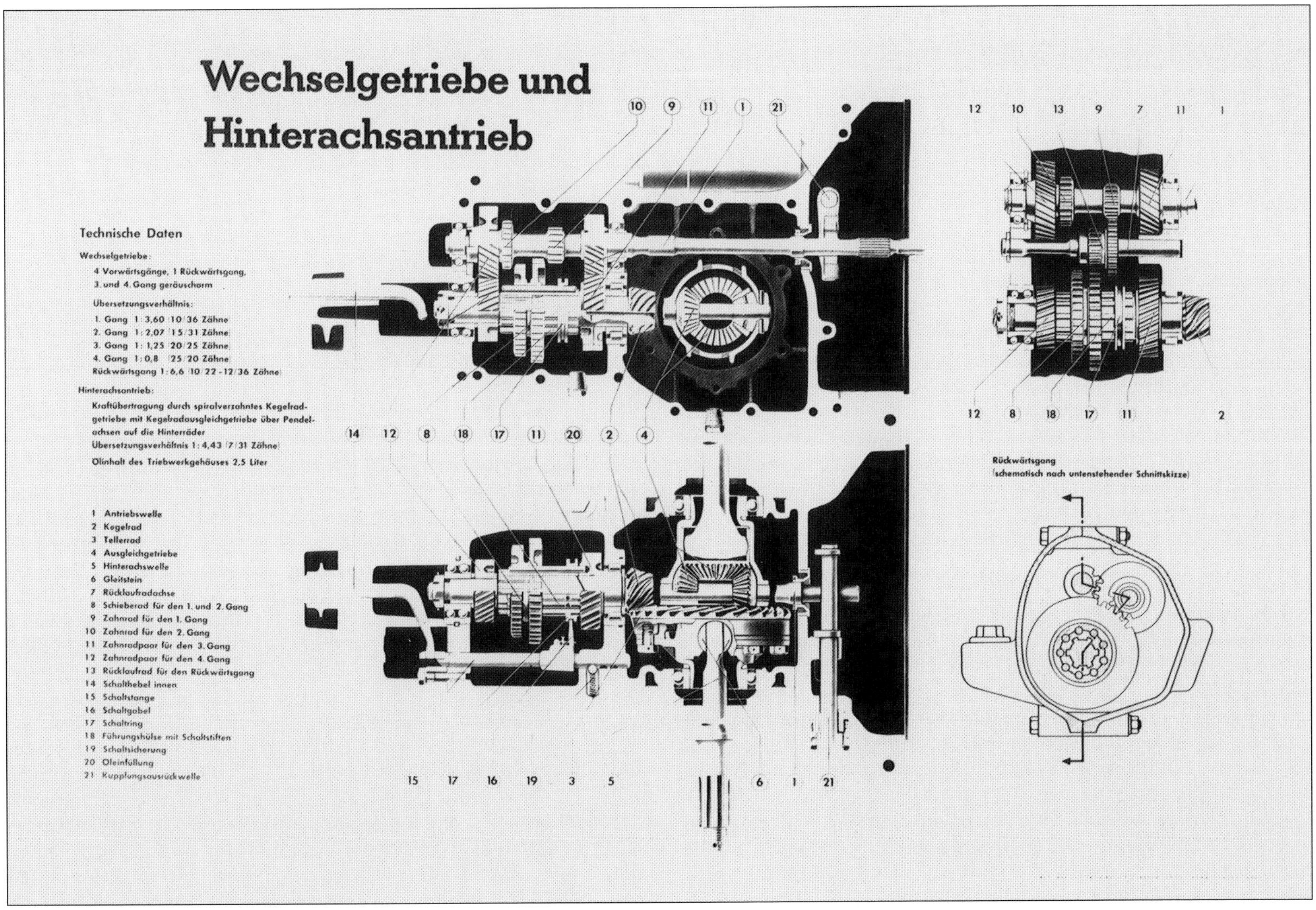

Unsynchrongetriebe bis September 1952

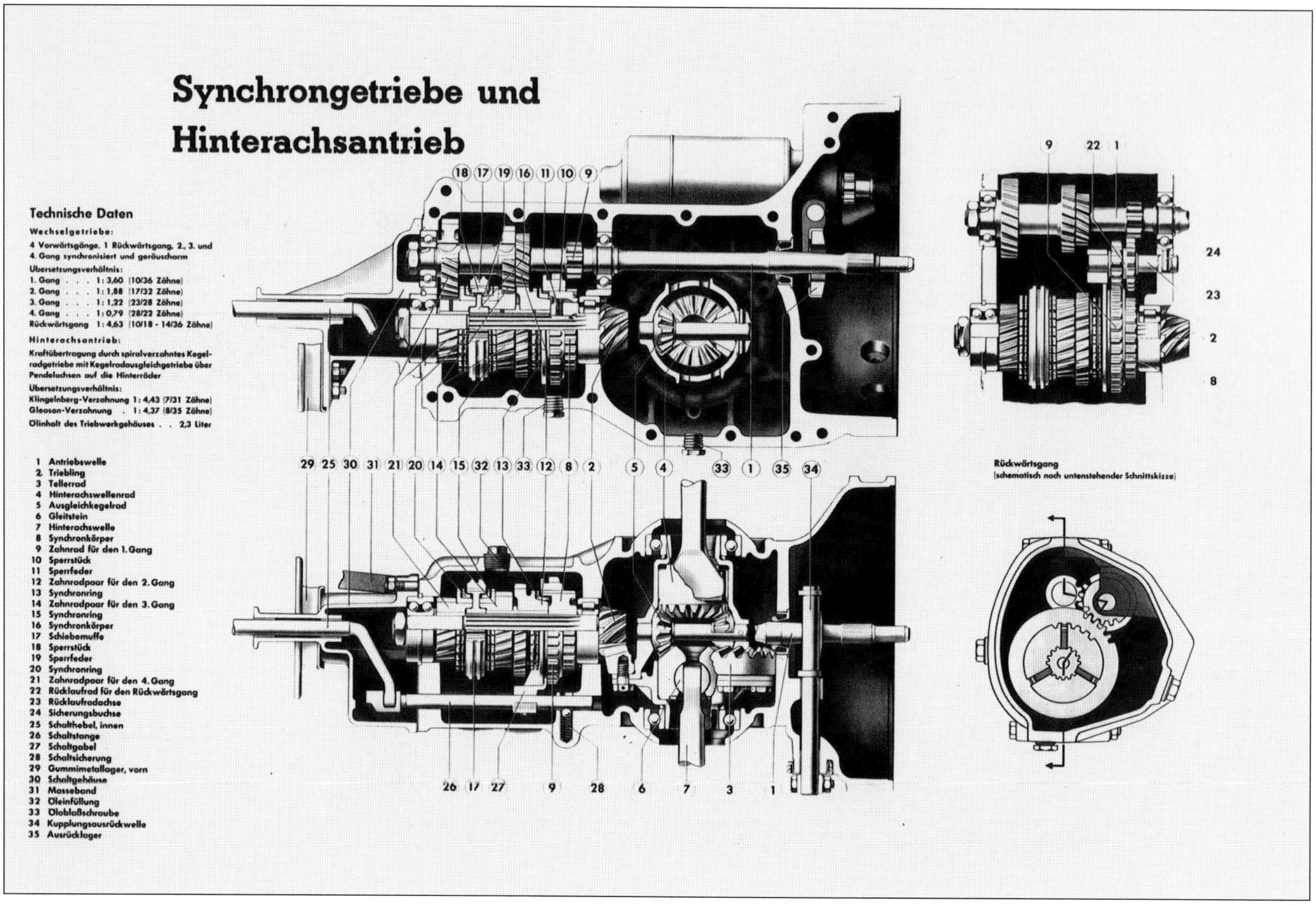

Teilsynchrongetriebe Oktober 1952 bis Juli 1960

Übung 5: Wir schalten zurück

Auf einer unbelebten Wohnstraße, wo wir niemanden stören oder behindern, wollen wir jetzt üben, vom dritten in den zweiten Gang zurückzuschalten. Hierbei fahren wir mit 35 km/h bzw. 20 km/h, treten die Kupplung, nehmen den dritten Gang heraus, lassen die Kupplung los, geben wie in Übung 4 trainiert die zur Geschwindigkeit passende Menge an Gas, treten wieder die Kupplung, wobei der rechte Fuß unverändert auf dem Gas bleiben muß, und schieben den zweiten Gang herein. Wenn Sie das alles schnell genug machen, kratzt es nicht! Wir können dann die Sache schwieriger machen, indem wir versuchen, immer schneller zurückzuschalten. Unser rechter Fuß wird dabei beim Gaswegnehmen zum Auskuppeln des dritten Ganges nur kurz das Gaspedal loslassen und gleich die richtige Menge an Zwischengas geben.

Ab und zu sollten wir auch einmal bei 10 km/h ohne Zwischengas – siehe Übung 3 – zurückschalten. Na, das war doch gar nicht so schwer. Schwierig wird es dann im normalen Straßenverkehr, da Sie ja dann unter „Streß" stehen. Aber Sie wissen ja, daß das VW-Getriebe auch einmal einen unsanften Gangwechsel wegsteckt.

Natürlich können wir jetzt auch vom vierten in den dritten Gang zurückschalten. Die geübte Menge an Zwischengas entspricht hier etwa 55 km/h bzw. 35 km/h. Und wenn wir das können, üben wir bei anderen Geschwindigkeiten. Wir haben ja jetzt ein Gefühl entwickelt, wieviel Zwischengas wir zum Herunterschalten benötigen. Am schwierigsten ist das Herunterschalten vom zweiten in den ersten Gang. Während man bei den höheren Gängen sehr schnell anhand des Motorgeräusches ein Gefühl für die Geschwindigkeit bekommt, hilft beim Zurückschalten in den ersten Gang nur ein genauer Blick auf den Tacho und dann bei 18 km/h bzw. 10 km/h rein mit dem Gang. Sehr gut, genau so geht das! Aber bevor Sie sich jetzt mit Ihren neuen Fähigkeiten in den dichten Straßenverkehr wagen, lesen Sie bitte noch die folgenden Ratschläge.

Fehler: Wenn trotz allem das Getriebe kracht, obwohl Sie die „richtige" Menge an Zwischengas gegeben haben und auch keinen Fehler bei der Pedalbedienung gemacht haben, waren Sie wahrscheinlich beim Schalten zu langsam. Als Folge davon wurde das Antriebszahnrad vom Getriebeöl zu stark abgebremst. Vielleicht ist aber auch die Fahrzeuggeschwindigkeit während des Schaltprozesses zu weit abgefallen.

Gute Ratschläge für die Praxis

Das Fahren von Fahrzeugen mit Unsynchrongetrieben erfordert einen ganz besonderen Fahrstil. Sie müssen insbesondere vorausschauender fahren und dürfen nie einen falschen Gang im Getriebe haben. Wenn Sie nicht wissen, wie es weitergeht, ist die Leerlaufstellung bei ungetretenem Kupplungspedal die richtige

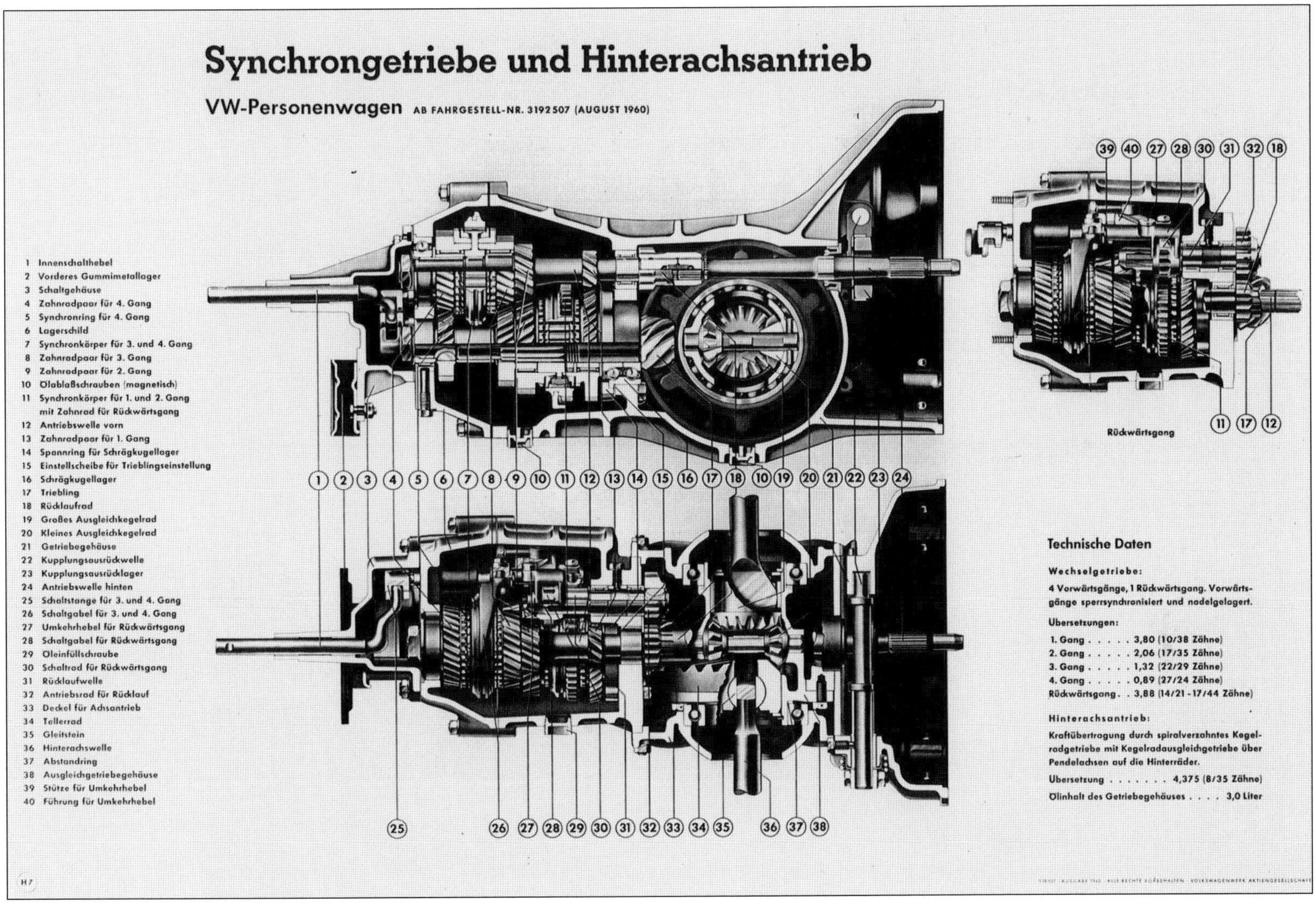

Vollsynchrongetriebe ab August 1960

Wahl. Nutzen Sie die Gangbereiche beim VW voll aus: Im dritten Gang können Sie mit der 24,5-PS-Maschine ohne weiteres mit 15 km/h um eine Ecke fahren, wenn es nicht bergauf geht oder Sie stärker beschleunigen müssen. Sie sollten diese Elastizität jedoch nicht durch eine schleifende Kupplung vergrößern oder allgemein zu schaltfaul fahren. Denken Sie an die Worte von Professor Porsche: „Jubeln muß er!"

Schalten Sie rechtzeitig vor Steigungen oder scharfen Kurven zurück. Das Zurückschalten an Steigungen ist schwierig, weil die Fahrzeuggeschwindigkeit dann sehr schnell abfällt. Das Zurückschalten in Kurven ist immer ein Fahrfehler.

Geben Sie lieber etwas zuviel als zuwenig Zwischengas. Wenn Sie merken, daß Sie etwas zuviel gegeben haben, warten sie einfach einen Sekundenbruchteil mit getretener Kupplung, bevor Sie den kleineren Gang einlegen.

In manchen Fahrschulen wurde gelernt, ohne zu kuppeln hoch- oder – mit Zwischengas – zurückzuschalten. Das ist in der Tat möglich, und das Trennen des Motors vom Getriebe beim Zurückschalten hat nur den Zweck, die zu beschleunigende bzw. abzubremsende Masse möglichst gering zu halten, falls doch Geschwindigkeitsdifferenzen zwischen den beiden in Eingriff gebrachten Zahnrädern bestehen. Von daher ist es möglich, trotz eines gerissenen Kupplungsseils weiterzufahren, wenn Sie Ihr Getriebe wie beschrieben behandeln. Im letzten Absatz dieses Kapitels erfahren Sie, wie Sie sich in einem solchen Fall helfen können.

Manche Fahrer geben beim Zurückschalten in der eingekuppelten Leerlaufstellung einen ordentlichen Zwischengasstoß und legen blitzschnell den kleineren Gang ein, wenn etwas mehr als die richtige Motordrehzahl erreicht ist. Dieses Verfahren erfordert ein gutes Reaktionsvermögen und viel Übung, so daß ich es Ihnen nicht unbedingt empfehlen kann.

Wenn Sie diesen Artikel richtig verstanden haben und fleißig das Zurückschalten geübt haben, dann werden Sie bald feststellen, daß das Fahren mit Unsynchrongetrieben zwar etwas umständlicher ist, aber großen Spaß macht und Ihr Selbstvertrauen stärkt. Denn Sie beherrschen ja jetzt die „hohe Kunst" des Schaltens.

Und auch wenn Ihnen unterwegs einmal das Kupplungsseil reißt, ist das für Sie jetzt kein Problem mehr: Angefahren wird bei abgestelltem Motor mit Hilfe des Anlassers im eingelegten ersten Gang, auf- und abwärts wird wie ein normales Unsynchrongetriebe geschaltet, und zum Anhalten wird einfach der Gangschalthebel in die Leerlaufstellung gedrückt. Dabei empfiehlt es sich, vorausschauend zu fahren, denn wenn Sie mit etwa 5 km/h rollen, können Sie mit dem Motor im Leerlauf einfach wieder den ersten Gang einlegen. Falls der Wagen jedoch zum Stillstand gekommen ist, hilft nur Anschieben auf etwa 5 km und mit dem Motor in Leerlaufdrehzahl den ersten Gang einlegen oder die bereits beschriebene Methode mit dem Anlasser. Auf diese Weise erreichen Sie sicherlich noch die nächste Werkstatt oder die heimische Garage.

Zeitgenössische Werbung

Über das Betreiben von Altfahrzeugen mit unverbleiten Kraftstoffen

Der Marktanteil an verbleitem Kraftstoff ist stark rückläufig, da nahezu alle seit 1984 gebauten Kraftfahrzeuge für bleifreien Betrieb ausgelegt sind und ältere Fahrzeuge wegen des hohen Preises verbleiter Kraftstoffqualitäten vorzeitig aus dem Verkehr gezogen oder nach und nach mit einem bleifrei betreibbaren Austauschmotor bzw. Zylinderkopf ausgerüstet werden. Wenn diese Tendenz so weitergeht, werden in der zweiten Hälfte der 90er Jahre nur noch 2 % aller Kraftfahrzeuge verbleites Superbenzin benötigen [1]. Man braucht kein Hellseher zu sein, um vorauszusehen, daß ab etwa diesem Zeitpunkt bleihaltige Kraftstoffe nicht mehr an jeder Tankstelle angeboten werden. Sehr wahrscheinlich wird verbleiter Kraftstoff sogar gesetzlich verboten werden, da bereits Spuren von Bleiverbindungen in der Umwelt langfristig die menschliche Gesundheit schädigen [2].

Aus diesem Grund scheint es angebracht, aus der bisher bekannt gewordenen Literatur einmal zusammenzustellen, ob unsere alten Käfer wirklich verbleiten Kraftstoff benötigen, und wenn ja, ob es Möglichkeiten gibt, durch eine bestimmte Fahrweise auch Blei benötigende Fahrzeuge bleifrei betreiben zu können. Auch sollen alle Umrüstungsmöglichkeiten angesprochen werden, so daß jedem Altfahrzeugbesitzer eine allgemein verständliche Entscheidungsbasis mit genauer Risikoabschätzung gegeben wird.

Vor dem 2. Weltkrieg gab es in Deutschland nur unverbleiten Kraftstoff: entweder als Benzin mit 14 % Alkoholzusatz (72 Oktan) oder als Benzin-Benzol-3 : 1-Gemisch (78 Oktan) [3]. Die Verwendung von Bleiverbindungen im Benzin war wegen deren Giftigkeit gesetzlich verboten (Ausnahme: Flugzeugbenzin) [4]. Und die Vorkriegsautomobile kamen mit diesem Sprit im Rahmen ihrer Motorlebensdauer recht gut zurecht, wie eine von Ferdinand Porsche organisierte Versuchsfahrt von 1938/39 beweist [5]: Die Vorserienkäfer 801 und 3824 schlossen ohne Ventilsitzschäden durch unverbleiten Kraftstoff ihre harte Erprobungsfahrt über 43 997 km bzw. 26 767 km ab; am Wagen 802 mit insgesamt 64 413 km wurden nur bei km-Stand 18 409 Versuchsarbeiten an den Ventilsitzen durchgeführt.

Beim Opel Kadett trat ebenfalls kein Ventilsitzschaden während seiner Laufzeit von 60 751 km auf. Der DKW Meisterklasse besaß in seinem Zweitaktmotor sowieso keine Ventilsitze, welche verschleißen könnten. Lediglich beim Adler Trumpf Junior bemerkte man nach 18 487 km einen Defekt an den Ventilsitzringen.

1939 wurde dann in Deutschland verbleiter Kraftstoff als dritte Kraftstoffqualität zugelassen und handelsüblich [3]. Neben dem auf 74 Oktan verbesserten Fahrbenzin aus Benzin-Alkohol-Benzol-Gemisch gab es nun noch verbleiten Superkraftstoff von 78 Oktan neben dem wesentlich teureren Benzin-Benzol-Gemisch mit ebenfalls 78 Oktan. Diese Kraftstoffe waren „in ganz Großdeutschland erhältlich" [3]. In der Schweiz wurde verbleiter Kraftstoff erst 1947 erlaubt [7].

Aufgrund kriegsbedingten Mangels an Benzol und Alkohol wurde aber schon bald Super und Gemisch nicht mehr im Handel angeboten, und es gab nur noch Einheitsbenzin von 74 Oktan: als bleifreies „Nordbenzin" innerhalb der Grenzen Elbmündung/Autobahnkreuz Braunschweig/Berlin und als bleihaltiges „Südbenzin" im restlichen Deutschland [3]. Automobile, welche Kraftstoffe mit 78 Oktan benötigten, mußten durch Verstellung des Zündzeitpunkts in Richtung „spät" oder den Einbau dickerer Zylinderkopfdichtungen auf diese Kraftstoffqualität umgerüstet werden [3].

Bekanntlich wird durch die Zugabe von Bleitetraethyl die Klopffestigkeit, d.h. die Oktanzahl von Benzinen, erhöht, und die teuren bzw. knappen Alkohol- oder Benzolzusätze können entfallen. Um die Bleiablagerungen im Brennraum möglichst gering zu halten, müssen zumindest bei hohen Bleizugaben außerdem Ethylendibromid und Ethylendichlorid zugesetzt werden, welche etwa gebildetes schwerflüchtiges Bleioxid in flüchtiges Bleibromid bzw. Bleichlorid überführen [7].

Diese Zumischung führte jedoch zu Schwierigkeiten an den Auslaßventilen, insbesondere der Vorkriegsautomobile und der Ende des Krieges mit minderwertigem Material gebauten Fahrzeuge [3, 6]. Es traten die sogenannten „Bleischäden" auf, d.h. dicke Bleiablagerungen an Ventilen, Zündkerzen und Kolbenböden [7] und daraus resultierend Zündaussetzer und undichte Ventile. Sehr häufig wurde auch ein durch Korrosion bedingtes Verbrennen der Auslaßventile beobachtet [3, 7], denn das Ethylendichlorid bzw. Ethylendibromid bildet beim Erhitzen hochaggressive Salzsäure bzw. Bromwasserstoffsäure. Erst nach der Währungsreform war man in der Lage, diese Probleme durch korrosionsbeständige Spezialventilstoffe für den Bleibetrieb [6] und Einführung der Ventildrehvorrichtung [8] in den Griff zu bekommen.

Vor dem Krieg mußten die Ventilsitzringe oxidationsbeständig sein und eine große Härte aufweisen. Verwendet wurden hier insbesondere Sonderbaustoffe wie Chrom-Wolfram-Stahl oder Chrom-Silicium-Schleudergußeisen [3]. Oft wurden auch die Ventilsitzringe mit harten Materialauflagen gepanzert, was zum Ventilsitzverschleiß „Null" führte [3]. Im und nach dem Krieg stand dagegen die Korrosionsfestigkeit und nicht die Härte der Ventilsitzringe im Vordergrund [3], so daß andere Werkstoffe bevorzugt wurden:

So bekam z.B. der Käfer ab dem 10.8.1950, Motornummer 220317, mit Chrom-Nickel gepanzerte Ventilsitzflächen [9, 10]. Seit dem 26.11.1951, Motornummer 369483, wurden Auslaßsitzringe aus dem besonders korrosionsfesten, aber weniger harten V2A-Stahl eingebaut [9]. Die Beschreibung des Käfers ab 1.10.1952, Motornummer 481713, spricht von „Auslaßsitzringen aus legiertem Eisensenkstück" [10], die des Käfers ab 21.12.1953, Motornummer 695282, von „leicht legierten Auslaßsitzringen aus einem Sinter-Blei-Stahl" [10].

Letztere Kombination – chromnickelgepanzerte Ventilsitzflächen und Ventilsitzeinsätze aus Sinter-Blei-Stahl – hat sich in den 50er Jahren „sehr gut bewährt“ [6]. Ab 1. 8. 1964 wurde das Material der Ventilsitzringe „weiter verbessert“ [10]. Seit 1. 8. 1970 wurden verchromte Auslaßventile in alle Käfermotoren eingebaut [11].

In Deutschland und den USA gab es während der 50er Jahre ein Nebeneinander von verbleitem und unverbleitem Kraftstoff. Dabei kam es im Jahre 1954 zu einem richtigen Benzinkrieg um den Kunden, in dem sich die Hersteller von verbleiten Kraftstoffen (an der Spitze Shell und Texas Co.) in Werbung und Konferenzen erbittert mit den Befürwortern von unverbleiten Kraftstoffen (Gulf, Standard Oil, Aral, Sun-Oil, Atlantic usw.) auseinandersetzten [12]. So bot Standard Oil 1954 seinen „Boron Supreme“-Kraftstoff an, der statt Blei Borverbindungen enthielt [12]. Gulf lieferte zum gleichen Zeitpunkt seinen „NoNox“ genannten bleifreien Superkraftstoff [12]. Auch BP stellte 1955 bleifreien Kraftstoff von 92 Oktan her [13]. In Deutschland wurde vom Marktführer Aral von 1955 bis 1963 ein bleifreies Benzin-Benzol-Gemisch angeboten [14]. Bleifreies Normalbenzin war jedoch bereits seit Anfang 1955 nicht mehr im Handel erhältlich [15].

Damalige Experten waren der Ansicht, daß die Bleizugabe in den deutschen Kraftstoffen nicht erforderlich sei, aber sich durch erwünschte Konkurrenz günstig auf die Kraftstoffqualität auswirke [7]. Weiterhin wird in der damaligen Autoliteratur empfohlen, sein Kraftfahrzeug nur mit bleifreiem Kraftstoff zu betreiben, da es dann weniger Ablagerungen im Motor gebe [16]. Außerdem wird in praktisch jedem Kfz-Buch der fünfziger Jahre immer vom idealen „rehbraunen“ Kerzengesicht gesprochen, so z. B. in der Bedienungsanleitung zum VW Käfer 1950. Dieses Kerzengesicht ist aber nur mit unverbleiten Kraftstoffen zu erzielen, da verbleites Benzin infolge der Bleiablagerung ein graues Kerzengesicht erzeugt. Aus all diesen Fakten kann zweifelsfrei geschlossen werden, daß in den gesamten 50er Jahren tatsächlich ein Nebeneinander von verbleitem und unverbleitem Kraftstoff existierte.

Daß der VW Käfer von 1950 mit bleifreiem Kraftstoff einwandfrei laufen muß, beweist schon die Bemerkung in der Bedienungsanleitung über das ideale Kerzengesicht. Aber auch in den späteren Bedienungsanleitungen von 1955 bis 1964 nahm VW zu den unterschiedlichen Kraftstoffqualitäten Stellung: „Der Volkswagen kann mit allen handelsüblichen Markenkraftstoffen einwandfrei betrieben werden – sowohl Benzine als auch Benzin-Benzol-Gemische. Die Wahl der Kraftstoffart und -marke kann daher ohne weiteres Ihnen selbst überlassen werden“ [17]. Ähnliche Formulierungen finden sich in vielen Bedienungsanleitungen anderer Hersteller im gleichen Zeitraum [18]. Diesen Formulierungen kann man entnehmen, daß die damaligen Motoren durchaus für die 1954 und später handelsüblichen bleifreien Superkraftstoffe, wie z. B. „Gulf NoNox“, geeignet waren, insbesondere aber auch für das in diesem Zeitraum in der Bundesrepublik Deutschland vertriebene bleifreie Benzin-Benzol-Gemisch von Marktführer Aral.

Aral hatte damals diesen bleifreien Superkraftstoff eingeführt, da er die bereits angesprochenen Vorteile gegenüber verbleitem Benzin besaß. Dies war möglich, da die dem Aral-Konzern angeschlossenen Kokereien ausreichende Mengen des klopffesten Benzols zur Verfügung stellten. Vor der Markteinführung wurde in mehrjährigen Tests mit damaligen Serienkraftfahrzeugen sichergestellt, daß keine negativen Folgen durch den Betrieb mit Aral bleifrei auftreten [14].

Der damalige bleifreie Kraftstoff enthielt keine schwermetallhaltigen Additive [14]. Im Vergleich zu heutigen unverbleiten Kraftstoffqualitäten besaß er zwar einen höheren Benzolanteil, dafür haben heutige Kraftstoffe einen höheren Anteil an hochklopffesten aliphatischen Kohlenwasserstoffen. Sonstige wesentliche Unterschiede in der Rezeptur bestehen nicht. Hinsichtlich seiner Motorenverträglichkeit ist das alte Aral-Super somit in jeder Hinsicht mit heutigen unverbleiten Kraftstoffqualitäten vergleichbar [14].

1963 wurde die Herstellung unverbleiten Superbenzins eingestellt, da durch die seit 1955 stark gestiegene Nachfrage nach Superkraftstoff eine Benzolknappheit ausgelöst wurde. Gleichzeitig war auch als Folge neukonstruierter höherverdichteter Motoren die Oktanzahl von 85 auf 98 gestiegen, so daß eine im Vergleich zu verbleitem Kraftstoff preislich konkurrenzfähige Herstellung nicht mehr möglich war [14].

Da damals die Autofahrer eher an der „Stammtankstelle“ als kreuz und quer durch alle Marken getankt haben, erscheint es undenkbar, daß in den 50er Jahren Markenkraftstoffe vertrieben wurden, die zu Motordefekten führten, ohne daß irgendwelche Warnhinweise aus der Bevölkerung, den Autowerken oder den eigenen Praxistests bekannt wurden. Von daher kann man mit gutem Grund annehmen, daß durch den Betrieb von Fahrzeugen der 50er Jahre und älter mit heutigen unverbleiten Kraftstoffen kein unvertretbares Risiko eingegangen wird. Voraussetzung hierfür ist natürlich, daß diese Motoren nicht getunt sind, der Bedienungsanweisung gemäß betrieben und regelmäßig gewartet werden.

Während bereits 1954 alle großen Mineralölkonzerne auf verbleites Normalbenzin umgestellt haben, bleibt das bleifreie Super – wie bereits erwähnt – noch bis 1963 im Handel. Ab diesem Zeitpunkt ist nur noch verbleiter Kraftstoff erhältlich [19]. Eine Ausnahme bildet lediglich das seit April 1964 von Standard Oil über Caltex in Deutschland erneut eingeführte „Boron“ Superbenzin [20]. Die neue Boron-Qualität beruht auf einer neuen Borverbindung, die jedoch ähnliche Eigenschaften wie Bleizusätze besitzt und somit mit heutigen unverbleiten Kraftstoffen nicht vergleichbar ist.

Der Zusatz von Blei in Kombination mit den angegebenen Chloriden/Bromiden bewirkt die bereits angesprochenen Bleiablagerungen und Korrosionsprobleme an den Ventilen und anderen Motorbauteilen. Gleichzeitigt wirken jedoch die Bleiablagerungen an den Ventilsitzen wie ein fester Schmierstoff und erlauben es daher, die Ventile stärker zu belasten bzw. weniger harte Ventilsitzringe zu verwenden oder sogar ganz auf Ventilsitzringe zu verzichten und den vergleichsweise weichen Graugußzylinderkopf als integrierten Ventilsitz auszubilden [21–23].

Während einerseits bis in die sechziger Jahre viele Fahrzeuge mit im Vergleich zu Grauguß harten Ventilsitzringen (Härte ›100 HRB, „hard seats“) ausgestattet wurden, werden seit etwa Mitte der fünfziger Jahre zunehmend relativ weiche integrierte Ventilsitze oder Ventilsitzringe gleicher Härte (Härte 90–100 HRB, „soft seats“) eingebaut. Gleichzeitig wurde mit den Jahren die Ventilbelastung durch höhere Motordrehzahlen erheblich gesteigert. Derartige Fahrzeuge mit relativ weichen Ventilsitzen und hoher Motordrehzahl laufen zwar problemlos mit bleihaltigem Kraftstoff, zeigen aber beim Betrieb mit unverbleiten Kraftstoffen einen vorzeitigen Verschleiß der Ventilsitze [21–25].

Dieser Effekt wurde 1970 entdeckt, als wegen der geplanten Einführung des Abgaskatalysators erneut unverbleiter Kraftstoff zur Verfügung stand [23]. Einige amerikanische und japanische Firmen haben deshalb bereits 1971 wieder höher belastbare Ventilsitzringe in ihre Fahrzeuge eingebaut [22, 23]. Seit 1973/74 werden die ersten Serienfahrzeuge in Amerika mit induktionsgehärteten Ventilsitzen („induction hardened seats“) ausgerüstet [21]. Mit diesem Verfahren lassen sich die für den bleifreien Betrieb erforderlichen harten Ventilsitzringe am kostengünstig-

Neueröffnete B. V. Tankstelle Anfang 1949, noch mit alter Vorkriegs-Zapfsäule ausgestattet. 1 l Normalbenzin kostete damals 60 Pf, die Benzinabgabe erfolgte bis 1950 nur auf Bezugsschein.

sten herstellen [25]. In Deutschland ist VW/Audi 1976 der erste Anbieter von Bleifrei-verträglichen Neufahrzeugen [26].

Der Verschleiß an den Ventilsitzen wird im wesentlichen von der Härte der Ventilsitzmaterialien und der Motordrehzahl, weniger von der Stellung des Gaspedals bestimmt [21–24]. Am verschleißempfindlichsten sind deshalb naturgemäß die „soft seats" aus Grauguß. Während bei Drehzahlen bis 2800 min^{-1} und bleifreiem Kraftstoff der Ventilsitzverschleiß eines „soft seats"-Motors von 1964–1970 (integrierter Ventilsitz aus Grauguß, 100 HRB) erst bei 5 µm/h liegt [21, 24], steigert er sich bei 3000 min^{-1} auf 10 µm/h [24]. Das ist genau die Verschleißrate, die der gleiche Motor bei verbleitem Kraftstoff und 3500 min^{-1} besitzt. Noch höhere Drehzahlen führen aber beim Bleifrei-Betrieb zu einem sehr starken Anstieg des Ventilsitzverschleißes im Vergleich zu verbleitem Kraftstoff. Bei 4000 min^{-1} beträgt der Verschleiß bereits 51 µm/h [24], d. h., die Verschleißgrenze von 3800 µm ist schon nach 75 Stunden erreicht.

Wenn auch in der Praxis niemand einen Motor mehrere Stunden ununterbrochen so hoch belastet, so kann man doch den Ergebnissen vom Motorprüfstand entnehmen, daß bleifreies Benzin insbesondere bei Drehzahlen oberhalb von 2800 min^{-1} einen erhöhten Ventilsitzverschleiß zur Folge hat.

Neben der Härte der Ventilsitzringe (genau genommen die Härte des härtesten intermetallischen Korns) spielen auch die Härte der Ventilauflageflächen, der Ventilsitzwinkel sowie der Ventiltrieb eine wesentliche Rolle bezüglich des Verschleißes beim Bleifreibetrieb. Besonders günstige Bleifrei-Eigenschaften haben gepanzerte oder mit bestimmten Ni-Cr-Beschichtungen bzw. Einsätzen versehene Ventilsitzflächen oder – allgemein gesprochen – harte und warmfeste Ventilauflageflächen [24, 25]. Vorteilhaft ist ebenfalls ein Ventilsitzwinkel von 30° (der jedoch in modernen Fahrzeugen eher selten anzutreffen ist) sowie ein möglichst stabiler dynamischer Ventiltrieb [24]. Falls mehrere dieser Voraussetzungen gegeben sind, können auch relativ weiche Ventilsitzringe für den Bleifreibetrieb geeignet sein. Weniger gut sind dagegen insbesondere verchromte Ventile [24].

Welche Möglichkeiten gibt es nun, mit für Bleibenzin ausgelegten Fahrzeugen bleifreien Kraftstoff tanken zu können?

Möglichkeit 1: Umrüstung auf induktiv gehärtete Ventilsitzringe

„Induction hardened seats" besitzen im Vergleich zu den früheren „soft seats" die höchste Verschleißfestigkeit. Die Kosten für eine Umrüstung betragen jedoch mehr als 1000 DM, wobei das Teuerste der Ausbau der Zylinderköpfe ist. Das lohnt sich insbesondere dann, wenn die Zylinderköpfe sowieso ausgebaut werden müssen und der Motor noch gut ist oder erhalten werden soll. Gemäß einer Umfrage unter ihren Kunden gehen Automobilhersteller jedoch davon aus, daß im Falle eines gesetzlichen Verbots von verbleitem Kraftstoff kaum ein Kunde bereit ist, 1000 DM Umrüstkosten für ein Fahrzeug mit einem Motor von über 100 000 km Laufleistung und einem Zeitwert von 1000–3000 DM auszugeben. Umrüstungen werden daher im wesentlichen bei betroffenen Oldtimern bzw. Liebhaberfahrzeugen erwartet. Da deren Besitzer in der Regel über eine gute reparaturtechnische Begabung verfügen, werden sie die Zylinderköpfe meist selbst ausbauen, so daß für diese Personengruppe nur die reinen Umrüstkosten in Höhe von 300 DM anfallen.

Möglichkeit 2: Geschwindigkeitsbegrenzung auf maximal 3000 min^{-1} bei Dauerbetrieb

Eine solche Beschränkung entspricht etwa 100 km/h beim VW Käfer und den meisten anderen Fahrzeugen. Die Rechtfertigung für eine solche Beschränkung ergibt sich sowohl aus den oben erwähnten Motorverschleißtests als auch aus einem Vergleichstest von zweimal 64 für verbleiten Kraftstoff ausgelegten Fahrzeugen [21]. Zwar zeigten die bleifrei betriebenen Fahrzeuge einen erhöhten Ausfall infolge Ventilsitzschäden (5 gegenüber einem Fahrzeug), die mit verbleitem Kraftstoff gleich schnell gefahrenen Autos zeigten jedoch mehr der bereits angesprochenen „Bleischä-

Neueröffnete Tankstelle 1956. 1 l Normalbenzin kostete damals durchschnittlich 62,5 Pf. Im Gegensatz zu früher erfolgte die Abrechnung in den Fünfziger Jahren in Zehntelpfennigschritten. Bemerkenswert ist, daß diese Tankstelle eine Zapfsäule für Diesel-Kraftstoff aufwies.

den“, insbesondere verkürzte Lebensdauer des Auspufftopfes (16 gegenüber 6 Fahrzeugen). Alle Fahrzeuge fuhren im Verlauf von fünf Jahren über 120 000 km. Testbedingung war: maximal 3000 min^{-1} bei Dauerbetrieb entsprechend 100–110 km/h. Ein anschließender Fahrzyklus von 120–140 km/h zerstörte die Ventilsitze in weniger als 20 000 km. Dieses Ergebnis steht im Einklang mit drei weiteren in [21] zitierten Praxistests, darunter ein Großtest mit amerikanischen Armee- und Behördenfahrzeugen, bei denen unter den gleichen Bedingungen ebenfalls gleich hohe Motorreparaturkosten beim Bleifreibetrieb im Vergleich zu den mit verbleitem Kraftstoff gefahrenen Fahrzeugen anfielen.

Möglichkeit 3:
Außerbetriebsetzen der Ventildreheinrichtung

Üblicherweise werden Ventile bei jeder Betätigung ein wenig gedreht. Diese Technik wurde um 1950 eingeführt, um eine selbsttätige Reinigung des Ventilsitzes von bei hochverbleiten Kraftstoffen auftretenden dicken Bleiablagerungen zu erzielen [8]. Verzichtet man auf diese Drehbewegung, so verringert sich der Ventilverschleiß drastisch um den Faktor 4–20 [21–23]. Das ist nicht überraschend, da gegeneinander feststehende Teile bekanntlich nicht geschmiert werden müssen. Beim VW Käfer läßt sich dies sehr einfach durch Justieren der Kipphebel auf die Mitte der Ventilschäfte erreichen. Das Fahrzeug darf dann aber nur noch mit unverbleitem Kraftstoff gefahren werden. Motorspezialisten der großen Automobilwerke betrachten diese Methode jedoch mit sehr großer Skepsis, da zwar auf diese Weise der Ventilsitzverschleiß herabgesetzt ist, aber man sich dafür einen ungleichen Ventilsitztraganteil in Kombination mit einem erhöhten Ventilführungsverschleiß einhandelt. Dies kann in der Praxis sogar noch eher zu undichten Ventilen infolge Ventilkippen führen.

Möglichkeit 4:
Verwendung anderer bleifreier Kraftstoffadditive

Eine Schonung der Ventilsitze durch Feststoffschmierung läßt sich auch mit vielen anderen Kraftstoffadditiven erzielen, z. B. mit Methylcyclopentadienyl-Mangantricarbonyl oder gewissen Phosphorverbindungen. Die Zugabe dieser Additive zum Kraftstoff ermöglicht zwar das uneingeschränkte Fahren von Altfahrzeugen [21, 23], jedoch wurde bei internen Versuchen der Fa. Aral festgestellt, daß damit andere Motordefekte (z. B. Zerstörung des Ventiltellers) auftreten können [14]. In dieser Hinsicht besser scheint ein von der Firma Lubrizol entwickeltes Additiv auf Basis einer Natriumverbindung zu sein, welches in Amerika, Skandinavien und Österreich bereits seit einigen Jahren unter dem Namen „Powershield“ verkauft wird. Der schwedische Mineralölkonzern OK Petroleum, Stockholm, bietet sogar seit 1992 dieses Additiv enthaltende Kraftstoffe unter den Namen „Optima 96 ohne Kat“ und „Optima 98 ohne Kat“ an. Leider sind diese Kraftstoffsorten nicht für Fahrzeuge mit Katalysator verwendbar.

Eine Einführung dieser Kraftstoffqualitäten in Deutschland ist zur Zeit nicht möglich, da das derzeitig gültige Benzin-Bleigesetz ausdrücklich metallhaltige Zusätze zum Kraftstoff verbietet (Natrium ist ein Metall). Im übrigen sei darauf hingewiesen, wie schwierig der Nachweis der Wirksamkeit solcher Additive gegen den Ventilsitzverschleiß ist, da selbst bei sehr vielen Testläufen nicht ausgeschlossen werden kann, daß es doch noch bestimmte Fahrzeuge gibt, bei denen diese Additive nicht ausreichend wirksam sind. So mußte die Firma Shell in Skandinavien ihr bleifreies „Shell Formula“ mit einem Kaliumadditiv wieder vom Markt nehmen, da wider Erwarten mit diesem Kraftstoff bei einigen Fahrzeugen Ventilsitzschäden auftraten. Die großen Mineralölkonzerne warten aus diesem Grund ab, wie sich die Optima-Kraftstoffe in der Praxis bewähren.

Neueröffnete Tankstelle 1963. 1 l Normalbenzin kostete damals durchschnittlich 56,5 Pf. Mit Rabattmarken, Münzen und Autobildern wurde in den Sechziger Jahren um den Kunden geworben. Gleichzeitig setzte sich nach und nach die „9“ als Zehntelpfennigstelle durch. Fahrzeuge mit Dieselmotor gingen jedoch an dieser Tankstelle vorerst leer aus.

Die Zugabe entsprechend wirksamer Kraftstoffadditive in den Tank vor der Betankung bzw. das Tanken entsprechender bleifreier Qualitäten wird von vielen betroffenen Automobilherstellern und [22] als die beste Lösung bei einem eventuellen zukünftigen Verbot von verbleitem Kraftstoff angesehen, weil der Automobilbesitzer dabei am wenigsten bevormundet wird. Dabei ist jedoch sicherzustellen, daß durch die neuen Additive nicht neue, genauso giftige Schadstoffe in die Umwelt gelangen, da sonst eine solche Lösung umweltpolitisch fragwürdig wäre.

Möglichkeit 5:
bleifrei tanken und Ventilspiel beobachten

Diese Möglichkeit empfiehlt sich in jedem Fall bei Fahrzeugen mit Originalmotor vor 1940, da diese bezüglich der Korrosionsfestigkeit und Härte der Ventilsitzringe für unverbleiten Kraftstoff ausgelegt wurden. Zum Beweis hierfür sei an dieser Stelle nur angeführt, daß bereits im 2. Weltkrieg vom Betrieb dieser Fahrzeuge mit verbleitem Kraftstoff wegen der auftretenden Korrosionsschäden abgeraten wurde [3].

Bei Fahrzeugen der 40er und 50er Jahre ist das Fahren mit unverbleitem Kraftstoff ein vertretbares Risiko, da zum damaligen Zeitpunkt ein Nebeneinander von verbleitem und unverbleitem Kraftstoff vorlag und außerdem die Motorendrehzahl im Vergleich zu heutigen Fahrzeugen wesentlich niedriger lag. Diese Aussage wird auch durch die damaligen mehrjährigen Tests von Serienkraftfahrzeugen mit bleifreiem Benzin gestützt.

Fahrzeuge der 60er Jahre sind ein Grenzfall. Es wird empfohlen, anhand der Bedienungsanleitung festzustellen, inwieweit diese Automobile für alle Superkraftstoffe geeignet sind. Falls dies zutrifft und das Baujahr zumindest vor 1964 ist, kann man davon ausgehen, daß die Fahrzeuge auch mit dem damaligen bleifreien Superbenzin des Marktführers Aral betrieben werden konnten. Diese Automobile können daher mit vertretbarem Risiko bleifrei betankt werden. Dies gilt insbesondere dann, wenn die Fahrzeuge mit Ventilsitzringen und gepanzerten Ventilen ausgerüstet sind. Falls das Baujahr nach 1963 ist, so überprüft man am besten, ob das Fahrzeug hinsichtlich des Materials der Ventilsitzflächen und Ventilsitzringe identisch mit älteren Modellen vor 1964 ist. Hierfür hat sich bei Großserienfahrzeugen die Buchserie „Jetzt helfe ich mir selbst“ von D. Korp [26] bewährt, bei der im Anhang meistens die Änderungen an diesen Bauteilen chronologisch aufgelistet sind.

Bei den nicht für bleifreien Kraftstoff freigegebenen Fahrzeugen der 60er, 70er und Anfang der 80er Jahre ist insbesondere bei den „soft seats“-Modellen mit einem Ventilsitzschaden innerhalb von 20 000 km zu rechnen [21–25]. Glücklicherweise haben jedoch Kraftfahrzeuge, die bereits mehrere tausend Kilometer mit verbleitem Kraftstoff gefahren sind, eine etwa doppelt so hohe zu erwartende Lebensdauer der Ventilsitze [21]. Unter Beachtung der folgenden Sicherheitsratschläge kann jedoch auch diese Fahrzeuggruppe mit eingeschränkter Lebensdauer der Ventilsitze bleifrei betrieben werden:

1 Ventilspiel bereits nach 1000 km überprüfen und zusammen mit dem Kilometerstand notieren. Danach doppelt so häufig wie im Wartungsplan vorgesehen überprüfen und aufschreiben. Aus der so dokumentierten Abhängigkeit des Ventilspiels von der gefahrenen Strecke kann leicht ein Bild über den tatsächlichen Verschleiß der Ventilsitze gewonnen und die künftigen Prüfintervalle festgelegt werden. Gegebenenfalls ist das Ventilspiel etwas größer einzustellen, da ein zu knappes Ventilspiel leicht zum Verbrennen der Ventile führen kann. Motoren, deren Ventilspiel sich der nicht mehr nachstellbaren Grenze nähert, sind auf neue Ventilsitzringe umzurüsten.

2 Vermeidung längerer Schnellfahrten mit mehr als 120 km/h (3000–4000 min^{-1}) auf der Autobahn

3 Beim ersten Auftreten von mangelnder Motorleistung infolge undichter Ventile ist sofort eine Werkstatt aufzusuchen, ehe katastrophale Motorschäden infolge Zerstörung des ganzen Ventilsitzes oder Verbrennen des Ventils durch mangelnde Kühlung auftreten.

Unter diesen Bedingungen ist das Fahren mit unverbleitem Kraftstoff nichts weiter als ein Aufschieben der Umrüstung, weil ja nur die sowieso auszutauschenden Ventilsitze vorzeitig verschleißen. Die bereits erwähnten Praxistests haben zudem gezeigt, daß in der Regel keine kapitalen Motorschäden beim Bleifreibetrieb zu erwarten sind, sofern das Fahrzeug beobachtet wird. Da unverbleite Kraftstoffe trotz gleicher Oktanzahl eher zum Klopfen neigen als verbleites Benzin, ist beim Auftreten von Klopf- und Klingelgeräuschen der Zündzeitpunkt in Richtung „spät" zu verstellen [21]. Diese Maßnahme hilft jedoch nicht bei allen Motoren.

Welche Empfehlungen resultieren aus diesen allgemeinen Ausführungen für die Besitzer von älteren Volkswagen?

VW/Audi-Fahrer sind von einem eventuellen Verbot von verbleitem Kraftstoff kaum betroffen. Denn seit 8/1976 sind alle Kraftfahrzeuge bis auf den Käfer für den Betrieb mit unverbleitem Kraftstoff ausgelegt [28]. Ältere Modelle müssen entweder bei jedem fünften Tankstopp verbleites Benzin tanken [28] oder nach einer der oben genannten Möglichkeiten betrieben werden.

Beim VW Käfer sind mehrere Entwicklungsstufen zu trennen [29]:

1 Modelle bis 7/1964: Die ganz alten Modelle mit der 25- und 30-PS-Maschine können im Prinzip bleifrei gefahren werden, da es zum Produktionszeitpunkt ein Nebeneinander von verbleitem und unverbleitem Kraftstoff gab und VW damals ausdrücklich alle Markenkraftstoffe und Benzin-Benzol-Gemische, insbesondere also auch das bleifreie Benzin-Benzol-Gemisch von Aral, freigab. Diese Aussage gilt auch für die 34-PS-Maschine bis 7/1964. Für die Bleifreiverträglichkeit dieser Motoren spricht insbesondere auch die Tatsache, daß Aral gerade mit dem Käfer für sein Aral bleifrei Werbung betrieb [30]. Heute ist das VW-Werk jedoch etwas vorsichtiger geworden: „Beim uneingeschränkten Betrieb eines Uraltkäfers mit bleifreiem Kraftstoff kann ein Schaden an den Ventilsitzen nicht gänzlich ausgeschlossen werden" [31]. VW empfiehlt daher, auch bei diesen Fahrzeugen jede fünfte Tankung mit verbleitem Kraftstoff vorzunehmen [28]. Diese Empfehlung wird damit begründet, daß der VW Käfer der 50er Jahre relativ weiche Ventilsitzringe aus V2A von 90 HRB [32] bzw. Sinter-Blei-Stahl von 90–100 HRB [33] besaß und nicht bekannt ist, inwieweit diese Werkstoffe tatsächlich ein besseres Verschleißverhalten beim Bleifreibetrieb im Vergleich zu den neueren Modellen bewirken.

2 Modelle von 8/1964 bis 7/1970: Über diese Modelle sind bezüglich ihrer Bleifreiverträglichkeit in der Literatur keine Aussagen erhältlich [30]. In der VW-Szene sind jedoch einige Fahrzeuge bekannt geworden, die nach etwa 50 000 km bleifreiem Betrieb infolge eines undichten Ventils ausfielen [34]. Da Ventilsitzschäden auch bei ausschließlich verbleitem Betrieb auftreten können, ist die Anzahl der Fälle für eine wissenschaftlich fundierte Empfehlung nicht beweiskräftig genug. Sicherheitshalber sollte man aber davon ausgehen, daß diese Fahrzeuge nicht für unverbleiten Kraftstoff geeignet sind.

3 Modelle von 8/1970 bis 1985: Bei diesen Fahrzeugen sind Ventilsitzschäden beim Bleifrei-Betrieb bekannt geworden [29]. Von daher ist die Empfehlung des VW-Werks, jede fünfte Tankung mit verbleitem Kraftstoff vorzunehmen, berechtigt. Überraschend viele VW Käfer werden seit zigtausend Kilometern ausschließlich mit unverbleitem Kraftstoff betankt und im Stadtverkehr bewegt, ohne daß Reparaturen bekannt wurden [34]. Dies ist nichts weiter als eine Rechtfertigung für die oben erwähnte Möglichkeit, entsprechende Fahrzeuge mit einer Dauerdrehzahl von maximal 3000 min^{-1} bleifrei zu betreiben. Es sind jedoch auch Ventilsitzschäden von ausschließlich mit verbleitem Kraftstoff betriebenen Serienkäfern bekannt geworden [34].

Einerseits hat die Erfahrung in Amerika und Japan gezeigt, daß ein Verbot verbleiten Kraftstoffs vom Gesetzgeber nicht kurzfristig durchsetzbar ist. Andererseits sind seit Mitte der 80er Jahre strenge Umweltgesetze gegen erheblichen Widerstand verabschiedet worden (z. B. Bundesimmissionsschutzgesetz, TA-Luft, TA-Wasser). Diese waren zum Teil mit sehr hohen Umrüstkosten verbunden, leisteten dafür aber auch einen wirklichen Beitrag zum Umweltschutz. Man darf gespannt sein, wie der Gesetzgeber das hier anstehende Problem und das noch größere des Flugzeugbenzins lösen wird.

LITERATURVERZEICHNIS:

1 Interne Studie eines Mineralölkonzerns.
2 Was Sie schon immer über Umweltschutz wissen wollten; Referat Öffentlichkeitsarbeit des Bundesministers des Inneren, Bonn, 2. Auflage 1978, S. 125, 126, 136.
3 R. Bussien, Automobiltechnisches Handbuch, Technischer Verlag Herbert Cram, Berlin, 1944/45.
4 E. P. A. Heinze, Du und der Motor, Deutscher Verlag Berlin, 1939.
5 Versuchsbericht Porsche vom 14. 6. 1939, abgedruckt in: H. R. Etzold, Der Käfer 2, Motorbuch Verlag Stuttgart, 1985.
6 G. Vogelsang, ATZ 1961, S. 1 ff.
7 W. Wilke, ATZ 1954, S. 169 ff.
8 Lexikon der Kraftverkehrstechnik, Bertelsmann Verlag Gütersloh, 1953.
9 H. R. Etzold, Der Käfer 1, Motorbuch Verlag, Stuttgart, 1984.
10 Pressemitteilungen des VW-Werks über den Käfer, abgedruckt in L. Boschen, Volkswagen, Motorbuch Verlag, Stuttgart, 1985.
11 D. Korp, Jetzt helfe ich mir selbst, Band 26 (VW-Käfer ab 1969), Motorbuch Verlag, Stuttgart.
12 Erdöl & Kohle 1954, S. 58, 128, 164, 346, 478, 872.
13 Erdöl & Kohle 1955, S. 935.
14 Persönliche Mitteilung und Schreiben von H. Dörmer, Aral AG, Bochum.
15 Das Auto, Motor und Sport 1954 Heft 4, S. 29.
16 Z. B. A. Spoerl, Mit dem Auto auf Du, Piper Verlag München, 1953.
17 Z. B. Bedienungsanleitung VW Limousine 1958, S. 9.
18 Z. B. „Sportliche NSU-Prinz-Fahrer werden Superbenzin bevorzugen" aus der Bedienungsanleitung für den NSU-Prinz Anfang der 60er Jahre.
19 D. Korp, Jetzt helfe ich mir selbst, Band 1 (VW-Käfer), Motorbuch Verlag, Stuttgart 1963.
20 Erdöl & Kohle 1964, S. 410.
21 C. S. Weaver, SAE Technical Paper 860090 (1986).
22 G. A. Schoonveld et al, SAE Technical Paper 861550 (1986).
23 M. C. Croudace und T. Wusz, SAE Technical Paper 872076 (1987).
24 W. S. Giles und S. H. Updike, SAE Technical Paper 710674 (1971).
25 W. Giles, SAE-Journal of Automotive Engineering 79, S. 33–37 (1971).
26 D. Korp, Jetzt helfe ich mir selbst, diverse Automobile, Motorbuch Verlag, Stuttgart.
27 BP AG, Bleifrei-Liste 1991.
28 VW Pressemitteilung Bleifrei, September 1986.
29 U. von Pidoll, Das Brezelfenster 4/1991, S. 58–62.
30 Z. B. im Aral Fahrtenbuch von 1955.
31 VW Service Kundenbetreuung, Wolfsburg, Schreiben VIK-1 ri-bn vom 23. 7. 91.
32 Tabellenbuch Metall, Europa Lehrmittel Wuppertal, 1981.
33 Persönliche Mitteilung des VW Service Kundenbetreuung, Wolfsburg.
34 Persönliche Mitteilungen von Käferfahrern.

Zulässige Wink-Blinkschaltungen und andere TÜV-Probleme

Irgendwann einmal ist Ihr Käfer fertig restauriert und wartet auf seine Wiederzulassung. Doch vorher hat der TÜV noch ein Wörtchen mitzureden. Um Ihnen Kummer zu ersparen, möchte ich Ihnen die wichtigsten Punkte, die an einem Käfer bei der Wiederzulassung beanstandet werden können, in allen Details mitteilen. Um jegliche Unklarheiten auszuschließen, habe ich Zusammenstellungen der wichtigsten zu beachtenden Gesetze mit aufgeführt. Zugegeben, das ist ein bißchen langweilig und trocken, aber so sind nun mal die Gesetze. Und spätestens dann, wenn der TÜV-Beamte etwas nicht anerkennen will, das aber eigentlich zulässig ist, sind Sie froh darüber, ihm den vollständigen wörtlichen Gesetzestext vor die Nase halten zu können. Lediglich Passagen über Krafträder und Traktoren etc., die für die Zulassung von Automobilen ohne Bedeutung sind, wurden weggelassen und durch „..." ersetzt.

Die Gesetze sind nun einmal inzwischen durch die vielen Ausnahmegenehmigungen so kompliziert geworden, daß kein Mensch mehr durchblicken kann. Verzeihen Sie dies dem TÜV-Ingenieur, er ist auch nur ein Mensch und vielleicht froh, daß hier einmal alle kritischen Punkte so zusammengefaßt sind, daß sie seine Kunden bei der Restaurierung berücksichtigen können und so mit gesetzeskonformen Fahrzeugen bei ihm vorfahren.

Mit meiner eigenen Meinung zu diesen Vorschriften habe ich mich weitgehend zurückgehalten. Nur dann, wenn es gar zu unverständlich wird, habe ich mir erlaubt, den Gesetzestext mit Beispielen in eckigen Klammern zu ergänzen. Am Schluß jedes Abschnitts folgt jedoch immer eine Empfehlung von mir, welche der vom Gesetz zulässigen Möglichkeiten ich für die unterschiedlichen Käferbaujahre am sinnvollsten halte.

Der Stand der Gesetzestexte ist übrigens Ende 1992, d.h., die letzte Änderung der StVZO vom 16.5.1991 und die letzte Ausnahmegenehmigung vom 20.12.91 wurden mitberücksichtigt. Die Zitierung erfolgt nach bestem Wissen und Gewissen, für Druckfehler und Unvollständigkeiten kann jedoch keine Haftung übernommen werden.

Schlußleuchten und Rückstrahler
§ 53 StVZO

1) Kraftfahrzeuge und ihre Anhänger müssen mit zwei ausreichend wirkenden Schlußleuchten für rotes Licht ausgerüstet sein. ... Vorgeschriebene Schlußleuchten dürfen an einer gemeinsamen Sicherung nicht angeschlossen sein.
4) Kraftfahrzeuge müssen an der Rückseite mit 2 roten Rückstrahlern ausgerüstet sein.

Empfehlung: Bei Verwendung der originalen Leuchten gibt es keine Probleme. Nachbauten – außer Brezelrückleuchten – müssen ein Prüfzeichen besitzen. Falls der TÜV-Beamte bei den Brezelrückleuchten bemängelt, daß diese Teile kein Prüfzeichen aufweisen, wird auf den Abschnitt „Bauartgenehmigungen für Fahrzeugteile" weiter hinten hingewiesen. Der Gesetzgeber legt übrigens großen Wert darauf, daß die Rückstrahler fest im Gehäuse montiert sind und eine große Sicherheit gegen das Eindringen von Wasser gegeben ist. Durch Anstrich gefärbte Rückstrahler sind unzulässig.

Bremslicht
§ 53 StVZO

2) Kraftfahrzeuge und ihre Anhänger müssen hinten mit zwei ausreichend wirkenden Bremsleuchten für rotes Licht ausgerüstet sein, die nach rückwärts die Betätigung der Betriebsbremse ... anzeigen. Bremsleuchten, die in der Nähe der Schlußleuchten angebracht sind oder damit zusammengebaut sind, müssen stärker als diese leuchten.

40. Ausnahmeverordnung zur StVZO vom 20.12.91, BGBl I 91, S. 2392
§ 53 Abs. 2 Satz 1

An Fahrzeugen, die vor dem 1. Juli 1961 erstmalig in den Verkehr gekommen sind, genügt eine Bremsleuchte.

§ 53 Abs. 2

An Fahrzeugen, die vor dem 1. Januar 1983 erstmalig in den Verkehr gekommen sind, sind

1.) Bremsleuchten für gelbes Licht und
2.) Bremsleuchten, die mit Blinkleuchten vereinigt sind und bei denen bei gleichzeitigem Bremsen und Einschalten einer Blinkleuchte nur eine der beiden Bremsleuchten brennt oder bei gleichzeitigem Bremsen und Einschalten des Warnblinklichts das Warnblinklicht die Funktion des Bremslichts übernimmt,

weiterhin zulässig.

Technische Anforderungen an Fahrzeugteile bei der Bauartprüfung nach § 22a StVZO vom 5.7.73 (VkBl 1973, S. 558), geändert am 8.12.1983 (VkBl 1983, S. 612)

Bei denen in einem Gerät vereinigten Brems- und Schlußleuchten für rotes Licht muß das Verhältnis der Lichtstärke von Bremslicht zur Lichtstärke der Schlußleuchte bis zu einem Vertikalwinkel von ± 5° und bis zu einem Horizontalwinkel von ± 10° mindestens 5:1 betragen. [Anmerkung: Dies ist z.B. bei einer Zweifadenlampe mit 21 W und 5 W gewährleistet.]

Empfehlung: Beim Brezelkäfer bis 1. Oktober 1952 empfehle ich die originale Beschaltung mit der einen Bremsleuchte in der Kennzeichenleuchte. Wichtig ist, daß eine Glühbirne von 21 W verwendet wird und eine zusätzliche Masseleitung gelegt wird, damit die Lampe möglichst hell aufleuchtet. Schwierigkeiten gibt es allenfalls bei der Beschaffung des orangefarbenen Bremslichtfensters aus Cellon. Aber Sie werden schon irgendwo hitzebeständige orangefarbene Folie auftreiben.

Bei Fahrzeugen mit den herzchenförmigen Aufsätzen als Bremslicht sowie bei den späteren Modellen mit Einkammerleuchten empfehle ich ebenfalls die originale Beschaltung. Bitte lesen Sie weiter hinten nach, wie in diesen Fällen der Fahrtrichtungsanzeiger und das Warnblinklicht mit dem Bremslicht verschaltet werden müssen.

Fahrtrichtungsanzeiger
§ 54 StVZO

1) Kraftfahrzeuge und ihre Anhänger müssen mit Fahrtrichtungsanzeigern ausgerüstet sein. Die Fahrtrichtungsanzeiger müssen nach ihrem Einschalten mit 90 ± 30 Impulsen/Minute zwischen hell und dunkel sowie auf derselben Fahrzeugseite in der gleichen Phase blinken. Sie müssen so beschaffen sein, daß die Anzeige der beabsichtigten Richtungsänderung unter allen Beleuchtungs- und Betriebsverhältnissen von anderen Verkehrsteilnehmern, für die ihre Erkennung von Bedeutung ist, deutlich wahrgenommen werden kann. Fahrtrichtungsanzeiger brauchen ihre Funktion nicht zu erfüllen, solange sie Warnblinklicht abstrahlen.
2) Sind Fahrtrichtungsanzeiger nicht im Blickfeld des Führers angeordnet, so muß ihre Wirksamkeit dem Führer sinnfällig angezeigt werden.
3) Als Fahrtrichtungsanzeiger sind nur Blinkleuchten für gelbes Licht zulässig.

40. Ausnahmeverordnung zur StVZO vom 20. 12. 91, BGBl I 91, S. 2392
§ 54 Abs. 3

Statt der in § 54 Abs. 3 aufgeführten Blinkleuchten für gelbes Licht dürfen an den vor dem 1. Januar 1970 in den Verkehr gebrachten Fahrzeugen Blinkleuchten für rotes Licht angebracht sein, wie sie bisher nach § 54 Abs. 3 Nr. 2 Buchstabe b vom 6. Dezember 1960 BGBl zulässig waren.

Statt der vorgeschriebenen Blinkleuchten für gelbes Licht dürfen an den vor dem 1. April 1974 erstmals in den Verkehr gekommenen Fahrzeugen Winker für gelbes Blinklicht oder Pendelwinker für gelbes Dauerlicht angebracht sein, wie sie bisher nach § 54 Abs. 3 Nr. 3 Buchstabe b in der Bekanntmachung vom 6. Dezember 1960 BGBl zulässig waren.

Empfehlung: Für Fahrzeuge ab August 1960 empfehle ich die originale Schaltung. Von Experimenten mit andersfarbigen Blinkleuchten aus dem Export rate ich ab. Für Fahrzeuge vor diesem Datum sind im Prinzip blinkende Winker als alleinige Fahrtrichtungsanzeiger zulässig. Hierzu kann ich jedoch nur bei selten gefahrenen Fahrzeugen raten, da diese Art der Fahrtrichtungsanzeige von den anderen Verkehrsteilnehmern nicht richtig wahrgenommen wird und somit ein erhöhtes Unfallrisiko besteht. Als zusätzliche Blinkleuchten sollten ausschließlich typgeprüfte Ausführungen verwendet werden. Elektronische Blinkgeber, z. B. von Hella, sind zu bevorzugen, da sie eine konstante spannungsunabhängige Blinkfrequenz liefern.

Wink-Blinkschaltung für Fahrzeuge bis Oktober 1952

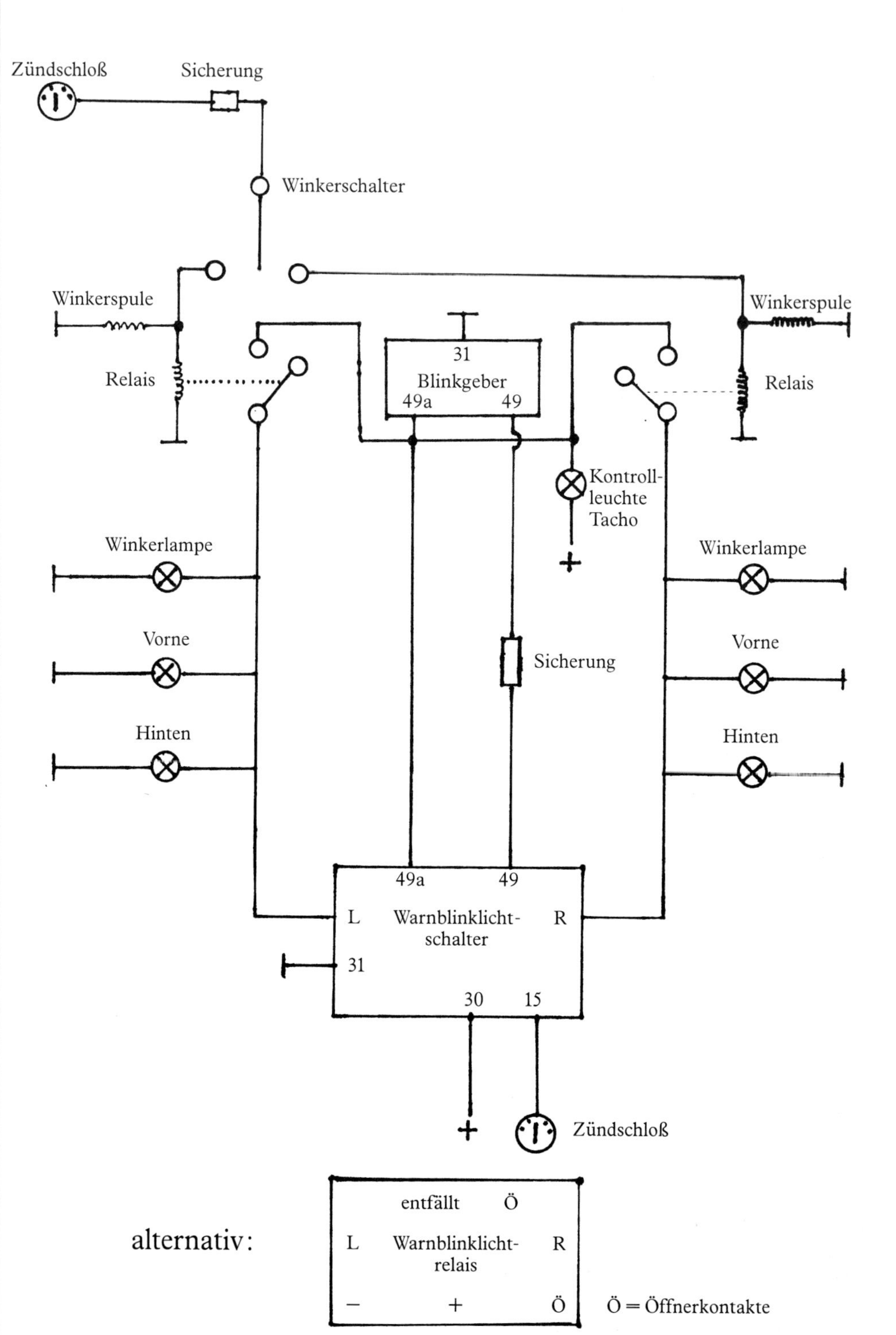

Eventuell erforderliche vordere Blinkleuchten würde ich an der vorderen Stoßstange anbringen, indem sie an ein dickes gebogenes Eisenblech montiert werden, welches an den Befestigungsschrauben des vorderen Stoßstangenblatts untergeklemmt ist. Diese Lösung ist optisch befriedigend, es werden keine zusätzlichen Löcher gebohrt, und die Blinkleuchten können jederzeit, z. B. für Fotos, entfernt

Wink-Blinkschaltung für Fahrzeuge ab Oktober 1952

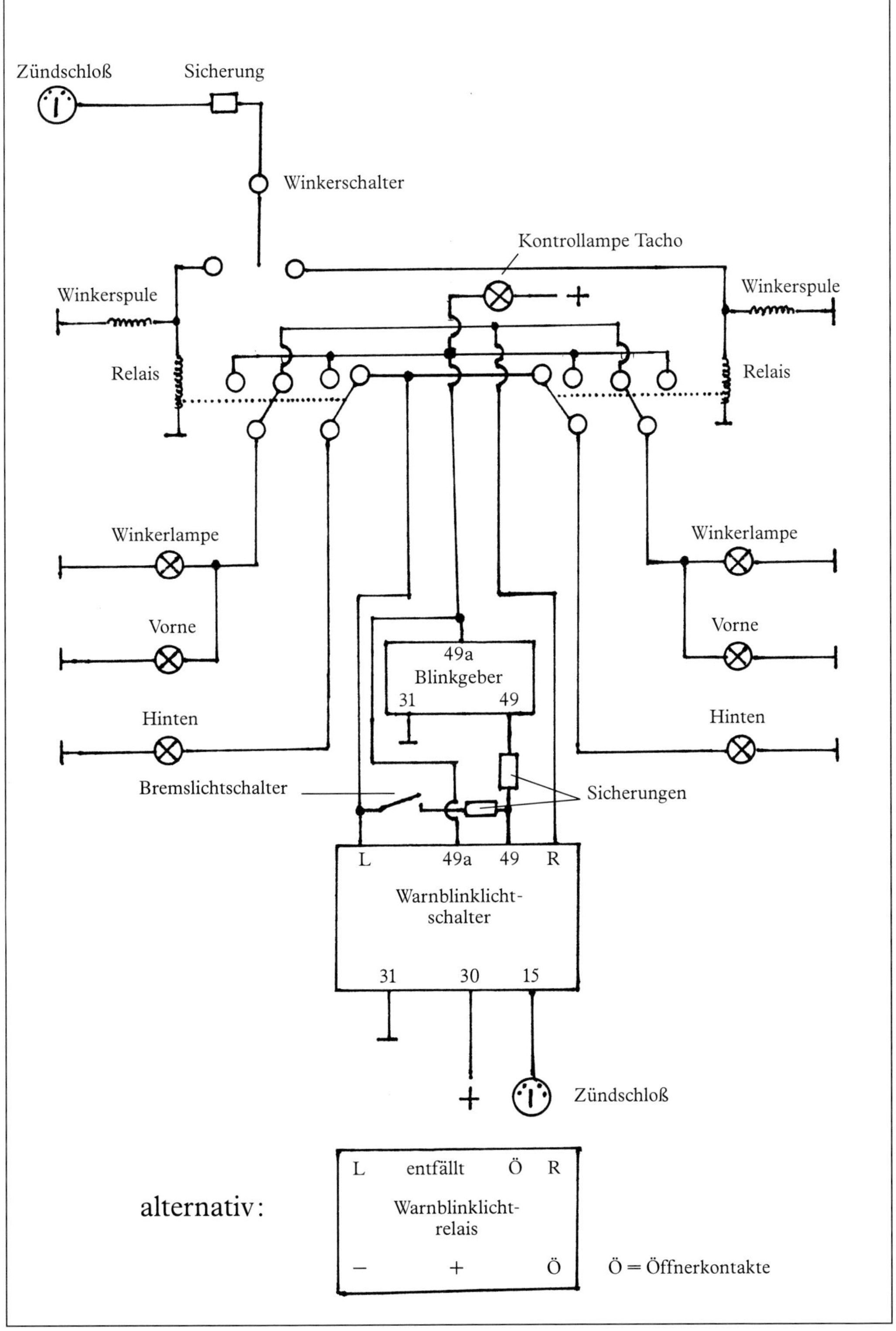

werden. Bei Fahrzeugen ab 1. 8. 1957 halte ich jedoch auch die schmalen VW-Blinker auf den Kotflügeln für akzeptabel, da ab diesem Zeitpunkt auf Wunsch Fahrzeuge mit diesen Blinkern ab Werk ausgerüstet wurden.

Damit vorhandene Winker mit ausklappen, müssen sie geringfügig modifiziert werden: Durch Umlöten des Spulenkabels an die zweite Schaltklemme und Isolieren des Umschaltkontaktes mit Tesaband werden die elektrischen Anschlüsse von Winkerlampe und Winkerspule getrennt herausgeführt. Dabei muß unbedingt das dikkere Anschlußkabel an die Winkerspule angeschlossen werden. Es folgen nun einige spezielle Ratschläge für die hiervon betroffenen Fahrzeuge:

1 Brezelkäfer bis 30. 9. 52: Die hinteren Blinkleuchten würde ich in die originalen Rückleuchten integrieren. Hierzu muß ein dicker schmaler Blechstreifen als neuer Lampenträger zurechtgebogen werden und mit zwei Gewinden für das Lampengehäuse sowie zwei Löchern für die Befestigungsschrauben am Kotflügel versehen werden. Die untere Befestigungsschraube wird gleich montiert. Anschließend wird der Halter einer handelsüblichen Fassung für eine Zweifadenlampe (mit Prüfzeichen) am unteren Ende durchbohrt, dann wird der Kopf der oberen Befestigungsschraube des Lampenträgers durchgesteckt und dann U-förmig um den Schraubenkopf herumgebogen. Jetzt läßt sich die Fassung mit der oberen Befestigungsschraube auf dem Lampenträger montieren. Alternativ ist auch der originale Lampenträger verwendbar, wenn eine 21-W-Glühbirne eingebaut wird und diese elektronisch angesteuert wird. Zum Blinken fließt der Strom dann direkt in die Lampe, während er sich für das Schlußlicht erst über eine Diode (12 V, 4 A) und einen Widerstand von wenigen Ohm (5 W) quälen muß.

Natürlich sollte beim Blinken auch der Winker mit ausgeklappt werden. Das läßt sich relativ leicht bewerkstelligen. Sie benötigen hierzu jedoch zwei Relais 1 x um mit 6 V Spulenspannung und 10 A Schaltstrom in robuster Ausführung, welche sie in jedem Bastlergeschäft erhalten. Ein Schaltbild für die elektrische Verdrahtung finden Sie weiter hinten.

Bitte achten Sie darauf, daß der neue hintere Lampenträger stabil und betriebssicher aufgebaut ist. Zwar besteht kein Rechtsanspruch auf eine Anerkennung der Brezelrückleuchte mit verändertem Lampenträger oder 21-W-Lampe durch den TÜV. Es ist jedoch kein Fall bekannt geworden, bei dem eine solche Veränderung vom TÜV nicht anerkannt wurde, wenn sie sorgfältig und betriebssicher aufgebaut war. Denn gemäß StVZO § 22a Absatz 3 sind solche Einrichtungen an Altfahrzeugen zulässig, wenn sie in ihrer Wirkung in etwa vergleichbaren geprüften Einrichtungen entsprechen.

2 Käfer vom 1. 10. 52 bis 1. 8. 1960: Bei diesen Fahrzeugen empfehle ich die Verwendung der Bremslichtlampen zum Blinken, wie dies auch das VW-Werk in den exportierten Fahrzeugen ab 1. 4. 1955 realisiert hat. Hierfür sind jedoch zwei Relais 2 x um mit 6 V Spulenspannung und 10 A Schaltstrom in robuster Ausführung erforderlich. Auch diese erhalten Sie in jedem Bastlergeschäft. Das Schaltbild hierfür befindet sich ebenfalls in diesem Kapitel.

3 Käfer vom 1. 8. 1960 bis 2. 5. 1961: Bei diesen Fahrzeugen ist die originale

Beschaltung mit der Einkammerschlußleuchte im Prinzip zulässig. Sie kann jedoch nicht unbedingt empfohlen werden, da das hintere rote Blinklicht vor allem im Sonnenschein und beim Fahren mit Licht nicht gut erkannt werden kann. Bei den älteren Fahrzeugen mit zusätzlich herausklappendem Winker ist dies ohne Bedeutung, da unter den genannten Bedingungen der blinkende Winker gut sichtbar ist.

Warnblinkanlage
§ 53a Abs. 4 StVZO

4) Mehrspurige Fahrzeuge, die mit Fahrtrichtungsanzeigern ausgerüstet sind, müssen zusätzlich eine Warnblinkanlage haben. Sie muß wie folgt beschaffen sein:
   1. Für die Schaltung der Warnblinkanlage muß im Kraftfahrzeug ein besonderer Schalter vorhanden sein.
   2. Nach dem Einschalten müssen alle am Fahrzeug oder Zug vorhandenen Blinkleuchten gleichzeitig mit 90 ± 30 Impulsen pro Minute gelbes Blinklicht abstrahlen.
   3. Dem Fahrzeugführer muß durch eine auffällige Kontrolleuchte für rotes Licht angezeigt werden, daß das Warnblinklicht eingeschaltet ist.

23. Ausnahmegenehmigung zur StVZO vom 13. 3. 1974, BGBl I 1974, S. 744
§ 53a Abs. 4

Abweichend darf bei Fahrzeugen, die vor dem 1. Januar 1970 in den Verkehr gekommen sind, das Warnblinklicht auch durch die vorhandenen Blinkleuchten für rotes Licht abgestrahlt werden.

Empfehlung: Grundsätzlich gibt es zwei Arten der Schaltung von Warnblinkanlagen: mit separatem Warnblinklichtrelais, wie es früher gemacht wurde, und mit Warnblinklichtschalter in Kombination mit einem elektronischen Blinkgeber. Das Warnblinklichtrelais hat in der Regel sechs Anschlußkabel: + (rot), Masse (schwarz oder blau), zwei getrennte Ausgänge L und R sowie zwei weitere Kabel, die bei eingeschaltetem Warnblinklicht elektrisch voneinander getrennt werden. Der Warnblinklichtschalter hat in der Regel sieben Steckkontakte für Kabelschuhstecker, die folgendermaßen bezeichnet sind: Klemme 30 für +, Klemme 31 für Masse, linker Ausgang, rechter Ausgang, Klemme 15 für Zündschloß, Klemme 49 für Blinkgeber Klemme 49, und zusätzlich Klemme 49a für Blinkgeber Klemme 49a. Beide Teile sind gleichwertig, die Anschlüsse entsprechen sich vollständig in der aufgeführten Reihenfolge. Jedoch muß am Warnblinklichtschalter ein zusätzliches Kabel zum Blinkgeber Klemme 49a angeschlossen werden, da er sich über dieses Kabel die Blinkenergie vom elektronischen Blinkgeber holen muß.

An zwei typischen Schaltbeispielen können Sie beispielhaft eine TÜV-gemäße Beschaltung entnehmen. Auf Dioden etc. wurde bewußt verzichtet, um eine optimale Helligkeit der blinkenden Glühlampen sicherzustellen. Probieren Sie es doch einfach mal aus: Elektrik ist gar nicht so schwer, wie Sie vielleicht denken. Achten Sie jedoch darauf, daß der Warnblinklichtschalter gut sichtbar montiert wird und daß alles stabil und ordentlich aufgebaut bzw. verdrahtet ist, denn das könnte sonst wiederum vom TÜV beanstandet werden.

Zusätzliche Diebstahlsicherung
§ 38 StVZO

Personenkraftwagen ... müssen eine hinreichend wirkende Sicherung gegen unbefugte Benutzung der Fahrzeuge haben. Das Abschließen der Türen und das Abziehen des Schalterschlüssels gelten nicht als Sicherung in Sinne des Satzes 1.

Auszug aus der ECE-Regelung 18, BGBl II 1972, S. 905, und 1985, S. 1044

Die Sicherungseinrichtung muß so beschaffen sein, daß sie außer Betrieb gesetzt werden muß
- zum Anlassen des Motors durch die normale Betätigungseinrichtung,
- zum Steuern, Führen (Lenken) oder Vorwärtsfahren des Fahrzeugs mit eigener Kraft.

Zulässig im Sinne dieses Gesetzes sind
1) Einrichtungen, welche auf die Lenkanlage wirken
2) Einrichtungen, welche auf den Gangschalthebel wirken,
3) Einrichtungen, welche auf die Kraftübertragung wirken, so daß ein Drehen der Räder verhindert wird; Sicherheitseinrichtungen, welche eine Blockierung der Bremsen bewirken, sind jedoch nicht erlaubt.

Alarmanlagen als alleinige Sicherung sind nicht zulässig. Die genannten Einrichtungen müssen typgeprüft sein. Während der Fahrt darf keine Blockierung durch die Sicherheitseinrichtung möglich sein.

[Anmerkung: Zulässig nach 1) wäre z. B. ein die Lenkung blockierendes Lenkschloß oder ein Krückstock zwischen Lenkrad und Pedalerie, zulässig nach 2) z. B. ein Getriebeschloß, welches im Rückwärtsgang oder Leerlauf blockiert, andere Gänge sind nicht zulässig. Nicht ausdrücklich erwähnt, aber wohl auch zulässig sind Einrichtungen, welche ein Starten des Motors unmöglich machen, z. B. eine Panzerzündspule mit gepanzertem Kabel. Derartige Sicherungen sind aber bei einem Heckmotorwagen wie dem VW Käfer nicht sinnvoll.]

Empfehlung: Falls vorhanden, sollte das originale Zündschloß weiterverwendet werden. Daher empfehle ich ein typgeprüftes normales Getriebeschloß für VW Käfer vom 1. 10. 1952 bis zum 30. 6. 1961; für ältere Fahrzeuge (17. 10. 50 bis 30. 9. 52) paßt das typgeprüfte Getriebeschloß für den Bus. Alternativ kann ein typgeprüfter Krückstock verwendet werden, der jedoch weniger bequem zu handhaben ist. Diese Lösung empfiehlt sich insbesondere bei Fahrzeugen, die vor dem 17. 10. 50 gebaut wurden, da hier wegen des längeren Handbremshebels die Verwendung eines Getriebeschlosses nicht möglich ist. Ehemalige C. C. G.-Fahrzeuge haben in der Regel bereits serienmäßig ein Lenkschloß eingebaut, so daß hier keinerlei Umrüstarbeiten anfallen.

Verglasung
§ 40 StVZO

Sämtliche Scheiben – ausgenommen Spiegel sowie Abdeckscheiben an Beleuchtungseinrichtungen und Instrumenten – müssen aus Sicherheitsglas bestehen. Als Sicherheitsglas gilt Glas oder ein glasähnlicher Stoff, dessen Bruchstücke keine ernstlichen Verletzungen verursachen können. Scheiben aus Sicherheitsglas, die für die Sicht des Fahrzeugführers von Bedeutung sind, müssen klar, lichtdurchlässig und verzerrungsfrei sein.

Empfehlung: Da es für dieses Gesetz keine Ausnahmegenehmigung gibt, müssen zumindest bei den älteren Brezelkäfern die beiden Heckscheiben aus normalem Spiegelglas bzw. Maschinenglas gegen Sicherheitsglas ausgetauscht werden. Die Kosten hierfür betragen etwa 100 DM (50 DM Materialkosten plus 50 DM Austauschkosten).

Auspuffanlage
§ 49 StVZO

1) Kraftfahrzeuge und ihre Anhänger müssen so beschaffen sein, daß die Geräuschentwicklung das nach dem jeweiligen Stand der Technik unvermeidbare Maß nicht übersteigt.

2) Kraftfahrzeuge, für die Vorschriften über den zulässigen Geräuschpegel und die Schalldämpferanlage in den nachfolgend genannten Richtlinien der Europäischen Gemeinschaft festgelegt sind, müssen diesen Vorschriften entsprechen:
– Richtlinie 70/157/EWG des Rates vom 6. 2. 1970 ...
– ...

Empfehlung: Keine Auspuffanlagen „Marke Eigenbau" verwenden. Professionell nachgebaute Auspuffanlagen für ältere Käfer werden aber im allgemeinen akzeptiert, sofern sie nicht durch übermäßige Geräuschentwicklung unangenehm auffallen.

Bremsen
§ 41 StVZO

4) Bei Kraftfahrzeugen muß mit der einen Betriebsbremse eine mittlere Verzögerung von mindestens 2,5 m/s² erreicht werden. ...

5) ... Mit der Feststellbremse muß eine mittlere Verzögerung von mindestens 1,5 m/s² erreicht werden.

12) Die vorgeschriebenen Bremsverzögerungen müssen auf ebener, trockener Straße mit gewöhnlichem Kraftaufwand bei voll belastetem Fahrzeug, erwärmten Bremsen (außer der in Absatz 5 vorgeschriebenen Feststellbremse) und auch bei Höchstgeschwindigkeit erreicht werden, ohne daß das Fahrzeug seine Spur verläßt.

Empfehlung: Die geforderten Werte lassen sich auch mit Seilzugbremsen erfüllen. Schwierigkeiten mit der Bremsanlage liegen meist an zugequollenen Bremsschläuchen, verhärteten oder verölten Bremsbelägen und unrunden Bremstrommeln.

Bauartgenehmigung für Fahrzeugteile
§ 22a StVZO

1) Die nachstehend aufgeführten Einrichtungen ... müssen in einer amtlich genehmigten Bauart ausgeführt sein:
– Scheiben aus Sicherheitsglas
– Anhängerkupplungen
– Scheinwerfer
– Parkleuchten
– Nebelscheinwerfer
– Rückfahrscheinwerfer
– Schlußleuchten
– Bremsleuchten
– Rückstrahler
– Warndreiecke
– Nebelschlußleuchte
– Fahrtrichtungsanzeiger
– Beleuchtungseinrichtungen für amtliche Kennzeichen
– Sicherheitsgurte
– Rückhaltevorrichtungen für Kinder
...

2) Fahrzeugteile, die in einer amtlich gekennzeichneten Bauart ausgeführt sein müssen, dürfen zur Verwendung im Geltungsbereich dieser Verordnung nur angeboten, veräußert, erworben oder verwendet werden, wenn sie mit einem amtlich vorgeschriebenen Prüfzeichen gekennzeichnet sind. ...

3) Die Absätze 1 und 2 sind nicht anzuwenden auf Einrichtungen, die in den Geltungsbereich dieser Verordnung verbracht worden sind, an Fahrzeugen verwendet werden, die außerhalb des Geltungsbereichs dieser Verordnung gebaut worden sind und in ihrer Wirkung etwa den nach Absatz 1 geprüften Einrichtungen gleicher Art entsprechen und als solche erkennbar sind.

Empfehlung: Alle neueren VW Käfer sind ausschließlich mit den genannten Einrichtungen in typgeprüfter Bauweise ausgestattet. Lediglich bei den älteren Brezelkäfern findet man keine Prüfzeichen. Falls der TÜV-Beamte hier Schwierigkeiten bei der Genehmigung nach Absatz 3 machen sollte, verweisen Sie auf das Kraftfahrzeug-Typblatt Betriebserlaubnis Nr. 292, „Personenkraftwagen VW 10", 1. Nachtrag vom 8. September 1949, welches im jeder TÜV-Stelle vorhanden ist. Dort steht unter Punkt 21, Bemerkungen: „Die von der Firma Volkswagenwerk GmbH verwandten Scheinwerfer, Schluß- und Bremsleuchten, Glühbirnen, Fahrtrichtungsanzeiger und die Beleuchtungseinrichtungen für die amtlichen Kennzeichen gehören keiner amtlich genehmigten Bauart an. Gegen ihre Verwendung bestehen jedoch keine Bedenken ... Das Fahrzeug ... genügt den jetzigen Anforderungen der Straßenverkehrszulassungsordnung."

Kennzeichenbeleuchtung
§ 60 StVZO

4) Hintere Kennzeichen müssen eine Beleuchtungseinrichtung haben, die das ganze Kennzeichen ... auf 25 m – bei reflektierenden Kennzeichen auf 20 m – lesbar macht.

Empfehlung: Meine Empfehlung für die Kennzeichenausführung der Fahrzeuge vor 1. 8. 1957 finden Sie im Kapitel über die Alliierten-Kennzeichen.

Typenschild
§ 59 StVZO

1) An allen Kraftfahrzeugen und Anhängern muß an zugänglicher Stelle im vorderen Teil der rechten Seite gut lesbar und dauerhaft ein Fabrikschild mit folgenden Angaben angebracht sein:
   1. Hersteller des Fahrzeugs
   2. Fahrzeugtyp
   3. Baujahr (nicht bei zulassungspflichtigen Fahrzeugen)
   4. Fahrzeug-Identifizierungsnummer
   5. zulässiges Gesamtgewicht
   6. zulässige Achslasten

Empfehlung: verschmutzte Typenschilder vorsichtig reinigen, evtl. mit Schuhwichse Schrift wieder sichtbar machen. Überlackierte Typenschilder am besten mit Bremsflüssigkeit ablaugen. Bei der Lackierung unbedingt darauf achten, daß das Schild abgeklebt ist. Falls kein Typenschild mehr vorhanden oder die Fahrgestellnummer nicht mehr lesbar ist, geben die weiteren Abschnitte des § 59 StVZO Anweisungen für die weitere Vorgehensweise.

Wenn Sie jetzt Ihr Fahrzeug auch noch technisch gut in Schuß haben und Warndreieck, Verbandskasten, und Aids-Handschuhe vorzeigen können; wenn dann noch die Hupe hupt und die Scheinwerfer strahlen, dann kann eigentlich beim TÜV-Termin nichts mehr schiefgehen.

Auch die Liebhaber der seit 1950 im VW-Programm angebotenen Nutzfahrzeuge, die VW-Transporter Typ 2, müssen TÜV-Probleme lösen. Auf dem Bild unten sind verschiedene Nachrüstungen der Blinker erkennbar.

Über den Einbau von Sicherheitsgurten in ältere VW Käfer

Autofahren bedeutet immer ein Risiko für die Gesundheit. Das gilt insbesondere auch für das Fahren mit Oldtimern. Denn hier ist durch ein erhöhtes Risiko von Defekten an Bremsen oder Reifen sowie durch vergleichsweise schlechtere Lenkung, Bremsen und Straßenlage eine größere Unfallwahrscheinlichkeit im Vergleich zu Neuwagen gegeben.

Dieses Risiko kann man dadurch minimieren, daß man einfach nur wenige Kilometer pro Jahr mit seinem Oldtimer fährt. Wer aber mit seinem Fahrzeug eine größere Kilometerleistung erbringen will, der sollte sich ernsthaft überlegen, ob er nicht etwas für seine innere Sicherheit im Auto tun sollte. Denn der Mensch hat nur ein einziges Kapital: seine Gesundheit (damit schließe ich auch „normales Aussehen“ mit ein).

Um dieses einzige Kapital zu schützen bietet sich der Einbau von Sicherheitsgurten an. Wer – wie ich – in den sechziger Jahren einmal Einblick in die Unfallaufnahme eines Krankenhauses hatte, wird nicht zögern, sich diese Lebensretter in sein Fahrzeug zu montieren. Denn gerade in alten VW Käfern mit ihrer mangelnden inneren Sicherheit sind Gurte besonders wirksam: Man fliegt nicht durch die Windschutzscheibe (was einer besonders geringen Überlebenswahrscheinlichkeit entspricht) oder schlägt sich den Kopf am oberen Scheibenrahmen an, sondern man wird mit der den Aufprall durch Verformungsenergie abschwächenden Karosserie durch nachgiebige Gurte verbunden. Der Körper, insbesondere der Kopf, wird dadurch wesentlich sanfter abgebremst.

Ich möchte noch einmal betonen, daß ich nicht den Einbau von Sicherheitsgurten in alle alten VW Käfer befürworte, sondern lediglich in Fahrzeuge, die viel gefahren werden (meine persönliche Grenze habe ich hier bei ca. 3000 km/Jahr gezogen). Und auch hier sollte jeder Besitzer selbst entscheiden, ob er Sicherheitsgurte einbauen will oder nicht.

Wer aber doch Sicherheitsgurte einbauen will und es bisher nicht getan hat, weil er keine Möglichkeit sah, nachträglich sichere Befestigungspunkte anzubringen, ohne die funkelnagelneue Innenausstattung auch nur anzukratzen, dem möchte ich im folgenden demonstrieren, wie man dies für rund 150 DM realisieren kann. Einen Basteltag muß man freilich auch noch mit einkalkulieren, wobei auch geringfügige Schweißarbeiten anfallen. Diese lassen sich jedoch sehr gut für rund 50 DM an eine Tankstelle delegieren. Den Einbau von Kopfstützen in alte VW Käfer halte ich übrigens nicht für erforderlich, da die Kopfstützen zwar das Auftreten des unangenehmen Hals-Wirbel-Syndroms verhindern (wochenlanges Tragen einer Halsmanschette zur Heilung erforderlich), aber im Käfer nachträglich nicht vernünftig zu befestigen sind und keine ausgeprägte lebensrettende Funktion besitzen.

Fahrzeuge zwischen August 1961 und Juli 1967 haben bereits serienmäßig Befestigungspunkte für Zweipunktgurte. Wer sich nachträglich die sichereren und bequemeren Dreipunkt-Automatikgurte einbauen möchte, muß den dritten Punkt am Fuße der B-Säule nachrüsten. Wie dies bewerkstelligt werden kann, ist weiter hinten bei den Fahrzeugen vor August 1961 erklärt. Leider passen aber auch die modernen Gurtschrauben nicht in die alten Gewinde. Mit etwas Glück sind jedoch noch Übergangsstücke aus Altfahrzeugen im Handel erhältlich. Ansonsten wird empfohlen, einen der Plastikstopfen aus dem alten Gewinde zu drehen und ihn als Muster für die Anfertigung von Edelstahlschrauben mit diesem sehr seltenen DIN-Gewinde zu nehmen. Jede Werkzeugdreherei ist dann in der Lage, derartige Schrauben für etwa 50 DM/Stück anzufertigen. Falls die Anfertigung dieser Schrauben nicht möglich ist, weil der Gewindedurchmesser größer als das Loch im Umlenkbügel ist, muß ein Übergangsstück aus Edelstahl angefertigt werden (außen: gemäß Muster x-mm Fein-Gewinde, innen: 7/16 Zoll UNF Bohrung).

Der Einbau von Sicherheitsgurten in alte VW Käfer ist gar nicht so schwer und verbessert die innere Sicherheit enorm. Da gerät so mancher Fahrer ins Träumen . . .

Die folgenden Ausführungen beziehen sich auf den Einbau von Sicherheitsgurten in VW Käfer vor August 1961.

Benötigtes Material

A) 1 Vordersitz-3-Punkt-Automatikgurt PSG 5000/4002

B) 8 Stück Unterlegplatten mit Schweißmutter hierzu

C) 4 Stück 90°-Winkel (Vordersitzbefestigung Bus)

D) 4 Stück 16er Schrauben passend für Position C) nebst 4 Stück Muttern hierzu

E) 2 Stück längere Schrauben (ca. 40 mm) als bei A) beigefügt mit 2 Stück Muttern hierzu

F) 1,5 m Schweißdraht ca. 2 mm Durchmesser (gerade noch schwer von Hand biegbar)

G) etwas Grundierung

H) übliches Werkzeug, insbesondere jedoch Kegelbohrer 8–20 mm und ggf. Schweißausrüstung.

Lieferant für Position A) – E): Protektor Sicherheitsgeräte GmbH, Postfach 160139, 23519 Lübeck, Tel. 04 51-69 20 59. Die Position E) ist nicht unbedingt erforderlich, aber empfehlenswert.

Arbeitsanweisung

1 An 2 der Unterlegplatten auf der Schweißmutterseite jeweils 35 cm Schweißdraht in Längsrichtung anschweißen. Falls Variante 14a gewählt wird, Draht auf gleiche Weise an zwei weitere Unterlegplatten anschweißen. Bei Variante 14b an zwei der Winkel oben außen je eine Mutter ganz oben festschweißen (Skizze 3). Anschließend Platten neu grundieren.

2 Hintere Rücksitzbank ausbauen. Hintere Seitenverkleidungen vorsichtig mit Messer anheben und rundum aus den Befestigungsclipsen herausdrücken. Evtl. herausfallende Clipse wieder in ihre ursprüngliche Lage einsetzen.

3 Unterlegplatte auf B-Säule anlegen und Befestigungsbohrung mit Filzstift anzeichnen. Oberkante der Platte muß 2–3 mm unterhalb des unteren Winkerabschlußblechs auf der Außenseite liegen. Bei Fahrzeugen ohne Winker wird das Loch etwa 5–10 cm oberhalb der Unterkante der Seitenscheiben angezeichnet. Bei Cabriolets ist neben der Montage an der B-Säule (möglichst hoch) u. U. auch eine Montage am Blech unter der Mitte der hinteren Seitenscheibe möglich, wenn das Blech verstärkt ist und sichergestellt ist, daß die Gurtlänge ausreichend ist (evtl. anderen Gurttyp bestellen). In diesem Fall wandert die Aufwickelrolle unter den Hintersitz, wobei das Gurtband zwischen Rücksitz und Seitenverkleidung hindurchgeführt wird.

4 Stoff an der markierten Stelle kreuzförmig einschneiden, anschließend ankörnen und mit 4-mm-Bohrer im Akkuschrauber sehr vorsichtig mehrmals ca. eine Sekunde anbohren. Auf diese Weise wird die Stoffunterlage im Bereich des Bohrloches herausgebröselt. Anschließend Loch durchbohren, auf 8 mm aufbohren und mit Kegelbohrer soweit aufbohren, daß die Befestigungsschraube für die Gurte gerade hindurchpaßt (ca. 12 mm Durchmesser).

5 Draht an einer Unterlegplatte folgendermaßen biegen: ca. 10–12 cm senkrecht nach unten, ca. 8–10 cm schräg nach links hinten, ca. 8 cm nach rechts. Reststück nach vorne biegen. Draht einer weiteren Unterlegplatte ebenso, jedoch rechts/links-symmetrisch biegen.

6 Unterlegplatte mittels Draht durch die offene hintere Seitenwand in die B-Säule innen stecken und nach oben schieben, bis das Schraubgewinde in der Bohrung sichtbar wird. Schraubenzieher hindurchstecken und so Unterlegplatte fixieren.

7 Die vorstehenden letzten 10 cm des Drahtes nach unten drehen, so daß der Draht im Drehpunkt auf dem hinteren Seitenblech anliegt und die Gewindeplatte auf das B-Säulen-Blech von innen drückt. Die Gewindeplatte muß fest anliegen. Jetzt den Schraubenzieher entlang der Bohrkante kreisförmig bewegen, bis Gewinde und Bohrung direkt aufeinanderliegen.

8 Draht fest nach unten drehen, so daß Gewindeplatte fixiert ist. Schraubenzieher entfernen und Befestigungsschraube mit Umlenkrolle eindrehen. Es empfiehlt sich, die längeren Schrauben E) mit einer Kontermutter zu verwenden, da ansonsten die Drehbarkeit der Umlenkrolle nicht gegeben ist (sonst optisch nicht ganz so schön, und bei sehr intensivem Gebrauch der Gurte Welligkeit an den Kanten möglich). Lage der Unterlegscheiben bitte der mitgelieferten Anleitung für den Einbau der Gurte entnehmen.

9 Befestigungsschraube anziehen; falls vorhanden, Kontermutter festdrehen, so daß Umlenkrolle ohne viel Spiel leicht beweglich ist. Ansonsten Umlenkrolle in der Schräglage befestigen, die sich beim Anlegen der Sicherheitsgurte von selbst einstellt.

10 Falls gewünscht, kann unterhalb der Befestigungsschraube mit einem Gewindebohrer ein kleines Gewinde durch B-Säule und Befestigungsplatte geschnitten werden und die Gewindeplatte mit einer kleinen Schraube fixiert werden. Die Sicherheitsgurte können dann jederzeit wieder demontiert werden, ohne daß die Befestigungsplatte herabfällt und neu justiert werden muß.

11 Rücksitzbank und Seitenverkleidungen wieder einbauen. Ecke des Teppichbodens am Türschweller vom Bodenblech lösen. Aufwickelrolle gemäß Bedienungsanleitung an Winkel montieren und Befestigungspunkt am Bodenblech bei der B-Säule anzeichnen: Fahrzeuge ab 8/55 unterhalb der Umlenkrolle, ältere Fahrzeuge etwas weiter vorne. Bitte ausprobieren; Gurtband darf nicht am Rücksitz schaben.

12 Loch bohren wie oben beschrieben (ca. 12 mm), Schraube muß gerade hindurchpassen. Passendes Loch in Bodenteppich mit Schere schneiden und Bodenteppich mit Pattex wieder aufkleben.

13 Gurtende auf Winkelfuß der Aufwickelvorrichtung gemäß Bedienungsanleitung legen (Achtung, nicht verdrehen!), Befestigungsschraube hindurchstecken und festziehen. Dabei Unterlage mit Schweißmutter von der Wagenunterseite mit der anderen Hand gegenhalten.

14 Für die Befestigung der Gurtpeitschen gibt es zwei Möglichkeiten:

a Rahmentunnel oben unter Rückbank elliptisch aufbohren (ca. 2 cm x 4 cm) und zwei Löcher rechts und links für die Gurtpeitschen weiter vorne bohren (10 cm vor Rücksitzbank). Unterlegplatte mit Draht wie bereits bei 6) bis 9) beschrieben von innen einführen, auf seitliche Bohrung justieren und Befestigungsschraube mit Gurtpeitsche anziehen. Wenn gewünscht, anschließend Unterlegplatte mit Schraube nach 10) fixieren und Loch oben am Rahmentunnel mit Blechstück wieder verschließen. Achtung: oberes Loch darf nicht zu weit hinter den seitlichen Befestigungslöchern liegen (max. 20 cm).

b Verkleidung des Rahmentunnels am Bodenblech hinten umschlagen und Winkel mit angepunkteter Mutter unter Verkleidung halten (Lage des Loches siehe oben). Loch durch angeschweißte Mutter mit Kegelbohrer bohren. Ab ca. 10 mm Durchmesser Winkel entfernen und auf ca. 20 mm aufbohren. Mutter muß gerade in den Rahmentunnel steckbar sein. In dieser Lage Winkel fixieren und Loch durch Bodenblech bohren. Schließlich Winkel mit Befestigungsschraube und Unterlegplatte mit Schweißmutter auf der Wagenunterseite befestigen. Verkleidung des Rahmentunnels über befestigten Winkel legen, Loch für Gurtpeitsche einschneiden und Verkleidung ankleben. Anschließend Befestigungsschraube mit Gurtpeitsche montieren.

Skizzen zur Einbauanleitung

Skizze 1

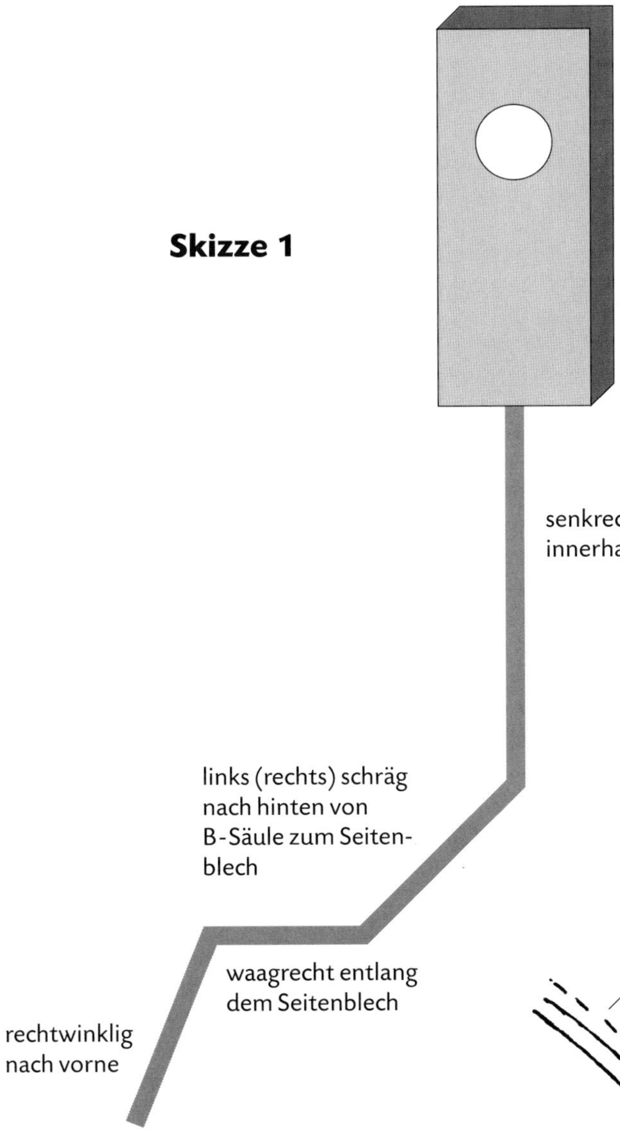

Skizze 2

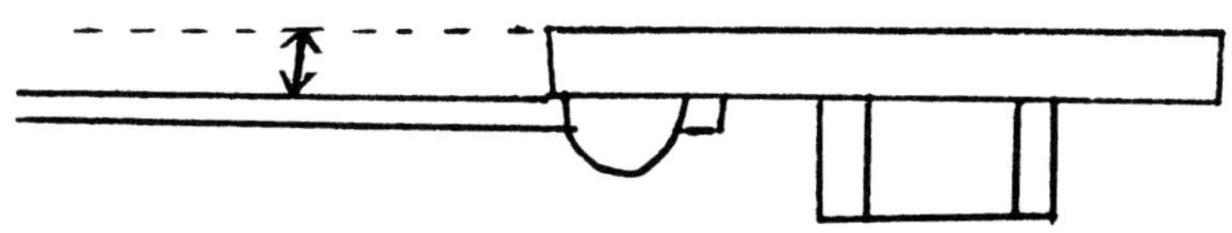

Skizze 3

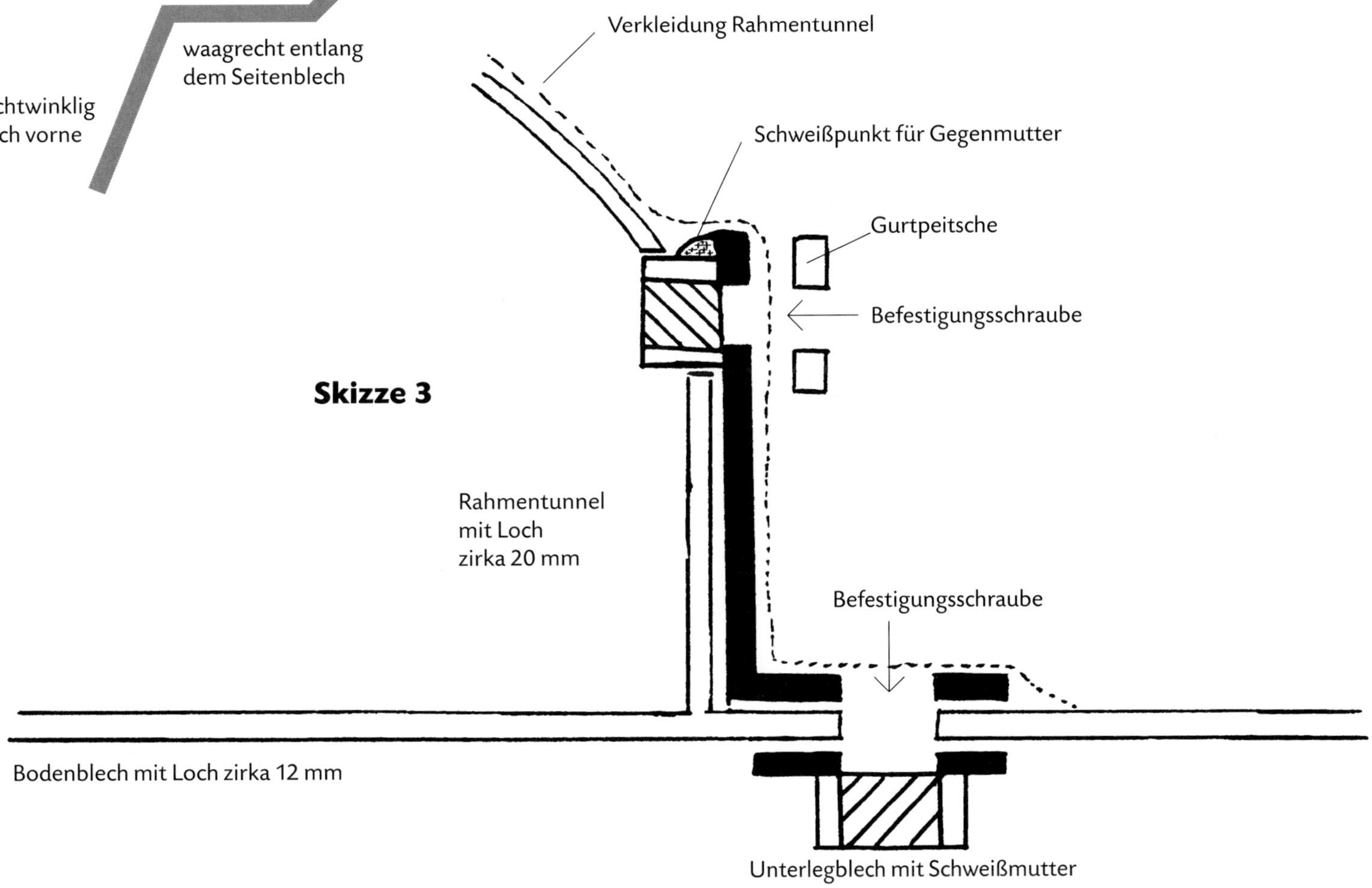

Hinweis: Auch wenn in unmittelbarer Nähe der erforderlichen Bohrungen keine Leitungen im Rahmentunnel verlaufen, empfiehlt es sich, aus Sicherheitsgründen alle Bohrungen mit Anschlaghebel durchzuführen, um ein unkontrolliertes Bohren im Rahmentunnel sicher zu verhindern.

Wenn diese Arbeiten auf beiden Seiten ausgeführt wurden, sind in den VW Käfer zwei vollwertige Dreipunkt-Automatikgurte eingebaut. Die Fotos zeigen, wie dies fertig aussieht. Ich meine, die Gurte stören die Originalität nicht mehr als der Warnblinkschalter am Armaturenbrett.

In diesem Zusammenhang noch ein paar Tips bezüglich der inneren Sicherheit beim Fahren mit dem VW Käfer:

Stellt man einen Koffer in den hinteren Kofferraum, so kann dieser infolge seiner Trägheitskräfte bei einem Unfall oder einer scharfen Bremsung sehr leicht die Rückbanklehne nach vorne drücken und den vorne Sitzenden in den Rücken fallen. Das Gummiband für die Rückbanklehne sollte daher durch eine Stahlkette ersetzt werden und am besten die Lehne auch noch auf der linken Seite festgekettet werden.

Unter dem Noppenteppich ist ein Winkel an den Fahrzeugboden angeschraubt, welcher sich an den Rahmentunnel anschmiegt. In einem Loch des Tunnels befindet sich die an den Winkel geschweißte Gegenmutter für die Gurtverschraubung.

Weiterhin ist es aus dem gleichen Grund unbedingt empfehlenswert, das schwere Reisegepäck in einem kleinen Koffer unter der Vorderhaube zu deponieren und hinten nur leichte Sachen wie z.B. Mäntel, Kleider und Proviant zu transportieren. Das ist natürlich gerade beim Brezelkäfer leichter gesagt als getan; aber wenn man nur das Nötigste mitnimmt, reicht dann meist doch ein entsprechend kleiner Koffer bzw. eine Reisetasche. Früher ging's doch auch, oder?

Eine Analyse der Schwerstunfälle mit tödlichem Ausgang trotz Sicherheitsgurte im alten VW Käfer ergab als Todesursache fast immer tödliche Kopf- und Bauchverletzungen durch das ungepolsterte Lenkrad. Es ist daher empfehlenswert, sich im Falle eines unvermeidbaren Unfalls in angegurtetem Zustand (Dreipunkt-Automatikgurte) möglichst weit zurückzulehnen und mit dem linken Unterarm den Kopf, mit dem rechten Unterarm den Bauch vor dem Lenkrad zu schützen. Die Arme wirken somit als Polster für die empfindlichen Körperteile Bauch und Kopf, und das Risiko tödlicher Verletzungen wird auf diese Weise drastisch verringert.

Bei den genannten Schwerstunfällen mit tödlichem Ausgang handelt es sich fast immer um Frontalzusammenstöße mit einem Auto oder einem Baum. Diese sind daher unbedingt zu vermeiden. Besser ist es in jedem Fall, in den Graben zu fahren, auch wenn der Wagen sich dabei überschlägt. Übrigens ist das Risiko, daß der Käfer bei einem Unfall Feuer fängt, trotz des vorne liegenden Tanks überraschend gering.

Ich habe das beschriebene Verhaltensmuster für den Notfall trainiert und lege deswegen sogar die Armbanduhr sowie Ringe bei großen Fahrten ab. Damit habe ich das Menschenmögliche für meine innere Sicherheit getan und brauche mir von nun an bei normaler Fahrweise keine Sorgen mehr um meine Gesundheit zu machen. Vielleicht habe ich ja wirklich schon auf der nächsten Fahrt das Pech, daß mir bei Tempo 100 ein Vorderreifen platzt und ich den Wagen zu Schrott fahre. Aber eins ist sicher: Egal was kommen mag, ich werde diesen Unfall überleben, und die Oldtimer-Vollkaskoversicherung wird mir den nächsten Käfer bezahlen.

Alternativ: Gegenplatte mit Schweißmutter von innen, durch eine kleine Schraube in der Lage fixiert.

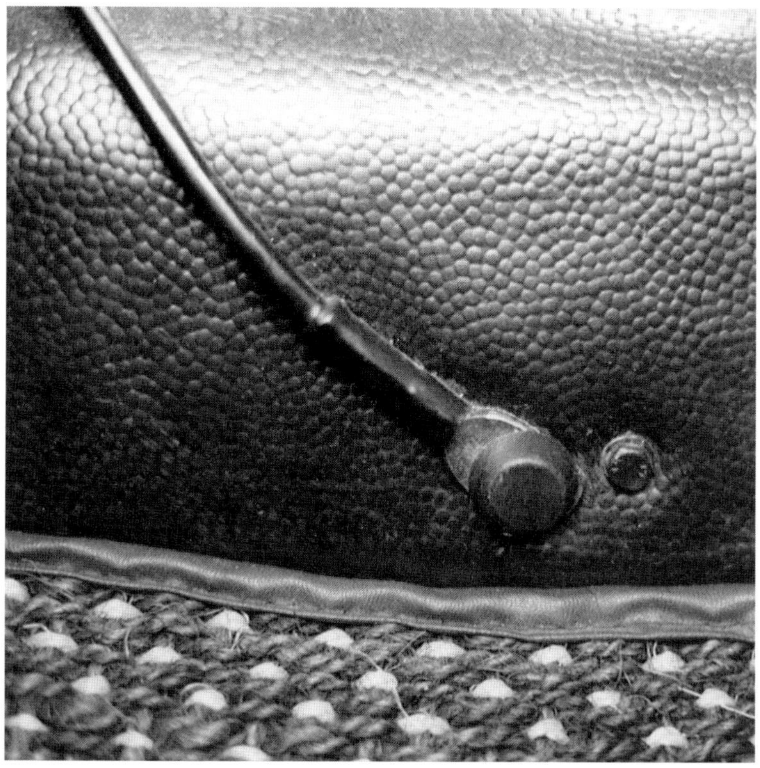

Der nachträgliche Einbau von Abgaskatalysatoren in VW Käfer

Erundsätzlich ist jeder Mensch von Natur aus gewissen schädigenden Einflüssen ausgesetzt. Radioaktivität aus der Erde („Erdstrahlen“) und dem Weltall („Höhenstrahlung“), Umweltverschmutzung durch unvermeidbare Naturereignisse wie Gewitter (NO_x), Vulkanausbrüche (SO_x und Staub), Schwefelquellen (SO_x), Viren und Bakterien setzen ihm zu und schädigen seine Gesundheit.

Neben diesen natürlichen „Schadstoffen“ stellt der Mensch jedoch leider auch selbst Schadstoffe her. Im Idealzustand produzieren wir ein Schadstoffkollektiv, das gegenüber dem natürlichen Schadstoffpegel vernachlässigbar ist. Leider ist dieser Idealzustand in der Praxis kaum erreichbar. Von daher muß der Mensch wenigstens versuchen, von den verschiedenen technisch machbaren Möglichkeiten diejenige auszuwählen, welche „das kleinste Übel“ ist.

Wir alle wissen, daß beim Autofahren Schadstoffe entstehen. Von daher ist eine Beschäftigung mit den Möglichkeiten der Schadstoffreduzierung beim Autofahren sinnvoll und nützlich. Leider gibt es auf diesem Gebiet nicht nur wissenschaftlich fundierte Ansichten, denn zahlreiche „Experten“ versuchen mit mehr als fragwürdigen Argumenten die gesamte Abgaskatalyse als technischen Wahnsinn darzustellen.

Es ist ja auch so leicht, z. B. dem Katalysator eine geheimnisvolle, aber nicht nachweisbare, Magnetfeldstrahlung anzudichten, die „das für den menschlichen Körper erträgliche Maß um den 50fachen Wert“ überschreitet. Richtig ist natürlich, daß aufgrund der Funktionsweise eines Katalysators für einen Chemiker oder Physiker nicht vorstellbar ist, wie eine solche Strahlung überhaupt entstehen könnte. Aber selbst wenn diese Richtigstellung von allen Behörden und Fachleuten auf der Welt bestätigt würde, bleibt eine gewisse Verunsicherung bei den Unbedarften, da eine glaubhafte wissenschaftliche Widerlegung dadurch erschwert wird, daß die Strahlung ja nicht nachweisbar ist. Psychologen bezeichnen diese Art der destruktiven Argumentation daher als „Killerphrasen“.

Nach dem heutigen Stand der Technik besteht die beste Lösung, die Abgase eines Verbrennungsmotors von Schadstoffen zu reduzieren, in der Nachschaltung eines geregelten Drei-Wege-Katalysators. Es ist in der Literatur unbestritten, daß ein solcher Abgaskatalysator nach 80 000 km immer noch die beim Betrieb eines Verbrennungsmotors entstehenden Schadstoffe CH und NO_x zu 90 % sowie CO bis zu 50 % reduziert und in die harmlosen Gase N_2 (Luftstickstoff), CO_2 (Kohlendioxid, entsteht bei der Atmung jedes Lebewesens) und H_2O (Wasser) umsetzt. Gemäß Untersuchungen der Degussa werden diese Säuberungsraten bei normalem Fahrbetrieb auch noch nach 200 000 km erzielt.

Schon mit geregeltem Wurm-Katalysator: 34 PS Käfer von 1985. Äußerlich sind diese Fahrzeuge an dem einem Auspuffrohr zu erkennen.

Normale 34 PS Maschine? Nein. Kenner erkennen an dem Schlauch vom Luftfilter links hinter den Gebläsekasten, daß hier eine Maschine mit geregeltem Drei-Wege-Katalysator ihren Dienst tut. Katalysator und Lambda-Sonde sind übrigens unsichtbar in den Auspufftopf integriert.

Trotz dieser unbestrittenen positiven Seiten ist der Katalysator ins Gerede gekommen, denn

1 der Abgaskatalysator oxidiert auch das relativ harmlose SO_2 zu dem hochaggressiven SO_3,

2 der Abgaskatalysator verliert während seiner Lebensdauer etwa 0,23 g Platin, welches im Organismus ebenfalls als Katalysator und damit hochgiftig wirkt,

3 der unverbleite Kraftstoff enthält das hochgiftige Benzol,

4 beim Betrieb eines Verbrennungsmotors mit nachgeschaltetem Abgaskatalysator entsteht durch die Nachoxidation ein hochgiftiges Nervengas sowie Blausäure,

5 andere Abgasreinigungsanlagen oder Motorenkonstruktionen können Schadstoffe ebenfalls um den gleichen Betrag reduzieren, sie besitzen jedoch nicht die Nachteile von 1–4,

6 der Abgaskatalysator schadet dem Motor, und das Fahrzeug fährt schlechter.

Bevor ich daher auf die Umrüstung von VW Käfern mit Abgaskatalysatoren zu sprechen komme, scheint es mir erforderlich, diese Argumente ein für allemal aus der Welt zu schaffen:

zu 1 Die Aussage ist zwar im Prinzip richtig, aber in der Praxis ohne Bedeutung. Zunächst muß festgestellt werden, daß der maximale Schwefelgehalt der Kraftstoffe per Gesetz zu 0,1 Massenprozent festgelegt ist. Dieser Grenzwert wird bei Benzin und Superkraftstoffqualitäten weit unterschritten, so daß die von Benzinmotoren gebildete SO_x-Menge in der Regel in der Literatur vernachlässigt wird. Lediglich Dieselmotoren erzeugen wegen des größeren Schwefelgehalts im Diesel geringe SO_x-Emissionen.

Des weiteren muß festgestellt werden, daß nur ein Bruchteil des bei der Verbrennung gebildeten SO_2 durch überschüssige Luft im Katalysator zu SO_3 oxidiert wird: unter günstigen Bedingungen höchstens 10 %. Ursache hierfür sind die zu kurze Verweildauer im Kat, der zu geringe Luftüberschuß sowie die zu hohe Temperatur des Katalysators. Für die Umweltbelastung ist das so gebildete SO_3 jedoch ohne Bedeutung, denn es stellt sich in der Natur sehr schnell ein Gleichgewicht zwischen SO_3 und SO_2 ein, welches unabhängig von dem ursprünglichen Verhältnis ist. Aus diesem Grund werden beide Schadstoffe auch als SO_x zusammengefaßt.

Die bei Katalysatorfahrzeugen in Spuren aus SO_2 gebildeten Mengen an SO_3 sind daher für die Umweltbelastung an SO_x wegen des natürlichen SO_3/SO_2-Gleichgewichts ohne Bedeutung. Die Ätzwirkung von SO_3 ist im Vergleich zu dem in viel größeren Mengen gebildeten ebenfalls ätzenden NO_x in jedem Fall vernachlässigbar.

zu 2 Ein Katalysator verliert in der Tat etwa 0,23 g Platin im Laufe seines Lebens. Ein Kraftfahrzeug, welches ausschließlich mit verbleitem Kraftstoff betrieben wird, emittiert hingegen 8000 g (!) Blei während 100 000 km (bei 10 l/100 km). Das Platin stellt jedoch im Gegensatz zum Blei keine Umweltbelastung dar. Denn bereits seit Jahrhunderten wird Platin industriell verarbeitet, und bis auf den heutigen Tag sind keine Vergiftungsfälle durch Platinstaub bekannt geworden. Die Gründe hierfür liegen auf der Hand: Platin ist als Edelmetall inert und geht nur schwer mit anderen Partnern chemische Verbindungen ein. Deswegen wird Platin ja auch wie Gold und Silber als Schmuckmetall verwendet.

Aus seinen besonderen katalytischen Eigenschaften hinsichtlich bestimmter Stoffe, wie z. B. Wasserstoffgas, können keine wissenschaftlich haltbaren Rückschlüsse auf mögliche Schädigungen im menschlichen Körper gezogen werden, da in einem Organismus weder diese Stoffe noch die für eine solche Katalyse erforderlichen Reaktionsbedingungen (Temperatur, Druck etc.) vorhanden sind.

Richtig ist: Staub an sich schadet der Lunge. Bei Arbeiten mit Platinstaub muß daher der allgemeine Staubgrenzwert eingehalten werden. Bei Kraftfahrzeugen ohne Kat, insbesondere Dieselfahrzeugen, entstehen dagegen bei den Verbrennungsvorgängen in großer Menge Rußpartikel (Diesel 5–10 kg, Otto ohne Kat ca. 200 g pro 100 000 km), die noch krebserzeugende Substanzen absorbiert haben. Diese Staubteilchen stellen ein ungleich größeres Gefährdungspotential für die menschliche Gesundheit dar als der Platinstaub.

Völlig unzutreffend ist der angesprochene Platingrenzwert von 1,5 mg/km². Er beruht auf dem Grenzwert für einige giftige, künstliche wasserlösliche Platinverbindungen. Diesen Grenzwert auf alle Platinverbindungen zu erweitern ist ebenso falsch wie aus der für den Menschen tödlichen Menge von 1 Gramm Natriumcyanid zu folgern, daß 1 Gramm Kochsalz (Natriumchlorid) genauso tödlich ist.

Wenn Sie mir das nicht glauben, glauben Sie wenigstens dem Bundesgesundheitsamt, Berlin. Dies hat festgestellt, daß allenfalls wasserlösliche Platinverbindungen gesundheitlich bedenklich sein könnten, im Katalysatorstaub jedoch fast ausschließlich inertes metallisches Platin vorliegt.

Fazit: Giftwirkungen von Platinstaub sind unbekannt, obwohl damit schon seit Jahrhunderten gearbeitet wird. Eine viel größere Gesundheitsgefahr geht von anderen von Kraftfahrzeugen emittierten Stäuben aus.

zu 3 Heutige unverbleite Kraftstoffe dürfen maximal 3 % Benzol enthalten. Es ist etwa zehnmal so ungiftig wie das zu etwa 0,15 % vorhandene Bleitetraethyl im verbleiten Kraftstoff, der übrigens auch ca. 1 % Benzol enthält. Von daher sind verbleite und unverbleite Qualitäten mindestens gleich giftig. Durch die große Verdünnung beider Gifte sind sie aber in der Praxis noch handhabbar. Hautkontakt und unnötiges Einatmen über einen längeren Zeitraum sind trotzdem zu vermeiden.

Problematisch ist das beim alten VW Käfer mit der Tankentlüftung im Tankdeckel. Hier können beim Fahren über holprige Straßen Dämpfe durch die Ziergitter im Armaturenbrett in das Wageninnere gelangen. Ein voll gefüllter Tank ist deshalb auch wegen der Überlaufmöglichkeit im Sommer zu vermeiden. Selbstverständlich sind undichte Benzinleitungen und Dichtungen schnellstmöglich zu reparieren.

Da vor dem Krieg das Superbenzin mehr als 30 % Benzol enthielt und Tankwarte oft 12 Stunden am Tag bedienten und die Dämpfe einatmeten (keine automatische Endabschaltung), können die daraus resultierenden Krankheiten nicht für die heutigen Verhältnisse erwartet werden. Im übrigen wird in Deutschland seit 1992 das Zurückkondensieren der beim Tanken emittierten Kraftstoffdämpfe in den Lagertank über einen Saugrüssel nach und nach eingeführt („Gasrückführung“).

Die Regierung der Bundesrepublik Deutschland hat bereits 1990 einen Antrag bei der EG-Kommission in Brüssel gestellt, europaweit den Benzolgehalt auf 1 % zu limitieren, wie dies bereits in den USA ab 1994 beschlossen ist. Die Mineralölfirmen haben hierauf inzwischen reagiert und den Benzolgehalt ihrer neuen, unverbleiten Kraftstoffqualitäten entsprechend reduziert. Von daher verwundert es nicht, daß gemäß einer Untersuchung der eidgenössischen Materialprüfungs- und Versuchsanstalt, Schweiz, verbleiter Kraftstoff sogar mehr Benzol enthält als unverbleiter Kraftstoff. Demnach wäre verbleiter Kraftstoff sogar gesundheitlich wesentlich gefährlicher als unverbleiter Sprit. Hinzu kommt, daß gemäß Messungen des Schweizer Bundesamts für Umwelt, Wald und Landschaft in Bern die Benzol-Emissionen eines Kat-Autos um 90 % niedriger liegen als beim Vergleichsfahrzeug ohne Kat, womit das hier diskutierte Scheinargument endgültig ad absurdum geführt wird.

zu 4 Die Bildung eines Nervengases, welches nicht nachweisbar sein soll, im Abgas von Kat-Fahrzeugen ist reine Spekulation ohne wissenschaftliche Fundierung. Blausäure wird dagegen tatsächlich in geringen Mengen im Abgas von Verbrennungsmotoren gebildet. Gemäß Messungen des Schweizer Bundesamts für Umwelt, Wald und Landschaft in Bern sind die Blausäure-Emis-

Auch dieser 30 PS Käfer von 1958 fährt bereits mit geregeltem Drei-Wege-Katalysator.

sionen von Fahrzeugen mit geregeltem Kat jedoch erheblich geringer als bei Benzinfahrzeugen ohne Kat, so daß auch hier das Scheinargument eher für als gegen den Kat spricht.

zu 5 Das einzige mir bekannte handelsübliche Verfahren zur Reduzierung des Schadstoffgehalts von Abgasen älterer Käfer ohne Katalysator ist das CER-System. Es wird in Deutschland vertrieben von Günther Siebrasse, Oberaltenallee 76, 22081 Hamburg, und kostet etwa 250 DM. Das Verfahren geht zurück auf eine Erfindung von Günther Schallenberg, die 1981 als Patent angemeldet und am 21.1.87 als Europa-Patent unter der Nummer EP-PS-77060 erteilt wurde.

Bei diesem Verfahren wird in einem speziellen Dichtungsteil zwischen Vergaser und Ansaugrohr das vom Vergaser kommende Kraftstoff-Luft-Gemisch durch tangential einströmende Sekundärluft nachzerstäubt. Das Gemisch wird dadurch etwas abgemagert, ergibt aber wegen der feineren Zerstäubung trotzdem keinen Leistungsverlust. Prinzipiell ist dieser Effekt um so ausgeprägter, je niedriger die Drehzahl des Motors ist. Mit diesem System konnten bei einem VW Polo mit 1,043 l Hubraum und 29 kW folgende Abgaswerte beim EG-Abgasfahrzyklus erhalten werden:

	ohne Abgasreinigung	mit CER-System	mit Katalysator
Benzinverbrauch (l/100km)	8,57	6,76	ca. 8,8
CO (g/Test)	84,14	33,51	< 19
NO + CH (g/Test)	16,97	13,76	< 5
NO (g/Test)	4,69	5,32	<< 5
CH (g/Test)	12,28	8,44	<< 5

(zum Vergleich sind Abgaswerte für geregelten Drei-Wege-Kat mit aufgeführt)

Deutlich ist zu erkennen, daß durch die Abmagerung des Kraftstoff-Luft-Gemischs der Benzinverbrauch beim CER-System wesentlich verringert wurde. Zwar werden die Abgaswerte des Fahrzeugs ohne Abgasreinigung teilweise deutlich unterschritten, die Werte des geregelten Drei-Wege-Katalysators werden jedoch bei weitem nicht erreicht. Ähnliche Aussagen gelten auch für andere Magermotorkonzepte. Das CER-System ist daher vor allem dann zu empfehlen, wenn eine Verbesserung des Schadstoffausstoßes bei geringen Umrüstkosten angestrebt wird. Es ist jedoch nur ein Kompromiß. Es gibt zur Zeit keine Alternative zum Katalysator, welche die Schadstoffe im Abgas annähernd so stark reduziert.

Auch durch alternative Kraftstoffe (außer Wasserstoff) kann die Schadstoffbildung nur zum Teil verringert werden. So kann z.B. durch das in den USA ab 1.11.92 in 39 Großräumen vorgeschriebene sauerstoffhaltige Benzin zwar der Emissionsanteil des CO gesenkt werden, die guten Katalysator-Werte werden jedoch trotz allem nicht erreicht. Aus diesem Grund benötigen auch mit solchen Kraftstoffen betriebene Fahrzeuge einen Katalysator.

Da es nicht so aussieht, als würden sich in Zukunft Elektro- und Wasserstoffahrzeuge durchsetzen, werden auch in 100 Jahren Automobile sehr wahrscheinlich noch mit Katalysator fahren. Und auch bei den Altfahrzeugen wird der Gesetzgeber sicher eher eine Nachrüstung mit Kat als den Einbau des CER-Systems, eines Elektro- oder Wasserstoffmotors anstreben.

zu 6 Diese Argumente kann man einfach dadurch aus der Welt schaffen, daß man Besitzer von Fahrzeugen mit nachgerüstetem Kat fragt. In Deutschland sind bisher zahlreiche 34-PS- und 50-PS-Käfer von der Fa. Paul Wurm GmbH, Rohracker Straße 118b, 70329 Stuttgart, umgerüstet worden. Soweit mir bekannt ist, sind die Besitzer dieser Fahrzeuge alle mit der Umrüstung zufrieden, und die Käfer laufen genauso gut, eher besser als vorher. Die Motoren klingen genauso wie vor der Umrüstung. Auch der Benzinverbrauch wird durch die Umrüstung nicht erhöht, eher sogar verringert.

Woran erkennt man, daß dieser 30 PS Motor mit geregeltem Abgaskatalysator ausgestattet ist?

An der zusätzlichen Abzweigung im Ansaugrohr hinter den Gebläsekasten, . . .

Wer Bedenken hat, daß der Käfermotor durch die Luftregelung zu mager gefahren und dadurch zu heiß wird, soll doch einfach die Öltemperatur überwachen. Ich habe hierzu an meinem Fahrzeug in eine angebohrte Schraube der Ölwanne ein Thermoelement eingelötet, welches an eine Elektronik angeschlossen ist, die bei Öltemperaturen von mindestens 105 °C ein Relais periodisch anziehen läßt. Dieses Relais legt bei zu hohen Temperaturen den Öldruckschalter periodisch an Masse, d. h., dann fängt einfach die grüne Ölkontrollampe im Tacho an zu blinken. Die Elektronik (wegen der Zündfunken ohne ICs) befindet sich hinter dem Gebläsekasten. Der eine Draht zum Öldruckschalter dürfte wohl auch empfindlichste Originalitätsfanatiker nicht stören. Wetten, daß sie diese Elektronik trotzdem bald wieder ausbauen, weil der Motor wider Erwarten doch nicht zu heiß wird?

Der Gerechtigkeit halber muß man aber zugeben, daß auch der Katalysator kein Wunderwerk der Technik ohne Nachteile ist. So benötigt er eine gewisse Temperatur, bis er seine volle Wirksamkeit aufgebaut hat. Das bedeutet, daß in der Kaltlaufphase die guten Katalysatorwerte nicht gleich erreicht werden, sondern im ungünstigsten Fall nur die Schadstoffwerte eines Fahrzeugs ohne Katalysator. Auch muß man eingestehen, daß ein Verbrennungsmotor für seine maximale Leistung bei Vollgas ein besonders fettes Gemisch benötigt, welches wegen des dadurch bedingten Sauerstoffmangels im Katalysator nicht mehr umgewandelt werden kann: Der Katalysator wird dann de facto ausgeschaltet. Diese Betriebsbedingungen sind jedoch in der Regel nur kurzzeitig, und von daher ist ein „Abschalten" des Kats während dieser Zeit vertretbar.

Auch der Werkstoff „Platin" ist nicht ideal: nicht wegen seiner Giftigkeit, sondern weil er so teuer ist und die Menge an Platinerz auf dieser Erde begrenzt ist. Es bleibt zu hoffen, daß unsere Techniker und Chemiker vielleicht doch eines Tages einen billigeren Edelstahlkatalysator entwickeln. Darüber hinaus erzeugt der Abgaskatalysator einen größeren Abgasgegendruck, welcher zu einem etwas höheren Benzinverbrauch nebst einem geringen Leistungsverlust führt.

Es sei weiterhin nicht verschwiegen, daß es mit dem Einbau eines Katalysators allein nicht getan ist; vielmehr fallen auch in Zukunft höhere Wartungs- und Inspektionskosten an. Die oft in der Presse zu lesenden Berichte über nicht funktionierende Kats und schlecht eingestellte Fahrzeuge sollte man aber nicht überbewerten. Man kann bei der Einführung einer neuen und empfindlichen Technik nicht erwarten, daß diese ohne Anfangsschwierigkeiten bei bestimmten Konstruktionen und Reparaturwerkstätten verläuft. Diese „Geburtswehen" werden aber sicherlich im Laufe der Zeit verschwinden.

Ein weiterer Nachteil des Katalysators besteht darin, daß er bei älteren Motoren mit schlechter Kompression und Ölverbrauch nicht richtig eingestellt werden kann.

Die zwei größten Nachteile des Katalysators sind jedoch sein hoher Anschaffungspreis und – bei Veteranenfahrzeugen – der Originalitätsverlust. Aus diesem Grund wäre es unsinnig, alle Käfer auf einen geregelten Katalysator umzurüsten. Wer aber viele tausend Kilometer im Jahr mit seinem Käfer fährt, sollte sich ernsthaft überlegen, ob er nicht auch durch die angesprochene Umrüstung einen echten Beitrag zum Umweltschutz leisten will. Im übrigen sieht es ja auch so aus, als ob in der Zukunft gesetzliche Einschränkungen für Fahrzeuge ohne Kat (z. B. Fahrverbot in Innenstädten) zu erwarten sind.

Die Frage der Umrüstung von Käfern auf geregelten Katalysator ist also eine Frage der persönlichen Entscheidung jedes einzelnen. Das stärkste Argument für den Kat ist die Tatsache, daß es keine echte Alternative gibt, dagegen sprechen nur die Kosten und der Originalitätsverlust. Entscheiden muß hier wirklich jeder Käferfahrer selbst. Ich bin jedoch ziemlich sicher, daß in einigen Jahren der nachgerüstete Katalysator für Altfahrzeuge so selbstverständlich sein wird wie heute Blinkleuchten, Warnblinkanlage

... wo sich das Bypass-Ventil mit zusätzlichem Luftfilter nebst Regelelektronik befindet, sowie an den Abgaskatalysatoren mit Lambda-Sonde in den Heizbirnen (rechtes Bild) unter dem Wagen.

und zusätzliche Diebstahlsicherung. Vielleicht wird er sogar für Nachkriegsfahrzeuge gesetzlich vorgeschrieben. Daher wird es auch Nichtinteressenten beruhigen, daß sogar die alte 24,5-PS-Maschine ohne Probleme mit einem geregelten Katalysator nachgerüstet werden kann.

Hier hat nämlich Reinhold Schnell aus 73441 Bopfingen-Trochtelfingen, Ostalbstr. 111, in Zusammenarbeit mit der bereits erwähnten Fa. Wurm mehrere Lösungen ausgearbeitet. Eine dieser Lösungen (für 34-PS-, 30-PS- und 24,5-PS-Maschinen) sieht folgendermaßen aus:

Auf der Rückseite des Ansaugrohrs werden nahe des Anschlußflansches für die Zylinderköpfe links und rechts zwei praktisch unsichtbare Abzweigungen mit einem Luft-Bypass-Ventil hinter dem Kühlgebläse eingebaut. Dieses Bypass-Ventil ermöglicht es, über einen zweiten Luftfilter stufenlos Luft am etwas fetter eingestellten Vergaser vorbei in den Ansaugtrakt zu leiten. Statt der normalen Heizbirnenrohre werden solche mit eingebautem Drei-Wege-Katalysator eingebaut. Auch die Abgasleitungen des Auspufftopfs müssen geringfügig modifiziert werden, der Original-Auspufftopf kann jedoch weiter verwendet werden. Eine Lambdasonde vor dem Katalysator mißt den Sauerstoffrestgehalt des Abgases und gibt das Ergebnis an einen Zentralrechner weiter, der sich ebenfalls hinter dem Gebläsekasten befindet. Dieser Rechner steuert über das Bypass-Ventil die Gemischzusammensetzung. Die Gemischregelung erfolgt also nicht wie üblich über die Kraftstoffzugabe, sondern über eine ständig angepaßte Luftzugabe.

Das Ergebnis kann sich wirklich sehen lassen: Ein alter 30-PS-Käfermotor läuft schadstoffarm, ohne daß eine Änderung des Motorgeräusches oder ein nennenswerter Originalitätsverlust eintritt. Die vorher gestoppte Endgeschwindigkeit von 112 km/h wird auch nach dem Katalysatoreinbau wieder erreicht. Besonders angenehm beim Fahren ist, daß der abgasgereinigte Motor im unteren Drehzahlbereich sogar deutlich an Kraft gewonnen hat. So ist jetzt eine ruckfreie Beschleunigung im vierten Gang ab 25 km/h möglich. Dies liegt wohl darin begründet, daß der Motor stets das optimale Verbrennungsgemisch Lambda = 1, d. h. die aus der Thermodynamik berechnete optimale Gemischzusammensetzung, erhält. Bei diesem Gemisch wandelt der Katalysator 90 % der gebildeten Schadstoffe CO, NO_x und CH mit Hilfe des Restsauerstoffs O_2 in harmloses Kohlendioxid CO_2, Luftstickstoff N_2 und Wasser H_2O um. Ergebnis: schadstoffarm gemäß der US-Norm.

Der besondere Vorteil dieser Anlage liegt nicht nur in vergleichsweise günstigen Kosten (nur neue Heizbirnenrohre mit Katalysator und Lambda-Sonde, Zentralrechner, Bypass-Ventil und Modifikation der Ansaugrohre des Auspufftopfs erforderlich), sondern insbesondere auch in der kaum veränderten Originalität. Sie können auf Käfertreffen ihren Wagen mit offener Motorhaube abstellen – und niemand wird einen abgasgereinigten Motor vermuten. Lediglich beim Blick unter den Wagen erkennt man an den bauchigen Heizbirnenrohren, daß dieser Motor anders ist als übliche Käfermotoren. Und damit sind eigentlich alle zufrieden: sowohl Sie als Besitzer, als auch die Originalitätsfanatiker.

Eine zweite Lösung sieht statt der beiden Katalysatoren in den Heizungsrohren nur einen Katalysator im etwas vergrößerten Auspufftopf vor, wobei die Abgase von einer Seite durch ein Rohr im Auspufftopf auf die andere Seite geführt werden. Zur Diskussion steht auch eine dritte Lösung mit zwei im Auspufftopf integrierten Katalysatoren, die den besonderen Vorteil hat, daß sogar die alten Heizbirnenrohre verwendet werden können, und auch beim Blick unter den Wagen die Katalysatoranlage nicht erkennbar ist. Welche der angesprochenen Lösungen sich als die beste erweisen wird, läßt sich zur Zeit noch nicht abschätzen, da bisher nur die erst genannte Anlage in Einzelanfertigung hergestellt wurde. Diese Anlage paßt an alle VW Käfer ohne Frischluftheizung. Ziel ist es, mit nur einem Auspufftopf mit verstellbaren Anschlußflanschen alle alten Käfermotoren abzudecken, so wie dies auch gemäß dem Abgasgutachten zulässig wäre.

Es existiert noch eine weitere Anlage mit Abgasgutachten für die 34-PS- und 50-PS-Motoren des Mexiko-Käfers. Diese Anlage paßt problemlos in alle VW Käfer ab August 1967. Ältere Fahrzeuge müßten jedoch mit einem anderen unteren Abschlußblech, der steileren Heckklappe ab August 1966 sowie ggf. auf Frischluftheizung umgerüstet werden. Das ist jedoch aus Origina-

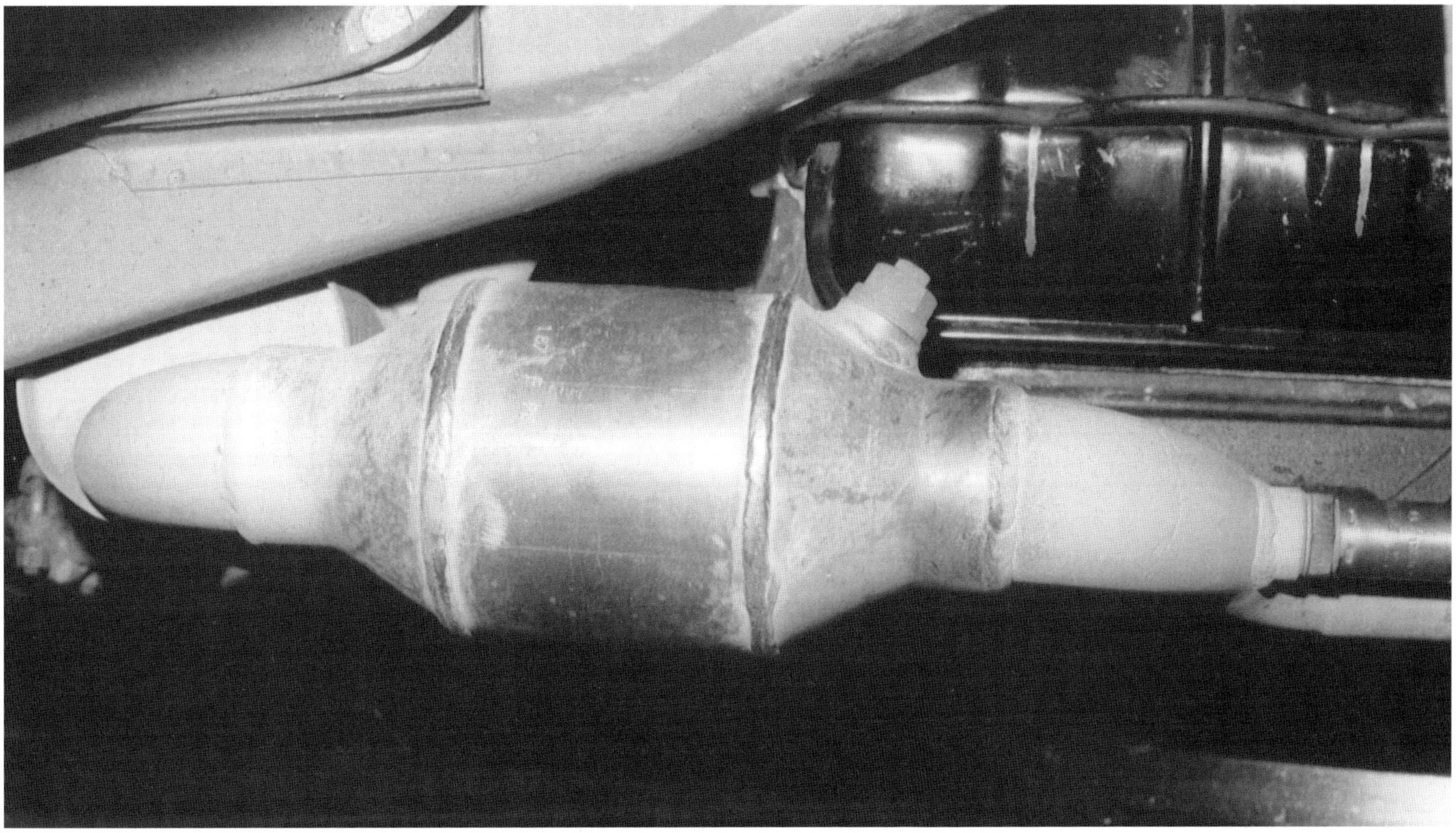

litätsgründen nicht zu verantworten. Hier empfiehlt es sich, die Anlage von Reinhold Schnell einzubauen.

Darüber hinaus gibt es eine weitere Möglichkeit, in den Besitz eines Käfermotors mit geregeltem Drei-Wege-Kat zu gelangen: Organisieren Sie sich z.B. aus einer US-Kaserne einen US-Käfer-Motor der Baujahre 1974 bis 1980 mit 50 PS, die bereits ab Werk mit ungeregeltem Katalysator ausgerüstet wurden. Unter Verwendung der vorhandenen Einspritz- und Katalysatoranlage kann dieser Motor zum geregelten Katalysator umgebaut werden. Auskünfte hierüber erteilt Andreas Schäfer, Kantstr. 110, 10627 Berlin.

Es ist also möglich, alle Käfer-Motoren mit geregeltem Drei-Wege-Katalysator auszustatten. Wenn Sie einen Motor auf einen geregelten Abgaskatalysator umrüsten lassen wollen, sollten Sie folgendes beachten:

1 Der Motor sollte noch in gutem Zustand sein. Insbesondere sollte er noch eine gute, gleichmäßige Kompression haben, damit nicht durch unsymmetrische Verbrennung rechts/links die Anlage schlecht eingeregelt werden kann.

2 Ansaugrohre nebst Dichtungen etc. sowie die Drosselklappenwelle im Vergaser müssen dicht sein.

3 Ventilschaftführungen müssen ebenfalls dicht sein, damit nicht durch in den Verbrennungsraum eingesaugtes und verbrennendes Öl eine Einstellung der Anlage unmöglich wird.

Und nach dieser Umrüstung können Sie mit Ihrem Fahrzeug beruhigt dem 21. Jahrhundert entgegensehen ...

Glossar:

Benzol (C_6H_6):
bildet neben dem ebenfalls Krebs erzeugenden Benzpyren die giftigsten Kohlenwasserstoffe CH im Abgas von Verbrennungsmotoren, ggf. an Rußpartikel angelagert. Kohlenwasserstoffe in der Luft sind zu 100 % menschlichen Ursprungs, davon 50 % verkehrsbedingt. Ständige Einwirkungen auch kleinster Mengen an Benzol führen nach langer Latenzzeit zur Schädigung von Blutbildungsorganen und Bildung von Krebsgeschwülsten. Die Toxizität von Benzol beruht auf der Bildung von hochtoxischen Epoxiden in der Leber. Benzol wird, wo irgend möglich, durch das wesentlich harmlosere Toluol ersetzt, das im Organismus zur relativ ungiftigen Benzoesäure oxidiert wird. Die maximal zulässige Konzentration an Benzol am Arbeitsplatz beträgt in den USA 0,1 ppm, ein deutscher Grenzwert wird z.Z. noch diskutiert. Akute Einwirkungen sind bei rechtzeitiger Frischluftzufuhr ohne bleibende Schädigung.

Blei (Pb):
bildet sich bei der Verbrennung von verbleitem Kraftstoff. Der Bleigehalt der Luft ist 100 % menschlichen Ursprungs. Chronische Einatmung bereits kleiner Mengen (mehr als 0,1 mg/1000 l Luft) kann eventuell schon nach einigen Tagen eine tödliche Vergiftung bewirken. Noch niedrigere Konzentrationen sind bereits als kindschädigend bei Schwangeren erwiesen. Besonders heimtückisch ist die kumulative Wirkung von Blei, denn Blei wird im Organismus praktisch nicht abgebaut. Wegen dieser hohen Schädlichkeit wurde der Bleigehalt im Kraftstoff per Gesetz schrittweise reduziert. Das in verbleitem Benzin zu 1000–1500 ppm vorhandene Bleitetraethyl wirkt langfristig eingeatmet bereits bei mehr als 0,01 ppm toxisch auf das zentrale Nervensystem. Im Gegensatz zu anderen Bleiverbindungen sind aber kumulative und chronische Vergiftungen unbekannt.

CH (Kohlenwasserstoffe):
siehe Benzol

CO (Kohlenmonoxid):
100 % der CO-Konzentration in der Luft sind menschlichen Ursprungs, davon sind 65 % verkehrsbedingt. Die maximal zulässige Konzentration am Arbeitsplatz beträgt 30 ppm, für Schwangere erheblich weniger. Kohlenmonoxid ist ein hochgiftiges, geruchloses Gas, das bei der unvollständigen Verbrennung von organischen Brennstoffen entsteht und bereits bei 3000 ppm nach 30 min tödlich wirkt. Geht an der Luft unter Lichteinwirkung schnell in CO_2 über, ist daher als Umweltgift nur an Verkehrsknotenpunkten von Interesse. Autoabgase enthalten in der Regel 1000 bis 4000 ppm CO. Sie wirken deshalb so tödlich, weil sie außerdem nur wenig Luftsauerstoff enthalten.

CO_2 (Kohlendioxid):
ist zu 3000 ppm in der Luft enthalten, Tendenz steigend. Wegen seiner wärmeisolierenden Eigenschaften ist CO_2 deshalb verantwortlich für den Treibhauseffekt. Es wird durch Grünpflanzen, insbesondere Bäume und Büsche, in Luftsauerstoff zurückverwandelt. Aus diesem Grund ist es kein Schadstoff an sich, sofern genügend Pflanzen auf der Erde vorhanden sind. CO_2 entsteht bei jeder Verbrennung (außer von Wasserstoffgas) sowie bei der Atmung von Lebewesen; es wird Erfrischungsgetränken zugesetzt. Die maximal zulässige Konzentration am Arbeitsplatz beträgt 5000 ppm. CO_2 wirkt in hoher Konzentration erstickend.

NO_x (Stickoxide):
95 % der Stickoxidkonzentration in der Luft sind natürlichen Ursprungs, von den 5 % menschlichem Anteil sind 65 % verkehrsbedingt. Die maximal zulässige Konzentration am Arbeitsplatz beträgt 5 ppm. Hochgiftiges, ätzendes Gas, das bereits bei 10–20 ppm starken Husten und dann nach einer Latenzzeit meist auch ein Lungenödem verursacht. 700 ppm sind nach 30 min tödlich. NO_x bildet sich bei allen Verbrennungsvorgängen in der Luft und zwar um so mehr, je höher die Temperatur und je größer der Luftüberschuß ist.

Platin (Pt):
ungiftiges Edelmetall. Bei Platinstaub ist, wie bei allen anderen Stäuben auch, der allgemeine Staubgrenzwert am Arbeitsplatz einzuhalten. Einige Platinverbindungen werden mit Erfolg als Arzneimittel eingesetzt. Bestimmte anorganische Platinkomplexe sind jedoch sehr giftig und führen zu Hautsymptomen und zur Reizung der Atemwege.

SO_2 (Schwefeldioxid):
35 % der SO_x-Konzentration in der Luft sind natürlichen Ursprungs, von den 65 % menschlichem Anteil sind 97 % durch Kraftwerke, Industrie und Heizungsanlagen verursacht, 3 % sind verkehrsbedingt (Dieselfahrzeuge). Benzinfahrzeuge sind vernachlässigbar. Die maximal zulässige Konzentration am Arbeitsplatz beträgt 5 ppm, für Schwangere erheblich weniger. Ätzendes Gas, das bereits bei 100 ppm sehr rasch die Schleimhäute unter Bildung einer Bronchitis, oft auch mit einem Lungenödem, angreift. Gilt als Verursacher des „sauren Regens".

SO_3 (Schwefeltrioxid):
Bildet in der Luft bei Lichteinwirkung schnell ein Gleichgewicht mit SO_2 mit nur geringem SO_3-Gehalt („SO_x"). Die maximal zulässige Konzentration am Arbeitsplatz beträgt 0,3 ppm. Ätzendes Gas, das bereits bei 100 ppm sehr rasch die Schleimhäute unter Bildung einer Bronchitis und ggf. eines Kehlkopfödems angreift. Keine sonstigen Giftwirkungen bekannt.

Quellen: Maximalkonzentrationen und Giftwirkungen nach Kühn-Birett, Merkblätter der gefährlichen Arbeitsstoffe, neueste Auflage; Schadstoffanteile nach 4. Immissionsschutzbericht der Bundesregierung. Hinweis: 1000 ppm = 0,1 % Volumen.

Die Alliierten-kennzeichen von 1948 bis 1956

Bekanntlich gab es in Deutschland vor 1946 Autokennzeichen mit schwarzer Schrift auf weißem Grund, bestehend aus einer römischen Ziffer und einem Buchstaben (z. B. IA für Berlin, IP für Schleswig-Holstein, IIB für Oberbayern, IIIA für Stuttgart), gefolgt von einem Bindestrich und einer mehrstelligen Nummer. Im Gegensatz dazu begannen Wehrmachtskennzeichen z. B. mit WH (Wehrmacht-Heer) oder WL (Wehrmacht-Luftwaffe). Die Kennzeichenschilder waren vorne länglich, hinten länglich oder quadratisch mit oben abgeschrägten Ecken. Gegen Ende des Krieges wurden die Kennzeichen auch mit Farbe auf die Motorhauben und Stoßstangen gemalt.

Für Käferfans ist auch noch von Interesse, daß Ferdinand Porsche seine Vorserienfahrzeuge mit von der Fahrgestellnummer abgeleiteten Kennzeichen versehen ließ, damit auf Fotos das Fahrzeug eindeutig zu identifizieren war. So bekamen z. B. die Fahrzeuge der VW-30-Serie durchgehende Nummern ab IIIA-37000. Die Fahrzeuge mit den Fahrgestellnummern 801, 802 und 803 erhielten die Kennzeichen 42801, 42802 und 42803. Die ersten 27 Modelle der VW-38-Serie wurden nach dem Schema IIIA-430?? entspricht 38/?? gekennzeichnet. Das Fahrzeug mit der Fahrgestellnummer 38/03 wurde demnach mit dem Kennzeichen IIIA-43003 versehen, Fahrzeug 38/24 mit IIIA-43024 usw.

Nach dem Krieg gab es in Deutschland für kurze Zeit in jeder Besatzungszone unterschiedliche Kennzeichen, in Hessen z. B. rote Kennzeichen, beginnend mit HE. Nach der großen Verkehrskonferenz, die unter dem Titel „Freiheit der Straße" vom 2.–5. 12. 1947 stattfand, wurden Anfang 1948 erstmals die bekannten Besatzungskennzeichen mit weißer Schrift auf schwarzem Grund ausgegeben, vorerst provisorisch und nur mit einer Gültigkeit für das genannte Jahr. Aus diesem Grund erhielten sie auch eine kleine Zahl 48 in der Mitte unten.

Überraschenderweise erschien Ende 1948 ein neues Kennzeichengesetz: „Die für das Jahr 1948 ausgegebenen Kfz-Kennzeichen bleiben auch über den 31. 12. 1948 hinaus bis auf weiteres gültig." Und Anfang 1949 wurde offiziell im Verkehrs-Gesetzblatt verkündet: „Eine Neuregelung betreffend der Beschaffenheit der amtlichen Kennzeichen wird zur Zeit vorbereitet." Doch hierzu kam es erst 1956.

In der Straßenverkehrszulassungsordnung vom Anfang 1949 wurden diese Alliierten-Kennzeichen als Provisorium bestätigt. Die Kennzeichen besaßen eine weiße Schrift auf schwarzem Grund und waren gemäß dem Muster in Anlage 2 anzufertigen. In dieser Anlage waren zwei Kennzeichentypen für die Zeichenfolge XX 000-000 beschrieben:

1) einzeilig länglich und
2) zweizeilig länglich mit abgeschrägten oberen Ecken und Anfangsbuchstaben nebeneinander in der oberen Zeile, wesentlich kleiner als 1).

Aus der Größe der Schilder folgt, daß es sich bei 1) um das Autokennzeichen, bei 2) um das hintere Motorradkennzeichen handelt. Darüber hinaus wurden z. B. in Hamburg von 1948 bis Mitte 1949 auch noch quadratische Nummernschilder ähnlich 2), aber größer, für Autos ausgegeben.

Für Personenwagen wurden ab Herbst 1949 auch für hinten in der Regel nur breite Kennzeichen ausgegeben. Ausnahmen gab es lediglich für bestimmte Rollermobile, z. B. Messerschmidt-Kabinenroller, welche auch quadratische, oben abgeschrägte Motorrad-Kennzeichen erhalten konnten.

Laut Anlage 1 dieser StVZO sind folgende Buchstabenkombinationen zulässig:

Sowjetische Zone Brandenburg	SB
Sowjetische Zone Mecklenburg	SM
Sowjetische Zone Leipzig (Sachsen)	SL
Sowjetische Zone Thüringen	ST
Sowjetische Zone Sachsen-Anhalt	SN
Groß-Berlin	GB
Amerikanische Zone Württemberg-Baden	AW
Amerikanische Zone Bayern	AB
Amerikanische Zone Hessen	AH
Amerikanische Enklaven (Bremen etc.)	AE
Britische Zone Schleswig-Holstein	BS
Britische Zone Hamburg	BH
Britische Zone Niedersachsen	BN
Britische Zone Rheinland (Nordrhein-Westfalen)	BR

Die Französische Zone hatte sich zu diesem Zeitpunkt noch nicht dem oberen Schema angeschlossen. Das Kennzeichen von Sachsen-Anhalt paßt nicht ganz in dieses Schema: offensichtlich wollte man die Buchstabenkombinationen SS oder SA vermeiden und hat daher die Abkürzung für „Sowjetisch" weggelassen.

Doch schon im Herbst 1949 waren die Muster von Anlage 2 hinfällig, denn neben der Zeichenfolge XX 000-000 wurde inzwischen auch die Zeichenfolge XX 00-0000 verwendet. Außerdem wurden die großen quadratischen Kennzeichen mit abgeschrägten Ecken spätestens zu diesem Zeitpunkt offiziell nicht mehr für Automobile ausgegeben [das kleinere Schild 2) wurde aber noch bis 1956 für Motorräder verwendet]. VW reagierte daraufhin im Oktober 1949 mit dem Wegfall der hinteren Kennzeicheneinprägung für das zweizeilige Kennzeichen auf der Motorhaube des Käfers.

Ebenfalls noch 1949 tritt die Französische Zone in das Kennzeichenschema ein:

Französische Zone Baden	FB
Französische Zone Rheinland-Pfalz	FR
Französische Zone Württemberg-Hohenzollern	FW

Vermutlich gleichfalls noch 1949 wurde das Kennzeichen von Berlin von Groß-Berlin GB in
Kommandantur Berlin KB
umgeändert. Das neue Berlin-Kennzeichen weist im Gegensatz zu allen anderen Alliierten-Kennzeichen eine schwarze Schrift auf weißem Grund auf. Vermutlich wurde diese Änderung vorgenommen, da etwa zum gleichen Zeitpunkt die neugegründete DDR neue Autokennzeichen mit schwarzer Schrift auf weißem Grund einführte. Unterlagen hierüber konnten jedoch nicht aufgefunden werden.

Für Probe- und Überführungsfahrten standen in allen Bundesländern weiße Kennzeichen mit roter Schrift zur Verfügung.

Neben den bisher genannten „privaten" Kfz-Kennzeichen gab es zu diesem Zeitpunkt auch noch eine Menge anderer Kennzeichen:

Die Fahrzeuge des Diplomatischen Korps in Bonn hatten schwarze Kennzeichen, beginnend mit einer weißen Null, gefolgt von einem Bindestrich und einer Zahl, z. B.
0-1 für das Fahrzeug des Bundespräsidenten
0-2 für das Fahrzeug des Bundeskanzlers
usw.

Die Startziffern 00 bis 20 waren für Fahrzeuge bestimmter Behörden reserviert.

Noch höhere Startziffern wurden für Fahrzeuge der Deutschen Post verwendet (z. B. 88-40, 95-16). Nach der Gründung der Deutschen Bundespost am 1. 4. 1950, vielleicht aber auch erst später, wurden bei Neuzulassungen Kennzeichen, beginnend mit BP-, ausgegeben.

Ab Herbst 1949 wurden nur noch längliche Kennzeichen ausgegeben.

Fahrzeuge der amerikanischen Hohen Kommission und der Konsulate besaßen ein weißes Kennzeichen mit blauen Ziffern. Amerikanische Militärfahrzeuge führten ein schwarzes Schild mit gelben Ziffern und einem Vorzeichen: z. B. S für Pkw, J für Jeep und V für Volkswagen. Amerikanische Privatfahrzeuge hatten ein gelbes Schild mit grünen Ziffern, beginnend mit 3C für Privatwagen und 3A für Firmenwagen.

Fahrzeuge der britischen Control Commission for Germany besaßen ebenfalls ein weißes Kennzeichen: eine vierstellige blaue Zahl, der die Buchstaben CCG vorangestellt waren. Britische Behördenfahrzeuge hatten dreistellige Ziffern, gefolgt von der Buchstabenfolge BZA, BZB usw. Britische Privatwagen führten schwarze Kennzeichen mit gelben Buchstaben BZ, ABZ, BBZ usw. hinter einer vierstelligen Zahl.

Fahrzeuge der französischen Hohen Kommission besaßen ein schwarzes Kennzeichen mit weißen Ziffern und den Buchstaben DO für „Domaine Occupée". Französische Behördenfahrzeuge führten sehr unterschiedliche Kennzeichen, jedoch immer mit Landesfarben oder Wappen.

Bereits in der StVZO von 1952 wurde festgestellt: „Die Anlage 1 ist überholt, ein amtliches Verzeichnis der neuen deutschen Kfz-Kennzeichen liegt bisher nicht vor. Die Anlage 2 mit Mustern für die Kraftfahrzeugkennzeichen ist ebenfalls überholt. Auf eine Neufassung dieser Anlagen wird verzichtet, da die Einführung neuer Kennzeichen unmittelbar bevorsteht." Zu diesem Zeitpunkt wurden zum Teil bereits Kennzeichen ohne den ersten Buchstaben, also z. B. N statt BN, W statt AW und R statt BR, ausgegeben. Die Kennzeichen der sowjetischen Zone waren bereits früher geändert worden.

1955 wird der Alliiertenstatus der Bundesrepublik Deutschland aufgehoben. Erst jetzt nehmen die Pläne für die neuen Kennzeichen Form an und führen zur Richtlinie vom 14. 4. 1956. Im gleichen Gesetz wird vorgeschrieben, daß ein Kraftfahrzeug über zwei Rückspiegel verfügen muß. Natürlich mußte VW hierauf reagieren und lieferte ab dem 19. 10. 1956 seine Käfer serienmäßig mit einem Außenrückspiegel aus.

In der genannten Richtlinie wurden die heute üblichen Kennzeichen vorgeschrieben. Sie trat am 1. 5. 1956 in Kraft und besagte, daß „die Umkennzeichnung bis zum Ablauf des 30. 6. 1958 abgeschlossen sein" muß.

Gemäß einem weiteren Gesetz vom 7. 11. 1956 durfte das neue hintere Kennzeichen eines Automobils jetzt wieder zwei Zeilen, d. h. eine quadratische Form, aufweisen: „Auf zahlreiche Anfragen wird klargestellt, daß zweizeilige Schilder, die früher bis zur Einführung des Besatzungskennzeichensystems im großen Umfang in Deutschland verwendet wurden, eigens für diejenigen Fälle wieder eingeführt worden sind, in denen ein einzeiliges Kennzeichen wegen ungenügender Ausleuchtung nicht verwendbar ist."

Hintergrund der Wiedereinführung des zweizeiligen Kennzeichens ist die verstärkte gesetzliche Anforderung an die Sichtbarkeit des hinteren Kennzeichens bei Dunkelheit, die im gleichen Gesetz gefordert wurde. VW änderte daher ab dem 1. 7. 1957 die Motorklappe des Käfers, um eine optimale Anbringung der neuen quadratischen Kennzeichen zu ermöglichen. Damit sind die heutigen Verhältnisse erreicht.

Originalitätsfanatiker werden daher für Fahrzeuge von 10/49 bis 7/57 einzeilige hintere Kennzeichen bevorzugen. Sollte jedoch durch diese Maßnahme das Nummernschild vorstehende scharfe Kanten aufweisen oder das beleuchtete Kennzeichen in der Dunkelheit nicht mehr in 20 m Entfernung lesbar sein, kann dies von kleinlichen TÜV-Prüfern oder Polizisten beanstandet werden. In der Regel sind jedoch diese Beanstandungen durch Nachbiegen der Ecken und Verwendung reflektierender Kennzeichen zu beseitigen. Besonders empfehlenswert ist natürlich ein etwas kürzeres Kennzeichen mit weniger Buchstaben und Zahlen, ggf. in schmalerer Schrift, welches den Maßen des ursprünglichen Kennzeichens sehr nahe kommt.

Auch heute noch gibt es auf Wunsch Kennzeichen in nahezu der gleichen Größe wie früher.

BN 383-340

3. Abschnitt: Interessantes rund um den VW Käfer

Am 3. 9. 1941 wurden die ersten sechs VW Käfer im VW-Werk fertig. Möglicherweise bekam das Fahrzeug von Reichsorganisationsleiter Dr. Robert Ley nur aus Propagandagründen die Bezeichnung „KdF-1".

Auch für die Wartung des VW Käfers mußte gesorgt werden. Bereits im Krieg wurden deshalb die ersten Vertragswerkstätten gegründet.

Die ersten VW Käfer und ihre „prominenten“ Erstbesitzer

Es folgt eine Liste der Besitzer der ersten VW Käfer. Sie ist in Form einer lexikonartigen Aufstellung der NS-Prominenz angelegt und dient nur zur Vermittlung des geschichtlichen Hintergrundes und nicht der Verherrlichung der NSDAP und ihrer Funktionäre. Beachten Sie bitte, daß die Originalunterlagen einige kleine Fehler hinsichtlich Nummern und Daten enthielten, die natürlich nicht korrigiert werden konnten.

Die Liste umfaßt alle Volkswagen mit Käferkarosserie, die von Porsche, später Volkswagen, seit 1938 gebaut wurden. Die noch älteren Fahrzeuge des Typ 60 dienten ausschließlich als Versuchsfahrzeuge und wurden bis auf ein Cabriolet verschrottet. Die Lücken in den Fahrgestellnummern sind meist Kübelwagen Typ 82.

Die Vorserienkäfer der VW-38/39-Serie dienten überwiegend als Versuchswagen bzw. Dienstfahrzeuge der Porsche GmbH Stuttgart. Drei Cabriolets und zwei Cabrio-Limousinen wurden großzügig der Nazi-Führung als Geschenk überreicht. Ein weiteres Vorserien-Cabriolet ging später an Winifred Wagner, die Schwiegertochter des Komponisten Richard Wagner. Einige weitere Vorserien-Limousinen wurden neu oder nach Abschluß der Fahrversuche und Fototermine im Laufe des Jahres 1939 an Personen übergeben, die entscheidenden Anteil am Aufbau des Volkswagenwerkes hatten. Die Reihenfolge der Verteilung ist ebenfalls aus den folgenden Tabellen ersichtlich:

■ Der erste Volkswagen, der in externe Hände gelangte, war ein Cabriolet, welches Adolf Hitler am 20.4.1939 zu seinem 50. Geburtstag geschenkt wurde. Gleichzeitig erhielt er auch noch einen Kübelwagen Typ 62, den keiner mehr haben wollte, weil er sich militärisch nicht bewährt hatte und deshalb inzwischen durch den Typ 82 ersetzt wurde. Adolf Hitler hat gegen viele Widerstände den Bau des Volkswagens durchgesetzt.

■ Hermann Göring erhielt den zweiten Volkswagen, ebenfalls ein Cabriolet und ebenfalls als Geschenk. Göring war Beauftragter für den Vierjahresplan und nach Kriegsbeginn Leiter der Kriegswirtschaft.

■ Rudolf Hess, der Stellvertreter Hitlers, erhielt den dritten Volkswagen, eine Cabrio-Limousine, ebenfalls als Geschenk.

■ Dr. Joseph Goebbels, Reichsminister für Volksaufklärung, erhielt den vierten Volkswagen, eine Cabrio-Limousine, als Geschenk.

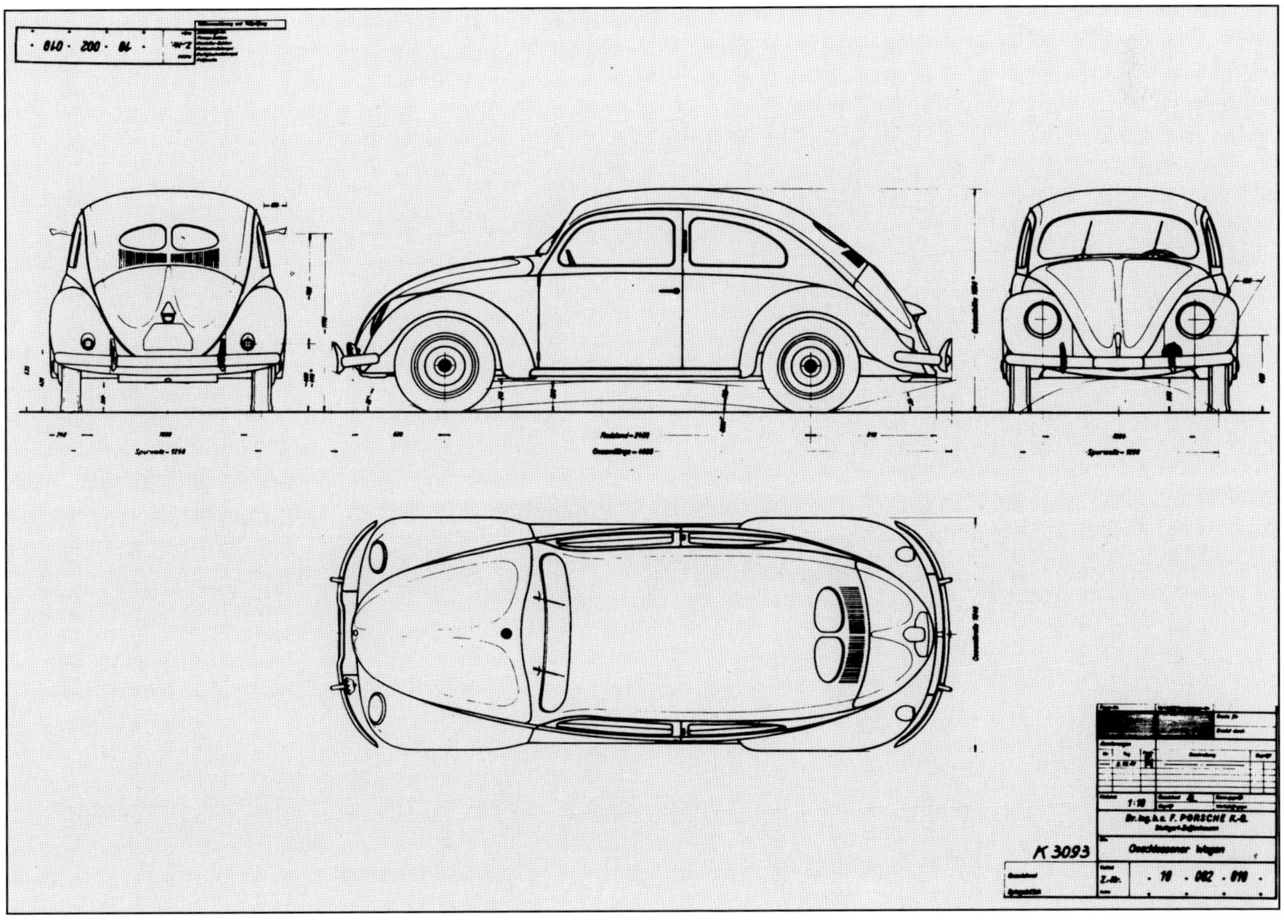

So ging der VW Käfer in Serie: Konstruktionszeichnung vom 2. 10. 41.

■ Reichsorganisationsleiter Dr. Robert Ley, der Gründer und Leiter der Deutschen Arbeitsfront DAF, mit deren Geldern das VW-Werk gebaut wurde, erhielt ein weiteres Volkswagen-Cabriolet als Geschenk.

Die folgenden Fahrzeuge wurden nicht verschenkt, sondern von der Porsche GmbH „übergeben“ und blieben bis zum Schluß auf die Porsche GmbH zugelassen:
■ Stabsleiter Heinrich Simon, DAF, Stellvertreter von Dr. Ley, später Aufsichtsratsvorsitzender des VW-Werks
■ Reichshauptgeschäftsführer Dr. Bodo Lafferentz, früher Leiter der Abteilung „Reisen, Wandern und Urlaub“ der Organisation „Kraft durch Freude“ innerhalb der DAF, dann Geschäftsführer der Gesellschaft zur Vorbereitung des Volkswagens GEZUVOR und schließlich Hauptgeschäftsführer des Volkswagenwerkes (weitere Geschäftsführer des VW-Werkes waren Otto Dyckhoff (bis 11. 12. 41, dann Dr. Anton Piech) sowie Betriebsleiter Dr. Ferdinand Porsche)
■ Direktor Otto Dyckhoff, ehemals deutscher Botschafter in den USA, dann Direktor der GEZUVOR, später Direktor des Planungsbüros von VW
■ Reichsleiter Dr. Franz Xaver Schwarz, Reichsschatzmeister der NSDAP, verantwortlich für die finanziellen Transaktionen zwischen der NSDAP/DAF und dem Volkswagenwerk
■ Oberst, später General von Schell, verantwortlich für die Beschaffung von Militärfahrzeugen für die Wehrmacht
■ Reichsamtsleiter Marrenbach von der DAF, später Hauptgeschäftsführer der DAF

Beim Vergleich der Autokennzeichen auf den alten Fotos mit den angegebenen Kennzeichen ist zu berücksichtigen, daß manche Kennzeichen doppelt vergeben waren.

In der Serienproduktion bei VW ab 1941 wurde der Typ 60 meist als geschlossene Limousine „L“ und in einer kleinen Serie als Fahrgestell, welches extern zu einem Cabriolet umgebaut wurde, hergestellt. Die ersten Fahrzeuge wurden VW-intern verwendet, d. h. ohne Rechnung ausgeliefert (i. B. bedeutet „interne Bestellung“ mit Bezahlung durch interne Umbuchung), und gingen an:
■ H. Luik, den Leiter des Presswerks,
■ H. Kuntze, den Leiter des Kraftwerks,
■ Ing. J. Werner, den Leiter der Werkstatt für die Preßwerkzeuge, ab 1. 10. 44 stellvertretender technischer Leiter. Er wurde extra aus Detroit zu VW geholt,
■ Hans Mayr, Direktor des VW-Werks Bereich Technik, seit 1. 10. 44 Betriebsführer.

Weitere interne Fahrzeuge gingen später an
■ Produktionsleiter Hans Riedel,
■ Dr. Bodo Lafferentz, Hauptgeschäftsführer des VW-Werks,
■ Dr. Rolf Praetorius, kaufmännischer Leiter des VW-Werks, ab 1. 10. 44 stellvertretender Betriebsführer,
■ Georg Riedel, später Prokurist des VW-Werks usw.

Das Nummernschild verrät es: Dieser Käfer wurde von G. Kaes gefahren.

Rechts: Fahrgestell des KdF-Wagens

Sehr streng war man bei der Abrechnung der Fahrzeuge: Die Limousinen vom Direktor des VW-Vorwerks in Braunschweig, Paul Kurz, vom Aufsichtsratsvorsitzenden des VW-Werks, Simon, und seines Stellvertreters bei VW, Strauch, wurden nicht als interne Dienstwagen ohne Berechnung gebucht.

Vielleicht ist Ihnen bei der Durchsicht der Liste aufgefallen, daß der erste im VW-Werk produzierte KdF-Wagen mit der niedrigsten Fahrgestellnummer nicht an Reichsorganisationsleiter Dr. Robert Ley, sondern an Herrn Luik ging. Dr. Ley bekam den nach der Fahrgestellnummer siebtältesten Wagen. Bedenken Sie jedoch, daß die Fahrzeuge nicht streng in der Reihenfolge ihrer Fahrgestellnummern produziert wurden. Außerdem waren damals nach der Produktion erhebliche Nacharbeiten durchzuführen. Von daher kann ohne weiteres das Fahrzeug von Dr. Ley als erstes fertig geworden sein. Das VW-Foto vom 3. 9. 41 zeigt jedenfalls die sechs an diesem Tag fertig gewordenen Fahrzeuge Luik, Kuntze, Werner, Mayr, Ley und Todt, und da ist das Fahrzeug des Dr. Ley zweifelsfrei als KdF-1 mit abgebildet.

Die Liste ist vollständig bis zur Fahrgestellnummer 5-12235, d. h. bis einschließlich 1942. Die restlichen bis zum Ende des Krieges gebauten Fahrzeuge gingen meist zur Deutschen Arbeitsfront Berlin, zur NSDAP München, an das Deutsche Rote Kreuz Potsdam-Babelsberg, an das Heereszeugamt in Kassel sowie an Direktoren von Rüstungsbetrieben. Auch der Reichsführer der SS Heinrich Himmler erwarb einen Volkswagen (Fgstnr. 1-34098). Gegen Ende des Krieges hat besonders die Organisation Todt viele Volkswagen erhalten.

Einige der Fahrzeuge gingen jedoch auch an Zivilpersonen. Hierzu gehören Geschenke der NSDAP: z. B. die Fahrzeuge an den Komponisten Paul Lincke zum 75. Geburtstag (Fgstnr. 4292), sowie an Kaiser Hirohito von Japan (1-7063), König Ferdinand von Bulgarien (1-16908), den Braunschweiger Justiz- und Finanzminister Friedrich Alpers (1-16885), den Staatspräsidenten von Finnland, Ryti (1-18237), und an den japanischen Marine-Attachee (1-34132). Die Fahrzeuge an die befreundeten Staatsmänner wurden in der Regel an deren deutsche Botschaft ausgeliefert. So nahm z. B. der japanische Botschafter Hiroshi Oshima den Wagen für den japanischen Tenno in Empfang.

Auch VW verschenkte Volkswagen: Eine Limousine ging an die Gräfin von der Schulenburg, die ehemalige Mitbesitzerin des VW-Grundstücks (1-7548), eine weitere über Ferdinand Porsche an den Architekten Grunewald (1-6910), ein Cabriolet an General von Schell, der die Bestellung der rund 70 000 Kübel- und Schwimmwagen veranlaßte (1-9900). Weitere Limousinen verschenkte VW an Dr. Ströhlin, Stuttgart (Cabrio-Limousine 1-20249), Kapitän Pütz, Bremen (1-24991), sowie am 11. 3. 44 an „von Pidoll", ein Mitglied meiner Familie, in Hamburg-Blankenese (1-34513). Unterlagen über die Gründe dieser Schenkungen existieren jedoch leider nicht mehr.

Parallel zur Fertigung des Typs 60 wurde ab 1. 10. 1942 die Geländelimousine Typ 92, später Typ 82e produziert (Kübelwagenfahrgestell mit Käferkarosserie). Die Fahrzeuge gingen überwiegend an das Heereszeugamt Kassel und wurden dann meist irgendwo an der Kriegsfront eingesetzt. Von diesen Fahrzeugen gibt es heute noch überraschend viele, da die Wagen, die den Krieg überstandenen hatten, für den Zivileinsatz nach dem Krieg weniger geeignet waren und von daher geschont wurden.

Darüber hinaus wurden bei VW noch Fahrgestelle für 16 Cabriolets Typ 60, ein Typ 92, ein Typ 82e Versuchswagen und neun Typ 82 hergestellt. Es bleibt unklar, wo die Cabriolet-Aufbauten durchgeführt wurden und ob wirklich alle Fahrgestelle zu Cabriolets umgebaut wurden, denn diese Dinge wurden nur gelegentlich in die Wagenstammkartei eingetragen. Ein Eintrag besagt aber, daß aus einem VW-Fahrgestell bei Karmann in Osnabrück ein Cabriolet aufgebaut wurde. Da bei VW am gleichen Tag wie das Karmann-Cabriolet zwei weitere fertige Cabriolets ausgeliefert wurden, könnte man spekulieren, daß auch die anderen Fahrzeuge bei Karmann aufgebaut wurden. Die Cabriolets gingen an

- Ferdinand Porsche GmbH (2 Stück Typ 60; 1 Stück Typ 92, welches nachweislich bei Karmann in Osnabrück zum Cabriolet umgebaut wurde)
- General von Schell, Geschenk von VW anläßlich der von ihm veranlaßten Bestellungen von Militärfahrzeugen
- Stabsleiter Simon, DAF, Aufsichtsratsvorsitzender des VW-Werks
- Amtsleiter Strauch, DAF, stellvertretender Aufsichtsratsvorsitzender des VW-Werks
- DAF-Hauptgeschäftsführer Marrenbach
- VW-Hauptgeschäftsführer Dr. Bodo Lafferentz und Dr. Anton Piëch
- Reichsorganisationsleiter Dr. Robert Ley, Leiter der DAF (2 Stück)
- SS-Führungshauptamt Berlin (4 Stück)
- Kraftfahrtechnische Schule der Luftwaffe
- Reichsjugendführer Artur Axmann.

Bei einem Fahrzeug des Dr. Robert Ley ist in der Wagenstammkartei noch nachträglich vermerkt worden, daß es zwar als Cabriolet bestellt und bei VW geführt wurde, gemäß Zählpunktunterlagen aber als geschlossene Limousine Typ 60 das Band verließ.

Neben den normalen Fahrzeugen wurden bei VW im Krieg auch noch einige Sondertypen produziert:

- 1 Typ 92LO = Kombiwagen mit Pritschenaufbau (Fgstnr. 5-10220, an VW-Hauptgeschäftsführer Dr. Bodo Lafferentz)
- 1 Typ 98 = Typ 92 mit Rolldach (Fgstnr. V5C-17350, an VW-Geschäftsführer Dr. Anton Piech, i.B.)
- 3 Typ 60CL = Typ 60 mit Rolldach (Fgstnr. 1-12210 an Gauleiter Dr. Reiner, Kärnten; Fgstnr. 1-19910 an VW-Hauptgeschäftsführer Dr. Bodo Lafferentz; Fgstnr. 1-20249 Geschenk an Dr. Ströhlin, Stuttgart, i. B.)

Das Interesse der deutschen Bevölkerung am VW Käfer zeigte sich am deutlichsten bei Vorstellung der Volkswagen-Modelle auf den Marktplätzen und darin, daß weit über 300 000 Bürger für ihn sparten. Schließlich sollte er bei einer Massenproduktion in Friedenszeiten nur RM 990 kosten: soviel wie ein Motorrad. Die häufigen Besuche ausländischer Staatsoberhäupter im VW-Werk und die daraus resultierenden Geschenke von Volkswagen sowie die vielen Zeitungsartikel in aller Welt beweisen, daß der VW Käfer auch im Ausland große Zustimmung fand.

Diese damalige Begeisterung über den VW Käfer kann man auch heute noch spüren: Über den Volksempfänger redet heute keiner mehr, aber über den Volkswagen können Sie an jedem Stammtisch eine längere Konversation führen.

Chassis	Motor	Kennzeichen	Typ	Reihenf.	Besitzer
Anfang 1938 (V303)					
801	unbek.	IIIA-42801	60L		nach Unfall verschrottet
802	unbek.	IIIA-42802	60CL		nach Unfall verschrottet
803	unbek.	IIIA-42803	60 offen		Vorführwagen zur besonderen Verwendung
1938/39 (VW38)					
38/01	38/01	IIIA-43001	60L		Versuchswagen (Bihl)
38/02	38/09	IIIA-43002	60L		Versuchswagen
38/03	38/03	IIIA-43003	60L		Versuchwagen
38/04	38/04	IIIA-43004	60L	22	H. Klauser, VW-Kundendienst Berlin
38/05	38/05	IIIA-43005	60L	16	Hauptamtsleiter Marrenbach, DAF
38/06	38/06	IIIA-43006	60L	17	Reichsorganisationsleiter Dr. Robert Ley
38/07	38/07	IIIA-43007	60L	8	Direktor Otto Dyckhoff, VW
38/08	38/08	IIIA-43008	60L	9	VW-Werk, Fallersleben
38/09	39/101	IIIA-43009	60L		Versuchswagen
38/10	38/10	IIIA-43010	60CL		Versuchswagen (Dr. Piech)
38/11	38/11	IIIA-43011	60CL		Versuchswagen (Dr. Porsche)
38/12	38/12	IIIA-43012	60L	18	Deutsche Arbeitsfront, München
38/13	38/13	IIIA-43013	60L		Versuchswagen
38/15	38/19	IIIA-43015	60L	19	VW-Werk, Berlin
38/16	38/16	IIIA-43016	60CL	7	Reichsamtsleiter Dr. Bodo Lafferentz
38/17	38/17	IIIA-43017	60CL	20	Reichsorganisationsleiter Dr. Robert Ley
38/18	38/18	IIIA-43018	60CL	21	Reichsorganisationsleiter Dr. Robert Ley
38/19	38/32	IIIA-43019	60CL		Versuchswagen (G.Kaes)
38/22	38/22	IIIA-43022	60CL		Versuchswagen
38/23	38/23	IIIA-43023	60CL	12	Reichsleiter Dr. Xaver Schwarz
38/24	38/24	IIIA 43024	60L		Versuchswagen (Kales)
38/25	38/25	IIIA-43025	60L		Versuchswagen
38/26	38/26	IIIA-43026	60L	11	Kundendienst VW, Fallersleben
38/27	38/44	IIIA-43027	60L		Versuchswagen (Hahn)
38/31	38/37	IA-148564	60 offen	1	Geschenk an Adolf Hitler am 20.4.39
38/32	38/39	IIIA-43032	60L		Versuchswagen (v. Malberg)
38/33	39/116	IIIA-43033	60L		Versuchswagen (Komenda)
38/34	38/40	IA-4848	60 offen	5	Geschenk an Dr. Robert Ley
38/36	39/105	IA-47268	60CL	4	Geschenk an Dr. Joseph Goebbels
38/37	38/45	IA-223332	60 offen	2	Geschenk an Hermann Göring
38/38	39/106	IIA-60705	60CL	3	Geschenk an Rudolf Hess
38/39	38/27	IIIA-43029	60L		Versuchswagen
38/40	39/108	IIIA-43030	66		Versuch Typ 60L Rechtslenker
38/44	38/02	IIIA-13114	60LO		Versuch Typ 60 Lieferwagen
1939/40 (VW39)					
1-01	38/21	IIIA-43021	60L	10	v. Schuckmann, VW-Fallersleben
1-02	39/107	IIIA-43034	60CL	13	Oberst von Schell
1-03	38/42	IIIA-43028	60L		Versuchswagen (Dr. Porsche)
1-04	39/109	IIIA-43036	60CL	14	Leihgabe an das Reichsluftfahrtministerium
1-07	38/29	IIIA-43041	60 offen		Versuchswagen
1-08	39/118	IIIA-43038	60CL	6	Stabsleiter Heinrich Simon, DAF
1-09	39/127	IIIA-43040	60L		Für Wiener Messe 1939
1-10	39/128	IIIA-43043	60L	15	Koppenberg (Junkers Werke, Dessau)
1-12	39/129	IIIA-43042	60L		Für Wiener Messe 1939
1-16	39/103	IIIA-43039	60CL		Versuchswagen
1-28	38/36	IIIA-43044	60CL		Für Wiener Messe 1939
1-29	39/120	IIIA-43045	60L		Für Wiener Messe 1939
1-43	38/16	IIIA-43045	60L	1940	Direktor Otto Dyckhoff, VW
1-46	39/120	ohne	60L	1940	Ausstellungsstück Inlandsvertrieb Berlin
?	38/31	IIIA-43035	60L	1940	Versuchswagen
?	?	?	60 offen	1940	Versuchswagen
?	?	?	60L	1940	Versuchswagen

Über 300 000 Bürger hatten für den VW Käfer gespart. Nach dem Krieg begann dann der große VW-Sparer-Prozeß.

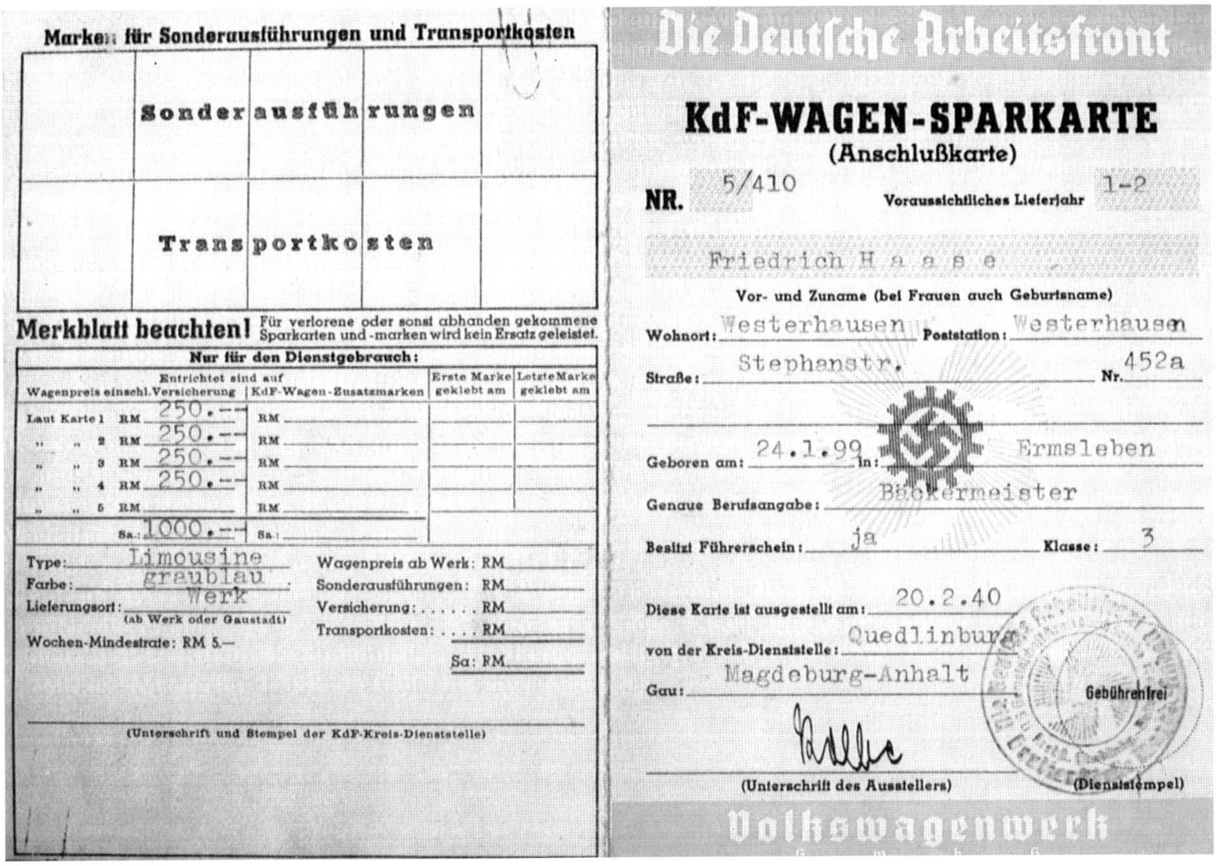

Marken für Sonderausführungen und Transportkosten

Sonderausführungen

Transportkosten

Merkblatt beachten! Für verlorene oder sonst abhanden gekommene Sparkarten und -marken wird kein Ersatz geleistet.

Nur für den Dienstgebrauch:

Entrichtet sind auf Wagenpreis einschl. Versicherung		Entrichtet sind auf KdF-Wagen-Zusatzmarken	Erste Marke geklebt am	Letzte Marke geklebt am
Laut Karte 1	RM 250.--	RM		
„ „ 2	RM 250.--	RM		
„ „ 3	RM 250.--	RM		
„ „ 4	RM 250.--	RM		
„ „ 5	RM	RM		
Sa.:	1000.--	Sa.:		

Type: Limousine
Farbe: graublau
Lieferungsort: Werk (ab Werk oder Gaustadt)
Wochen-Mindestrate: RM 5.—

Wagenpreis ab Werk: RM
Sonderausführungen: RM
Versicherung: RM
Transportkosten: RM
Sa: RM

(Unterschrift und Stempel der KdF-Kreis-Dienststelle)

Die Deutsche Arbeitsfront

KdF-WAGEN-SPARKARTE
(Anschlußkarte)

NR. 5/410 Voraussichtliches Lieferjahr 1-2

Friedrich Haase
Vor- und Zuname (bei Frauen auch Geburtsname)

Wohnort: Westerhausen Poststation: Westerhausen
Straße: Stephanstr. Nr. 452a

Geboren am: 24.1.99 in: Ermsleben
Genaue Berufsangabe: Bäckermeister
Besitzt Führerschein: ja Klasse: 3

Diese Karte ist ausgestellt am: 20.2.40
von der Kreis-Dienststelle: Quedlinburg
Gau: Magdeburg-Anhalt

Gebührenfrei

(Unterschrift des Ausstellers) (Dienststempel)

Volkswagenwerk

Einfach und zuverlässig: der Motor des KdF-Wagens

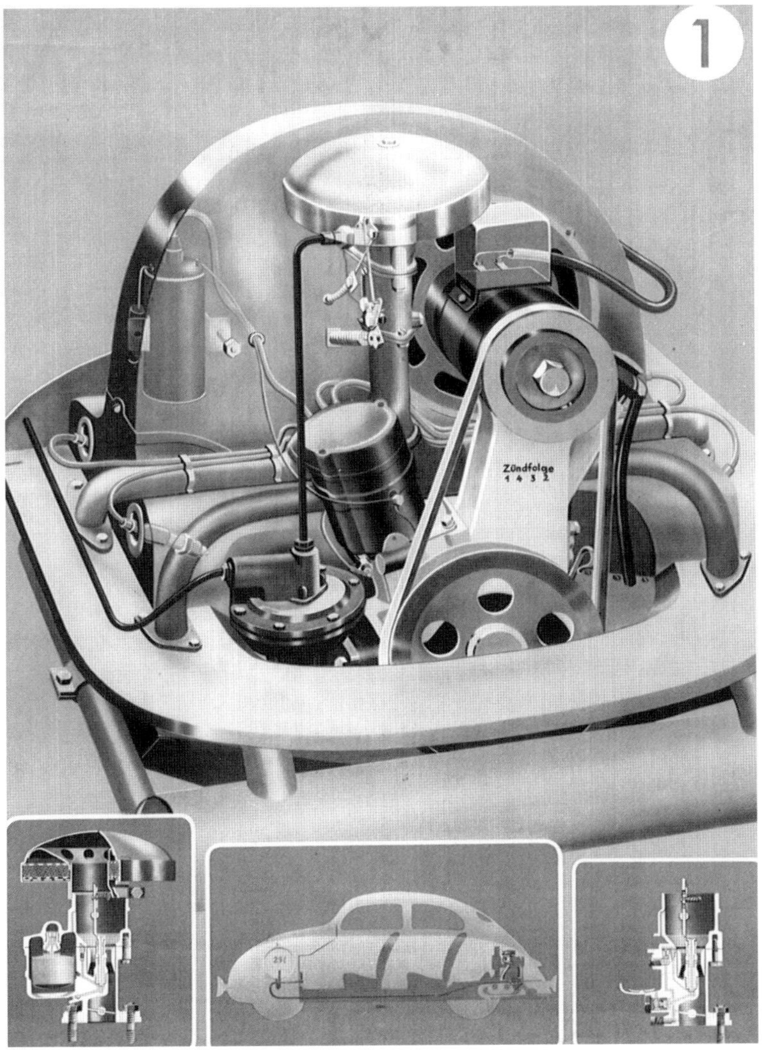

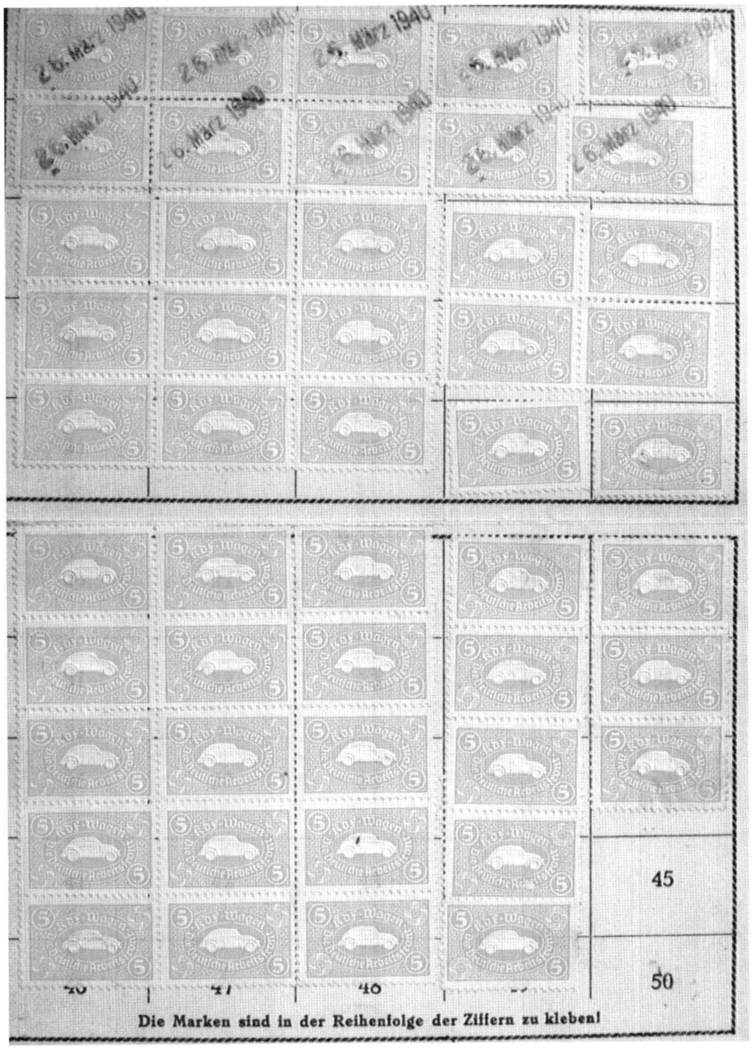

Chassis	Motor	Typ	Aufbau	Produktions-datum	Liefer-datum	Erstbesitzer
1941						
3170	3295	60L		11.07.41	03.09.41	Dienstwagen H. Luik, VW i. B.
3171	3321	60L		18.08.41	03.09.41	Dienstwagen H. Kuntze, VW i. B.
3278	4219	60L		25.08.41	03.09.41	Dienstwagen H. Werner, VW i. B.
3462	3753	60L	24	29.08.41	12.12.41	Direktor Paul Kurz, VW Braunschweig
3513	3827	60L	23	25.08.41	29.11.41	Amtsleiter Strauch, DAF
3514	4084	60L		03.09.41	03.09.41	Direktor Hans Mayr, VW i. B.
3586	3834	60L		25.08.41	05.09.41	Reichsorganisationsleiter Dr. Robert Ley (Limousine mit Rundfunkempfänger)
3719	3815	60L	11	??.09.41	03.09.41	Reichsminister für Waffen, Dr. Fritz Todt
3770	3313	60L		??.09.41	17.10.41	Produktionsleiter Hans Riedel, VW i. B.
4197	K3897	60L		10.12.41	31.12.41	Ausstellungswagen VW-Werk, i. B.
4198	K3908	60L		27.10.41	27.10.41	Stabsleiter Simon, DAF
4203	3-1-5497	60L	12	27.10.41	25.10.41	VW-Hauptgeschäftsführer Dr. Lafferentz, i. B.
4261	K3893	60L	13	02.10.41	30.10.41	Reichsminister für Wirtschaft, Walter Funk
4288	6062	60L	22	10.12.41	17.12.41	Gauleiter Hartmann Lauterbacher
4289	K3909	60L	19	07.11.41	07.11.41	Reichshauptgeschäftsführer Marrenbach, DAF
4290	5750	60L	16	07.11.41	21.11.41	Reichsleiter für die Presse Max Amann
4291	K5504	60L	21	10.11.41	06.12.41	Reichsminister für Waffen, Dr. Fritz Todt
4292	K3913	60L	20	02.11.41	05.11.41	Paul Lincke, Komponist, Berlin
4293	K3910	60L	18	13.11.41	15.11.41	Generalbauinspektor Prof. Albert Speer
4294	5950	60L	17	10.12.41	17.07.42	Telefunken, Werk Valvo Röhren, Berlin
4295	K3895	60L	25	27.10.41	29.10.41	Gauobmann Wiebel
4296	K4797	60L	26	29.10.41	29.10.41	Gauleiter Otto Telschow, Hannover-Ost
4297	K4798	60L		05.11.41	05.11.41	Dr. Rolf Praetorius, VW i. B.
11-4893	1-5111	60L	29	10.12.41	10.12.41	über Inlandsvertrieb an Unbekannt
11-4894	1-6053	60L	38	10.12.41	23.11.41	Chefadjutant Rosbach
11-4895	1-5110	60L	27	10.12.41	21.12.41	Prof. Walter Großmann, Reichsinnenministerium
11-4896	1-5601	60L	71	05.12.41	31.01.42	Reichsorganisationsleiter Dr. Robert Ley
1-5640	1-6056	60L	36	20.12.41	23.12.41	SS-Untersturmführer Balette
1-5641	1-6054	60L	37	20.12.41	23.12.41	Stabschef der SA Viktor Lutze
1-5642	1-6055	60L	43	20.12.41	12.01.42	Chef des Reichssicherheitsdienstes
1-5643	1-6061	60L		20.12.41	03.02.42	Dienstwagen H.Kaiser, VW i. B.
1-5644	1-6059	60L	41	20.12.41	27.02.41	Obergruppenführer Lorenz
1-5645	1-6058	60L	40	20.12.41	13.01.42	Reichshauptgeschäftsführer Marrenbach, DAF
1-5646	1-6209	60L	44	20.12.41	15.01.42	Reichsminister für Waffen, Dr. Fritz Todt
1-5647	1-6207	60L	71	20.12.41	03.02.42	Gauleiter Florian, Düsseldorf
1-5648	1-6208	60L	45	20.12.41	21.01.42	Landeshauptmann Haake
1-5649	1-6206	60L		20.12.41	20.12.41	Dienstwagen Georg Riedel, VW i. B.
1-5650	1-6057	60	offen	20.12.41	01.03.42	Dr. Ferdinand Porsche KG, Stuttgart
1-5651	1-6060	60L	32	20.12.41	31.01.42	SS-Gruppenführer Jüttner
1-5652	1-6210	60L	39	20.12.41	20.01.42	Munitionsministerium Panzerkommission
1-5653	1-6268	60L	34	20.12.41	30.01.42	Reichsminister des Inneren Dr. Wilhelm Frick
1-5654	1-6267	60L	35	20.12.41	08.01.42	Generalmajor von Schell
1-5655	1-6270	60	offen	20.12.41	01.03.42	Kraftfahrtechnische Schule der Luftwaffe, Rudolstadt
1942						
1-5668	3-6318	92	offen	26.01.42	01.03.42	über Karmann, Osnabrück an Porsche KG Stgt i. B.
1-5759	1-6652	60L	47	14.02.42	31.03.42	Kommandoamt der Waffen-SS, Berlin
1-5760	1-6619	60L	49	14.02.42	27.02.42	Generalinspekteur und Direktor Jacob Werlin
1-5761	1-6010	60L	55	13.02.42	20.02.42	Munitionsministerium
1-5762	1-6402	60L	74	13.02.42	31.03.42	Kommandoamt der Waffen-SS, Berlin
1-5763	1-6664	60L		14.02.42	27.02.42	Dienstwagen R. Lützke, VW i. B.
1-6641	1-7350	60L		26.03.42	06.05.42	Ministerpräsident Dietrich Klagges, Braunschw.
1-6642	1-6761	60L		26.03.42	13.05.42	Gauleiter Arthur Greiser
1-6643	1-6726	60L		26.03.42	12.05.42	Dienstwagen Dr. Siefer, VW i. B.
1-6644	1-7482	60L		26.03.42	27.04.42	Oberingenieur Rössig, Rhenania Ossag
1-6645	1-7472	60L		26.03.42	23.04.42	Reichsleitung der NSDAP
1-6715	1-7643	60L	59	28.03.42	17.04.42	Munitionsministerium, Panzerkommission

Chassis	Motor	Typ	Aufbau	Produktions-datum	Liefer-datum	Erstbesitzer
1-6716	1-7645	60L		28.03.42	01.05.42	Stabsgruppe „Chef des Heeres“, Kraftfahrabt.
1-6717	1-7641	60L		28.03.42	01.05.42	Stabsgruppe „Chef des Heeres“, Kraftfahrabt.
1-6718	1-7724	60L		28.03.42	26.05.42	über VW-Zentrale Berlin an Unbekannt
1-6719	1-7642	60L		28.03.42	26.05.42	über VW-Zentrale Berlin an Unbekannt
1-6907	1-7710	60L		10.04.42	25.05.42	über VW-Zentrale Berlin an Unbekannt
1-6908	1-7709	60L		10.04.42	02.06.42	über VW-Inlandsvertrieb Berlin an Unbekannt
1-6909	1-7707	60L		10.04.42	11.09.42	Technische Leitung VW i. B.
1-6910	3-8277	60L	58	10.04.42	29.04.42	Geschenk an Architekt Grunewald, i. B.
1-6911	1-7711	60L		10.04.42	23.04.42	Reichsleitung der NSDAP
13-7000	3-7962	60	offen	14.04.42	14.04.42	Reichshauptgeschäftsführer Dr. Bodo Lafferentz
1-7062	1-7708	60L		17.04.42	04.06.42	Geschenk der NSDAP / DAF an Unbekannt
1-7063	1-7721	60L		17.04.42	18.05.42	über Reichsminister des Äußeren Joachim von Ribbentrop an Kaiser Hirohito, Japan
1-7064	1-7725	60L		24.04.42	26.05.42	Generalfeldmarschall Erhard Milch
1-7540	1-8092	60L		08.06.42	13.06.42	Reichsarbeitsminister Franz Seldte
1-7541	3-11474	60L	grau	09.07.41	25.08.42	Staatsminister Gauleiter Adolf Wagner
1-7542	1-8089	60L	grau	02.09.42	12.10.42	Kommando der Rüstungswirtschaft, Braunschweig
1-7543	1-8088	60L		19.06.42	23.06.42	über VW-Inlandsvertrieb Berlin an Unbekannt
1-7544	1-8090	60L		08.06.42	13.06.42	über VW-Inlandsvertrieb Berlin an Unbekannt
1-7545	1-8095	60L		21.05.42	21.05.42	Gauleiter Peper
1-7546	1-8093	60L		30.05.42	13.06.42	Gauleiter Dr. Meyer, Westfalen-Nord
1-7547	1-8087	60L		02.07.42	14.07.42	Generaldirektor Paul Pleiger, Hermann-Göring-Werke, Braunschweig
1-7548	1-8094	60L	blaugrau	30.07.42	18.08.42	Geschenk an Gräfin von der Schulenburg, i. B.
1-7549	1-8091	60L		08.06.42	13.06.42	Großadmiral Erich Raeder
1-8000	3-9015	60	offen?	20.05.42	20.05.42	Reichsorganisationsleiter Dr. Robert Ley
1-9122	1-8570	60L	schwarz	18.08.42	28.01.43	Gauleiter Dr. Jury, Wien
1-9123	1-8572	60L	schwarz	16.07.42	16.07.42	Generaldirektor Tiedemann, Junkers-Werke, Leihwagen i. B.
1-9124	1-8568	60L	grau	20.07.42	21.07.42	H.Kaiser, VW-Bereitschaft i. B.
1-9125	1-8569	60L	grau	22.07.42	03.08.42	Gauleiter Wächter
1-9126	1-8567	60L	grau	03.08.42	09.08.42	Gauleiter Ernst Wilhelm Bohle
1-9127	1-7720	60L	grau	03.08.42	09.08.42	Reichsminister für besetzte Ostgebiete Alfred Rosenberg
1-9128	1-8573	60L	grau	07.08.42	21.08.42	über Inlandsvertrieb Berlin an Unbekannt
1-9129	1-8575	60L	grau	04.08.42	09.08.42	Generalgouverneur Dr. Hans Frank, Krakau
1-9130	1-8571	60L	grau	07.08.42	09.08.42	Dr. Rohland, Vereinigte Stahlwerke
1-9131	1-8566	60L	grau	31.07.42	03.08.42	Reichsschatzmeister der NSDAP Xaver Schwarz
1-9132	1-8574	60L	grau	07.08.42	21.08.42	über Inlandsvertrieb Berlin an Unbekannt
1-9133	1-10203	60L	grau	07.08.42	13.08.42	Deutsches Rotes Kreuz, Berlin
1-9134	1-10202	60L	grau	14.08.42	31.08.42	Kreisobmann der DAF Gifhorn, Willi Huth
1-9135	1-10206	60L	grau	07.08.42	21.08.42	Gauleiter Arthur Stürck, Berlin
1-9136	1-10208	60L	grau	03.08.42	09.08.42	Gauleiter Josef Bürckel, Westmark
1-9137	1-10207	60L	grau	10.08.42	27.08.42	Deutsche Arbeitsfront, Berlin
1-9138	1-10209	60L	grau	29.07.42	09.08.42	SS-Gruppenführer Schaub, Berlin
1-9139	1-10210	60L	grau	04.08.42	26.08.42	NSDAP, München
1-9140	1-10211	60L	grau	07.08.42	27.08.42	Deutsche Arbeitsfront, Berlin
1-9141	1-10212	60L	grau	04.08.42	07.08.42	Reichsschatzmeister der NSDAP, Xaver Schwarz
1-9142	1-10205	60L	grau	14.08.42	03.09.42	Oberreg.rat Dr. Strauß, Landratsamt Gifhorn
1-9143	1-10204	60L	grau	11.08.42	26.08.42	über Inlandsvertrieb Berlin an Unbekannt
1-9144	1-10213	60L	grau	07.08.42	21.08.42	über Inlandsvertrieb Berlin an Unbekannt
1-9145	1-10215	60L	grau	21.08.42	26.08.42	NSDAP, München
1-9146	1-11601	60L	grau	26.08.42	31.08.42	Leihwagen Dr. Ferdinand Porsche, Stuttgart, i. B.
1-9592	1-10264	60L	grau	27.07.42	03.08.42	Gauleiter Josef Terboven, Essen
1-9593	1-10264	60L	grau	31.07.42	07.08.42	Reichsschatzmeister der NSDAP, Xaver Schwarz
1-9594	1-10260	60L	grau	28.07.42	03.08.42	Gauleiter Konrad Henlein, Sudetenland
1-9595	1-10262	60L	grau	31.07.42	09.08.42	Reichsminister Karl Fiehler
1-9596	1-10263	60L	grau	31.07.42	07.08.42	Reichsschatzmeister der NSDAP, Xaver Schwarz
1-9597	1-10261	60L	grau	28.07.42	03.08.42	Gauleiter Franz Schwede, Pommern
1-9598	1-10661	60L	grau	03.08.42	09.08.42	Generalfeldmarschall Walter von Brauchitsch
1-9599	1-10664	60L		29.07.42	09.08.42	Gauleiter Franz Bracht
1-9600	1-10663	60L	grau	31.07.42	21.08.42	über Inlandsvertrieb Berlin an Unbekannt
1-9601	1-10666	60L	grau	31.07.42	13.08.42	Inst. f. Elektrotechnik der Luftkriegsakademie Berlin

Unterwegs mit dem KdF-Wagen im Wald und auf der Reichsautobahn

Chassis	Motor	Typ	Aufbau	Produktions-datum	Liefer-datum	Erstbesitzer
1-9898	1-10967	60L	grau	11.09.42	09.10.42	über Inlandsvertrieb Berlin an Unbekannt
1-9899	1-10963	60L	grau	30.07.42	09.10.42	Gauleiter Fritz Saukel, Thüringen
1-9900	1-10786	60	offen	05.08.42	04.08.42	Geschenk an Generalleutnant von Schell, i. B.
1-9901	1-10965	60L	grau	30.07.42	27.08.42	Deutsche Arbeitsfront, Berlin
1-9902	1-10901	60L	grau	31.07.42	21.08.42	über Inlandsvertrieb Berlin an Unbekannt
1-9903	1-10665	60L	grau	07.08.42	11.09.42	Reichsbauernführer Wathling, Leihwagen i. B.
1-9904	1-10903	60L	grau	03.08.42	09.08.42	Reichsorganisationsleiter Dr. Robert Ley
1-9905	1-10975	60L		30.07.42	21.08.42	über Inlandsvertrieb Berlin an Unbekannt
1-9906	1-10977	60L	grau	30.07.42	21.08.42	über Inlandsvertrieb Berlin an Unbekannt
1-9907	1-10983	60L	grau	30.07.42	21.08.42	über Inlandsvertrieb Berlin an Unbekannt
1-9908	1-10982	60L	grau	31.07.42	21.08.42	Reichsschatzmeister der NSDAP, Xaver Schwarz
1-10002	1-11082	60L	grau	31.07.42	03.08.42	Reichsschatzmeister der NSDAP, Xaver Schwarz
1-10003	1-11078	60L	grau	05.08.42	27.08.42	Deutsche Arbeitsfront, Berlin
1-10004	1-11086	60L	grau	04.08.42	27.08.42	Deutsche Arbeitsfront, Berlin
1-10005	1-11087	60L	grau	04.08.42	26.08.42	NSDAP, München
1-10006	1-11088	60L	grau	31.07.42	04.08.42	Reichsministerium für Bewaffnung
1-10023	1-11104	60L	grau	10.08.42	27.08.42	Deutsche Arbeitsfront, Berlin
1-10024	1-11103	60L	grau	10.08.42	27.08.42	Deutsche Arbeitsfront, Berlin
1-10025	1-11105	60L	grau	10.08.42	21.08.42	Gauleiter Peger
1-10026	1-11106	60L	grau	11.08.42	17.08.42	Bauaufsicht VW-Werk, Schnachinger
1-10027	1-11108	60L	grau	11.08.42	10.09.42	Bürgermeister Ncimerth, Stadt d. KdF-Wagens
1-10028	1-11085	60L	grau	11.08.42	19.08.42	Gestapo, Stadt d. KdF-Wagens
1-10029	1-11107	60L	grau	05.08.42	27.08.42	Deutsche Arbeitsfront, Berlin
1-10030	1-11111	60L	grau	10.08.42	27.08.42	Deutsche Arbeitsfront, Berlin
1-10031	1-11109	60L	grau	11.08.42	08.09.42	SA Obergruppenführer Wagges, München
1-10032	1-11100	60L	grau	11.08.42	21.08.42	Gauleiter Josef Wagner, Schlesien
1-10033	1-11117	60L	grau	11.08.42	27.08.42	Deutsche Arbeitsfront, Berlin
1-10034	1-11096	60L	grau	11.08.42	27.08.42	Deutsche Arbeitsfront, Berlin
1-10035	1-8096	60L	grau	28.08.42	04.10.42	Industrie- und Handelskammer, Berlin
1-10036	1-11118	60L	grau	10.08.42	27.08.42	Deutsche Arbeitsfront, Berlin
5-10220	3-11383	92LO	grau	28.08.42	28.08.42	Reichshauptgeschäftsführer Dr. Bodo Lafferentz
1-10566	1-10214	60L	grau	31.08.42	04.10.42	Bevollmächtigter für das Kraftfahrzeugwesen
1-10567	1-11151	60L	grau	07.09.42	16.09.42	Leihwagen Stadt Burgdorf bei Hannover, i. B.
1-10568	1-11161	60L	grau	21.08.42	26.08.42	Kreisleiter Hustermann, Stadt d. KdF-Wagens
1-10569	1-11142	60L	grau	20.08.42	21.08.42	Gauinspektor und Kreisleiter Bayer
1-10570	1-11157	60L	grau	03.09.42	14.09.42	Neuland, Stadt d. KdF-Wagens
1-10571	1-11149	60L	grau	02.09.42	14.09.42	Oberdienstleiter Hermann Ried, Berlin
1-10572	1-11159	60L	grau	02.09.42	04.11.42	Kreisleiter Soltau, Gifhorn
1-10573	1-11160	60L	grau	16.09.42	29.09.42	Leitung der VW-Sozialbetriebe
1-10574	1-11158	60L	grau	20.08.42	20.08.42	Dienstwagen Dr. Lützke, Berlin, i. B.
1-10575	1-11152	60L	grau	02.09.42	14.09.42	Oberkommando des Heereswaffenamtes, Berlin
1-10701	1-11084	60L	grau	27.08.42	11.09.42	Leihwagen Dr. Richter, Braunschweig, i. B.
1-10702	1-11166	60L	grau	02.09.42	02.09.42	Gauleiter Albert Forster, Danzig
1-10703	1-11143	60L	grau	27.08.42	04.10.42	Reichsminister für kirchliche Angelegenheiten
1-10704	1-12433	60L	grau	03.09.42	04.09.42	Gauleiter Hartmann Lauterbacher
1-10705	1-11154	60L	grau	28.08.42	14.09.42	Oberkommando des Heereswaffenamtes, Berlin
1-10971	1-11156	60L	grau	08.09.42	23.10.42	Dienstwagen Walter Westermann, Hagen, i. B.
1-10972	1-11147	60L	grau	17.09.42	14.10.42	über Inlandsvertrieb Berlin an Unbekannt
1-10973	1-13286	60L	grau	29.09.42	04.10.42	DAF-Adjutantur, Berlin
1-10974	1-13287	60L	grau	28.09.42	04.10.42	DAF-Adjutantur, Berlin
1-10975	1-11141	60L	grau	08.10.42	30.11.42	Gauleiter Kurz, Stuttgart
1-10976	1-11148	60L	grau	17.09.42	04.10.42	DAF-Zentralstelle f. d. Finanzwirtschaft
1-10977	1-11165	60L	feldgrau	21.09.42	11.11.42	Gauleiter Gustav Adolf Scheel, Salzburg
1-10978	1-11145	60L	feldgrau	03.09.42	27.10.42	Karosseriewerk Ambi-Budd, Berlin
1-10979	1-10216	60L	feldgrau	17.09.42	04.10.42	Bergrat Malzacher
2-11696	5-13280	92		28.09.42	04.10.42	DAF Zentralstelle f. d. Finanzwirtschaft
2-11697	5-13279	92		29.09.42	04.10.42	DAF Zentralstelle f. d. Finanzwirtschaft
2-11698	5-13275	92		28.09.42	04.10.42	DAF Zentralstelle f. d. Finanzwirtschaft
2-11699	5-13277	92		29.09.42	28.10.42	DAF Abt. Kraftfahrwesen Berlin-Wilmersdorf
2-11700	5-13285	92		29.09.42	04.10.42	Gauleiter Hofer
2-11701	5-13278	92		28.09.42	01.10.42	Ministerialdirektor Dorsch, Berlin

Chassis	Motor	Typ	Aufbau	Produktions-datum	Liefer-datum	Erstbesitzer
2-11702	5-13272	92		29.09.42	04.10.42	DAF Zentralstelle f.d. Finanzwirtschaft
2-11703	5-13274	92		29.09.42	28.10.42	DAF Abt. Kraftfahrwesen Berlin-Wilmersdorf
2-11704	5-13276	92		28.09.42	04.10.42	Gauleiter Koch, Königsberg
2-11705	5-13271	92		30.09.42	28.10.42	DAF Abt. Kraftfahrwesen Berlin-Wilmersdorf
1-11838	1-11153	60L		05.03.42	30.03.42	Deutsche Arbeitsfront, Berlin
1-11839	1-13590	60L		02.10.42	04.10.42	Reichminister für Bewaffnung und Munition Prof. Albert Speer
1-11840	1-13591	60L		02.10.42	04.10.42	Der Bevollmächtigte für das Kraftfahrwesen
1-11841	1-13592	60L	grau	06.10.42	23.11.42	über Inlandsvertrieb Berlin an Unbekannt
1-11842	1-13594	60L		02.10.42	04.10.42	Deutsches Rotes Kreuz, Potsdam-Babelsberg
1-11892	1-13614	60L	grau	12.10.42	25.11.42	Staatsrat Otte, Hamburg
1-11893	1-13612	60L		02.10.42	04.10.42	Deutsches Rotes Kreuz, Potsdam-Babelsberg
1-11894	1-13611	60L	grau	05.10.42	23.11.42	Gauleiter Josef Grohe, Köln-Gereon
1-11895	1-13613	60L	grau	13.10.42	26.10.42	Porsche KG, Stuttgart-Zuffenhausen
1-11896	1-13610	60L	grau	02.10.42	23.11.42	über Inlandsvertrieb Berlin an Unbekannt
1-11897	1-13606	60L		02.10.42	04.10.42	DAF-Adjutantur
1-11898	1-13607	60L	grau	05.10.42	23.11.42	über Inlandsvertrieb Berlin an Unbekannt
1-11899	1-13618	60L		02.10.42	04.10.42	DAF Zentralstelle f.d. Finanzwirtschaft
1-11900	1-13609	60L		02.10.42	04.10.42	DAF-Adjutantur
1-11928	1-13598	60L	grau	05.10.42	28.10.42	Gebietsführer Kremers, Lüneburg
1-11929	1-13597	60L	grau	06.10.42	23.11.42	über Inlandsvertrieb Berlin an Unbekannt
1-11930	1-13600	60L	grau	05.10.42	06.11.42	DAF Gemeinschaftswerk Hamburg
1-11931	1-13599	60L	grau	21.10.42	24.10.42	über Inlandsvertrieb Berlin an Unbekannt
1-11932	1-13593	60L	grau	05.10.42	18.11.42	Dipl.-Ing. Peter Koller, Stadt d. Kdf-Wagens
1-11933	3-14213	60L	grau	15.10.42	09.11.42	Dr. Porsche, Stgt, Typenwagen, Leihwagen i.B.
1-11967	1-13634	60L	grau	09.10.42	13.01.43	Arbeitsamt, Dr. Wahldek, Stadt d. KdF-Wagens
1-11968	1-13596	60L	grau	09.10.42	23.11.42	über Inlandsvertrieb Berlin an Unbekannt
1-11969	1-13601	60L	grau	09.10.42	12.01.43	Dienstwagen Dr. Ohl, Stadt d. KdF-Wagens i.B.
1-11970	1-13604	60L	grau	23.10.42	24.10.42	über Inlandsvertrieb Berlin an Unbekannt
1-12210	1-17985	60CL		19.01.43	28.01.43	Gauleiter Dr. Reiner, Kärnten
1-12211	1-13787	60L	grau	23.10.42	24.10.42	über Inlandsvertrieb Berlin an Unbekannt
1-12212	1-13777	60L	grau	23.10.42	24.10.42	über Inlandsvertrieb Berlin an Unbekannt
1-12213	1-13685	60L	grau	26.10.42	23.11.42	über Inlandsvertrieb Berlin an Unbekannt
1-12214	1-13772	60L	grau	23.10.42	24.10.42	Gauleiter Karl Wahl, Augsburg
1-12215	1-17832	60L		16.01.43	28.01.43	Gauleiter Dr. Niberreither, Steiermark
1-12216	1-13735	60L	grau	23.10.42	24.10.42	Gauleiter Rudolf Jordan, Dessau
1-12217	1-13781	60L	grau	27.10.42	23.11.42	über Inlandsvertrieb Berlin an Unbekannt
1-12218	1-12875	60L	grau	23.10.42	24.10.42	über Inlandsvertrieb Berlin an Unbekannt
1-12219	1-14707	60L	grau	02.11.42	22.12.42	Dienstwagen Werksfeuerwehr VW-Werk i.B.
1-12220	1-13785	60L	grau	23.10.42	24.10.42	über Inlandsvertrieb Berlin an Unbekannt
1-12221	1-13682	60L	grau	23.10.42	24.10.42	über Inlandsvertrieb Berlin an Unbekannt
1-12222	1-13780	60L	grau	23.10.42	24.10.42	über Inlandsvertrieb Berlin an Unbekannt
1-12223	1-13595	60L	feldgrau	22.10.42	23.10.42	Gaupropagandaleiter Gräfing, Lüneburg
1-12224	1-13783	60L	grau	26.10.42	23.11.42	über Inlandsvertrieb Berlin an Unbekannt
5-12226	5-14211	92	grau	27.10.42	06.11.42	Priborski, Sonderbeauftragter d. Reichminist. für Bewaffnung und Munition, Dienstw. i.B.
5-12227	5-14259	92	grau	27.10.42	28.10.42	DAF Abt. Kraftfahrwesen Berlin-Wilmersdorf
5-12228	5-14261	92	grau	27.10.42	09.11.42	Dr. Porsche, Stgt, Typenwagen, Leihwagen i.B.
5-12229	5-14265	92	grau	27.10.42	28.10.42	DAF Abt. Kraftfahrwesen Berlin-Wilmersdorf
5-12230	5-14264	92	grau	27.10.42	28.10.42	DAF Abt. Kraftfahrwesen Berlin-Wilmersdorf
5-12231	5-14258	92	grau	27.10.42	28.10.42	DAF Abt. Kraftfahrwesen Berlin-Wilmersdorf
5-12232	5-14263	92	grau	27.10.42	28.10.42	DAF Abt. Kraftfahrwesen Berlin-Wilmersdorf
5-12233	5-14260	92	grau	27.10.42	28.10.42	DAF Abt. Kraftfahrwesen Berlin-Wilmersdorf
5-12234	5-14267	92	grau	27.10.42	28.10.42	DAF Abt. Kraftfahrwesen Berlin-Wilmersdorf
5-12235	5-14269	92	grau	27.10.42	20.01.43	Dienstw. VW-Kundendienst Mahler & Prange i.B.

usw.

Die ältesten noch vorhandenen Käferlimousinen

Seit meinem Umzug nach Braunschweig steht meine Briefträgerin vor einem großen Rätsel. Bekomme ich doch so merkwürdige Briefe aus dem In- und Ausland, vor allem der Schweiz und den USA. Erst dachte sie, das wären irgendwelche Geschäftsbriefe, aber dann mußte sie doch feststellen, daß dies unmöglich ist. Denn was können die Landwirtschaftliche Sozialversicherung Darmstadt, das Bundesverkehrsministerium Bonn, ein österreichisches Ingenieurbüro aus Laxenburg, ein süddeutscher Zahnarzt, das Deutsche Museum München sowie ein amerikanischer VW-Händler dem Herrn Doktor bloß schreiben? Wo liegen die Gemeinsamkeiten?

Fragen über Fragen; es muß wohl etwas Kriminelles sein. Und die Christel von der Post sieht sich in dieser Vermutung bestätigt, als eines Tages Post von der Staatsanwaltschaft Wuppertal, dem Deutschen Konsulat und der Schweizer Kantonalpolizei durch ihre Hände geht. Also doch, ein internationaler Gangster! Wahrscheinlich so einer auf dem Gebiet „Wirtschaftskriminalität". Na wenigstens ist sie froh, daß sie nicht die Polizei verständigen muß – da ich ja offensichtlich international bekannt bin.

Lassen wir meine Briefträgerin auch weiter im unklaren. Sagen wir ihr nicht, daß alle die Briefschreiber einen alten VW Käfer besitzen. Auch Briefträger brauchen Gesprächsstoff, damit es ihnen nicht zu langweilig wird.

Die meisten der in der Liste aufgeführten Fahrzeuge sind in restaurierungsbedürftigem Zustand. Nur schätzungsweise jedes fünfzehnte Fahrzeug ist wirklich in erstklassigem Zustand. Aber immerhin, alle Besitzer haben die lobenswerte Absicht, ihre Fahrzeuge irgendwann einmal zu restaurieren. Und bis dahin stehen die Käfer geschützt in Scheunen und Garagen.

Die Liste ist auf Fahrzeuge begrenzt, die in ihrer jetzigen Form so original von VW hergestellt wurden. Fahrzeuge mit Kübelwagenchassis und Nachkriegskäferkarosserie wurden daher ausgeschlossen, da man im Prinzip auch heute noch diese Fahrzeuge nachbauen könnte. Eine Ausnahme hätte ich lediglich bei Fahrzeugen gemacht, die nachweislich 1945/46 von VW aus Altfahrzeugen hergestellt wurden.

Fahrzeuge, bei denen mehr als zwei Monate Differenz zwischen dem Auslieferungsdatum von VW und der Erstzulassung liegen, wurden als Ausstellungsstück des betreffenden Händlers bezeichnet. In einigen Kraftfahrzeugbriefen wird 1.7. als Datum

Unverwüstlicher Uralt-Käfer von 1943.

der Erstzulassung genannt, welches vor oder erheblich nach dem Produktionsdatum bei VW liegt. Dieses Datum wurde ignoriert, weil es offensichtlich nachträglich (1. 7. = Jahresmitte) von einem Beamten einer Zulassungsstelle eingetragen wurde. Die exotischen Fahrgestellnummern, z.B. VR-024, bedeuten übrigens „Versuchsreihe 24“. Entsprechend steht VM für „Versuchsmotor“.

Die Limousinen Typ 60 vor 1945 gingen fast alle an die Naziprominenz, die DAF oder VW-Dienststellen. Die Geschichte dieser Fahrzeuge ist immer gleich: Der Kriegseinsatz führte dazu, daß sie irgendwo auf der Welt beschädigt liegenblieben, und irgendein Zivilist hat sie dann vom Straßenrand aufgesammelt und wieder fahrtüchtig gemacht. Meist blieben die Fahrzeuge relativ lange in dieser „ersten Hand“. Vierzig Jahre sind keine Ausnahme, der Rekord steht bei 47 Jahren.

Die Gelände-Limousinen Typ 82e wurden meist an das Heereszeugamt Kassel ausgeliefert und wurden ebenfalls im Kriegsdienst eingesetzt. Ihr weiteres Schicksal entspricht dem der Limousinen. Darüber hinaus existiert noch ein Fahrgestell Typ 60 (1-019522), Besitzer: H. Bauch, Leipzig.

Bemerkenswert ist weiterhin, daß der Zollgrenzschutz Nicolai zwei Käfer bestellt hat und beide Fahrzeuge heute noch existieren. Dies kann eigentlich nur bedeuten, daß beide Käfer relativ gut den Krieg überlebten (z.B. wegen Benzinmangels irgendwo untergestellt). Eine weitere Besonderheit ist die einzige noch existierende Kriegs-Allradlimousine (5-019620). Da sie ursprünglich als Typ 92 ausgeliefert wurde, muß sie wohl irgendwann einmal von Porsche (?) umgebaut worden sein.

Der Käferjahrgang 1946 befindet sich überwiegend in den USA. Die meisten Fahrzeuge gingen über das US Army Exchange Center Frankfurt an amerikanische GIs, die von ihren Fahrzeugen so begeistert waren, daß sie diese dann in die USA mitnahmen (oder sich andere organisierten und diese überführten). Interessant ist auch das Fahrzeug 1-055490, welches über die sowjetische Besatzungsmacht nach Österreich gelangte.

Ab 1947 wird die Käferszene dann international. Die meisten Fahrzeuge befinden sich in den USA, und Großbritannien, und ab Ende 1947 auch in Holland. In der Zwischenzeit sind jedoch die meisten Fahrzeuge aus Großbritannien wieder ins Ausland weiterverkauft worden. Soweit ich der Wagenstammkartei bei VW entnehmen konnte, wurde ausschließlich die bessere Exportausführung ins Ausland geliefert. Ab und zu stößt man aber auch auf deutsche Fahrzeuge mit der Exportausführung.

Mitte 1947 erhält der Züricher Autohändler „Automobil Franz“ einen VW Käfer als Ausstellungsstück. Damit soll die Resonanz der Schweizer auf dieses Fahrzeug getestet werden. Diese ist sehr positiv. Aus diesem Grund schließt die AMAG in Zürich 1948 einen Vertrag mit VW ab. Die Folge ist: Der Käferjahrgang 1948 ist der Jahrgang der Schweizer. Ab diesem Jahr wurde im großen Stil in die Schweiz exportiert, und die Schweizer heben offensichtlich viel auf. Auch ein paar deutsche Fahrzeuge finden sich in der Liste. Der Vollständigkeit halber sei erwähnt, daß seit dem 13. 7. 48 VW Keuch, Hannover, unter dem Namen Bischoff & Hamel fungiert.

Ab Mitte 1949 können die Deutschen mithalten. Nach der Währungsreform und dem Wegfall der Bezugsscheinpflicht im September 1948 dürfen sie endlich Käfer kaufen, die dann ein halbes Jahr später geliefert werden. Bis September 1949 dominiert das Standard-Modell, danach wird überwiegend das luxuriösere Exportmodell Typ 11a ausgeliefert.

Achtung: ab 1. 5. 1950 gelten völlig andere Typenbezeichnungen (11A, 11B usw.). Der Typ 11b wird spätestens ab diesem Zeitpunkt ersetzt durch das Standard-Modell 11A mit Mehrausstattung.

Wenig Unterstützung bekam ich von den deutschen Museen. Immerhin habe ich herausbekommen, daß im Deutschen Museum München das Fahrzeug 1-0124796 steht. Ebenso befindet sich dort ein Geschenk des VW-Werks, ein grauer Standard von 1950. Im Stadtmuseum Münster steht das Fahrzeug 1-086410. In Sinsheim steht ein Kübelwagenchassis mit Käferkarosserie von 1950 als „Typ 82e, nicht ganz original“.

Angeblich steht im Automuseum Stockerau bei Wien der zweite gebaute Allradkäfer Typ 287/877 von 1946. Im Porsche Museum Gmünd/Kärnten steht ein Nachbau eines Typ 877 aus einem Allradfahrgestell Typ 87 von 1941, Fahrgestellnummer 00103, und einer Nachkriegskäferkarosserie. Ein Fahrzeug mit dieser Fahrgestellnummer wurde nicht bei VW, deshalb wohl bei Porsche hergestellt. Im VW-Museum stehen die Fahrzeuge 38/03, 1-053814, VR024 sowie das Taxi von Otto Weymann 1-0122093.

Diese Liste wäre nicht möglich geworden ohne die Mithilfe von folgenden Personen und Käfervereinen, die mir komplette Landeslisten über die noch fehlenden Fahrzeuge übermittelten. Ihnen sei an dieser Stelle herzlichst gedankt:

Deutschland:	Brezelfenstervereinigung, Bernd und Birgit Hahn, Maintal-Wachenbuchen
Schweiz:	VW-Uraltkäfer-Club, Paul Keller, CH-Thun
Belgien:	Binocle Club, B-Petit Hallet
Holland:	Luchtgekoelde VW Club, Jozsi Toth, NL-TB Amsterdam
Dänemark:	Vivi und Claus Sejer Hansen, DK-Hedehusene
Frankreich:	Jacky Morel, F-Croissy-Beaubourg
England:	Richard E. Cotton, GB-Leicester
Österreich:	Gernot Kollarz, A-Salzburg
Skandinavien:	Pal Hosk, S-Bromma
USA:	Steve Wood, USA-Seattle, Liste Nr. 7 von 1988, durch zahlreiche Zuschriften aktualisiert.

Mein Dank gilt insbesondere Mr. Steve Wood aus USA, der als erster die Idee hatte, eine Liste der ältesten noch vorhandenen Käfer zu erstellen und damit die oben genannten Personen und Vereine inspirierte, seine Liste weiterzuführen und ständig zu aktualisieren.

Eventuelle Anfragen sollten in jedem Fall nicht an mich, sondern an die VW-Veteranenclubs des betreffenden Landes gemacht werden. Dabei ist jedoch zu berücksichtigen, daß sich bei vielen Fahrzeugen Vorbesitzer gemeldet haben, welche das Fahrzeug kürzlich verkauft haben und noch die Fahrgestellnummer, den Namen und das Land, aber nicht mehr die Anschrift des Neubesitzers kennen. Von daher sind viele Besitzer aus dieser Liste nicht adressenmäßig bekannt.

Liste der ältesten noch vorhandenen Volkswagen-Limousinen (bis 1949)

Chassis	Typ	Prod.	Erstbesitzer	Letztbesitzer
1938				
38/03	60	1938	Ferdinand Porsche GmbH, Stuttgart	VW-Museum, Wolfsburg
1939				
1-000003	60	1939	Ferdinand Porsche GmbH, Stuttgart	Collection Raffay, Hamburg
1942				
1-009122	60	18.08.42	Gauleiter Dr. Jury, Wien	Hermann Walter, Kaunitz
1-009592	60	27.07.42	Gauleiter Josef Terboven, Essen	Egil Sletner, N
1-010036	60	10.08.42	Deutsche Arbeitsfront, Berlin	Toyota Museum, Toyoda City, NIP
1943				
1-016909	60	05.03.43	Kanzlei des Führers, Berlin	Dick Christensen, USA
1-018336	60	05.04.43	Reichsministerium für Volksaufklärung, Berlin	Olaf Gärtner, Celle
1-018586	60	07.04.43	NSDAP Gauleitung Kurhessen, Kassel	Hartmut Bernotat, Booßen
1-018949	60	14.04.43	Reichspost, Hannover	Gerd Magner, Wuppertal
1-019120	60	17.04.43	über Ferdinand Porsche an Willy Messerschmitt, Flugzeugkonstrukteur, Oberammergau	anonym, D
1-019539	60	23.04.43	N.S.K.K. Transportgruppe Todt, Berlin	VAG Rösch, Pforzheim
5-019620	92/877	27.04.43	Heereszeugamt Kassel	Hermann Walter Sieger, Lorch
5-020367	82e	07.05.43	Zollgrenzschutz Nicolai bei Kattowitz	Hermann Walter, Kaunitz
5-020415	82e	10.05.43	Zollgrenzschutz Nicolai bei Kattowitz	Fred Metson, IRL
5-020845	82e	27.05.43	Heereszeugamt Kassel	Hermann Walter, Kaunitz
5-020984	82e	20.05.43	Heereszeugamt Kassel	H. Willi Lottermann, Bad Camberg
5-020997	82e	24.05.43	Heereszeugamt Kassel	Hartmut Bernotat, Booßen
5-021068	82e	24.05.43	Heereszeugamt Kassel	Werner Klute, Paderborn
5-021384	82e	29.05.43	Heereszeugamt Kassel	M. Subrt, CS
5-021541	82e	28.05.43	Heereszeugamt Kassel	Hermann Walter, Kaunitz
5-021554	82e	30.05.43	Heereszeugamt Kassel	Hermann Walter, Kaunitz
5-021594	82e	29.05.43	Heereszeugamt Kassel	Hermann Walter, Kaunitz
1-030175	60	15.12.43	Heereszeugamt Kassel	Hartmut Bernotat, Booßen
1-030534	60	11.12.43	Direktor Schleima, Fa. Schmiedag Hagen	VAG Fleischhauer GmbH, Bonn
1944				
5-033568	82e	31.01.44	Stabsamt Hermann Göring, Berlin	Jacky Morel, F
1-034080	60	10.03.44	H. Denzel, Kundendiensthauptwerkstatt Wien	Z. Frantisek, CS
5-034150	82e	17.02.44	Heereszeugamt Kassel	Lutz J. Janssen, D
1-034678	60	07.03.44	Reichsjugendführer Artur Axmann	Jacky Morel, F
5-034993	82e	05.04.44	ORR Busse, Reichskommisar f. Seefahrt Hamburg	Gernot Kollarz, A
5-035164	82e	31.03.44	über Beständelager Kölleda an Standortkommandantur Wilhelmshaven	Hermann Walter, Kaunitz
1945				
5-053702	51	28.12.45	Britische Armee 151. Vehicle Park	Dan Steele, USA
1-053814	11	30.12.45	Britische Armee 151. Vehicle Park	VW of America, USA
1946				
1-055490	11	26.03.46	552. Company R.A.S.C.	Dr. Burkhardt Rukschcio, A
1-056657	11	30.04.46	Westfälisches Regiment C.C.G.	Frank Jacobs, USA
1-057749	11	31.05.46	Beständelager „issue park" Britische Armee	Doyle Ware, USA
1-059771	11	14.08.46	Französische Militärregierung	unbekannt, USA
1-059952	11	27.08.46	Beständelager „issue park" Britische Armee	Jacky Morel, F
1-060343	11	30.08.46	Französische Militärregierung	Klaus Gehrmann, Marburg
1-060698	11	19.09.46	Französische Militärregierung	Peter Swan, USA
1-061254	11	30.09.46	US Armee Exchange Service, Frankfurt	Mike Hornbecker, USA
1-061272	11	30.09.46	US Armee Exchange Service, Frankfurt	Bill Henry, USA
1-061278	11	30.09.46	US Armee Exchange Service, Frankfurt	Mike Hornbecker, USA

Chassis	Typ	Prod.	Erstbesitzer	Letztbesitzer
1-062012	11	11. 10. 46	US Armee Exchange Service, Frankfurt	Jack White, USA
1-062245	11	21. 11. 46	über „issue park“ an Britische Rheinarmee	Hermann Walter, Kaunitz
1-062286	11	21. 10. 46	North German Timber Control, Hamburg	Eric Collin, S
1-062311	11	01. 11. 46	US Armee Exchange Service, Frankfurt	H. W. Polgreen, USA
1-062356	11	23. 10. 46	US Armee Exchange Service, Frankfurt	R. B. Roland, USA
1-062383	11	25. 10. 46	US Armee Exchange Service, Frankfurt	John Reiday, USA
1-062470	11	25. 10. 46	US Armee Exchange Service, Frankfurt	Warren Earle, USA
1-062788	11	07. 11. 46	US Armee Exchange Service, Frankfurt	A. M. Gibbes, USA
1-062842	11	06. 11. 46	US Armee Exchange Service, Frankfurt	J. Barrington, USA
1-062936	11	21. 11. 46	US Armee Exchange Service, Frankfurt	VW of America, USA
1-062943	11	08. 11. 46	US Armee Exchange Service, Frankfurt	Michael Roesler, Rheinstetten 3
1-062990	11	19. 11. 46	US Armee Exchange Service, Frankfurt	Ron Thompson, USA
VR-024	877	27. 11. 46	Wolfsburg Motor Works	VW-Museum, Wolfsburg
1-063289	11	27. 11. 46	ausgeliefert an VW Keuch, Hannover	Rod Sleigh, GB
1-063441	11	19. 11. 46	Tschechische Militär Mission, Bad Salzuflen	Tom Marshall, USA
1-063512	11	22. 11. 46	US Armee Exchange Service, Frankfurt	anonym, D
1-063625	11	20. 12. 46	Beständelager „issue park“ Britische Armee	Reinald Herbertz, Remscheid
?????		1946		unbekannt, GB

1947

Chassis	Typ	Prod.	Erstbesitzer	Letztbesitzer
1-064197	11	31. 03. 47	H. R. alliierte Kommission f. Österreich	Hartmut Bernotat, Booßen
1-064229	11	14. 04. 47	ausgeliefert an VW Raffay & Co, Hamburg	unbekannt, D
1-064259	11	11. 04. 47	ausgeliefert an VW Raffay & Co, Hamburg	unbekannt, USA
1-064507	11	18. 04. 47	ausgeliefert an VW Keuch, Hannover	Al Bachman, USA
1-064529	11	11. 04. 47	ausgeliefert an VW Raffay & Co, Hamburg	Tom Gulliver, GB
1-064570	11	16. 04. 47	Eucom Frankfurt, US-Armee	unbekannt
1-064705	11	21. 04. 47	US Armee Exchange Service, Frankfurt	Bob Hansen, USA
1-064773	11	22. 04. 47	US Armee Exchange Service, Frankfurt	Mike Hornbecker, USA
1-064827	11	21. 04. 47	ausgeliefert an VW Raffay & Co, Hamburg	unbekannt, GB
1-064981	11	24. 04. 47	US Armee Exchange Service, Frankfurt	T. J. Munley jr., USA
1-065249	11	30. 04. 47	Beständelager „issue-park“ Britische Armee	Hermann Walter, Kaunitz
1-065918	11	22. 05. 47	ausgeliefert an VW Keuch, Hannover	M. Southwell, GB
1-065969	11	22. 05. 47	US Armee Exchange Service, Frankfurt	John Wright, USA
1-066004	11	22. 05. 47	US Armee Exchange Service, Frankfurt	R. Reischman, USA
1-066041	11	23. 05. 47	ausgeliefert an VW Keuch, Hannover	Graham Lees, AUS
1-066322	11	03. 06. 47	ausgeliefert an VW Schultz, Essen	T. Edvardsson, SF
1-067411	11	11. 07. 47	ausgeliefert an VW Keuch, Hannover	T. Gulliver, GB
1-067479	11	08. 07. 47	Beständelager „issue park“ Britische Armee	Klaus Müller, D
1-067605	11	09. 07. 47	„Commanding Office“ der US-Kriegsarmee Fahrzeug-Reservepark	Perry Urena, USA
1-067923	11	21. 07. 47	ausgeliefert an VW Keuch, Hannover	T. Carstens, USA
1-067992	11	24. 07. 47	ausgeliefert an VW Keuch, Hannover	R. Abrams, GB
1-068029	11	23. 07. 47	ausgeliefert an VW Keuch, Hannover	Peter Lindner, DK
1-068380	11	12. 08. 47	ausgeliefert an VW Keuch, Hannover	P. C. Barber, GB
1-068635	11	21. 08. 47	Major John Jones, Control Commissioner Berlin	Jürgen Messer, Kiel
1-068776	11	26. 08. 47	Beständelager „issue park“ Britische Armee	Klaus Müller, Dresden
1-068815	11Exp	05. 09. 47	Ausstellungsstück Automobil Franz, Zürich	anonym, CH
1-069097	11	02. 09. 47	US Armee Exchange Service, Frankfurt	J. Harmon, USA
1-069159	11	15. 09. 47	ausgeliefert an VW Keuch, Hannover	Dave Crompton, USA
1-069447	11Exp	16. 09. 47	Danish Overseas Motor Ind., Kopenhagen	Technisk Museum, DK
1-069589	11	25. 09. 47	US Armee Exchange Service, Frankfurt	Kirk Sweeney, USA
1-069651	11	22. 09. 47	US Armee Exchange Service, Frankfurt	Jim Phillips, USA
1-069792	11	25. 09. 47	US Armee Exchange Service, Frankfurt	Harrah's Automuseum, USA
1-069800	11	25. 09. 47	US Armee Exchange Service, Frankfurt	Dick Christensen, USA
1-069863	11	30. 09. 47	Beständelager „issue park“ Britische Armee	unbekannt, GB
1-070148	11	06. 10. 47	Beständelager „issue park“ Britische Armee	unbekannt, D
1-070337	11Exp	14. 10. 47	Nederlandse Trust Maatschapping, Amsterdam	H. V. A. Lang, NL
1-070576	11	24. 10. 47	ausgeliefert an VW Keuch, Hannover	David Cambra, USA
1-070808	11Exp	30. 10. 47	Nederlandse Trust Maatschapping, Amsterdam	Van Beynum, NL
1-070871	11	30. 10. 47	Beständelager „issue park“ Britische Armee	Hartmut Bernotat, Booßen
1-070887	11	06. 11. 47	US-Armee, Illesheim	Das Kruisselbrink, NL
1-071063	11	24. 11. 47	Constauld Ltd., Köln	Graham Lees, AUS

Chassis	Typ	Prod.	Erstbesitzer	Letztbesitzer
1-071167	11	14. 11. 47	ausgeliefert an VW Keuch, Hannover	M. Ouston, NSL
1-071176	11	17. 11. 47	US Armee Exchange Service, Frankfurt	J. Barrington, USA
1-071481	11	26. 11. 47	US Armee Exchange Service, Frankfurt	Bruce Clark, USA
1-071503	11	26. 11. 47	US Armee Exchange Service, Frankfurt	R. Borchers, USA
1-071506	11	28. 11. 47	US Armee Exchange Service, Frankfurt	Harrah's Automuseum, USA
1-072161	11	15. 12. 47	US-Armee, Illesheim	Hermann Walter, Kaunitz
1-072276	11	12. 12. 47	US Armee Exchange Service, Frankfurt	Lon Woodard, USA
		1947		unbekannt, HU
		1947		Tony Oliver, GB

1948

Chassis	Typ	Prod.	Erstbesitzer	Letztbesitzer
1-073548	11	27. 01. 48	ausgeliefert an VW Keuch, Hannover	Hartmut Bernotat, Booßen
1-074489	11	02. 03. 48	Reichspost Hannover	Günther Siebrasse, Hamburg
1-075410	11	11. 03. 48	Control Commission for Germany	Peter Ebeling, Berlin
1-075482	11	12. 03. 48	Control Commission for Germany	VAG Müller, Worms
1-075835	11	22. 03. 48	ausgeliefert an VW Glöckner, Frankfurt	Hermann Walter, Kaunitz
1-075857	11	23. 03. 48	ausgeliefert an VW Raffay & Co, Hamburg	J. Anderson, USA
1-077234	11Exp	30. 04. 48	ausgeliefert an Amag, Zürich	Hermann Walter, Kaunitz
1-077247	11Exp	30. 04. 48	ausgeliefert an Amag, Zürich	anonym, CH
1-077758	11	14. 05. 48	US-Armee, Illesheim	Jeff Slater, USA
1-078567	11	31. 05. 48	ausgeliefert an VW Hülpert & Co, Dortmund	Hermann Walter, Kaunitz
1-078876	11	09. 06. 48	US-Armee, Illesheim	Gerd Hoffmann, Bruchköbel
1-079809	11	28. 06. 48	ausgeliefert an VW Schmidt & Koch, Bremen	Thomas Eitnier, Oberasbach
1-080041	11	30. 06. 48	ausgeliefert an VW Keuch, Hannover	N. Folargue, USA
1-080600	11	12. 07. 48	ausgeliefert an VW Schmidt & Hoffmann, Kiel	Ola Kjerrud, S
1-081017	11	19. 07. 48	ausgeliefert an VW Haberl, München	Volker Meißner, Pirmasens
1-081411	11	26. 07. 48	ausgeliefert an VW Havemann, Lüneburg	Gottfried Poge, D
1-081745	11	29. 07. 48	ausgeliefert an VW Hahn, Stuttgart	Hans Stiefet, D
1-082169	11	05. 08. 48	Autohaus Max Moritz, Reutlingen	Karl Weiss, Pfullingen
1-082649	11Exp	18. 08. 48	Anciens Etablissement d'Ieteren Freres, Brüssel	Hermann Walter, Kaunitz
1-083082	11Exp	03. 09. 48	Pon's Automobielhandel, Amersfoort, NL	V. Meer, NL
1-083356	11Exp	08. 09. 48	Pon's Automobielhandel, Amersfoort, NL	Gar de Peel, NL
1-083918	11Exp	16. 09. 48	ausgeliefert an Neue Amag, Zürich	Ugo Chiesa, CH
1-083922	11Exp	16. 09. 48	ausgeliefert an Neue Amag, Zürich	A. Füchslin, CH
1-084021	11	21. 09. 48	Dompropst von Münster	Hermann Walter, Kaunitz
1-084282	11Exp	22. 09. 48	Anciens Etablissement d'Ieteren Freres, Brüssel	anonym, B
1-084385	11	23. 09. 48	Ausstellungsstück VW Fleischhauer, Köln	Gerhard Engels, Essen
1-084441	11Exp	23. 09. 48	ausgeliefert an VW Raffay & Co, Hamburg	Günther Siebrasse, Hamburg
1-085094	11Exp	01. 10. 48	ausgeliefert an Neue Amag, Zürich	C. Bossard, D
1-085097	11Exp	01. 10. 48	ausgeliefert an Neue Amag, Zürich	Rudolf Kemperling, A
1-085102	11Exp	01. 10. 48	ausgeliefert an Neue Amag, Zürich	Roland Gentner, CH
1-085113	11Exp	04. 10. 48	ausgeliefert an Neue Amag, Zürich	Urs Weibel, CH
1-085209	11Exp	04. 10. 48	ausgeliefert an Neue Amag, Zürich	Willi Schatti, CH
1-085223	11Exp	04. 10. 48	ausgeliefert an Neue Amag, Zürich	A. Guggitz, CH
1-085226	11Exp	04. 10. 48	ausgeliefert an Neue Amag, Zürich	Tognetti Garage, CH
1-085558	11Exp	08. 10. 48	ausgeliefert an Neue Amag, Zürich	Max Koller, CH
1-085652	11	08. 10. 48	ausgeliefert an VW Hahn, Stuttgart	Joachim Raabe, Schacht-Audorf
1-086048	11Exp	20. 10. 48	ausgeliefert an Neue Amag, Zürich	Peter Hemmig, CH
1-086074	11Exp	14. 10. 48	ausgeliefert an Neue Amag, Zürich	Kurt Künzle, CH
1-086091	11Exp	14. 10. 48	ausgeliefert an Neue Amag, Zürich	Urs Weibel, CH
1-086410	11	20. 10. 48	ausgeliefert an VW Schultz, Essen	H. Willi Lottermann, Bad Camberg
1-086417	11	21. 10. 48	Rheinische Bahngesellschaft AG, Düsseldorf	Christian Mayr, Dierdorf
1-086752	11	25. 10. 48	Control Commission for Germany	Arthur Böck, A
1-087154	11	29. 10. 48	Kraftwagenpark, VW-Werk	Burkhard Krause, Siegen
1-087689	11	05. 11. 48	ausgeliefert an VW Bischoff & Hamel, Hannover	Burkhard Krause, Siegen
1-088510	11	09. 11. 48	Hypo-Bank, Bad Kissingen	Heinz Peter Müller, Twistringen
1-088579	11Exp	02. 11. 48	ausgeliefert an Neue Amag, Zürich	A. Füchslin, CH
1-089107	11Exp	05. 11. 48	Anciens Etablissement d'Ieteren Freres, Brüssel	Tim Ransom, USA
1-089229	11Exp	26. 11. 48	ausgeliefert an Neue Amag, Zürich	Asag Basel, CH
1-089863	11Exp	03. 12. 48	ausgeliefert an Neue Amag, Zürich	Phillip Schwitter, CH
1-090149	11Exp	02. 12. 48	Pon's Automobielhandel, Amersfoort, NL	Kamsteeg's Automuseum, NL
1-090293	11	07. 12. 48	ausgeliefert an VW Raffay & Co, Hamburg	Dirk Dittrich, Berlin

Chassis	Typ	Prod.	Erstbesitzer	Letztbesitzer
1-090780	11Exp	13.12.48	Scania Vabis, Södertälje, S	Ola Kjerrud, S
		1948		Jim Murray, GB
		1948		unbekannt, Salzburg, A
1949				
1-093383	11	19.01.49	ausgeliefert an VW Schmidt & Hoffmann, Kiel	A. Roetgerink, NL
1-094552	11Exp	02.02.49	ausgeliefert an VW v. Hoff, Kreuznach	Jacky Morel, F
1-094722	11Exp	03.02.49	Staeller & Sohn	VAG Hirondelle, CH
1-095859	11	15.02.49	Fa. Siemens, Nürnberg	Friedrich Wernet, Mainz
1-096598	11	24.02.49	ausgeliefert an Baden Auto, Freiburg	H. Dapper, Cochem
1-097813	11Exp	08.03.49	Anciens Etablissement d'Ieteren Freres, Brüssel	Pierre Legall, F
1-097912	11Exp	09.03.49	ausgeliefert an Neue Amag, Zürich	P. Duenki, CH
1-099780	11	30.03.49	Ausstellungsstück VW MAHAG, München	Simon Mitchell, Rinteln
1-099932	11	31.03.49	Steingut Fabrik KG, Grünstadt	Stephan Lessoing, Grünstadt
1-0101066	11	12.04.49	ausgeliefert an VW MAHAG, München	Göran Blom, S
1-0101537	11Exp	19.04.49	ausgeliefert an Neue Amag, Zürich	Fritz Guillebeau, CH
1-0101588	11Exp	19.04.49	ausgeliefert an Neue Amag, Zürich	Erhart Kuert, CH
1-0101991	11?	??.04.49	Lücke bei VW	unbekannt, Hawaii, USA
1-0102157	11Exp	23.04.49	Anciens Etablissement d'Ieteren Freres, Brüssel	Hermann Walter, Kaunitz
	11Exp	??.04.49		Rainer Düngen, Fahrenshausen
1-0102639	11	02.05.49	Knut Hellmann, Taxifahrer, Steinhude	Wilfried Dertmeier, Minden
1-0102740	11	13.05.49	ausgeliefert an VW Schmidt & Koch, Bremen	Arthur Böck, A
1-0102792	11Exp	09.05.49	Skandinavisk Motor CO., Kopenhagen	Robert Hagen, DK
1-0102876	11	02.05.49	AOK Fulda	Bernd Jandrasitz, Marburg
1-0102965	11Exp	03.05.49	Voradelberger Lackfabrik, Bregenz	Heinz Düringer, A
1-0103071	11Exp	03.05.49	über die Schweiz nach Österreich geliefert	Robert Dissmann, A
1-0103232	11Exp	05.05.49	ausgeliefert an Neue Amag, Zürich	Erhard Kuert, CH
1-0103771	11	11.05.49	geliefert an VW Bischoff & Hamel, Hannover	Michael Paulsen, Göttingen
1 0103942	11Exp	12.05.49	ausgeliefert an VW Weber, Berlin	Peter Duenki, CH
1-0103987	11Exp	11.05.49	Anciens Etablissement d'Ieteren Freres, Brüssel	anonym, B
1-0104015	11Exp	11.05.49	Scania Vabis, Södertälje, S	Hilding Karlsson, S
1-0104265	11	13.05.49	ausgeliefert an VW Fleischhauer, Köln	Klaus Müller, Dresden
1-0104433	11	14.05.49	Hamburger Kraftfahrzeugs Vertriebsgesellschaft	Jens Becker, Neubrandenburg
1-0104854	11Exp	18.05.49	Anciens Etablissement d'Ieteren Freres, Brüssel	Hermann Walter, Kaunitz
	11	6/49		Raum Bonn
1-0106384	11Exp	01.06.49	Anciens Etablissement d'Ieteren Freres, Brüssel	F.J. van Geet, NL
1-0106770	11	03.06.49	Vorführwagen VW-Fleischhauer, Köln	Bjoern Tore Fremgarden, N
1-0106812	11	03.06.49	ausgeliefert an VW Fleischhauer, Köln	Renee Wernli, CH
1-0107332	11Exp	10.06.49	Scania Vabis, Södertälje, S	Stefan Sjöstam, S
1-0107790	11Exp	15.06.49	Anciens Etablissement d'Ieteren Freres, Brüssel	B.C.J. Wegh, NL
1-0107935	11Exp	15.06.49	Pon's Automobielhandel, Amersfoort, NL	P. Plantinga, NL
1-0107992	11Exp	23.06.49	Pon's Automobielhandel, Amersfoort, NL	W.J. Duivenvoorde, NL
1-0108055	11Exp	16.06.49	Anciens Etablissement d'Ieteren Freres, Brüssel	anonym, B
1-0109294	11	24.06.49	ausgelief. an VW Rittersbacher, Kaiserslautern	Colin Bullock, GB
1-0109703	11b	29.06.49	Skandinavisk Motor CO., Kopenhagen	Nils Frederick Broch, N
1-0110634	11	06.07.49	ausgeliefert an VW Raffay & Co, Hamburg	Jens Olaf Lange, Hamburg
1-0111227	11b	08.07.49	ausgeliefert an Neue Amag, Zürich	Hannes Hofmann, CH
1-0112164	11	15.07.49	ausgeliefert an VW Islinger, Mannheim	Friedrich Wilhelm Zinn, Paderborn
1-0112354	11	22.07.49	Dr. Otto Strehle, Chefarzt, Höchstätt	Reinhold Schnell, Trochtelfingen
1-0113064	11	21.07.49	ausgeliefert an VW Ernst/Krauss, Nürnberg	Kay Egge, Norderstedt
1-0113347	11b	23.07.49	Pon's Automobielhandel, Amersfoort, NL	H.H Sloetjes, NL
1-0113687	11	26.07.49	Hamburger Kraftfahrzeugs Vertriebsgesellschaft	VAG Michel, Gießen
1-0113971	11	27.07.49	geliefert an VW Wehmeier & Castrup, Bielefeld	Dirk Hemesath, Münster
1-0114360	11	30.07.49	Leonhard Wittmann, Malermeister, Fürth	Klaus Leihener, Breitenbronn
1-0114851	11a	01.08.49	ausgeliefert an VW Raffay & Co, Hamburg	Hartmut Bernotat, Booßen
1-0114915	11a	05.08.49	ausgeliefert an VW Dunker, Friedberg	Andreas Jakobsen, DK
1-0115956	11a	11.08.49	Carlhans Lehmann, Importeur von Leder und Hutrohstoffen, Hannover	Ernst-Peter Hagen, Liebenau
1-0115994	11b	11.08.49	Pon's Automobielhandel, Amersfoort, NL	M. Bezugen, Stellendam, NL
1-0116162	11	15.08.49	geliefert an VW Bischoff & Hamel, Hannover	Maik Rühmling, Hagenow
1-0118140	11b	25.08.49	Scania Vabis, Södertälje, S	Kjell Sjöström, S
1-0118374	11	29.08.49	Hamburger Kraftfahrzeug Vertriebsgesellschaft	Hans Christian Lange, Hamburg

Chassis	Typ	Prod.	Erstbesitzer	Letztbesitzer
1-0118869	11	03. 09. 49	grundiert an VW Krauss, Nürnberg, geliefert	Heinrich Kraus, Erlangen
1-0119257	11b	02. 09. 49	ausgeliefert an Neue Amag, Zürich	Isabella Linder, CH
1-0119398	11b	02. 09. 49	ausgeliefert an Neue Amag, Zürich	Gebhard Schneider, CH
1-0120060	11b	07. 09. 49	Skandinavisk Motor CO., Kopenhagen	Björn Ivar Halvorsen, N
1-0120489	11b	09. 09. 49	Skandinavisk Motor CO., Kopenhagen	Jörgen Wraa, DK
1-0121010	11	14. 09. 49	geliefert an VW Bischoff & Hamel, Hannover	M. Meissner, Oberhausen
1-0121040	11b	14. 09. 49	ausgeliefert an VW Starke, Osnabrück	Martin Booth, GB
1-0121854	11a	23. 09. 49	Herrmann Lüders, Drogist, Heidelberg	Axel Rudloff, Bad Sachsa
1-0122074	11a	22. 09. 49	Oberfinanzdirektion, Nürnberg	Karl Friedrich Schmerer, Mainz
1-0122093	11	21. 09. 49	Johann Kaiser, Taxifahrer, Ladenburg	Otto Weymann, Simmershausen
1-0122423	11a	22. 09. 49	Gebr. Krawinkel, Eisengroßhandlung Münster	Rudolf Lohaus, Senden
1-0122463	11b	22. 09. 49	Anciens Etablissement d'Ieteren Freres, Brüssel	anonym, GB
1-0123293	11	??. 09. 49	ausgeliefert an VW Moritz, Reutlingen	Wilfried Fuchs, Nienburg
	11a	9/49		Stephan Reiners, Meppen
1-0124265	11a	05. 10. 49	ausgeliefert an VW Schultz, Essen	Erling Larsen, DK
1-0124781	11	07. 10. 49	ausgeliefert an VW Glöckler, Frankfurt	Manfred Petersik, Schwarzenbeck
1-0124796	11a	08. 10. 49	H. Zettler, Landwirt, Wangen	Jürgen Schultz, Memmingen
1-0127250	11	25. 10. 49	ausgeliefert an VW Ottenbecker	Dieter Feist, Schloß Holte
1-0128594	11a	01. 11. 49	Baron von und zu Brenken, Gutsbesitzer, Bühren	Peter Schneider, Delbrück
1-0129116	11	03. 11. 49	ausgeliefert an VW MAHAG, München	Martin Kappies, Essen
1-0129122	11a	03. 11. 49	Landesfinanzamt Baden, Karlsruhe	Joachim Schinko, Sternenfels
1-0129489	11	07. 11. 49	ausgeliefert an VW Glinicke, Kassel	Wilfried Engelke, Langwedel
1-0130192	11a	02. 11. 49	Kurt Warnecke, Großhandel, Mannheim	Werner Wilkens, Weener-Ems
1-0130534	11	12. 11. 49	ausgeliefert an VW Schultz, Essen	Hermann Walter, Kaunitz
1-0130613	11a	11. 11. 49	ausgeliefert an Neue Amag, Zürich	Ludwig Krenzle, CH
1-0130698	11	15. 11. 49	ausgeliefert an VW Islinger, Mannheim	Peter Ebeling, Berlin
1-0130999	11b	15. 11. 49	ausgeliefert an Neue Amag, Zürich	Max Koller, CH
1-0131527	11a	18. 11. 49	ausgeliefert an VW Balke, Braunschweig	John Miller, GB
1-0132456	11a	24. 11. 49	Ernst Weitz, Elektromeister, Bielefeld	Ulrich von Pidoll, Braunschweig
1-0132679	11a	24. 11. 49	Karl Vögele, Haarschmuck, Kamm- und Bürstenmeister, Frankfurt	Hermann Walter, Kaunitz
1-0132757	11a	25. 11. 49	ausgelief. an VW Rittersbacher, Kaiserslautern	Chris Nunn, GB
1-0134568	11a	14. 12. 49	ausgeliefert an VW Krauss, Nürnberg	Luciano Zaccone, I
1-0135381	11a	12. 12. 49	ausgeliefert an VW Winter, Berlin	Peter Ebeling, Berlin
1-0135877	11a	14. 12. 49	Anciens Etablissement d'Ieteren Freres, Brüssel	in Geländelimousine umgebaut, D
1-0138258	11a	31. 12. 49	ausgeliefert an VW Krauss, Nürnberg	Peter Ebeling, Berlin
1-0138369	11a	07. 01. 50	Pon's Automobielhandel, Amersfoort, NL	P.Th. Hendriks, NL
1-0138486	11a	31. 12. 49	ausgeliefert an VW Raffay & Co, Hamburg	Jens Görtzen, Rendsburg
	11	1949		Bundesverkehrsministerium, Bonn
	11	1949		VAG Holzberg, Braunschweig
	11	1949		Kleinwagenmuseum, Neckarmühlbach
	11	1949		H. Lüders, Wolfsburg
	11a	1949		Raum Waldbronn, rot
	11a	1949		Norbert Kortstiege, Lüdinghausen
	11a	1949		Raum Frankfurt/Oder
		1949		VAG Voigt, Dortmund
		1949		Reutlingen
		1949		Michael Kruck, Mönchengladbach
		1949		Rene Kalus, Bad Krozingen
		1949		unbekannt, Madeira
		1949		P.A. van Hoek, NL
		1949		Keimpe Venema, NL

Typ 11 = Limousine Normalausführung ab 1945, nur für Inland

Typ 11Exp = Limousine Exportausführung bis 1. 7. 49

Typ 11a = Limousine Exportausführung ab 2. 6. 49

Typ 11b = Normal-Limousine, nur für Export, ab 2. 6. 49

Typ 51 = Gelände-Limousine ab 1945

Typ 60 = Normale Limousine (KdF-Wagen) bis 1944

Typ 82e = Gelände-Limousine bis 1944

Typ 877 = Allradlimousine bis 1946

Typ 92/877 = Typ 92, auf Typ 877 umgebaut

1948 waren die Wagen mangels geeigneter Lackqualitäten noch stumpf lackiert . . .

. . . doch bereits Mitte 1949 zeigten die jetzt hochglanzlackieren Käfer ein freundlicheres, friedensmäßiges Aussehen.

Farben der VW-Käfer-Limousinen von 1938 bis 1985

1938/39: schwarz RAL 9005; seltener blaugrau RAL 7011.
1939/42: schwarz RAL 9005, grau RAL 6006 oder 7021, militärfarben; seltener blaugrau RAL 7011, beige RAL 1002.
1942/1944: grau RAL 6006 oder 7021, militärfarben; *82e/92:* grau RAL 6006 oder 7021, sandfarben RAL 8002 oder 1002, militärfarben.
1945: khakigrün (Militär), rot RAL 3000 (Reichspost) und andere.
1946/47: servicegrün (GB), braun (UdSSR), fliegerblau (RAF), hellgrau (F), dunkelgrau (USA), tiefschwarz L41, grau L28 und andere.
1948/49: perlgrau L21, schwarz L41, dunkelblau L32, militärfarben.
7/1949–5/1950: pastellgrün L11, mittelbraun L78, bordeauxrot L51; *Standard:* perlgrau L21, schwarz L41.
5/1950–4/1951: pastellgrün L11, mittelbraun L78, bordeauxrot L51, schwarz L41; *Standard:* perlgrau L21, dunkelblau L32.
4/1951–7/1951: pastellgrün L11, kastanienbraun L73, sandfarbe L90, azurblau L36, schwarz L41; *Standard:* perlgrau L21, dunkelblau L32.
7/1951–9/1952: pastellgrün L11, kastanienbraun L73, sandfarbe L90, azurblau L36, schwarz L41; *Standard:* perlgrau L21, mittelblau L37, sandfarbe L90.
10/1952–3/1953: pastellgrün L11, kastanienbraun L73, sandfarbe L90, azurblau L36, schwarz L41; *Standard:* perlgrau L21, mittelblau L37, mittelgrün L13.
3/1953–12/1953: pastellgrün L11, atlantikgrün L19, kastanienbraun L73, saharabeige L272, metallblau L35, schwarz L41; *Standard:* jupitergrau L225, mittelblau L37.
1/1954–2/1955: stratosilber L227, ultramaroon L276, lichtbeige L275, ebenholzschwarz L41, islandgrün L213, texasbraun L271; *Standard:* jupitergrau L225, mittelblau L37.
3/1955–3/1956: stratosilber L227, ebenholzschwarz L41, polarsilber L324, nilbeige L370, schilfgrün L313, dschungelgrün L315; *Standard:* jupitergrau L225, mittelblau L37.
4/1956–7/1957: polarsilber L324, präriebeige L378, korallenrot L351, ebenholzschwarz L41, agave L240, horizontblau L331, diamantgrün L412; *Standard:* jupitergrau L225, mittelblau L37.
8/1957–7/1958: lichtbronze L245, diamantgrau L243, firnblau L334, capri L335, ebenholzschwarz L41, korallenrot L351, agave L240; *Standard:* jupitergrau L225, mittelblau L37.
8/1958–7/1959: resedagrün L14, kalaharibeige L343, fjordblau L434, granatrot L358, capri L335, diamantgrau L243, ebenholzschwarz L41; *Standard:* jupitergrau L225, riedgrün L344.

So haben wir ihn alle in Erinnerung: Anthrazitfarbener VW Käfer von 1962.

8/1959–7/1960: jadegrün L349, mangogrün L346, keramikgrün L419, kieselgrau L440, arktis L363, indigoblau L436, indiarot L451, ebenholzschwarz L41; *Standard:* jupitergrau L225, riedgrün L344.
8/1960–7/1961: ebenholzschwarz L41, pastellblau L391, rubin L456, beryllgrün L478, türkis L380, perlweiß L87, golfblau L390; *Standard:* jupitergrau L225, riedgrün L344.
8/1961–7/1962: ebenholzschwarz L41, anthrazit L469, rubin L456, beryllgrün L478, türkis L380, perlweiß L87, golfblau L390; *Standard:* jupitergrau L225, riedgrün L344.
8/1962–7/1963: schwarz L41, rubin L456, beryllgrün L478, perlweiß L87, türkis L380, golfblau L390, anthrazit L469; *Standard:* jupitergrau L225, riedgrün L344, golfblau L390 (ab 2/1963).
8/1963–7/1964: schwarz L41, panamabeige L572, rubin L456, javagrün L518, bahamablau L519, perlweiß L87, seeblau L360, anthrazit L469; *Standard:* seeblau L360, anthrazit L469, perlweiß L87, rubin L456.
8/1964–7/1965: schwarz L41, panamabeige L572, rubin L456, javagrün L518, bahamablau L519, perlweiß L87, seeblau L360, fontanagrau L595; *1200A:* seeblau L360, fontanagrau L595, perlweiß L87, rubin L456.
8/1965–7/1966: schwarz L41, seesand L568, rubin L456, javagrün L518, bahamablau L519, perlweiß L87, seeblau L360, fontanagrau L595; *1200A:* seeblau L360, fontanagrau L595, perlweiß L87, rubin L456.
8/1966–7/1967: schwarz L41, rubin L456, javagrün L518, savannenbeige L620, VW-blau L633, zenitblau L639, lotosweiß L282, fontanagrau L595; *1200, 1300A:* VW-blau L633, fontanagrau L595, perlweiß L87, rubin L456.
8/1967–7/1968: königsrot L30A, chinchilla L70F, deltagrün L610, savannenbeige L620, VW-blau L633, zenitblau L639, lotosweiß L282; *1200:* VW-blau L633, königsrot L30A, chinchilla L70F, lotosweiß L282.
8/1968–7/1969: königsrot L30A, chinchilla L70F, savannenbeige L620, cobaltblau L630, togaweiß L90C, perugrün L60B, diamantblau L50B; *1200:* cobaltblau L630, königsrot L30A, chinchilla L70F, togaweiß L90C.
8/1969–7/1970: königsrot L30A, chinchilla LO70F, savannenbeige L620, cobaltblau L630, pastellweiß L90D, ulmengrün L60D, diamantblau L50B, clementine L630; *1200:* cobaltblau L630, königsrot L30A, chinchilla L70F, pastellweiß L90D.
8/1970–7/1971: saphirblau L50D, iberischrot L31F, shantunggelb L12D, kansasbeige L91D, pastellweiß L90D, ulmengrün L90D, marinablau L54D, clementine L20D, silbermetallic L96D, coloradometallic L97D, geminimetallic L96E; *1200:* marinablau L54D, clementine L20D, kansasbeige L91D, pastellweiß L90D.
8/1971–7/1972: kasanrot L30B, leuchtorange L20B, texasgelb L10B, sumatragrün L61B, enzianblau L51B, kansasbeige L91D, pastellweiß L90D, marinablau L54D, silbermetallic L96D, coloradometallic L97D, geminimetallic L96E, türkismetallic L95B; *1200:* texasgelb L10B, marinablau L54D, leuchtorange L20B, pastellweiß L90D.
8/1972–7/1973: biscayablau L52B, leuchtorange L20B, sumatragrün L61B, mayametallic L98A, alaskametallic L96B, marathonblaumetallic L96M, türkismetallic L95B; *1200:* texasgelb L10B, marinablau L54D, leuchtorange L20B, pastellweiß L90D.
8/1973–7/1974: atlasweiß L91Z, leuchtorange L20B, senegalrot L31A, saharabeige L13H, marinablau L54D, tropengrün L60A, rallyegelb L10A, cliffgrün L61A, hellasmetallic L98C, moosmetallic L95C, alaskametallic L96B, marathonblaumetallic L96M; *1200:* atlasweiß L91Z, marinablau L54D, leuchtorange L20B, senegalrot L31A, saharabeige L13H.
8/1974–7/1975: atlasweiß L91Z, senegalrot L31A, miamiblau L51C, lofotengrün L61H, rallyegelb L10A, cliffgrün L61A, schwarzblau L52M, ceylonbeige L13H, marinogelb L20A, phoenixrot L32K, hellasmetallic L99B, marathonblaumetallic L96M, anconametallic L97B, vipergrünmetallic L98B; *1200:* atlasweiß L91Z, miamiblau L51C, lofotengrün L61H, marinogelb L20A, senegalrot L31A, ceylonbeige L13H.
8/1975–7/1976: atlasweiß L91Z, senegalrot L31A, oceanicblau L57H, lofotengrün L61H, rallyegelb L10A, schwarzblau L52M, marinogelb L20A, phoenixrot L32K, vipergrünmetallic L96N, topasmetallic L99D, diamantsilbermetallic L97A; *1200:* atlasweiß L91Z, oceanicblau L57H, lofotengrün L61H, marinogelb L20A, senegalrot L31A, schwarzblau L52M.
8/1976–7/1977: schwarzblau L52M, riadgelb L11A, dakotabeige L13A, panamabraun L12A, marsrot L31B, brokatrot L32A, miamiblau L51C, manilagrün L63Y, baligrün L62A, polarweiß L90A, achatbraun L86Z, timorbraunmetallic L97F, bronzemetallic L95D, bahamablaumetallic L99F, vipergrünmetallic L96N, diamantsilbermetallic L97A; *1200:* schwarzblau L52M, riadgelb L11A, dakotabeige L13A, panamabraun L12A, marsrot L31B, miamiblau L51C, manilagrün L63Y, baligrün L62A, polarweiß L90A.
8/1977–7/1978: alpinweiß L90E, malagarot L30C, riadgelb L11A, dakotabeige L13A, panamabraun L12A, marsrot L31B, miamiblau L51C, manilagrün L63Y, baligrün L62A; *1200:* schwarzblau L52M, riadgelb L11A, dakotabeige L13A, panamabraun L12A, marsrot L31B, miamiblau L51C, manilagrün L63Y, baligrün L62A, alpinweiß L90E.
8/1978–7/1979: mexicobeige LE1M, floridablau LA5A, alpinweiß L90E, marsrot L31B, manilagrün L63Y.
8/1979–7/1980: mexicobeige LE1M, alpinweiß L90E, marsrot heller LA3/90A, manilagrün L63Y.
8/1980–7/1981: mexicobeige LE1M, alpinweiß L90E, marsrot heller LA3/90A, lidogrün LA6B.
8/1981–7/1982: mexicobeige LE1M, alpinweiß L90E, marsrot dunkler LA3/40A, lidogrün LA6B.
8/1982–7/1983: samtorange LA2A, marsrot dunkler LA3/40A, alpinweiß L90E, selvasgrün LA6D.
8/1983–7/1984: atlanticblau LG6C, marsrot dunkler LA3/40A, alpinweiß gelber L90/60E, selvasgrün LA6D.
8/1984–7/1985: atlanticblau LG6C, marsrot roter LA3/80A, alpinweiß gelber L90/60E, selvasgrün LA6D.

Rechts: So war der Standard-Käfer ab 1953 lackiert (Foto: Modell 64/65). Im August 1965 entfielen die seitlichen Zierstreifen.

Ohne	=	Limousine bis 1949, VW 1200 Export, VW Standard mit „Farb-Mehrausstattung", VW 1200 L, VW 1300, VW 1500, VW 1302, VW 1303, VW 1303 A
82e/92	=	Gelände-Limousinen Typ 82e und 92
Standard	=	Standard-Modell ohne Extra „Farb-Mehrausstattung"
1200	=	VW 1200 ohne L-Ausstattung (Sparkäfer)
1200 A	=	VW 1200 A
1300 A	=	VW 1300 A

Diese Farbtabelle gilt nicht für Cabriolets und Sondermodelle mit Sonderlackierung. Bitte denken Sie daran, daß es möglich war, gegen Aufpreis Standard-Modelle mit den Farben des Export-Modells ausliefern zu lassen. Auch war zu allen Zeiten die Bestellung eines grundierten Fahrzeugs möglich, welches dann nach eigenen Wünschen individuell lackiert werden konnte. Beachten Sie außerdem, daß gelegentlich die Farbmischformel trotz gleichen Farbnamens von Baujahr zu Baujahr unterschiedlich sein kann.

Fahrzeuge vor 1946 wurden gemäß den heute noch üblichen RAL-Tönen lackiert. Dabei wurde es jedoch mit dem Farbton nicht sehr genau genommen: Die Farben wurden einfach „per Augenmaß" zusammengemischt. Besitzern dieser Fahrzeuge wird daher empfohlen, an einer geschützten Stelle die alte Lackschicht freizulegen, und mit dem RAL-Ton zu lackieren, der dem alten Farbton am nächsten kommt, z. B.:

Zivilfahrzeuge:	blaugrau	RAL 7011
	tiefschwarz	RAL 9005
	feldgrau	RAL 6006
	dunkelgrau	RAL 7021
	beige	RAL 1002
DRK / Reichspost:	rot	RAL 3000
	nachtgrau	RAL 7021
SA:	braun	RAL 8014
Polizei / Feuerwehr:	russischgrün	RAL 6009
	schwarz	RAL 9005
NS-Kraftfahrzeug-Korps:	braun	RAL 8014
Wehrmacht:	feldgrau	RAL 6006
	dunkelgrau	RAL 7021
	erdgelb	RAL 8002
	beige	RAL 1002
	fliegerblaugrau	RAL 7016

usw.

Im allgemeinen wurden die ersten externen Fahrzeuge an die Nazi-Prominenz in Schwarz, ab etwa Mitte 1942 in Dunkelgrau oder Feldgrau ausgeliefert. Fahrzeuge an Zivilpersonen wurden oft blaugrau lackiert. VW-Kundendienstfahrzeuge für den Zivildienst wurden meist in Beige, Dienstfahrzeuge für den Fronteinsatz in der Regel in Feldgrau oder Dunkelgrau hergestellt. Fahrzeuge für das Heereszeugamt in Kassel wurden dunkelgrau, feldgrau oder militärfarben ausgeliefert. Soweit mir bekannt ist, entspricht die VW-Bezeichnung „sandfarbe" der Militärbezeichnung „beige" RAL 1002. Vermutlich wurden aber auch Fahrzeuge in „erdgelb" RAL 8002 ausgeliefert.

Farben von Rädern, Radkappen, Stoßstangen und Zierleisten etc.

Neben der Farbe der Karosserie wurden beim VW Käfer auch weitere Farben für die Räder, Sitzgestelle und Bediengriffe etc. verwendet. Diese Farben sind bisher wenig bekannt und zum Teil auch nicht dokumentiert. Die folgende Aufstellung gibt daher Hinweise für den richtigen Farbton spezieller Teile der VW-Käfer-Limousine. Es ist dabei zu beachten, daß die Farbtöne der 50er Jahre nur bruchstückhaft in Ersatzteilkatalogen oder gar nicht bei VW dokumentiert sind. Deshalb wurden gerade diese Farbtöne sehr sorgfältig anhand von unrestaurierten Altfahrzeugen verifiziert, doch können natürlich Abweichungen von dieser Aufstellung nicht ausgeschlossen werden. Aus diesem Grund ist deshalb unbedingt zu überprüfen, ob der angegebene Farbton mit der Originalfarbe des zu lackierenden Teils übereinstimmt. Wenn nicht, empfiehlt sich eine individuelle Nachmischung der vorhandenen Originalfarbe.

Sofern nichts anderes angegeben, betrifft die vorliegende Liste VW-Käfer-Limousinen ab etwa 1947. Soweit man den zeitgenössischen Fotos entnehmen kann, wurde bei den älteren Limousinen bis auf Räder und Radkappen alles in Schwarz, bei den älteren Geländelimousinen alles in Wagenfarbe lackiert.

Stoßfänger, Zierteile, Radkappen und Griffe
Standard-Modell: bis März 1953 in Wagenfarbe, seltener verchromt, dann bis Juli 1958 in Stahlgrau L328, dann bis Juli 1963 in Silbergrau L226, dann wieder bis Juli 1967 Stahlgrau L328. Von ca. Mai 1950 bis September 1952 wurden die Stoßstangensikken bei hellen Stoßstangenfarben wie Perlgrau in Lachsrot, bei dunklen Farben wie Mittelblau in Weiß, bei Chrom in Rot angelegt.
Export-Modell: Außenseiten verchromt, Innenseiten chromfarben L91. Bis September 1952 wurden die Stoßstangensicken in Wagenfarbe angelegt, bei hellen Farben wie Beige jedoch in Rot.

Scheibenwischer
Standard-Modell: schwarz L41. *Export-Modell:* bis September 1952 verchromt, dann alufarben L93.

Zierstreifen
Frühestens ab Mai 1950 erhielt der *Standard-Käfer* seitliche Zierstreifen. Bei hellen Wagenfarben wurden sie in Lachsrot, sonst in Weiß angelegt. Ab August 1965 entfielen die Zierstreifen jedoch wieder.

Mantelrohr inkl. Winkerschalter und Lenkrad
Standard-Modell: bis Juli 1963 schwarz L41, danach wie Export-Modell.
Export-Modell: bis April 1950 beigebraun (Lenkrad der Vorserienfahrzeuge in Elfenbein), danach auch rotbraun, blaßrotbraun, elfenbein oder hellgrau. Ab März 1953 graubeige L278 (stratosilber: hellgrau L20), ab August 1955 elfenbein L60 oder steinbeige L471. Ab August 1959 bis Juli 1965 silberbeige L466 (türkis und pastellblau jeweils bis 28. 2. 1961: hydratgrün; perlweiß bis 31. 7. 1961: sandstein; beryllgrün bis 31. 7. 1961: nepalgrün). Ab August 1965 grauschwarz L43.

Sitzgestelle und Gepäckschienen
Standard-Modell: bis Juli 1958 schwarz L41, danach wie Export-Modell.
Export-Modell: bis Juli 1958 wie Mantelrohr. Ab August 1958 bis Juli 1965 silberbeige L466 (türkis und pastellblau jeweils bis 28. 2. 1961: eisblau), danach grauschwarz L43.

Schalt- und Handbremshebel
Standard-Modell: bis Juli 1958 schwarz L41, dann bis Juli 1961 basaltgrau L467, dann bis Juli 1964 anthrazit L469, danach grauschwarz L43.
Export-Modell: bis Juli 1958 wie Mantelrohr und Sitzgestelle, dann bis Juli 1961 basaltgrau L467 (türkis und pastellblau jeweils bis 28. 2. 1961: hydratgrün; perlweiß: sandstein; beryllgrün: nepalgrün), dann bis Juli 1963 anthrazit L469, danach grauschwarz L43.

Fußhebelwerk
Alle Modelle: schwarz L41.

Benzintank
1947 bis 1949 in Umbra, 1949 bis 1952 in Wagenfarbe, ab etwa 1952 blaugrau, ab 1. 10. 1952 blaugrau L29, ab August 1960 grauschwarz L43.

Kraftstoffhahn
Export-Modell: bis September 1952 beigebraun. *Alle anderen Modelle:* schwarz L41

Gummimatten
Export-Modell: bis September 1952 beigebraun, dann bis Juli 1957 schwarz, dann bis Juli 1960 grau, dann bis Juli 1961 in Wagenfarbe, danach wieder schwarz.
Standard-Modell: schwarz.

Räder und VW-Zeichen in Radkappe
1938 bis Mitte 1947: Die Räder wurden in Wagenfarbe lackiert. Einige Fahrzeuge erhielten bis Mai 1943 farblich abgesetzte VW-Zeichen im Zahnkranz mit stilisiertem Hakenkreuz, anfangs in der halbkugelförmigen Radkappe.
Mitte 1947 bis Mitte 1948: Die Fahrzeuge erhielten meist rote Räder und ab 10/47 ein rot angelegtes großes VW-Zeichen in der wagenfarbenen Radkappe. Gegen Aufpreis gab es verchromte Radkappen ohne angelegtes VW-Zeichen.
Mitte 1948 bis 6/1949: Der äußere Teil der Räder („Felge") wurde meist in Wagenfarbe lackiert, der innere Teil („Radscheibe") sowie das VW-Zeichen wie bisher in Rot. Gegen Mehrpreis waren auch verchromte Radkappen, jetzt mit VW-Zeichen sowie ganzer Felge meist in Wagenfarbe angelegt, lieferbar.
7/1949 bis 4/1950: Beim *Standard-Modell* wurden die Räder in Perlgrau, das VW-Zeichen in der Radkappe bei Wagenfarbe Perlgrau in Schwarz und bei Wagenfarbe Schwarz in Perlgrau angelegt. Beim *Export-Modell* wurde hingegen das VW-Zeichen in Wagenfarbe ausgelegt und bei Wagenfarbe Pastellgrün oder Mittelbraun ein 0,5 cm breiter Farbring in Wagenfarbe in ⅓ des Abstands zwischen Radkappe und Radfelge aufgetragen. Bei Wagenfarbe Mittelbraun wurden die Räder in Beige L78, bei Pastellgrün in Hellgrün L16, und bei Bordeauxrot in Bordeauxrot L51 lackiert.
Radfelgen ab 5/1950: Die Radfelgen des *Standard-Modells* wurden bis Juli 1958 in Wagenfarbe lackiert. Danach wurde bis Juli 1963 Schiefer L464 verwendet. Dann wurde bis Juli 1966 Perlweiß L87 (Seeblau und VW-blau: Blauweiß L289) lackiert. Die Radfelge des ***Export-Modells*** wurde bis Juli 1960 meist in Wagenfarbe angelegt. Ab August 1960 bis Juli 1963 wurde jeder Wagenfarbe eine eigene Felgenfarbe zugeordnet: Schwarz, Anthrazit und Rubin: Steinbeige L471; Golfblau: Nebelgrau L392; Türkis und Pastellblau: Türkisweiß L286; Perlweiß: Perlweiß L87; Beryllgrün: Opalweiß L287. *Alle Modelle:* Ab August 1963 wurde die Felge in Perlweiß L87 (Seeblau, Bahamablau, Rubin 8/1964-7/1965: Blauweiß L289) angelegt. Ab August

1966 gab es bis Juli 1968 bei Fontanagrau, VW-blau, Chinchilla und Zenitblau Radfelgen in Kumulusweiß L680, sonst Lotosweiß L282. Anschließend wurde bis Juli 1969 Wolkenweiß L581 verwendet. Nach diesem Zeitpunkt wurde Chromfarbe L91 eingesetzt.

Radscheiben ab 5/1950: Die Radscheibe des *Standard-Modells* wurde bis vermutlich März 1953 in Lachsrot angelegt. Danach wurde sie weiß lackiert. Seit August 1958 wird sie Nebelgrau L392 (Golfblau: Königsblau L393) angelegt. Beim *Export-Modell* entfiel der Farbring, und jeder Wagenfarbe wurde eine eigene Farbe für die Radscheibe zugeordnet, z.B. Pastellgrün: Hellgrün L16; Schwarz: Pergamentweiß L81; Lichtbeige: Kupferrot L251; Ultramaroon: Silberbeige L277; Stratosilber: Silberweiß L82; Islandgrün: Weißgrün L83; Texasbraun: Lichtbeige L275. Ab 1955 wurde verstärkt Perlweiß L87 eingesetzt. Falls die Originalfelgen nicht mehr vorhanden sind, lackiert man am besten bei Fahrzeugen bis Juli 1960 die innere Radscheibe in Perlweiß L78 oder Weiß mit einem Schuß Wagenfarbe. Bei hellen Wagenfarben wie Lichtbeige empfiehlt sich Kupferrot L251. Ab August 1960 wurde die Radscheibe in annähernd Wagenfarbe lackiert. Folgende Farbkombinationen wurden verwendet: Perlweiß: Tonbeige; Schwarz, Anthrazit: Schiefer L464; Rubin: Kadmiumrot; Golfblau: Königsblau L393; Türkis: Meergrün L381; Pastellblau: Nachtblau; Beryllgrün: Oliv L382. Die meisten dieser Farben waren schon früher nicht mehr lieferbar, was an der fehlenden L-Nummer zu erkennen ist. Hier empfiehlt sich eine Lackierung in Wagenfarbe, bei Perlweiß in Dunkelbeige. *Alle Modelle:* Ab August 1963 wurde Schwarz L41, ab August 1966 Grauschwarz L43, ab August 1969 Chromfarbe L91 für die Radscheibe verwendet.

VW-Zeichen in Radkappe ab 5/1950: Beim *Standard-Modell* wurde das VW-Zeichen bei hellen Wagenfarben wie Perlgrau in Lachsrot, bei dunklen Wagenfarben wie z.B. Dunkelblau oder Jupitergrau in Weiß ausgelegt. Ab 10. 3. 1953 wurde das VW-Zeichen in der Radkappe weiß, ab etwa 8/1957 schwarz L41 ausgelegt. Beim *Export-Modell* wurde das VW-Zeichen in Wagenfarbe, bei hellen Wagenfarben wie Lichtbeige in Kupferrot L251 lackiert. Seit dem 4. 9. 1956 wurde das VW-Zeichen nur noch schwarz L41 ausgelegt. *Alle Modelle:* Ab 5. 8. 1963 wurde das VW-Zeichen nicht mehr farblich abgesetzt.

Postfahrzeuge
Als Wagenfarbe wurde Postgelb LF63 Halbglanz bzw. LE63 Glanz verwendet. Räder und Stoßstangen waren schwarz, die Radkappe postgelb lackiert. Das VW-Zeichen wurde bis 4. 8. 63 schwarz angelegt.

Kein Käfer, aber ein typisches Beispiel für Postgelb: Der seit 1965 produzierte Typ 147 war ein Sonderfahrzeug für die Bundespost.

Käferproduktion und Verschiffung 1956 . . .

. . . und 1973.

Preise der VW-Käfer-Limousinen von 1939 bis 1985

Die ersten beiden Volkswagen wurden am 3.11.1939 zusammen mit 11 Kübelwagen Typ 82 zu einem Preis von 12 000 Reichsmark je Fahrzeug an die Wehrmacht verkauft. Hierbei handelt es sich wohl eher um einen symbolischen Preis als um einen echten kalkulierten Verkaufspreis. Denn sicherlich war die Herstellung der dreizehn Fahrzeuge von Hand noch wesentlich kostenintensiver. Aber da man wußte, daß die Wehrmacht die Fahrzeuge zwecks Erprobung erwarb, war man beim Verkaufspreis im Hinblick auf weitere Bestellungen entsprechend großzügig.

Im Krieg wurde der VW Käfer nicht offiziell verkauft, deshalb gab es zu diesem Zeitpunkt auch keinen Verkaufspreis. Die Wagen wurden vielmehr mit den einzelnen Institutionen verrechnet. Grundlage hierfür war der Selbstkostenpreis des Volkswagenwerks, der sich aus dem Preis des verwendeten Materials, den bezahlten Löhnen gemäß Stundenabrechnung sowie Lohnnebenkosten wie Gebäudeabschreibung, Strom etc. zusammensetzte. Hinzu kamen Pauschalen für Verwaltung, Werkzeugabschreibung und Entwicklungskosten. Diese „Gestehungskosten" wurden je nach Bedarf monatlich bis vierteljährlich ermittelt und waren – auf volle Reichsmark aufgerundet – Basis für die Verbuchung der internen Dienst- und Leihwagen und sehr wahrscheinlich auch der gelieferten Fahrzeuge an die NSDAP, DAF sowie das Oberkommando des Heeres.

Diese Kalkulationen wurden jedoch öfters angezweifelt. So hat z. B. das Oberkommando des Heeres 1944 die in jedes Fahrzeug eingerechneten Entwicklungskosten nicht anerkannt mit der Begründung, daß die Fahrzeuge bereits voll ausgereift wären und somit keine Entwicklungskosten mehr anfallen könnten. Es ist nicht bekannt, wie diese Streitfrage ausging, d. h. ob die kalkulierten Gestehungspreise tatsächlich in jedem Fall in voller Höhe bezahlt wurden.

Für alle anderen Käufer wurden auf Basis der Gestehungskosten Preise kalkuliert, die 8 % Gewinn auf die von VW geleisteten Arbeiten sowie 2,04 % Umsatzsteuer enthielten und dann auf volle Hundert Reichsmark aufgerundet wurden. Sie lagen deshalb etwa 7 % höher als die echten Gestehungspreise. Diese Kalkulationen sollen an dem folgenden Beispiel veranschaulicht werden:

In den Jahren 1944/45 zwang die Benzinknappheit zur Verwendung von „einheimischen Kraftstoffen". Viele VW Käfer wurden deshalb zum damaligen Zeitpunkt auf Holzvergaser umgerüstet oder mit Holzvergaser gebaut. Wenig bekannt ist aber, daß der Holzvergaser mit einem Mehrpreis von RM 2600 den Kaufpreis des Fahrzeuges fast verdoppelte.

Kalkulation Typ 60L, Mai 1943, in RM

		Selbstkosten	mit Gewinn
1	Werkstoffkosten für eigene Teilerzeugnisse	1085,00	969,85
2	2 % Materialschwund und 1,5 % Fracht von 1	37,97	33,94
3	Werkstoffgemeinkosten 10 % von 1+2	112,30	100,38
4	Summe Werkstoffkosten	1235,27	1104,17
5	Fertigungslohn gemäß Stundenabrechnung	336,90	336,90
6	Lohnnebenkosten 400 % von 5	1347,60	1347,60
7	Summe Lohnkosten 5+6	1684,50	1684,50
8	Gewinn 8 % von 7	—	134,76
9	Verwaltungs und Vertriebskosten 10 % von 4+7+16	291,98	291,98
10	Fertig bezogene Teile inkl. 8 % Beschaffungskosten	—	—
11	Werkzeugabschreibung	200,00	200,00
12	Entwicklungskosten	100,00	100,00
13	Lizenzgebühr Porsche	1,00	1,00
14	Summe 4 + 7 + 8 + 9 + 10 + 11 + 12 + 13	3512,75	3516,41
15	2,04 % Umsatzsteuer auf 14	—	71,73
16	Bereifung	—	131,10
	Gesamtsumme 14 + 15 + 16	3512,75	3719,24
	Verrechnungspreis	3513,00	3800,00

Anhand solcher Kalkulationen wurden die folgenden Gestehungskosten für die einzelnen Fahrzeugtypen ermittelt. Dabei fällt auf, daß der Typ 82e im Vergleich zu Typ 60L oder 92 sehr niedrige Material- und Fertigungskosten aufweist. Dies liegt wohl darin begründet, daß er wesentlich spartanischer ausgestattet ist. Weiterhin kann man erkennen, daß im Laufe der Zeit die produzierten Fahrzeuge immer billiger wurden. Auch hier liegt die Begründung in der Fahrzeugausrüstung, da mit zunehmender Werkstoffverknappung im Verlauf des Kriegs die Wagen immer schlechter ausgestattet wurden (z. B. ohne Anlasser und Winker etc.).

Gestehungskosten Mai 1943

KdF-Wagen

Limousine Typ 60L
RM 3512,75

Cabriolet Typ 60 offen
RM 6100,–

Geländelimousine Typ 92
RM 3830,66

Geländelimousine Typ 82e
RM 3416,34

Kübelwagen

Normalausführung
RM 2945,20

Instandsetzungswagen
RM 2914, 26

Nachrichtenwagen
RM 3044,03

Funkwagen
RM 3218,79

Schwimmwagen

Typ 166 RM 5468,36

Die Montage der Fahrzeuge wurde in der „Stadt des KdF-Wagens“, gelegentlich auch „Volkswagenstadt“ genannt, durchgeführt. Teile und Vormontagen stammten aus den dem Volkswagenwerk gehörenden Zweigwerken Braunschweig („Vorwerk“), Stein, Elbe und Stuttgart-Zuffenhausen („Volkstraktorwerk“). Der Vertrieb erfolgte über die Zentrale in Berlin-Grunewald, Taubertstr. 4, ab 1940 Berlin-Charlottenburg, Knesebeckstr. 48–49 („Inlandsvertrieb Berlin“).

Die Beschaffung eines KdF-Wagens im Krieg verlief folgendermaßen: Eine weisungsberechtigte Führungskraft schrieb eine Materialanforderung auf Auslieferung eines KdF-Wagens an die NSDAP. Bei dieser Materialanforderung wurde der Preis offen gelassen. Derartige Materialanforderungen konnten problemlos ausgestellt werden, denn eine Beschränkung bei den Bestellungen für den Käfer gab es bis 1944 nicht. Bestimmt war es aber auch möglich, einen Käfer über die Deutsche Arbeitsfront zu erhalten.

Die Materialanforderung wurde in der Verwaltung der NSDAP auf Notwendigkeit geprüft. Zwar hatten die Führungskräfte der NSDAP kein Weisungsrecht für die Verwaltung, aber wenn ein begründeter Antrag auf Bestellung eines KdF-Wagens gestellt wurde, dann wurde sie auch ausgeführt.

Die Abrechnung des Käfers erfolgte durch Verrechnung von Geldmitteln mit dem Volkswagenwerk über den Reichsschatzmeister Dr. Schwarz. Der Besteller erfuhr normalerweise nicht, was sein Fahrzeug gekostet hat. Die Auslieferung erfolgte in der Regel über den Inlandsvertrieb Berlin. Der erforderliche Kraftstoff konnte über begründete Materialanforderungen auf Benzingutscheine auf die gleiche Weise erhalten werden.

Nach dem Krieg wurde der Kübelwagen aus Restbeständen weiterproduziert und für RM 3250 auf Requisitionsscheine mit der Besatzungsmacht abgerechnet. Der Reichspost wurden für ihren Postwagen Typ 28 pro Stück RM 4000 in Rechnung gestellt. Gemäß einer Kalkulation vom 24. 3. 1944 sollte die Produktion der Geländelimousine Typ 82e für RM 3449,97 inkl. Gewinn möglich sein, so daß ein Verkaufspreis von RM 3500 ins Auge gefaßt wurde. Dieser Preis konnte jedoch auf Dauer nicht gehalten werden und mußte deswegen um RM 700 auf RM 4200 erhöht werden.

Dagegen ergab sich der kalkulierte Preis der normalen Limousine zu RM 3854,97, so daß ein Verkaufspreis von RM 4150 möglich war. Eine eigene Kübelwagenproduktion erwies sich dagegen als unrentabel: RM 4870,45 ergab die Kalkulation am 16. 4. 1946, und so wurde eine eigene Kübelwagenproduktion ad acta gelegt. Am gleichen Tag wurde ein Preis von RM 4685,17 für die Gelände-Limousine errechnet, die damit im Vergleich zur normalen Limousine ebenfalls uninteressant wurde.

Der Preis für die produzierten Fahrzeuge wurde vom Board of Control des VW-Werks bestimmt. Als Kalkulationsschema wurde das deutsche L. S. Ö.-Verfahren angewendet. Nach der Rückzahlung des Zwischenkredits im Juni 1946 konnte der Verkaufspreis kurzzeitig gesenkt werden. Der Wertverfall der Reichsmark bis zur Währungsreform führte dann jedoch wieder zu einem Preisanstieg bis 1948, da sich die bezogenen Teile und Werkstoffe seit 1946 ständig verteuerten.

Bis Oktober 1946 wurde der Käfer praktisch nur an die Besatzungsmacht bzw. an Behörden der Besatzungsmacht sowie Reichspost und Reichsbahn ausgeliefert. Einige wenige Fahrzeuge wurden jedoch auch an Personen mit Beziehungen zum VW-Werk geliefert, z. B. an britische Zivilisten und Armeeoffiziere. Ab dem 14. 10. 1946 konnte dann jedermann den Käfer kaufen, allerdings nur auf Bezugsschein. Diese Bezugsscheinpflicht entfiel erst im September 1948.

Verkaufspreise des VW Käfer von 1943 bis 1985

	Limousine	**Geländelimousine**			
Nur Gestehungskosten:					
01. 01. 1943	RM 3843,26	RM 3815,66	(Typ 92)		
01. 05. 1943	RM 3512,75	RM 3416,43	(Typ 82e)		
01. 10. 1943	RM 2994,05				
01. 01. 1944	RM 2394,67 [1]		[1] Werkzeugkosten nicht einkalkuliert		
01. 07. 1944	RM 2759,39	RM 3109,45	(Typ 82e, ab März 1944)		
Nur auf Requisitionsschein:					
05. 10. 1945	———	RM 4200	Anhänger:	+ RM 900	
19. 11. 1945	RM 4150	RM 4200	Holzvergaser:	+ RM 2600	
16. 04. 1946	RM 5000	———			
01. 07. 1946	RM 4000	———			
	Limousine	**Export-Ausführung**			
Nur auf Bezugsschein:					
14. 10. 1946	RM 5000	RM 5250			
01. 06. 1948	RM 5300	RM 5625	Im September 1948 entfällt bei unveränderten Preisen die Bezugsscheinpflicht.		
21. 06. 1948	5300 DM	5625 DM			
	Standard	**Export-Modell**			
01. 07. 1949	4800 DM	5450 DM			
15. 10. 1950	4400 DM	5150 DM	Faltschiebedach:	+ 250 DM	
01. 09. 1951	4600 DM	5400 DM			
01. 09. 1952	4400 DM	5400 DM			
19. 03. 1953	4150 DM	5150 DM			
10. 03. 1954	3950 DM	4850 DM			
06. 08. 1955	3790 DM	4600 DM			
15. 09. 1961	3810 DM	4740 DM	Saxomat:	+ 210 DM	
01. 04. 1962	4200 DM	4980 DM			
	VW 1200A				
01. 11. 1964	4290 DM	4980 DM			
		VW 1300			
01. 08. 1965	4485 DM	4980 DM			
30. 03. 1966	4635 DM	5150 DM			
	VW 1300A		**VW 1500**		
01. 08. 1966	4735 DM	5150 DM	5385 DM	Schiebed.:	+ 285 DM
	VW 1200				
09. 01. 1967	4485 DM	5150 DM	5385 DM	Automatik:	+ 465 DM
01. 07. 1968	4525 DM	5200 DM	5435 DM	L-Ausst.:	+ 165 DM
19. 01. 1970	4695 DM	5495 DM	5725 DM		
			VW 1302	Automatik:	+ 500 DM
01. 08. 1970	4695 DM	5495 DM	5745 DM	S-Ausst.:	+ 200 DM
16. 12. 1970	4945 DM	5840 DM	6090 DM	L-Ausst.:	+ 200 DM
23. 08. 1971	5045 DM	5940 DM	6190 DM	Schiebed.:	+ 300 DM
19. 02. 1973	5590 DM	6550 DM	6750 DM	S-Ausst.:	+ 230 DM
			VW 1303		
13. 08. 1973	5650 DM	6100 DM	6990 DM		
11. 03. 1974	6045 DM	6525 DM	7480 DM	S-Ausst.:	+ 245 DM
13. 05. 1974	6395 DM	6950 DM	7995 DM	S-Ausst.:	+ 265 DM
01. 01. 1975	6620 DM	7170 DM	8355 DM	S-Ausst.:	+ 275 DM
07. 04. 1975	6950 DM	7530 DM	8770 DM	S-Ausst.:	+ 290 DM
	VW 1200, 34 PS	**VW 1200, 50 PS**	**VW 1200 L, 34 PS**		
01. 08. 1975	6950 DM	7345 DM	7530 DM		
29. 03. 1976	7480 DM	7940 DM	8010 DM		
28. 03. 1977	7785 DM	8265 DM	8335 DM		

VW 1200 L „Mexiko“

01. 01. 1978	7865 DM	01. 07. 1979	8505 DM	14. 12. 1981	9655 DM
02. 05. 1978	8145 DM	10. 03. 1980	9025 DM	29. 02. 1982	9895 DM
12. 03. 1979	8380 DM	11. 05. 1981	9380 DM	17. 01. 1983	9395 DM
01. 05. 1979	8430 DM	29. 06. 1981	9435 DM	05. 11. 1984	10525 DM

geschlossen in der
Deutschen Arbeitsfront!
IIA - 42801

Produktionszahlen des VW Käfer von 1935 bis 1985

Über die Produktionszahlen des VW Käfer von 1935 bis 1946 gibt es in der Literatur sehr unterschiedliche Zahlenwerte. Ich habe daher diese Jahrgänge selbst aus der Wagenstammkartei bei VW bzw. Versuchsberichten der Porsche GmbH nachgezählt und die in den folgenden Tabellen erwähnten Zahlen erhalten. Diese setzen sich wie folgt zusammen:

1935/37 1 V1 + 1 V2 + 3 V3 + 30 V30 = 35 Stück

1938/40 3 V303 + 33 VW38 + 18 VW39 = 54 Stück, davon 1 Lieferwagen

1941 41 Typ 60 bei VW + 2 Typ „Geländevolkswagen", vermutlich Typ 92, bei Porsche im Auftrag des Kolonialpolitischen Amts für eine Testfahrt nach Afghanistan hergestellt (Kennzeichen IA-6931 und IA-6934, nach Berichten von Porsche-Mitarbeiter Herbert Kaes 1941) + 2 Typ „Geländevolkswagen", vermutlich Typ 92, für eine Balkan-Testfahrt nach Jugoslawien, Bulgarien, Rumänien und Griechenland (nach Berichten von Porsche-Mitarbeiter Herbert Kaes 1941) + 2 Fahrgestelle, vermutlich zum Cabriolet umgebaut = 47 Stück. Nicht gezählt wurden die beiden Lieferwagen Typ 81 und Typ 825, da diese vermutlich durch Umbau von Limousinen hergestellt wurden.

1942 157 Typ 60 bei VW + 20 Typ 92/98 bei VW + 1 Typ 92LO + 4 Fahrgestelle, zum Cabriolet umgebaut = 182 Stück

1943 303 Typ 60 bei VW + 343 Typ 82e bei VW + 80 Typ 92 bei VW + 3 Fahrgestelle, zum Cabriolct umgebaut = 729 Stück

Nicht gezählt wurde 1 Typ 877 bei Porsche (Kennzeichen IIIA-0842), da dieser vermutlich durch Umbau eines anderen Fahrzeugs hergestellt wurde.

1944 129 Typ 60 bei VW + 120 Typ 82e bei VW + 8 Fahrgestelle, zum Cabriolet umgebaut + 1 Versuchsfahrzeug Typ 82e = 258 Stück. Nicht gezählt wurden die Holzvergaserfahrzeuge. Diese wurden wohl von Porsche durch Umbau anderer Fahrzeuge hergestellt.

1945 57 Typ 11 + 699 Typ 51 + 275 Typ 83 = 1031 Stück. Addiert man hierzu die seit Mai 1945 gebauten 520 Kübelwagen, 225 Lieferwagen Reichspost Typ 28, 3 Typ 27, sowie 6 Schwimmwagen Typ 7, erhält man die VW-Zahl von 1785 Stück. Beim Cabriolet Typ 55 handelt es sich um das in den Werkstrümmern gefundene alte Cabriolet Typ 92, welches nur restauriert wurde.

1946 9932 Typ 11 + 55 Typ 51 + 32 sonstige Fahrzeuge (Zugmaschinen, Cabriolets, Kommandeurwagen etc.) = 10 019 Stück. Addiert man hierzu den einen gebauten Kübelwagen Typ 21, so erhält man die VW-Zahl von 10 020.

Die Zahlen der späteren Jahrgänge wurden nach Unterlagen des VW-Werks zusammengestellt.

1938 wurde noch in der Garage von Ferdinand Porsche (links oben) „produziert", ... doch bereits 1940 lief die Produktion im VW-Werk an. Zuerst wurden hauptsächlich die kriegswichtigeren Kübelwagen hergestellt.

Zusammenfassung der produzierten Fahrzeuge

Limousinen:

Typ 60L/CL	33	Stück bis 1937
	47	Stück von 1938 bis 1940
	630	Stück bei VW von 1941 bis 1944
Typ 1	über 21 000 000	Stück bei VW von 1945 bis heute
	über 21 000 000	Stück, davon 719 Stück bis Kriegsende

Cabriolets:

Typ 60 offen	2	Stück bis 1937
	6	Stück von 1938 bis 1941
	16	Stück bei VW / Karmann? von 1941 bis 1944
Typ 92 offen	1	Stück bei VW / Karmann 1942
Typ 14	696	Stück bei VW / Hebmüller
Typ 15	über 332 000	Stück bei VW / Karmann
	über 333 000	Stück, davon 25 Stück bis Kriegsende

Geländelimousinen:

Typ 82e/92/98	4	Stück in einer Vorserie 1941
	564	Stück bei VW von 1942 bis 1944
Typ 51	754	Stück bei VW von 1945 bis 1946
	1322	Stück, davon 569 bis Kriegsende

Kommandeurwagen:

Typ 287/877	mind. 1	Stück bei Porsche 1943
	2	Stück bei VW im Jahre 1946
	mind. 3	Stück, davon mindestens 1 bis Kriegsende

Lieferwagen auf Käferbasis:

Typ 60LO	1	Stück 1938
Typ 81	1	Stück 1941
Typ 825	1	Stück 1941
Typ 92LO	1	Stück 1942
Typ 83	275	Stück 1945
	279	Stück, davon 4 bis zum Kriegsende

Lieferwagen auf Kübelwagenbasis:

Typ 27	3	Stück 1945
Typ 28	225	Stück 1945
	228	Stück nach dem Krieg

Schwimmwagen:

Typ 128	30	Stück bei Porsche im Jahre 1940
Typ 166	14 276	Stück bei VW von 1942 bis 1944
Typ 7	6	Stück bei VW 1945
	14 312	Stück, davon 14 306 Stück bis Kriegsende

Kübelwagen:

Typ 62	3	Stück im Rahmen der VW-38-/39-Serie
Typ 82/870	20	Stück im Rahmen der VW-38-/39-Serie
	50 788	Stück von VW/Porsche bis Mai 1945 produziert
	26	Stück von VW im Mai 1945 o. Produktionsnachw.
	521	Stück ab Mai 1945; ab 1. 8. 45 Typ 21 genannt
Typ 86	2	Stück im Rahmen der VW-39-Serie
	51 360	Stück, davon 50 839 bis Kriegsende

Bei einem Großangriff 1944 wurden zwei Drittel des VW-Werkes zerstört. Hätten Sie geglaubt, daß aus diesen Ruinen einmal Europas größte Automobilfirma entstehen wird?

Käferproduktion von 1935 bis 1985

	Limousine	Typ 82e / 92[A]	Cabriolet	Gesamtsumme	Inlandverkauf
1935 / 37	33	0	2	35	Prototypen
1938 / 40	47	0	6	54	Vorserie
1941 bis 1944 Lieferung nur an Nazi-Organisationen und NS-Prominenz					
1941	41	0 / 4	2	47	
1942	157	0 / 20	4	182	
1943	303	343 / 80	3	729	
1944	129	120 / 0	8	258	
1945 und 1946 Lieferung nur an Besatzungsmächte					
1945	57	699 / 0	0	1031	
1946	9932	55 / 2	1 Kar / 1 VW	10019	
1947	8977	0	1 Kar / 1 VW	8987	ca. 3000
1948	19151	0	1 Kar / 3 Heb	19244	8184
	Standard nur BRD	**Exportmod. nur BRD**	**Cabriolet Karm. / Hebm.**	**Gesamtsumme weltweit**	**Neuzulass.BRD Limous. / Cabrio**
1949	32989	11905	364 / 359	46146	32557 (L+C)
1950	25073	53694	2695 / 319	81979	50562 (L+C)
1951	28840	65798	3539 / 1	93709	58469 (L+C)
1952	25514	84035	4253 / 13	114348	71440 (L+C)
1953	28707	118287	4170 / 1	151323	85515 / 3642
1954	36442	160979	4554	202174	109441 / 3728
1955	37232	235098	6262	279986	125090 / 3597
1956	36882	277879	6762	333190	138806 / 3173
1957	35207	321683	8043	380561	156772 / 4009
1958	30945	392045	9577	451526	181306 / 4708
1959	29110	513504	10991	575407	223225 / 5009
1960	24268	664997	11921	739443	292986 / 4702
1961	22521	741612	12006	827850	344108 / 4821
1962	24167	761630	10129	876255	363955 / 2266
1963	22481	714043	10600	838488	306468 / 1715
	1200A / 1300A	**1200 / 1300 / 1500**			
1964	26177	800233	10357	948370	339257 / 1820
1965	67606	898235	10757	1090863	316302 / 2225
1966	61704	882599	9712	1080165	270273 / 2224
1967	132596	654550	7597	925787	256493 / 1692
1968	89379	921568	13354	1136134	259276 / 2174
	1200	**1300 / 1302 / 1303**			
1969	91705	931885	15802	1219314	311323 / 3013
1970	75337	883847	18008	1196099	323513 / 5202
1971	108365	885756	24317	1291612	285432 / 5880
1972	117794	758858	14870	1220686	252436 / 5306
1973	137416	705605	17648	1206018	232055 / 4253
1974	112776	297861	12699	791053	118915 / 2596
1975	68269	38273	5330	441116	41070 / 2075
1976	48761	26115	11081	383277	15914 / 3207
1977	14368	4176	14218	258634	6524 / 4000
Ab 1978 Import aus Mexiko					
1978	620	0	18511	271673	10876 / 5450
1979			19569	263340	14650 / 6276
1980			544	236177	9364 / 324
1981			0	157505	9336
1982				138091	6271
1983				119745	12662
1984				118138	11061
1985				86189	5591
Summe bis einschließlich 1985:			332 000/696	20 600 000	5 750 000/108 000

[A] ab 1945 Typ 51 / Kommandeurwagen

Bei den Fahrgestell- und Motornummern ist zu beachten, daß die Fahrzeuge nicht streng in der Reihenfolge ihrer Nummern gebaut wurden. Dies betrifft insbesondere auch die Motornummer. Die angegebene Grenzzahl ist von VW mehr oder weniger willkürlich zum Jahresende festgelegt worden. Fahrzeuge mit einigen Nummern höher oder niedriger können daher durchaus bereits in dem anderen Jahr produziert worden sein. Lediglich die von mir ermittelte Grenz-Fahrgestellnummer vom Mai 1945 ist eine exakte Grenzzahl.

Austauschmotoren erkennt man am X- oder ‹-› vor der Motornummer und/oder einer zweiten Motornummer seitlich unterhalb des Öleinfüllstutzens.

Einsatzdaten der Fahrgestell- und Motornummern von 1935 bis 1985

Links: Nach der Übernahme des Werkes durch die Engländer konnte bereits Mitte 1945 die Produktion wieder aufgenommen werden.

Unten: Bereits 1939 konnte man den Käfer in den Straßen Berlins bewundern.

Vorserien bei Porsche

	Name	Fahrgestellnummern	Anzahl / Typbezeichnung
17.10.1935	V1		1 L
1935/36	V2		1 offen
1936	V3		3 L
1936/37	V30	37/00 – 37/29	29 L und 1 offen
Anf. 1938	V303	801 – 803	1 L, 1 CL, 1 offen
1938/39	VW38	38/01–38/44	20 L, 9 CL, 3 offen, 1 Lieferwagen
1939/40	VW39	ab 1-000001	10 L, 6 CL, 2 offen

Der Siegeszug des VW Käfers begann erst nach dem Krieg. Das Foto zeigt einige der ersten Fahrzeuge, die 1946 an die französische Militärregierung ausgeliefert wurden.

Um Devisen zu erhalten, wurden bereits 1947 die ersten Fahrzeuge nach Holland exportiert.

Serienproduktion in Wolfsburg

	Fahrgestellnummer	**Motornummer**
1940	0001 bis 1000	0001 bis 1000
1941	1001 bis 1-05656	1001 bis 1-06251
11.7.1941	erste Serienkäfer ab 3170	
20.12.1941	Käfer mit 1-, Kübelwagen mit 2- vor Fahrgestellnummer	
1942	1-05657 bis 1-014383	1-06252 bis 1-017113
1943	1-014384 bis 1-0032302	1-017114 bis 1-045707
1944	1-032303 bis 1-047781	1-045708 bis 1-071260
1945	1-047782 bis 1-052021	1-071261 bis 1-076810
Ab Kriegsende Mai 1945	1-052022 bis 1-053814	1-076811 bis 1-079093
1946	1-053815 bis 1-063796	1-079094 bis 1-090732
1947	1-063797 bis 1-072743	1-090733 bis 1-0100788
1948	1-072744 bis 1-091921	1-0100789 bis 1-0122649
1949	1-091922 bis 1-0138554	1-0122650 bis 1-0169913
2.6.1949	Exportmodell 11a ab 1-0106636	
1950	1-0138555 bis 1-0220133	1-0169913 bis 1-0265999
1951	1-0220134 bis 1-0313829	1-0266000 bis 1-0379470
1952	1-0313830 bis 1-0428156	1-0379471 bis 1-0519258
1.10.1952	Zwitter ab 1-0397023	ab 1-0481713
1953	1-0428157 bis 1-0575414	1-0519259 bis 1-0695281
10.3.1953	Ovalfenster ab 1-0454951	ab 1-0551113
21.12.1953	30 PS ab 1-0575417	ab 1-0695282
1954	1-0575414 bis 1-0781884	1-0695282 bis 1-0945526
1955	1-0781885 bis 1069929	1-0945527 bis 1277347
4.8.1955	tiefere Lenkradspeichen ab 1-0929746	ab 1120615
1956	1069930 bis 1394119	1277348 bis 1678209
1957	1394120 bis 1774680	1678210 bis 2156321
1.8.1957	Rechteckfenster ab 1600440	ab 1937450
15.10.1957	Bremsen verbessert ab 1673411	ab 2026015
1958	1774681 bis 2226206	2156322 bis 2721313
1959	2226207 bis 2801613	2721313 bis 3424453
6.8.1959	Tür-Drucktaste ab 2528668	ab 3072320
1960	2801614 bis 3551044	bis 3915041 / 5428637
1.8.1960	34 PS / Blinker ab 3912904	ab 5000001
1961	3551045 bis 4400051	bis 3931468 / 6375945
31.7.1961	Tankuhr ab 4010995	ab 3924023 / 5958948
1962	4400052 bis 5225042	bis 3949223 / 7336420
30.7.1962	Kunststoffhimmel ab 4846835	ab 3942914 / 6935203
1963	5225043 bis 6016120	bis 3965218 / 7893118
5.8.1963	breite Kennzeichenleuchte ab 5677119	ab 3959304 / 7893119
1964	6016121 bis 115419999	bis 3984729 / 9339890
3.8.1964	große Scheiben ab 115000001	ab 3972441 / 8796623
1965	115420000 bis 116463103	bis 4050000 / 9800000
18.2.1965		Kennbuchstaben: 30 PS: A, 34 PS: D
2.8.1965	Lochscheibenfelgen ab 116000001	40 PS: F, 1,5 l 44 PS: H
1966	116463104 bis 117442503	
1.8.1966	schmalere Zierleisten ab 117000001	
1967	117442504 bis 118431603	
1.8.1967	senkrechte Scheinwerfer ab 118000001	
1968	118431604 bis 119474780	
1.8.1968	Tankklappe ohne Griff ab 119000001	
1969	119474781 bis 1102473153	
1.8.1969	VW1300/1500 mit L-Ausstattung ab 1102000001	
1970	1102473154 bis 1112427591	
1.8.1970	stärker gewölbte Motorklappe ab 1112000001	1,3 l 44 PS: AB; 1,6 l 50 PS: AD
1971	1112427592 bis 1122427792	
1.8.1971	Größeres Rückfenster ab 1122000001	
1972	1122427793 bis 1132438833	
1.8.1972	ohne VW-Zeichen Deckel vorn ab 1132000001 / 1332000001	
1973	1132438834 bis 1142423795	
1.8.1973	stab. Stoßstangen VW1200 ab 1142000001 / 1342000001	44 PS AR, 50 PS AS.

	Fahrgestellnummer	**Motornummer**
1974	1142423795 bis 1152143743	
1.8.1974	Blinker in Stoßstange vorn ab 1152000001 / 1352000001	
1975	1152143744 bis 1162071467	
1.8.1975	schwarze Kotflügelkeder ab 1162000001 / 1362000001	
1976	1162071468 bis 1172063700	
1.8.1976	ab 1172000001	
1977	1172063701 bis 1182050000	
1.8.1977	ab 1182000001	
1978	1182050001 bis 1192108687	
1.8.1978	ab 1192000001	
1979	1192108688 bis 11A0088929	
1.8.1979	ab 11A0000001	
1.8.1980	ab 11B0000001	
1.8.1981	ab 11C0000001	
1.8.1982	ab 11D0000001	
1.8.1983	ab 11E0000001	
1.8.1984	ab 11F0000001	

1949 erhält VW-Händler Raffay seine ersten VW-Cabriolets.

Rechts und unten: Ein letzter Blick in die deutsche Käferproduktion, doch der Käfer lebt weiter. Auch heute noch kann er von Liebhabern über Import-Firmen als Neufahrzeug aus Mexiko bezogen werden.

Folgende Seite: Manche VW-Liebhaber wohnen sogar in ihrem Käfer: unter dem zwei Meter langen Bett auf der Beifahrerseite befinden sich Gaskocher, Spüle und Töpfe.

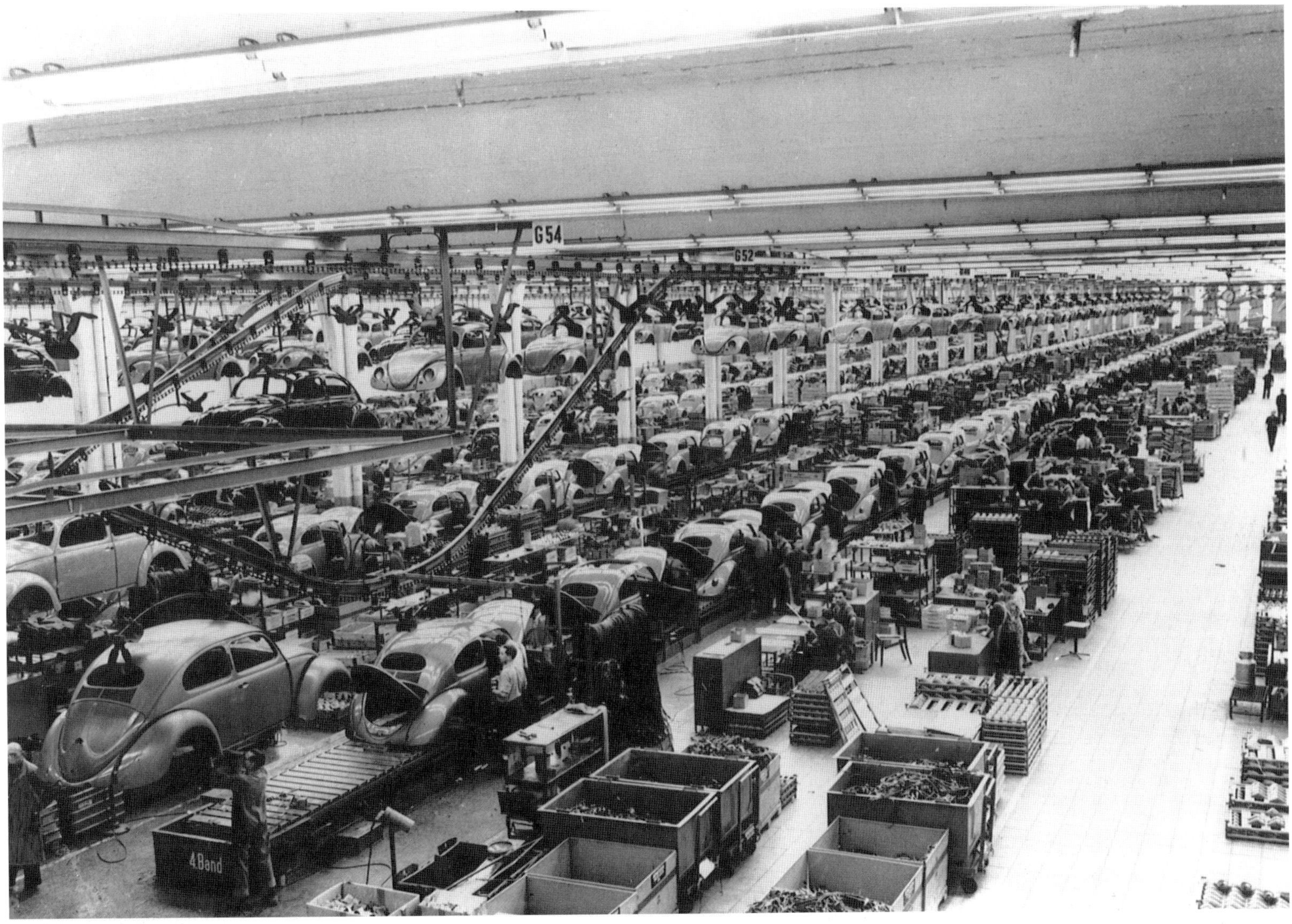

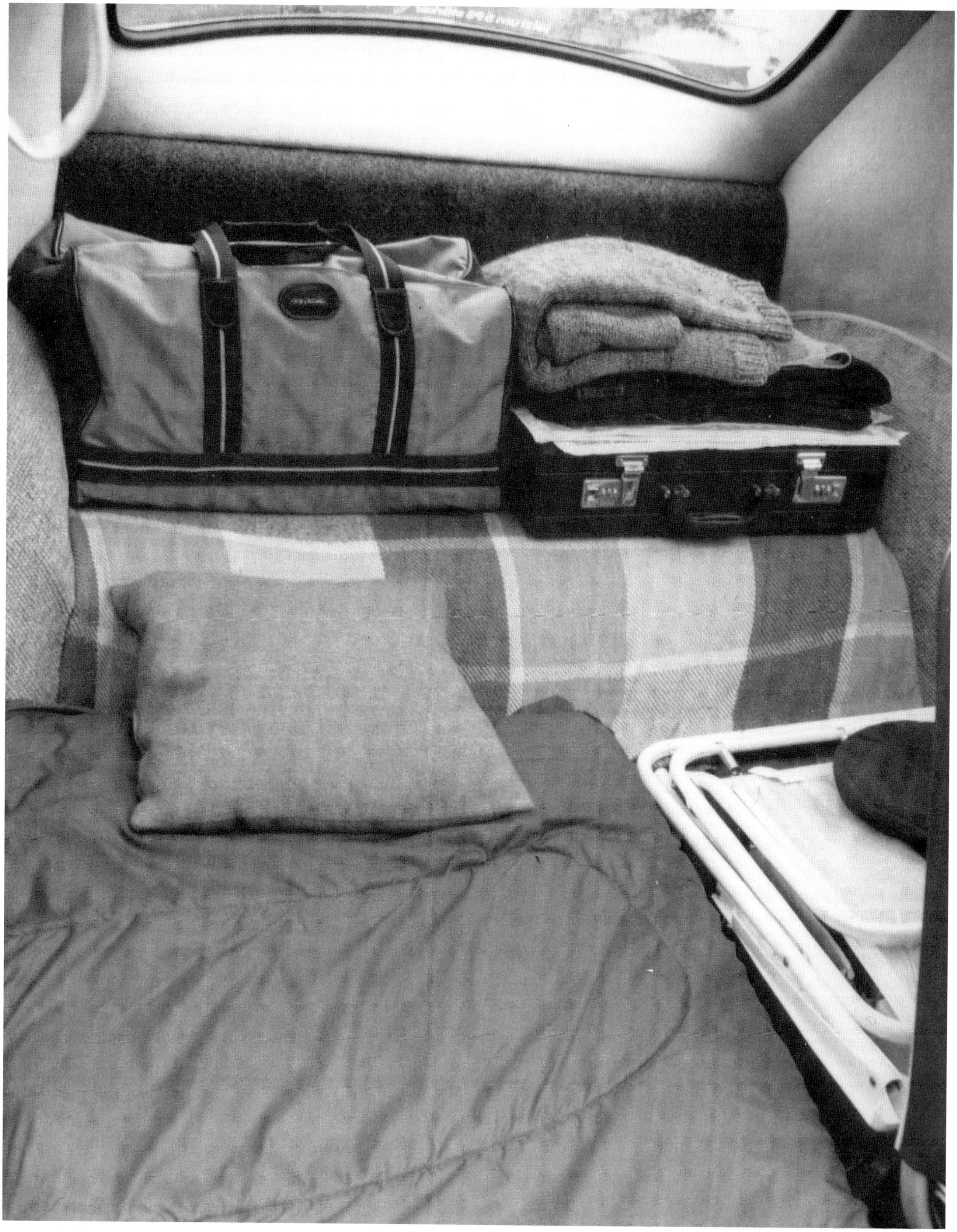